内臓の名称

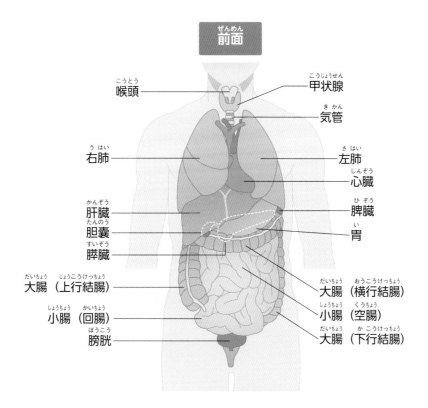

前面

- 喉頭（こうとう）
- 甲状腺（こうじょうせん）
- 気管（きかん）
- 右肺（うはい）
- 左肺（さはい）
- 心臓（しんぞう）
- 肝臓（かんぞう）
- 脾臓（ひぞう）
- 胆嚢（たんのう）
- 胃（い）
- 膵臓（すいぞう）
- 大腸（上行結腸）（だいちょう・じょうこうけっちょう）
- 大腸（横行結腸）（だいちょう・おうこうけっちょう）
- 小腸（回腸）（しょうちょう・かいちょう）
- 小腸（空腸）（しょうちょう・くうちょう）
- 膀胱（ぼうこう）
- 大腸（下行結腸）（だいちょう・かこうけっちょう）

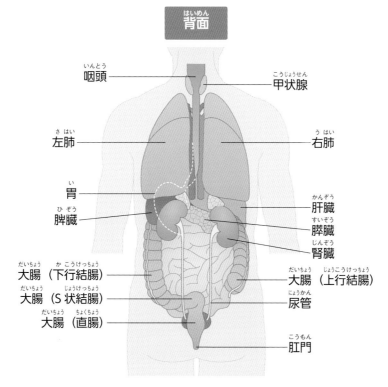

背面

- 咽頭（いんとう）
- 甲状腺（こうじょうせん）
- 左肺（さはい）
- 右肺（うはい）
- 胃（い）
- 肝臓（かんぞう）
- 脾臓（ひぞう）
- 膵臓（すいぞう）
- 腎臓（じんぞう）
- 大腸（下行結腸）（だいちょう・かこうけっちょう）
- 大腸（上行結腸）（だいちょう・じょうこうけっちょう）
- 大腸（S状結腸）（だいちょう・じょうけっちょう）
- 尿管（にょうかん）
- 大腸（直腸）（だいちょう・ちょくちょう）
- 肛門（こうもん）

高齢者に多い疾患の特徴

◆ 高齢者に多い骨折の部位

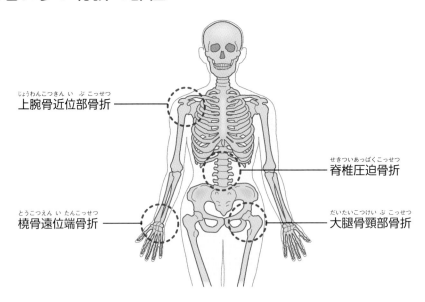

上腕骨近位部骨折

脊椎圧迫骨折

橈骨遠位端骨折

大腿骨頸部骨折

◆ 関節リウマチの特徴的な手指の変形

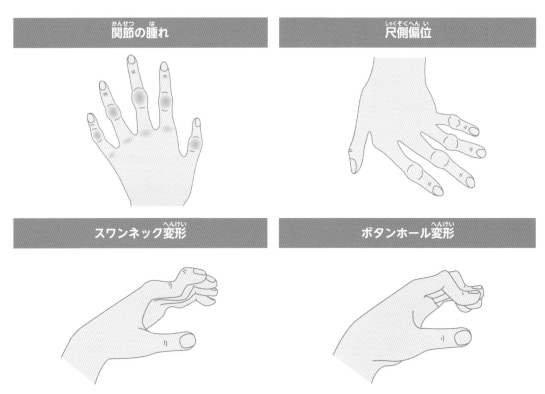

| 関節の腫れ | 尺側偏位 |
| スワンネック変形 | ボタンホール変形 |

◆ 目の疾患による特徴的な見え方

● 白内障

正常

クリーム色のフィルターがかかったような見え方に

● 緑内障（右眼で表示）

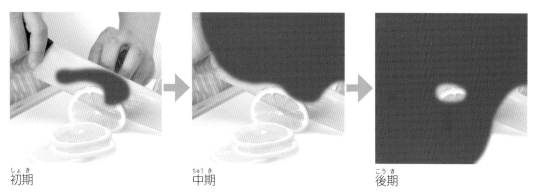

初期　　　中期　　　後期

※右眼の視野の一部が欠けていても，脳のはたらきによって左眼で見た情報で補われるので，異常に気づくのが遅くなることがある

● 加齢黄斑変性

正常　　　ゆがんで見える　　　中心が欠ける（中心暗点）

国際生活機能分類（ICF）—脳血管障害を例に

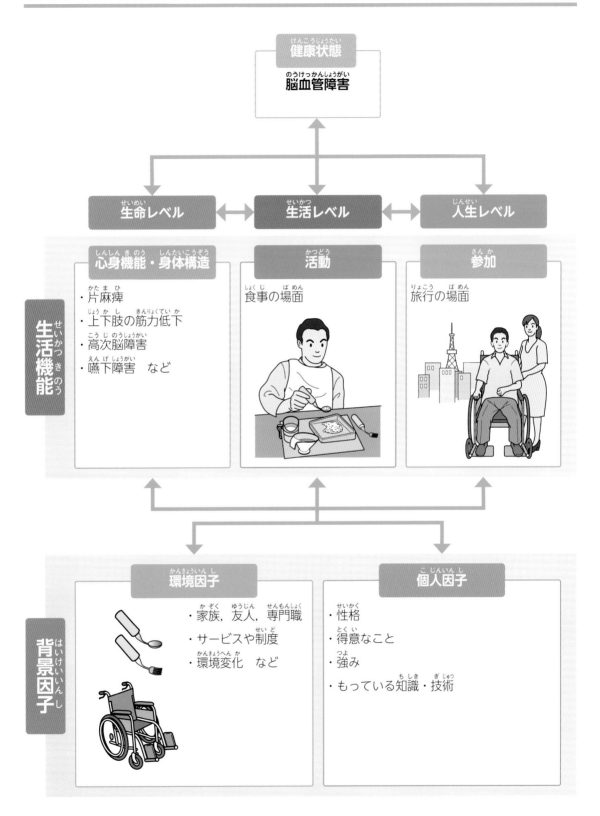

健康状態

脳血管障害

生命レベル ⟷ 生活レベル ⟷ 人生レベル

生活機能

心身機能・身体構造
- 片麻痺
- 上下肢の筋力低下
- 高次脳障害
- 嚥下障害　など

活動

食事の場面

参加

旅行の場面

背景因子

環境因子
- 家族，友人，専門職
- サービスや制度
- 環境変化　など

個人因子
- 性格
- 得意なこと
- 強み
- もっている知識・技術

介護福祉士 実務者研修テキスト 第3版

第4巻 こころとからだのしくみ

太田貞司 ｜編集
上原千寿子
白井孝子

全文ふりがな付き

中央法規

はじめに

2021（令和3）年7月，第8期介護保険事業計画の介護サービス見込み量等にもとづき，都道府県が推計した介護職員の必要数が公表されました。それによれば，2040（令和22）年度に必要な介護職員数は約280万人となっており，2019（令和元）年度の約211万人に加えて約69万人，年間3.3万人程度の介護職員を確保する必要があると推計されています。

こうしたなかで，専門性の高い介護人材として，中核的な役割を果たすことが期待されているのが介護福祉士です。今後よりいっそう多様化・高度化する介護ニーズに対応するため，介護福祉士には，利用者の自立支援に向けて業務を遂行する力や多職種と連携する力，さらには指導力やマネジメント力などが求められています。

「実務者研修」は，介護福祉士の資質向上を目的として，すべての者が一定の教育プログラムを経たのちに国家試験を受験するという形で，資格取得方法の一元化がめざされたのを機に，2012（平成24）年度から実施されている研修です。2017（平成29）年からは，介護福祉士国家試験を受験する者のうち，いわゆる実務経験ルートについては，3年以上の実務経験に加えて「実務者研修」の受講が必要になりました。

私たちは，2012（平成24）年10月より『介護職員等実務者研修（450時間研修）テキスト』と題して，「実務者研修」のカリキュラムに準拠したスタンダード・テキストを発行して以降，2015（平成27）年には『介護福祉士実務者研修テキスト』とシリーズ名を一新し，全5巻のテキストを発行いたしました。本書はそのなかの1冊であり，履修科目における「こころとからだのしくみⅠ」「こころとからだのしくみⅡ」「発達と老化の理解Ⅰ」「発達と老化の理解Ⅱ」「認知症の理解Ⅰ」「認知症の理解Ⅱ」「障害の理解Ⅰ」「障害の理解Ⅱ」を収載しています。

このたびの第3版の編集にあたっては，最新の知見をふまえた見直しや統計数値の更新を行うとともに，「実務者研修」を通信課程で受講する方々にも無理なく，わかりやすく自己学習を進めることができるように工夫しました。加えて，広く外国人介護職員にもご活用いただくことを想定して，全文に「ふりがな」を付けました。読者の皆様には，本書に加えて，『第1巻　人間と社会』『第2巻　介護Ⅰ』『第3巻　介護Ⅱ』『第5巻　医療的ケア』のご活用もお願い申し上げます。さらには，お気づきの点をお寄せいただき，今後改訂を重ねていきたいと考える次第です。

編者一同

介護福祉士実務者研修テキスト
【第4巻】こころとからだのしくみ 第3版

はじめに
本書をご活用していただくにあたって

第1章 介護に関連するからだのしくみ (こころとからだのしくみⅠ)

第1節 移動・移乗に関連するからだのしくみ ……………………………… 2
 1. 基本的な姿勢 …………………………………………………………… 2
 2. 基本的なからだのしくみ ……………………………………………… 4

第2節 食事に関連するからだのしくみ …………………………………… 8
 1. 基本的なからだのしくみ ……………………………………………… 8
 2. 栄養素とエネルギー …………………………………………………… 11
 3. 代償的な栄養摂取法 …………………………………………………… 13

第3節 入浴・清潔保持に関連するからだのしくみ ……………………… 16
 1. 基本的なからだのしくみ ……………………………………………… 16
 2. 入浴と清潔保持の意味 ………………………………………………… 22

第4節 排泄に関連するからだのしくみ …………………………………… 24
 1. 基本的なからだのしくみ ……………………………………………… 24

第5節 着脱，整容，口腔清潔に関連するからだのしくみ ……………… 30
 1. 基本的なからだのしくみ ……………………………………………… 30
 2. 着脱，整容，口腔清潔の意味 ………………………………………… 36

第6節 休息・睡眠に関連するからだのしくみ …………………………… 38
 1. 基本的なからだのしくみ ……………………………………………… 38
 2. こころのしくみ ………………………………………………………… 40

第1章学習のポイント …………………………………………………………… 41
第1章用語解説 …………………………………………………………………… 44

第2章 心身の構造・機能と介護における観察のポイント (こころとからだのしくみⅡ)

第1節 人間の心理 ……………………………………………………………… 48
 1. 人間の欲求の基本的理解 ……………………………………………… 48
 2. こころのしくみの基礎 ………………………………………………… 51

Contents

第2節 人体の構造と機能 ………………………………………… 66
　1. 生命の維持・恒常のしくみ ………………………………… 66
　2. 人間のからだのしくみ 72
　3. ボディメカニクスの活用 99

第3節 移動・移乗における観察のポイント ……………………… 102
　1. 移動・移乗を阻害する要因の理解 ………………………… 102
　2. 変化に気づくための観察のポイント 106
　3. 医療職との連携のポイント 108

第4節 食事における観察のポイント ……………………………… 110
　1. 食事を阻害する要因の理解 ………………………………… 110
　2. 変化に気づくための観察のポイント ……………………… 114
　3. 医療職との連携のポイント ………………………………… 117

第5節 入浴・清潔保持における観察のポイント ………………… 118
　1. 入浴を阻害する要因の理解 ………………………………… 118
　2. 変化に気づくための観察のポイント ……………………… 122
　3. 医療職との連携のポイント ………………………………… 124

第6節 排泄における観察のポイント ……………………………… 126
　1. 排泄を阻害する要因の理解 ………………………………… 126
　2. 変化に気づくための観察のポイント ……………………… 130
　3. 医療職との連携のポイント ………………………………… 133

第7節 着脱，整容，口腔清潔における観察のポイント ………… 134
　1. 身じたくを阻害する要因の理解 …………………………… 134
　2. 変化に気づくための観察のポイント ……………………… 138
　3. 医療職との連携のポイント ………………………………… 142

第8節 休息・睡眠における観察のポイント ……………………… 144
　1. 睡眠を阻害する要因の理解 ………………………………… 144
　2. 変化に気づくための観察のポイント ……………………… 148
　3. 医療職との連携のポイント ………………………………… 150

第9節 人生の最終段階のケアにおける観察のポイント ………… 152
　1. 終末期の理解 ………………………………………………… 152
　2. こころのしくみ ……………………………………………… 155

　　3. 終末期から危篤状態の変化の特徴 ……………………………… 157
　　4. 死後の対応 ……………………………………………………………… 162
　　5. 医療職との連携のポイント ………………………………………… 164
　　6. 家族へのケア ………………………………………………………… 166
　第2章学習のポイント ……………………………………………………… 169
　第2章用語解説 ………………………………………………………………… 175

第3章　老化に伴うこころとからだの変化（発達と老化の理解Ⅰ）

　第1節　こころの変化と日常生活への影響 ……………………………… 182
　　1. 老化が及ぼす心理的影響 …………………………………………… 182
　　2. 自己概念と生きがい ………………………………………………… 188
　第2節　からだの変化と日常生活への影響 ……………………………… 190
　　1. 加齢にともなう身体機能の変化と日常生活への影響 ……… 190
　　2. さまざまな機能の変化 ……………………………………………… 193
　第3章学習のポイント ……………………………………………………… 214
　第3章用語解説 ………………………………………………………………… 216

第4章　老年期の発達，成熟と健康（発達と老化の理解Ⅱ）

　第1節　人間の成長・発達 ………………………………………………… 222
　　1. 発達の定義 …………………………………………………………… 222
　　2. 発達段階と発達課題 ………………………………………………… 225
　　3. 各ライフサイクルの発達 …………………………………………… 228
　第2節　老年期の発達・成熟と心理 ……………………………………… 232
　　1. 老年期の定義 ………………………………………………………… 232
　　2. 老年期の心理的課題と適応 ………………………………………… 234
　　3. 要介護状態と高齢者の心理 ………………………………………… 239
　　4. 不適応状態を緩和する心理 ………………………………………… 240
　第3節　高齢者に多くみられる症状・疾病等 …………………………… 242
　　1. 高齢者に多くみられる症状・訴えとその留意点 …………… 242
　　2. 介護を要する高齢者によくみられる病気・病態 …………… 262

Contents

第4章学習のポイント ……………………………………………… 286
第4章用語解説 …………………………………………………… 289

第5章 認知症の基礎的理解（認知症の理解Ⅰ）

第1節 認知症ケアの理念と視点 ………………………………… 294
　　1. 認知症ケアを取り巻く状況 ……………………………… 294
　　2. 認知症ケアの理念 ………………………………………… 296
　　3. 認知症ケアの視点 ………………………………………… 298

第2節 認知症による生活障害，心理・行動の特徴 ………… 300
　　1.「人」と「生活」の理解 ………………………………… 300
　　2. 認知症ケアはなぜ「人」と「生活」に焦点をあてる必要があるのか … 301
　　3. 認知症の中核症状 ………………………………………… 303
　　4. BPSD（行動・心理症状）………………………………… 305
　　5. 意識障害の理解 …………………………………………… 309
　　6. 生活障害の理解 …………………………………………… 310

第3節 認知症の人や家族へのかかわり・支援の基本 ……… 312
　　1. 認知症の人にかかわる際の前提 ………………………… 312
　　2. 実際のかかわり方の基本 ………………………………… 316
　　3. 家族への支援 ……………………………………………… 320

第5章学習のポイント …………………………………………… 326
第5章用語解説 …………………………………………………… 328

第6章 認知症の医学的理解と支援の実際（認知症の理解Ⅱ）

第1節 医学的側面からみた認知症の理解 …………………… 332
　　1. 認知症とは ………………………………………………… 332
　　2. 認知症の診断 ……………………………………………… 340
　　3. 認知症の原因疾患とその病態 …………………………… 345
　　4. 認知症の治療と予防 ……………………………………… 355

第2節 認知症の人への支援の実際 …………………………… 360
　　1. 認知症のアセスメント …………………………………… 360

2. 中核症状へのかかわり方の実際 ……………………… 364

3. BPSD（行動・心理症状）へのかかわり方の実際 ……… 367

4. 環境の整備 ……………………………………………… 370

5. 認知症ケアにおけるチームアプローチ ………………… 372

6. 認知症の人へのさまざまなアプローチ ………………… 374

7. 地域生活の支援 ………………………………………… 380

第6章学習のポイント ……………………………………… 386

第6章用語解説 ……………………………………………… 388

第7章 障害の基礎的理解（障害の理解Ⅰ）

第1節 障害者福祉の理念 ……………………………………… 392

1.「障害」のとらえ方 …………………………………… 392

2. 国際障害分類と国際生活機能分類 …………………… 394

3. 障害者福祉の基本理念 ………………………………… 398

4. 障害の法的定義 ………………………………………… 402

第2節 障害による生活障害，心理・行動の特徴 …………… 406

1. 身体障害による生活上の障害と心理・行動の特徴 …… 406

2. 知的障害による生活上の障害と心理・行動の特徴 …… 420

3. 精神障害による生活上の障害と心理・行動の特徴 …… 422

4. 高次脳機能障害による生活上の障害と心理・行動の特徴 … 424

5. 発達障害による生活上の障害と心理・行動の特徴 …… 426

6. 難病による心理・行動の特徴 ………………………… 428

第3節 障害のある人や家族へのかかわり・支援の基本 …… 430

1. 障害のある人へのかかわり・支援の基本 …………… 430

2. 家族の理解と障害の受容支援 ………………………… 432

3. 介護負担の軽減 ………………………………………… 434

第7章学習のポイント ……………………………………… 436

第7章用語解説 ……………………………………………… 438

Contents

第8章 障害の医学的理解と支援の実際（障害の理解Ⅱ）

第1節 医学的側面からみた障害の理解 ……………………………………… 444
　　1. 視覚障害 ……………………………………………………………………… 444
　　2. 聴覚・言語障害 ……………………………………………………………… 446
　　3. 運動機能障害 ………………………………………………………………… 448
　　4. 心臓機能障害 ………………………………………………………………… 453
　　5. 呼吸器機能障害 ……………………………………………………………… 454
　　6. 腎臓機能障害 ………………………………………………………………… 456
　　7. 膀胱・直腸機能障害 ………………………………………………………… 457
　　8. 小腸機能障害 ………………………………………………………………… 459
　　9. ヒト免疫不全ウイルスによる免疫機能障害 ……………………………… 460
　　10. 肝臓機能障害 ……………………………………………………………… 461
　　11. 知的障害 …………………………………………………………………… 462
　　12. 精神障害 …………………………………………………………………… 465
　　13. 高次脳機能障害 …………………………………………………………… 468
　　14. 発達障害 …………………………………………………………………… 470
　　15. 難病 ………………………………………………………………………… 472
第2節 障害の特性に応じた支援の実際 ……………………………………… 474
　　1. アセスメントの視点と個別支援 …………………………………………… 474
　　2. 障害のある人がふつうに暮らせる地域づくり …………………………… 478
　　3. 地域におけるサポート体制 ………………………………………………… 480
　　第8章学習のポイント ………………………………………………………… 486
　　第8章用語解説 ………………………………………………………………… 488

さくいん ………………………………………………………………………………… 492
編者・執筆者一覧

本書をご活用していただくにあたって

【編集方針】

■ 1850時間の介護福祉士養成課程のうち，実務経験のみでは習得できない知識・技術を中心に，全5巻のシリーズとして構成しています。

■ 国が示す実務者研修のカリキュラムにもとづいて，介護福祉士に求められる基礎的・応用的（実践的）な知識と技術を習得できるようにしています。

■ 介護職員初任者研修，訪問介護員養成研修，介護職員基礎研修等を修了したことにより履修免除となる科目が「章単位」で設定されており，学びやすい目次構成にしています。

■ 図表やイラストを多用してビジュアル的側面に配慮しています。

【特　徴】

■ 各章の冒頭に，国が示す実務者研修各科目の【到達目標】を明示しています。

■ 各節の単元ごとに「□月□日」と日付を記入できる欄を設けています。自己学習を計画的に進めるために，学習し終えたところから日付を記入して，学習の進行状況を確認してみましょう。

■ 本文中における重要語句（キーワード）を，色文字・ゴシック体（強調書体）で明示しています。

■ 本文中，必要に応じて参照ページ（☞第○巻 p. ○と明示）を掲載しています。該当ページをみると，より詳しい内容や関連する情報が記述されています。

■ 各章の本文の終わりには「学習のポイント」を掲載しています。これは各節の単元ごとに本文中の重要事項をまとめたものです。テキストに出てくる順番に掲載していますので，重要事項が理解・把握できているかどうかふり返ってみましょう。

■ 本文中，専門用語や難解な用語をゴシック体（強調書体）で明示し，章末に「用語解説」を掲載しています。また参照ページを明示していますので，用語解説から本文，本文から用語解説を必要に応じて確認することができます。

【本文表記】

■「障害」という用語には否定的なイメージがあり，「障がい」と表記するなどの取り扱いが広がっていますが，日本の法令用語としては「障害」が用いられています。こうした動向をふまえつつ，本書におきましては法令との整合性をはかるために，「障害」を用語として用いています。

■ 法令用語と同様に，本書におきましては医学関連の用語についても，学会等での議論や医学辞典における表記にもとづいた用語を用いています。

第 **1** 章

介護に関連するからだのしくみ
（こころとからだのしくみ I ）

第1節 移動・移乗に関連するからだのしくみ

第2節 食事に関連するからだのしくみ

第3節 入浴・清潔保持に関連するからだのしくみ

第4節 排泄に関連するからだのしくみ

第5節 着脱，整容，口腔清潔に関連するからだのしくみ

第6節 休息・睡眠に関連するからだのしくみ

【到達目標】

● 介護に関係した身体の構造や機能に関する基本的な知識を修得している。

移動・移乗に関連する からだのしくみ

月

日

1. 基本的な姿勢

❶ 姿勢の種類

▶▶ 基本的な姿勢

　姿勢は，臥位，座位，立位に分けられます。また，これらの姿勢は，さらに細かく分けられています（図1-1）。

　私たちは，休息をとるときには臥位または座位をとります。とくに臥位では，四肢，体幹の筋活動はほとんど不要になり，リラックスできます。逆に座位，立位になるにしたがい，姿勢保持のために頸部，体幹の筋力，下肢の筋力が必要になります。

▶▶ 臥位

　姿勢としては，頭部，体幹，四肢がベッドや床と接する臥位がもっとも安定しやすい姿勢といえます。

▶▶ 座位

　座位になると，殿部から大腿後面にかけて座面と接するようになるほか，頭部や体幹が座面から離れる分，からだの重心も高くなります。バランスをくずしがちな場合には，背もたれや肘置きなど，外部からバランスを補助する必要があります。

▶▶ 立位

　立位では，さらに体重を支える面積はせまくなるうえ，重心位置もさらに高くなります。立位姿勢を保持し続けるには，からだ全体を使ってバランスをとる必要があります。

❷ 良肢位

　ADL[1]（→ p.44参照）で支障の少ない関節角度をとった肢位を良肢位といいます。麻痺などで関節をみずから動かすことができなくなった場合には，ベッドで臥位をとる際や，車いすで座位をとる際に同一姿勢を長時間とることが避けられないため，負担を軽減した姿勢保持が必要になります。

図 1-1 ● 基本的な姿勢

仰臥位（ぎょうがい）
あお向けの姿勢

腹臥位（ふくがい）
うつぶせの姿勢

側臥位（そくがい）
横向きに寝ている姿勢
右を向いている場合は右側臥位という

椅座位（いざい）
いすに座った姿勢

端座位（たんざい）
ベッドの端に腰をかけ，
足底を床につけている姿勢

長座位（ちょうざい）
膝を伸ばし，背中をまっすぐにして座っ
た姿勢

起座位（きざい）
オーバーテーブルの上に枕やクッション
を置き，それをかかえてうつぶせになっ
ている姿勢

半座位（はんざい）
上半身を約45度起こした姿勢
ファーラー位ともいう

立位（りつい）
まっすぐ立った姿勢

2. 基本的なからだのしくみ
_{き ほんてき}

❶ 体位変換を行うためのしくみ
_{たい い へんかん} _{おこな}

移動するためには，臥位から座位，立位と姿勢を変換していく必要があります。
_{い どう} _{が い} _{ざ い} _{りつい} _{し せい} _{へんかん} _{ひつよう}
それぞれの姿勢と動作の特徴を学んでおきましょう。
_{し せい} _{どう さ} _{とくちょう} _{まな}

▶▶ 寝返り動作――仰臥位から側臥位へ
_{ね がえ どう さ} _{ぎょうが い} _{そくが い}

仰臥位から側臥位になる寝返り動作は，①下肢の重さを利用して骨盤帯を回旋させ，そ
_{ぎょうが い} _{そくが い} _{ね がえ どう さ} _{か し} _{おも} _{りよう} _{こつばんたい} _{かいせん}
の動きを脊柱のつながりをもって肩甲帯まで伝えて側臥位になる方法，②頭部を軽く持ち
_{うご} _{せきちゅう} _{けんこうたい} _{つた} _{そくが い} _{ほうほう} _{とう ぶ} _{かる} _も
上げ，体幹の屈曲筋をはたらかせて肩甲帯から骨盤帯にいたる体幹を固定して１つのかた
_あ _{たいかん} _{くっきょくきん} _{けんこうたい} _{こつばんたい} _{たいかん} _{こ てい}
まりとしたあと，先に肩甲帯を回旋させることで，骨盤帯までを回旋させて寝返る方法な
_{さき} _{けんこうたい} _{かいせん} _{こつばんたい} _{かいせん} _{ね がえ ほうほう}
どがあります。介助で行う場合には，②のやり方（図1-2）が多く用いられます。
_{かいじょ} _{おこな} _{ば あい} _ず _{おお もち}

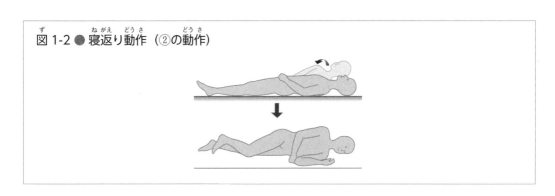

図1-2 ● 寝返り動作（②の動作）
_ず _{ね がえ どう さ} _{どう さ}

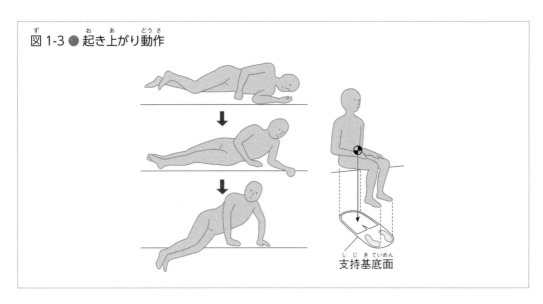

図1-3 ● 起き上がり動作
_ず _{お あ どう さ}

支持基底面
_{し じ き ていめん}

▶▶ 起き上がり動作——側臥位から座位へ

起き上がり動作では，側臥位からの起き上がりの際に上肢と体幹の力を利用します。また，ベッドから起き上がる場合には，下肢をベッドの外に出すなどして，下肢の重みも起き上がりの力として利用します（図1-3）。

座位姿勢をとるためには，股関節の屈曲可動域が十分にあることが必要です。また，座位姿勢が安定するには，からだを支持する面（支持基底面）のなかに重心を保つことが必要です。自立して座位姿勢を保持するには，体幹や股関節周囲の筋力と，適切なバランス反応があることが条件になります。

▶▶ 座位保持

安定して座位姿勢を保つためには，からだが座面に接している部分のなかに重心がある必要があります。座位では臥位と比較して接している面積がせまくなるほか，坐骨，仙骨といった骨に，とくに体重が集中しがちになります。このため長時間の座位では殿部に痛みを生じることがあります。また，脊髄損傷 [2]（➡ p.44参照）などにより感覚の低下があったりする場合には，褥瘡（☞第2巻 p.378）を生じるおそれがあります。したがって，同じ場所に体重が集中しないように，座位を保ちつつも体重を移動させる必要があります。支持している面のなかで意図的に重心位置を動かせることも重要です。

▶▶ 立ち上がり動作——座位から立位へ

立ち上がり動作は，通常は両足を引いた姿勢から体幹を前傾して行う方法で行われますが，股関節や膝関節の屈曲可動域が十分にない場合には，体幹を前傾させずに上肢の押し下げる力を利用して行う場合があります。立ち上がり動作を行うためには，抗重力筋 [3]（➡ p.44参照）の筋力と，重心位置を座面から足底部に移動するための，体幹を前傾したり上肢でからだを押し上げたりする動作が必要です。立ち上がり動作が困難な人を介助するときは，立ち上がりの動きの方向に合わせて，引き上げる介助を行います。

▶▶ 立位保持

立位姿勢では，座位と比較してさらに支持基底面はせまくなり，重心の位置は高くなります。このため，自立して立位姿勢を保持するには，抗重力筋の筋力と，適切なバランス反応があることが条件になります。立位では，足関節周囲の動きや股関節周囲の動き，体幹の動きによりバランスを保つよう姿勢を調整していますが，高齢者の場合，とくに足関節周囲での姿勢調整能力が低下するため，ふらつきが大きくなるといわれています。

❷ 歩行するためのしくみ ::

▶▶ 歩行の動作

　歩行は，立位姿勢を保ちつつ，両側の下肢を交互に軸足にしながら，反対側の下肢を前にふり出す動作です（図1-4）。体幹や下肢の筋力で体重を支え，さらに感覚器官からの情報をもとに，制御中枢が筋力を適切にコントロールしてバランスを保ちつつ，半ば自動的に両下肢を交互にふり出しています。歩行は，重心の位置が高いうえに，からだを支持する面を次々とつくり出していく動きであることから，不安定になりやすい状況といえます。

　屋外の歩行では，人ごみを避けたり交差点を渡ったりしながら，目的地まで到着しなければなりません。周囲への注意力，判断力，道順などの記憶力も，実用的な歩行には必要になります。

▶▶ 身体状況の変化による歩容

　歩行では，身体状況の変化により，特徴的な歩行の様子（歩容）が観察されます。高齢者によくみられる円背は，通常よりも前方に重心の位置を移動させるため，代償的に膝を屈曲して，安定した立位・歩行姿勢をとります。このような歩容では，足先の上がりが悪くなるため，つまずきやすくなります。

　また，脳卒中[4]（➡p.44参照）などにより片麻痺がある場合には，麻痺側の下肢をふり回すようにして前に出します。ほかにも，股関節に痛みがあったり，股関節周囲の筋力が低下していたりすると，体幹を傾斜させた歩容になる場合があります。

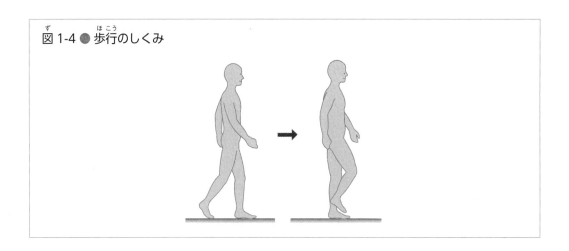

図 1-4 ● 歩行のしくみ

❸ 車いすを動かすためのしくみ

▶▶ 車いす上での適切な座位姿勢

　車いす（☞第2巻p.256）は，座位姿勢で，上肢や下肢の力を駆動力として利用し，移動するものです。したがって，自走で利用するには，安定した座位姿勢がとれること，車いすを駆動する力や関節の動きがあることが必要です。

　車いす上で適切な座位姿勢をとるには，股関節，膝関節，足関節の屈曲可動域が保たれていなければなりません。また，安定した座位には，頸部・体幹から股関節までの筋が十分にはたらく必要があります。もし関節の可動域や筋力が不十分だったり，脊柱が変形したりするなどして安定した座位姿勢が保てないときは，クッションやバックサポート，体幹や骨盤を固定するベルトなどで姿勢を安定させます。

▶▶ 車いすの駆動

　車いすは，通常，ハンドリムを前方に押すことにより駆動します（図1-5）。前進するためには，体側か体側のやや後方でハンドリムをにぎるか押さえつけたあと，前方に押し出します。したがって，両肩や肘関節の関節可動域が保たれている必要があるほか，前方に駆動するために三角筋や大胸筋などの筋力を必要とします。

　そのほかの車いすの駆動方法としては，片麻痺の人が行う片手片脚での駆動方法があります。失調性の麻痺でハンドリム（☞第2巻p.257）を正しくにぎることが困難な場合には，両脚で駆動する方法で行います。下肢を駆動力として使う場合には，座面の高さを低めに設定するなどの配慮をします。

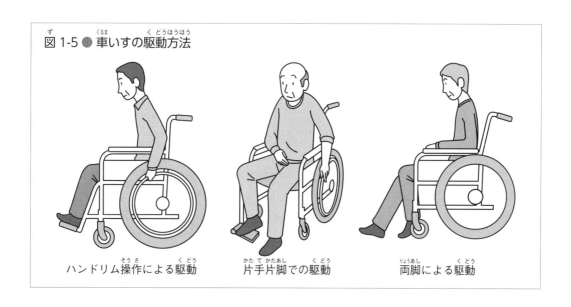

図 1-5 ● 車いすの駆動方法

ハンドリム操作による駆動　　　片手片脚での駆動　　　両脚による駆動

第**2**節 食事に関連するからだの
しくみ

月

日

1. 基本的なからだのしくみ

❶ 口腔内のしくみ

食事の機能を理解するうえで，口腔から食道までのおぼえておくべき解剖図とその名称については図1-6のとおりです。

❷ 摂食と嚥下運動

食事の動作には，先行期，準備期，口腔期，咽頭期，食道期といった段階があり，これを摂食嚥下の5期といいます（表1-1）。とくに，口腔期から食道期の3つの時期は「嚥下3期」といわれる嚥下運動を示します。口腔期は，咀嚼し食塊を形成する口腔準備期と，舌により食塊を咽頭に送りこむ口腔送りこみ期に分けられます。

① 先行期は，食べ物の形や色，においなどを認知する時期です。
② 準備期は，食べ物を取りこみ，唾液とともに咀嚼し，食塊（食べ物のまとまり）を形成する時期です。

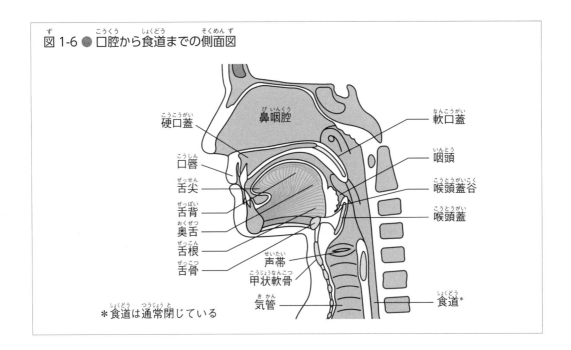

図 1-6 ● 口腔から食道までの側面図

＊食道は通常閉じている

8

③ 口腔期では，食塊が奥舌のほうに移送されてくると，軟口蓋が上がり，鼻への逆流を防ぎます。咽頭の入り口あたりの部分で嚥下反射がうながされ，ごっくんと飲みこみます（嚥下）。

この嚥下反射は無意識に行われ，食塊が咽頭に入ります。この時期を咽頭期といい，次の食道期にかけての蠕動運動は意識をしない状態で行われます。一連の運動により，食塊は0.5～1秒程度で咽頭を通過します。

❸ 消化器のしくみ

消化器は，全長はおおよそ9mで，口腔，咽頭，食道，胃，肝臓，胆嚢，膵臓，小腸（十二指腸，空腸，回腸），大腸（盲腸，上行結腸，横行結腸，下行結腸，S状結腸，直腸），肛門からなっています。

消化とは，取りこんだ食べ物を栄養素の状態で吸収することです。吸収とはこの栄養素を小腸の粘膜などから取り入れ，血液やリンパ液のなかに送りこむことです。

口腔では，咀嚼によって唾液（アミラーゼ）と混ざり，糖質（炭水化物）を分解します。途中通過する咽頭，咽頭と胃をつなぐ食道では食べ物が**蠕動運動** [5]（➡ p.44参照）によって移送されます。

胃は袋状の器官であり，入り口から噴門，胃底部，胃体部，幽門部と呼ばれます。食塊は胃液と混合し，さらに粥状にされます。

肝臓で生成される胆汁は胆嚢に貯蔵されますが，胆汁に含まれる胆汁酸は食物中の脂質を乳化し，酵素のリパーゼと反応し，小腸からの脂質の消化吸収に役立ちます。

肝臓は，おもにたんぱく質や脂質，炭水化物などの**代謝** [6]（➡ p.44参照），胆汁の生成，アンモニアの尿素への変換，解毒作用，アルブミンの合成，グリコーゲンの貯蔵とブドウ糖の生成，造血などの機能があります。

膵液は十二指腸へ排出され，アミラーゼによる糖質（炭水化物）分解，リパーゼによる脂質分解，トリプシンによるたんぱく質分解など**3大栄養素** [7]（➡ p.44参照）の消化が行われます。

小腸で吸収された栄養素は，門脈系あるいはリンパ系といわれる2種類の経路によって全身に運ばれ利用されます。さらに，食べ物は蠕動運動によって大腸に運ばれ，大腸菌などの腸内細菌によって分解，発酵，腐敗され，一部の栄養素と水分の吸収が行われ，最終的に糞便として肛門から排出されます。

表1-1 ● 摂食嚥下の5期と内容

状態	内容
先行期（認知期）	食物の形や色，においなどを認知する時期。食事を見ながら食物のかたさや味などを過去の経験から想像するが，条件反射的に，唾液が分泌され，食事の準備が行われる。
準備期（咀嚼期）	食塊を整える時期で，捕食，咀嚼，食塊形成の3段階がある。食事の取りこみには，姿勢や上肢の動き，口唇の力，スプーンや食器，あるいは集中できる環境などの要因が関係する。また，食事を口に取りこんだら，固体の際は，咀嚼し，食塊の形状を整える。
口腔期	食塊を口腔から咽頭へ移送する時期。移送はおもに舌で行われる。舌は食塊を形成したり，辺縁を硬口蓋に押しつけ，送りこむのに重要なはたらきをしている。声帯は内転し，仮声帯は閉鎖する。 また，咀嚼し，食塊を形成する口腔準備期と，舌により食塊を咽頭に送りこむ口腔送りこみ期とに分けられる。
咽頭期	嚥下反射により，食塊が咽頭を通過する時期。軟口蓋が鼻腔を閉鎖し，喉頭は舌骨上筋群により引き上げられ挙上する。食塊が咽頭に入ると，舌骨が咽頭後壁に押しつけられ，咽頭に蠕動運動が生じ，喉頭蓋が反転して喉頭の入り口を閉鎖する。嚥下反射のタイミングは食塊の内容や量等によって変わる。
食道期	食塊が食道入口部から胃へ移送される時期。食塊は輪状咽頭筋が弛緩し，食道に入りこむと，括約筋が閉鎖し，蠕動運動，重力，腹腔内圧によって，胃へと移送される。食道下部（胃との境）には，下部食道括約筋があり，胃からの上行への逆流を防止している。

（口腔期の図内ラベル：食塊）

2. 栄養素とエネルギー

❶ 栄養素の種類

　栄養素のなかで，たんぱく質，脂質，糖質（炭水化物），ビタミン，ミネラルの5種類を5大栄養素といいます。たんぱく質のおもなはたらきとしては，からだをつくる材料となり，肉，魚，卵，大豆製品などに多く含まれます。また，脂質，糖質（炭水化物）はエネルギーのもととなり，脂質は，バター，マーガリン，植物油，魚の脂身などに含まれ，糖質（炭水化物）は，ご飯，パン，めん，いも，砂糖などに含まれます。また，ビタミン，ミネラルはからだの調子を整え，ミネラルはさらに骨や歯などをつくることに役だっています。ビタミンは，緑黄色野菜，果物，レバーなどに含まれ，ミネラルは，海藻，牛乳，乳製品，小魚などに含まれます。

❷ エネルギー必要量

　日本人の食事摂取基準（2020年版）では，表1-2のとおり，国民の健康の保持・増進，生活習慣病の発症予防および重症化予防に加え，高齢者の低栄養予防やフレイル予防も視野に入れ，摂取することが望ましいエネルギーおよび栄養素の量が定められています。

　基礎代謝は，生命活動を維持するために生体で生理的に行われる活動に必要なエネルギーを指し，1日の基礎代謝量＝基礎代謝基準値×体重で計算することができます（表1-3）。また，推定エネルギー必要量は，年齢と活動レベルで変わります。

　1日の総エネルギー消費量のうち，安静時の基礎代謝量が約60％，食事誘発性熱産生（食事後の代謝量の増加）が約10％で，残り30％が身体活動と運動の消費エネルギーとなります。メッツとは，安静時の酸素摂取量3.5ml/kg/分を1としたときに，その運動で何倍のエネルギーを消費したかの運動強度を単位で示したものです。生活活動のメッツの例として，立位（会話，電話，読書），皿洗いは1.8，普通歩行は3.0，運動のメッツの例としてヨガは2.5，ラジオ体操は4.0等です。

　1日あたりの全エネルギーのうち，たんぱく質は13〜20％，脂質は20〜30％（飽和脂肪酸は18歳以上で7％以下），糖質（炭水化物）は50〜65％で構成しています。

表 1-2 ● 日本人の食事摂取基準に定められたエネルギー・栄養素の指標

指標	目的
体格 （BMI：Body Mass Index）	エネルギーの摂取量および消費量のバランス（エネルギー収支バランス）の維持を示す指標
栄養素 推定平均必要量 （EAR：estimated average requirement）	摂取不足の回避を目的とした指標（半数の人が必要量を満たす量）
推奨量 （RDA：recommended dietary allowance）	推定平均必要量を補助する指標（ほとんどの人が充足している量）
目安量 （AI：adequate intake）	十分な科学的根拠が得られず，推定平均必要量と推奨量が設定できないときに用いる指標
耐容上限量 （UL：tolerable upper intake level）	過剰摂取による健康被害の回避を目的とした指標
目標量 （DG：tentative dietary goal for preventing life-style related diseases）	生活習慣病の予防を目的に，当面の目標となる摂取量の指標

表 1-3 ● 参照体重における基礎代謝量

性別	男 性			女 性		
年齢 （歳）	基礎代謝基準値 (kcal/kg 体重 / 日)	参照体重 (kg)	基礎代謝量 (kcal/ 日)	基礎代謝基準値 (kcal/kg 体重 / 日)	参照体重 (kg)	基礎代謝量 (kcal/ 日)
1〜2	61.0	11.5	700	59.7	11.0	660
3〜5	54.8	16.5	900	52.2	16.1	840
6〜7	44.3	22.2	980	41.9	21.9	920
8〜9	40.8	28.0	1140	38.3	27.4	1050
10〜11	37.4	35.6	1330	34.8	36.3	1260
12〜14	31.0	49.0	1520	29.6	47.5	1410
15〜17	27.0	59.7	1610	25.3	51.9	1310
18〜29	23.7	64.5	1530	22.1	50.3	1110
30〜49	22.5	68.1	1530	21.9	53.0	1160
50〜64	21.8	68.0	1480	20.7	53.8	1110
65〜74	21.6	65.0	1400	20.7	52.1	1080
75 以上	21.5	59.6	1280	20.7	48.8	1010

3. 代償的な栄養摂取法
<small>だいしょうてき　えいようせっしゅほう</small>

❶ 経管栄養法とは
<small>けいかんえいようほう</small>

　代償的な栄養摂取法は，機能障害，狭窄や炎症などで口から食べることが困難，あるいは不可能な場合に，必要な栄養や水分を取り入れるために実施されます。経管栄養法はチューブを用いた栄養法で，経鼻経管栄養，胃ろう経管栄養，腸（十二指腸，空腸）ろう経管栄養，および間歇的口腔食道経管栄養などがあります。ろうの造設部位は，障害の場所や状態によって決まります。口から少しでも食べることが可能な場合は，経口と経管を併用することがあります。

❷ 具体的な経管栄養法
<small>ぐたいてき　けいかんえいようほう</small>

▶▶ 経鼻経管栄養
<small>けいびけいかんえいよう</small>

　経鼻経管栄養は，鼻から細いチューブを胃まで挿入し，流動食や水分を流入する方法です。本人は違和感を生じますが，外科的手術を必要とせず，挿入・抜去を簡便に行うことができます。一時的に利用されることが多い方法といえます（図1-7）。

▶▶ 間歇的口腔食道経管栄養
<small>かんけつてきこうくうしょくどうけいかんえいよう</small>

　間歇的口腔食道経管栄養（OE:Intermittent-oro-esophageal tube feeding）は，チューブを栄養補給時にだけ経口的に挿入し，チューブの先端を食道に留置する方法です。チューブの挿入により間接的な嚥下訓練の効果をあらわす可能性があります（図1-8）。

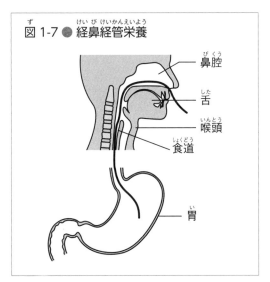

図1-7 ● 経鼻経管栄養

鼻腔
舌
喉頭
食道
胃

図1-8 ● 間歇的口腔食道経管栄養

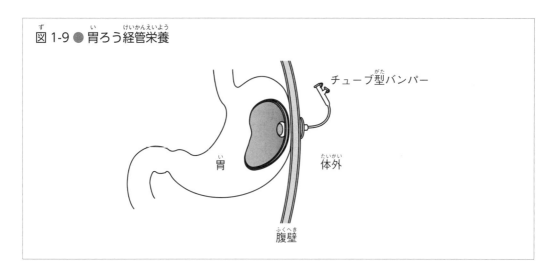

図1-9 ● 胃ろう経管栄養

チューブ型バンパー

胃

体外

腹壁

▶▶ **胃ろう経管栄養**

　胃ろう経管栄養は，腹部に小さな穴を開けて，直接，胃に栄養を入れる栄養法で，局所麻酔による内視鏡下で造設を行います（図1-9）。基本的に本人の苦痛や介護する人の負担が少なく，食事の流動物を流入した場合でも，自然な消化をうながすことができます。

　胃ろう経管栄養の利点は，少量でバランスのとれている高カロリーの栄養が得られ，消化吸収がよく，副作用も少ないことがあげられます。

▶▶ **腸ろう経管栄養**

　腸ろう経管栄養は，食道や胃などを全摘出した術後の栄養路として造設されることが多いものです。管理は容易ですが，チューブの屈曲などが生じやすいといえます。

❸ その他の栄養法

　経口栄養法，経管栄養法の適応がむずかしい場合は，末梢点滴，**中心静脈栄養法** [8]（➡ p.45 参照）といった注射による栄養・水分などの補給を行います。

❹ 栄養補助食品

　経管栄養法で用いられる食品は，通常，市販されているものを使用します。なかには，薬品として扱われるものがありますが，現在は食品として取り扱われているものが多い傾向にあります。

　半消化態流動食や人工低残渣食は，カゼインや卵アルブミン，あるいはデキストリンなどが糖質源となり，脂質，電解質，ビタミンなども配合され，消化・吸収過程は普通食よりよいといえます。

　また，消化態流動食や成分栄養剤は，たんぱく質成分がアミノ酸の形で配合されており，消化過程を経ずそのまま吸収される形になっています。下痢や腹痛を起こしやすく，値段も比較的高価です。これらの使用には，ろうの部位と消化過程を考えた選択が必要になります。

❺ 経管栄養の実施に関する法律改正

　社会福祉士及び介護福祉士法の改正により，2012（平成24）年4月1日から，介護福祉士等の介護職も，一定の要件のもとで胃ろうまたは腸ろうによる経管栄養の一部を実施することが可能になりました。研修実施要綱が示されており，介護職の実施可能な行為が明確になっているので，実施時は関係法令などを遵守します。

　なお，経管栄養を実施する際は，高齢者の日常生活に必要なケア（義歯の取り扱いなど），口腔ケア，胃ろう挿入部のケア，環境整備（気温・湿度），胃・食道逆流症（☞第4巻 p.272）などの合併症，胃ろうまたは腸ろうの閉塞・抜去・誤接続，感染症対策・消毒（消毒薬の副作用の理解を含む）といった内容を理解したうえで，実施することが必要です。

第3節 **入浴・清潔保持に関連する からだのしくみ**

月

日

1. 基本的なからだのしくみ

❶ 皮膚のしくみ ::

私たちのからだは，皮膚という薄い臓器で表面がおおわれています。成人の皮膚は約1.6㎡の面積があり，重さは約3kgあります。皮膚表面は弱酸性（pH4～6）に保たれ，細菌や真菌が繁殖しにくい環境をつくっています。

皮膚は大きく分けて表皮と真皮，皮下組織から成り立っています（図1-10）。

皮膚には表1-4の機能があり，人間のからだを外界から守っています。

図1-10 ● 皮膚のしくみ

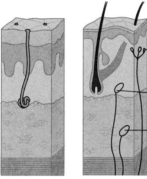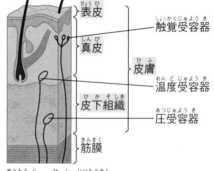

表皮
触覚受容器
真皮
皮膚
温度受容器
皮下組織
圧受容器
筋膜

手のひらや足底の皮膚　　有毛部の皮膚（立毛筋がある）

表1-4 ● 皮膚の機能

保護	真皮の弾力によるクッションのやわらかさと表皮による衝撃を吸収する強さにより，外部からの衝撃を吸収し，体内の臓器を保護する
防御	正常な皮膚にある常在菌が病的細菌の増殖を防止し，外部からの化学的・生物学的な刺激を防ぐ
保湿	皮脂腺からの皮脂，汗腺からの汗により保湿する
漏出防止	角質，水分，皮脂により，バリア機能をもつ皮脂膜を形成し，体内の水分や血漿，栄養分の体外への漏出を防ぐ
感覚器	痛覚，触覚，温覚，冷覚，圧覚を受容する感覚点が分布する
体温調節	脂肪組織による保温，発汗による熱の放散により，体温を調節する
産生	紫外線を吸収し，ビタミンDを産生する

❷ 発汗のしくみ

▶▶ 汗の種類

汗には，次の3種類があります。
① 温熱性発汗（運動をしたり，気温が上昇したりするとかく）
② 精神性発汗（緊張したときなどにかく）
③ 味覚性発汗（からいものや刺激の強いものを食べるとかく）

図 1-11 ● 汗の種類

①温熱性発汗　②精神性発汗　③味覚性発汗

▶▶ 発汗と汗腺

発汗は視床下部 [9]（➡ p.45 参照）にある体温調節中枢が，自律神経を介して汗腺に指令を出すことで起こります。汗が皮膚を濡らし，蒸発するときに体熱を放散し，体温を調節します。

汗腺には，アポクリン腺 [10]（➡ p.45 参照）とエクリン腺 [11]（➡ p.45 参照）の2つがあります（図 1-12）。汗腺がいちばん多く分布しているのは手のひらで，次に足底，額と続きます。

汗をかかない生活は能動汗腺を減少させ，汗をかきにくくします。すると，発汗による体温調節ができず，からだは熱の産生を抑えるために代謝活動を抑制し，低代謝の悪循環におちいります。

発汗以外にも生物学的放熱機構として，目には見えませんが，1日に肺から約300ml，皮膚から500 ～ 600ml の水分が不感蒸泄 [12]（➡ p.45 参照）として排出されています。顔や手からの蒸泄は気づかぬうちに蒸発していますが，衣服でおおわれている皮膚からの蒸泄は衣服に吸収されています。したがって，からだを清潔にするだけではなく，衣服や寝具を適宜取り替え，清潔にする必要があります。

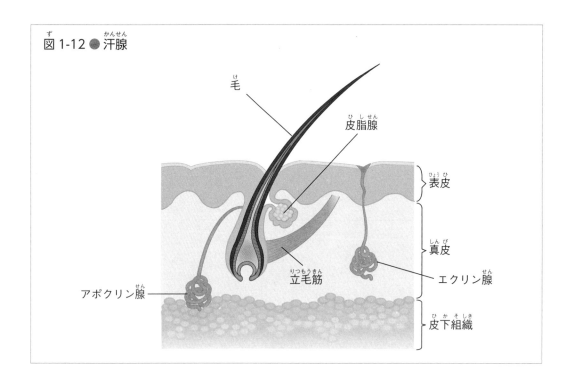

図 1-12 ● 汗腺

毛

皮脂腺

表皮

真皮

エクリン腺

立毛筋

アポクリン腺

皮下組織

▶▶ 汗の成分

汗は血液からつくられます。汗腺に取りこまれた汗は，排出前に再吸収されます。エクリン腺から出る汗の成分は 99％が水，あとは塩化ナトリウムが約 0.65％，尿素 0.08％，乳酸 0.03％，カリウムやマグネシウムなどの電解質です。

大量に発汗したときには脱水（☞第 2 巻 p.397）を避けるために水分を補いますが，失われているのは水分だけではないので，塩分や電解質も補充する必要があります。

アポクリン腺は有機成分を含んでいるのでにおいがあり，体臭の原因の 1 つとなっています。足裏は，ほとんどにおいのないエクリン腺からの分泌なのににおうのは，発汗により靴や靴下などで蒸れやすく，細菌が繁殖しやすいことによります。

汗に含まれる微量の尿素や乳酸などは老廃物ですが，尿と異なり，汗の成分は血漿を薄めたものと同じといわれています。汗の pH は 4 〜 6 の弱酸性で，この酸性度が皮膚表面での細菌増殖を防いでいます。

❸ 皮膚のよごれのしくみ

▶▶ 皮膚のよごれ

　私たちのからだは，常に日光やほこり，温度，湿気や乾燥，酸やアルカリなど，さまざまな外からの刺激にさらされています。また，日本は高温多湿の気候風土であり，汗をかきやすく，皮膚がよごれやすい傾向にあります。

　皮膚のいちばん外側にある表皮は非常に激しく新陳代謝がくり返され，古くなった角質層は約45日で垢となり，はがれ落ち，絶え間なく新しい角質層がつくられます（図1-13）。

　皮膚のよごれには，①外部からつくよごれ，②皮膚からのよごれ，③頭皮からのよごれ，④体内から排出されたものが付着することによるよごれがあります。

▶▶ 外部からつくよごれ

　外部からつくよごれには，ほこり，ごみ，油性の化粧品，細菌などがあります。

　油分を含まないよごれは水洗いで十分ですが，油分を含む場合は洗浄剤でよごれを落とします。この場合，洗浄剤は弱酸性のものを使用します。

　外部からつくよごれでは，感染予防の観点から手指の清潔についてはとくに気をつけなくてはなりません。感染をひろげないようにするためにも液体石けんを使い，流水による十分な手洗いが必要です。

　必要に応じて消毒もします。このとき，薬の効き目を失わないために，石けんをしっかり流してから消毒します。

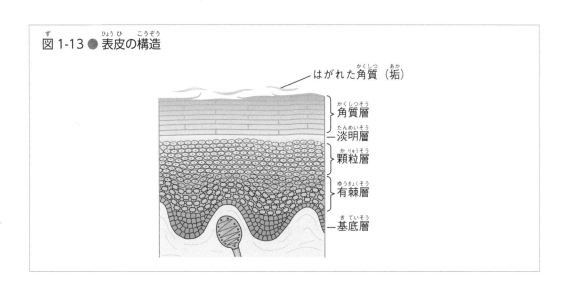

図1-13 ● 表皮の構造

はがれた角質（垢）

角質層
淡明層
顆粒層
有棘層
基底層

▶▶ 皮膚からのよごれ

皮膚からのよごれには，汗，皮脂，垢があります。

なかでも皮脂は，皮膚をなめらかにするとともに抗菌作用のある物質を含み，細菌からからだを保護する役割をもっています。しかし，分泌が過剰な場合は表皮のよごれといっしょになり，毛穴を詰まらせることがあります。

皮膚からのよごれは水洗いか，石けんを使用する場合は洗いすぎにより皮脂を落としすぎないように気をつけます。

垢も自然にはがれ落ちるものですから，ゴシゴシこすらないようにします。洗身用具の使い方や洗身の仕方によっては，乾燥を助長することにもつながりますので，注意が必要です。入浴後はからだの水分をすぐに十分にふき取り，乾燥を防ぎます。必要に応じて，保湿クリームなどを使用します。

▶▶ 頭皮からのよごれ

頭皮や頭髪は，皮脂や汗，はがれ落ちた角質，ほこりなどによってよごれやすくなります。そのため，定期的な洗髪が必要ですが，過剰な洗髪や強い力での不適切な洗い方は，頭皮を保護している脂質や角質を取りすぎ，乾燥化，脆弱化を招き，皮膚のバリア機能をそこないます。

活動や季節などによる影響を考慮しますが，洗髪は1～3日に1回程度が適切とされています。

毛髪は成長期（2～6年），退行期（2～3週間），休止期（3～4か月）の毛周期で成長と退縮をくり返し，成長期には1か月に約10～12mmずつ伸び，休止期に脱毛します（図1-14）。毛の外側にある毛小皮（キューティクル）は毛の栄養を保持したり，毛によごれがつくのを防いでいます。洗髪時はシャンプーを十分に泡立てて，髪と髪がこすれ合ってキューティクルが傷つくのを避けます。

また，毛髪はたんぱく質で構成され，熱でたんぱく変性を起こします。濡れた毛髪では55℃程度で変性が始まるといわれています。乾いているにもかかわらず，必要以上に乾燥させると頭皮を傷めてふけの原因になったり，毛髪内部の水分を失いますので，ドライヤーを使用するときには注意が必要です。

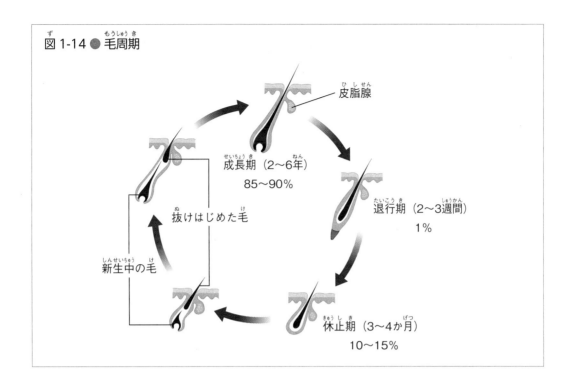

図1-14 ● 毛周期

皮脂腺

成長期（2〜6年）
85〜90%

抜けはじめた毛

退行期（2〜3週間）
1%

新生中の毛

休止期（3〜4か月）
10〜15%

▶▶ 体内から排出されたものが付着することによるよごれ

　体内から排出される尿と便は，排出と同時にからだから離すことが必須です。排泄物は皮膚を刺激して炎症を起こす要因となりますので，付着したよごれはできるだけすみやかに取り除き，清潔を保つようにします。

　月経血については，個人差はありますが平均28日に一度，5日以内の月経があり，前半は経血量も多く，適宜のパッド交換とシャワーなどによる陰部の清潔が必要です。

　男性と女性では構造が異なりますが，陰部や肛門部は常在菌が多いこと，分泌物が多いこと，構造が複雑なこと，排泄物によりよごれやすいことなどから，皮膚のトラブルや感染が起こりやすくなります。

　また，陰部には陰毛が生えており，排泄物が付着しやすく，陰部に分布するアポクリン腺からの分泌物による特有のにおいもあります。

　清潔にする方法としては，清拭よりも機械的刺激の少ない洗浄のほうが望ましく，こすらずに，水分を軽く押さえるようにふき取ります。ただし，過度の洗浄は皮脂を奪い皮膚のバリア機能を低下させるため，洗浄は1日1〜2回までが適当とされています。小陰唇の内側や包皮は，皮膚の厚さがからだのなかでもっとも薄いため，傷つけないように注意します。

2. 入浴と清潔保持の意味

❶ なぜ入浴・清潔保持を行うのか

▶▶ 日本人と風呂の文化

　人はからだのよごれを落としたいとき，リラックスしたいとき，疲れをとりぐっすり眠りたいときなど，さまざまな理由で入浴や清拭などの方法を用い，からだを清潔に保ち，爽快感や満足感などを得ています。

　日本人は世界的にみても入浴好きといわれています。

　昭和30年代に各家庭に内風呂が急速に普及しはじめましたが，それまでは共同浴場での入浴が一般的でした。他人と大勢でいっしょに全裸で入浴することはあたりまえの生活習慣として受け入れられ，共同浴場や温泉は社交の場でもありました。今もくつろぎや楽しみを求めて温泉を利用する人たちは幅広い年齢層にみられます。

　一方で，シャワーの普及とともに簡便なシャワー浴を好む人たちも増え，入浴・清潔の方法は変化しています。

▶▶ 入浴の効果

　からだを清潔にするのは人間の基本的欲求の1つです。清潔にする方法としてもっとも効果的なのが入浴です。それは表1-5のような理由によります。

表 1-5 ● からだを清潔にする方法として入浴がもっとも効果的な理由

① 皮膚を清潔にし，細菌感染を予防する。
② 血液やリンパの循環を促進する。
③ 新陳代謝を促進し，老廃物の排出を助ける。
④ 筋肉の緊張や疲労をやわらげる。
⑤ 心身がリラックスする。
⑥ 胃腸や腎臓など臓器の機能を高める。

▶▶ 入浴・清潔保持の意義・楽しみは何か

　加齢や障害により代謝が低下したり，関節可動域が制限されたりするなど，日常生活に不自由さが生まれます。しかし，お湯の中に入ると，からだの重さから解放され，代謝も活発になるので，いくらか楽にからだを動かせるようになります。

　これらの作用を，心身機能を促進させる面と疲労の両面から考えて，入浴を効果的に取り入れるとよいでしょう。

表 1-6 ● 入浴の三大効果

① 温熱作用
　　血管が拡張し，血行がよくなることで，利尿作用が高まるなど，体内の老廃物が排泄されやすくなり，内臓のはたらきが活発になる。
② 静水圧作用
　　からだが一回り小さくなるほどの水圧を受け，血液循環が促進されることにより，心臓のはたらきが活発になる。
③ 浮力作用
　　体重が9分の1程度になり，重さから解放される。

排泄に関連するからだの しくみ

1. 基本的なからだのしくみ

❶ 尿排出のしくみ

▶▶ 尿の生成

　私たちが食べたり飲んだりしたものは，腸で吸収され，肝臓で代謝されて，栄養として動脈によって全身に運ばれます。全身をめぐった血液は腎臓でろ過されて，不要になった水分と老廃物を尿として排泄します。腎臓に運ばれる血液は1分間に約1 l と大量ですが，腎臓の糸球体でろ過され，1日150〜170 l が原尿になります。この原尿のほとんどが尿細管から再吸収され，1日1〜2 l が尿になります（図1-15，表1-7）。

▶▶ 尿の性質と状態

　尿の性状は，水分摂取量にもよりますが無色から黄色で混濁なく，透明です。出た直後

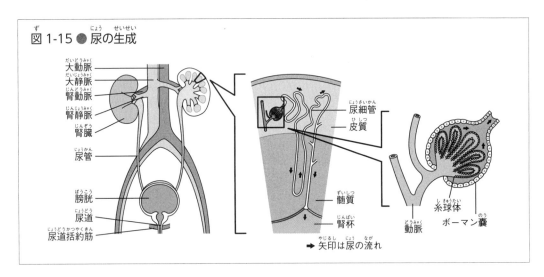

図1-15 ● 尿の生成

大動脈
大静脈
腎動脈
腎静脈
腎臓
尿管
膀胱
尿道
尿道括約筋

尿細管
皮質
髄質
腎杯
→ 矢印は尿の流れ

糸球体
動脈
ボーマン嚢

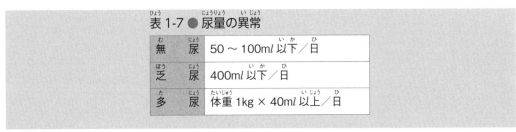

表1-7 ● 尿量の異常

無　尿	50〜100ml 以下／日
乏　尿	400ml 以下／日
多　尿	体重 1kg × 40ml 以上／日

は基本的には無臭ですが，ある程度は食べた物や薬などで色やにおいが変わります。空気に触れると細菌によって尿が分解され，アンモニア特有のにおいとなります。にごっている，血液が混ざって赤い色をしている，生ごみが腐ったような悪臭がするなどは，正常な状態ではありません。

▶▶ 蓄尿と尿排出のしくみ

　腎臓でつくられた尿は，尿管という細い管を通って膀胱に運ばれます。膀胱は伸び縮みするやわらかい筋肉（平滑筋）でできた袋で，尿はいったんここにためられます。膀胱の下は尿道と呼ばれる管につながっていて，ここから尿は体外に排出されます。

　尿道は，尿道括約筋と呼ばれる筋肉が栓のような役割を果たしていて，しまることでもらすことなく膀胱に尿をためたり，ゆるむことで出したりしています。膀胱の容量は人によって異なり，200〜500mlです。その半分くらいたまったころから，尿意を感じはじめ，いっぱいになるまで波のように寄せては退く尿意をがまんすることができます。そして30分〜1時間くらい経つと次第に強い尿意になり，がまんの限界となります。

　トイレに移動し，便座に座るなどの排尿の体勢になってはじめて，脳から排尿してもよいという指示が出ます。それまで伸びていた膀胱は縮みはじめ（収縮），同時に尿道括約筋がゆるんで（弛緩），尿は尿道を通って出ていきます。尿をためることを蓄尿，尿を出すことを尿排出といいます（図1-16）。

　この膀胱と尿道のはたらきを調節しているのが自律神経（☞第4巻 p.84）です。自律神経は交感神経と副交感神経からなり，シーソーのようにどちらかが優位になって調節しています。蓄尿期は興奮するときにはたらく交感神経が優位なので，活動時は尿をもらさずにいることができます。尿排出では，リラックスするときにはたらく副交感神経が優位となり，気持ちよく出すことができます。

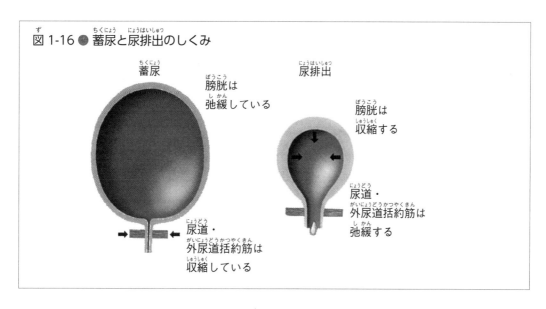

図1-16 ● 蓄尿と尿排出のしくみ

蓄尿
膀胱は弛緩している
尿道・外尿道括約筋は収縮している

尿排出
膀胱は収縮する
尿道・外尿道括約筋は弛緩する

❷ 便排出のしくみ

▶▶ 便の生成

　口から入った食べ物は，歯でかみくだかれ，唾液と混ぜ合わされて，飲みこんだあとは，咽頭，食道を通って胃に運ばれます。

　胃は約1300mlの容量の袋状の臓器で，胃液と混ぜ合わされて粥状になった食物を小腸へと送ります。小腸は十二指腸，空腸，回腸からなる管状の臓器で，全長が約6～7mあります。十二指腸で膵液と胆汁と混ざり，空腸と回腸で消化し，栄養を吸収します。

　水分の95％を小腸で吸収していますが，この段階では便はまだドロドロの状態です。残りの5％のうち4％を大腸で吸収し，腸内細菌によって食物繊維が分解され，肛門にたどり着くまでには形のある便になります（図1-17）。

　大腸は小腸に続く全長約1.5mの管状の臓器で，盲腸，上行結腸，横行結腸，下行結腸，S状結腸，直腸の順に肛門へと続きます。便が肛門まで移動できるのは，蠕動運動と呼ばれる腸の伸び縮みの動きによるものです。通常，食事をしてから排泄されるまでは24～72時間かかります。

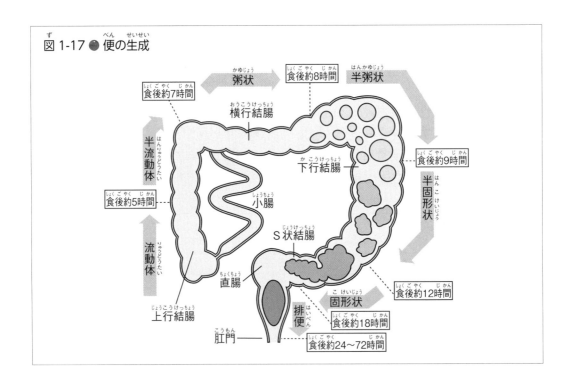

図1-17 ● 便の生成

▶▶ 便の性質と状態

便のかたさ（性状）には日によって差があるので，かかわる人が共通の基準で観察することが大切です。基準となるブリストル便形状スケール[13]（→ p.45 参照）（図 1-18）のタイプ 3，4，5 が正常便と呼ばれるかたさです。

便に混ざっている食べ物のカスや便のかたさが，どれくらいの時間をかけて排泄されたかのヒントにもなります。便に血液が混ざっている，生ぐさいなどは，正常な状態ではありません。

便の量や回数も個人差があります。健常な人では 1 回 150 〜 200 g，1 日 1 〜 3 回ないし 3 日に 1 回程度が正常といわれていますが，摂取した食物繊維の量によります。

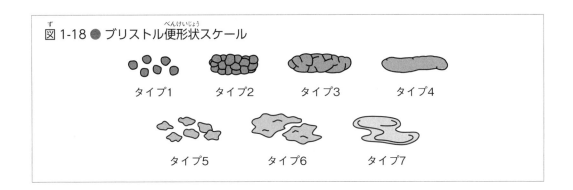

図 1-18 ● ブリストル便形状スケール

タイプ1　　タイプ2　　タイプ3　　タイプ4

タイプ5　　タイプ6　　タイプ7

▶▶ 蓄便と便排出のしくみ

腸のはたらきは自律神経が調節しています。

直腸に便が送られても便をもらさずにいられるのは，交感神経が優位で直腸を弛緩させ，肛門をしめている内肛門括約筋と外肛門括約筋を収縮させているからです。これが蓄便の状態です。

直腸に便がある程度たまると，直腸から脊髄神経を経て大脳までその刺激が伝わり，便意を感じます。排便が排尿と違うところは，便意がないと排便できないことです。便意は 15 分程度で感じなくなるので，がまんしないことが大切です。

内肛門括約筋は，直腸に降りてきたものが便かガスかを区別する役割もになっています。トイレにたどり着くまでは，この内肛門括約筋と外肛門括約筋がしまっていて，便をもらさずにいます。

トイレで排便の体勢がとれると，少しのいきみをきっかけに，内肛門括約筋と外肛門括約筋がゆるみ，直腸は収縮することによって，便を排出します。これが便排出です。

▶▶ 人工膀胱とは

　人工膀胱（尿路ストーマ）とは，尿管・膀胱・尿道の病気や，近くにある子宮や腸の病気の治療のために，使えなくなった尿管や膀胱の機能を代替するものをいいます。

　袋状の装具（ストーマ袋）を着ける場合と，管を入れる場合とがあります。いずれも定期的に袋の中の尿を捨て，袋を交換するか，管を入れて尿を出す（導尿もしくはカテーテルを留置している場合はカテーテルの交換）といったケアが必要です。

表 1-8 ● 人工膀胱の種類

① 回腸導管
　　回腸でつくった袋に尿管を接続し，その袋を腹部の皮膚に固定して，皮膚に装着したストーマ袋に持続的に尿を排泄する。
② 蓄尿型代用膀胱
　　腸でつくった膀胱を腹部の皮膚に固定し，間歇的に導尿して排泄する。
③ 自排尿型代用膀胱
　　腸でつくった膀胱を尿道につなげるので，装具やカテーテルを使用することなく，腹圧をかけて尿道から排尿する。
④ 尿管皮膚ろう
　　尿管を直接，腹部の皮膚に固定して，ストーマ袋に持続的に尿を排泄する。カテーテル留置を併用する場合もある。

▶▶ 人工膀胱のケア

　尿は便に比べて消化酵素を含まない分，すぐに皮膚がただれることはありません。しかし，絶え間なく流れてくるので，まわりの皮膚は常に尿にさらされ，徐々に皮膚障害を起こします。また，液体の尿は固形の便よりも装具の粘着部分を溶かしやすい特徴があります。できるだけ尿が皮膚につかないように装具を着けること，適切な頻度で交換することが大切です。

　装具を腹部の皮膚に固定する部分では，発汗がさまたげられ，はがす刺激で皮膚を傷めやすいので，やさしくはがすこと，こすらずやさしく洗い清潔にすること，適切な頻度で交換すること（1〜7日）が大切です。

❹ 人工肛門のしくみ

▶▶ 人工肛門とは

　人工肛門（消化管ストーマ）とは，腸の病気や腸の近くにある臓器（膀胱や子宮など）の病気の治療のために，腸管をお腹の表面に出して，そこから便を排出するものをいいます。一般的には，袋状の装具を腹部に着けて，袋にたまった便を定期的に捨てたり，袋を交換したりするケアが必要になります。

▶▶ 人工肛門のケア

　残された腸が長いほど便の水分を吸収できるので，便はかたく排出回数も少なくなり，逆に残された腸が短いほど水様便で頻回となります。したがって，小腸につくられたストーマの便は多くが水様便です。

　便は消化酵素を含むため，皮膚につくと数時間でただれてしまいます。固形の便より水様便のほうが消化酵素を多く含み，よりただれやすいので，できるだけ便が皮膚につかないようにしなければなりません。装具をつけることによる皮膚への影響は，人工膀胱と同じです。

図1-19 ● ストーマと装具装着の状態

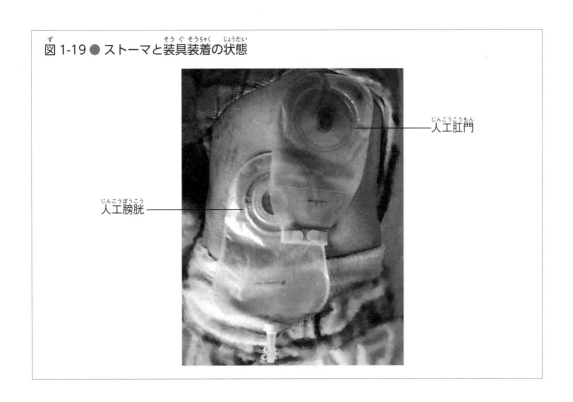

人工肛門

人工膀胱

着脱，整容，口腔清潔に関連するからだのしくみ

1. 基本的なからだのしくみ

月

日

① 毛髪のしくみ

日本人の場合，毛髪は1日に0.3～0.45mm伸びるといわれています。ひげは個人差もありますが，抜いても次に生えるまで90日間で，頭髪の120日間と比べて早いサイクルをもっています。

毛の色は，毛包で産生されるメラニン色素によって黒くなります。毛包の機能が低下すると，毛は細くなります。毛包はからだの部位により，大きさや分布が異なります。毛包内部の毛根下部にある毛球には，血管や神経があるので，無理に抜いたりすると痛みを感じます。

毛根に付着する立毛筋（起毛筋）は，寒さや興奮によりアドレナリンが分泌されると収縮します。そして，皮脂腺を圧迫して皮脂の排出をうながします。ただし，まつ毛やまゆ毛，わき毛にこの筋はありません。

日本人の毛髪は約10万本といわれ，白人より多く，太いとされています。頭髪には伸びるリズムである毛周期といわれるものがあります。人の毛は，1本1本がそれぞれの周期をもっているので，通常では一度に全部抜け落ちるようなことはありません。

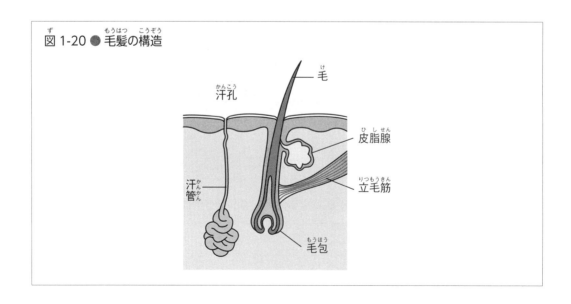

図1-20 ● 毛髪の構造

❷ 爪のしくみ

　爪は，皮膚の付属器官で，皮膚の成分であるたんぱく質がケラチンというかたい組織に変化したものです。その発生は母胎にいる胎生 7 週からです。

　爪は爪根の内側にある爪床でつくられ，1 日に約 0.1mm ずつ伸びます。また，爪の下部には毛細血管があります。そのため，正常な爪の色は，桃色とされ，圧迫すると白くなります。爪半月は，白くはっきりしています。

　爪と指の間は，よごれがたまりやすく，また残りやすい部分です。

　爪には，おもに指先を外力から保護する，指を支える，手足の動きを助ける機能があります。この機能によって，人は物をつかみ，からだを支えることができています。

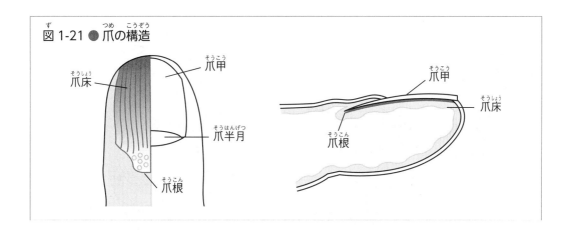

図 1-21 ● 爪の構造

爪床　爪甲　爪半月　爪根

爪甲　爪床　爪根

▶▶ 口腔の構造とはたらき

　口腔内には，歯や舌があります。口腔は食べ物を取り入れ，味わい，かみくだき，嚥下しやすくするというはたらきがあるほか，呼吸器の一部にもなっている重要なからだの構造の１つです。

　口腔内の構造とはたらきを知ることは，口腔から食事をする喜び，他者との会話を楽しむ喜びのある生活を維持するためと，病気を防ぐために重要な知識になります。

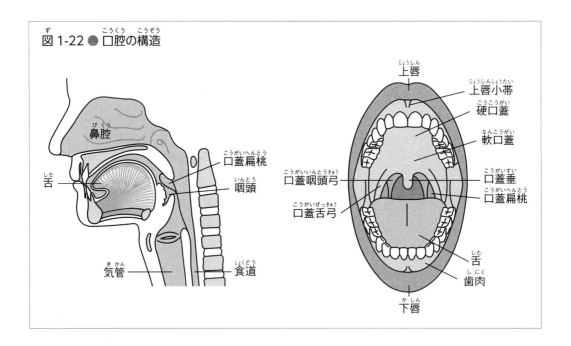

図 1-22 ● 口腔の構造

表 1-9 ● 口腔のおもなはたらき

●食べ物を取り入れる入口であり，咀嚼し，唾液を分泌し，嚥下する
●呼吸器の入口である
●発音をする
●顔貌（顔の形）をつくる

▶▶ 歯の構造とはたらき

歯は，母胎にいるときからその形成を始め，おおむね生後6〜7か月ごろから下顎や上顎の中央から生えはじめます。2歳半くらいまでには乳歯が20本生えそろいます。乳歯は6歳ごろから抜けはじめ，永久歯へと徐々に生え替わります。ただし，大臼歯は最初から永久歯として生えます。智歯（＝親知らず）といわれる第三大臼歯がすべて生えそろえば永久歯は32本になりますが，智歯4本が生えそろわない場合もあるので，永久歯の数は28〜32本となります（図1-23）。

歯の大きな役割は，取り入れた食べ物をかみくだくことにあります。切歯と犬歯は食べ物を食べやすい大きさにかみ切るはたらきがあります。臼歯は，食べ物をかみくだき，すりつぶし，唾液と混ぜ合わせるはたらきがあります。

これら，かみくだく作業に支障をきたす疾患として，虫歯（☞第4巻p.140, p.284）や**歯周病**[14]（➡p.45参照）（☞第4巻p.141, p.284）があります。また，加齢にともない歯が欠落することで，かみくだく機能が低下し，食べ物の消化が不完全になったりします。

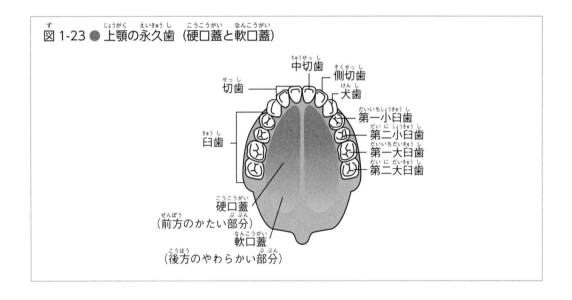

図1-23 ● 上顎の永久歯（硬口蓋と軟口蓋）

中切歯
側切歯
切歯
犬歯
第一小臼歯
第二小臼歯
第一大臼歯
臼歯
第二大臼歯
硬口蓋
（前方のかたい部分）
軟口蓋
（後方のやわらかい部分）

▶▶ 舌の構造とはたらき

舌は，口腔の下に位置する粘膜におおわれた筋肉からなる組織です。成人で7〜9cmくらいの長さがあります。正常な状態の色はピンク色です。舌は咀嚼や話すために重要な器官です。また，舌の前3分の2の表面にある舌乳頭と味蕾は，味覚を感じる受容器でもあります。

舌のはたらきには，味覚を感じることのほかに，食べ物を舌の上にのせ，歯で咀嚼したものと唾液とを混ぜ合わせるはたらき，舌の形を変え，発声を補助するはたらきなどがあります。

舌の上に白くみられるのは舌苔といわれるものです。通常の状態でもみられますが，唾液分泌量の低下，不十分な口腔ケア，疾患，喫煙などの生活習慣などの要因により多くみられ，口臭の原因になったりします。

▶▶ 唾液のはたらき

唾液は，口腔内を湿潤させ味覚を促進するはたらきや，歯やからだの健康を保つために，食べ物のカスを洗い流す自浄作用・抗菌作用，消化を助ける消化作用などのはたらきがあります。

唾液は食べ物を口にしたとき以外にも，食べ物を見たり，においをかいだりすることで分泌されます。とくに分泌が多くなるのは，食べ物を口にしたときとされています。唾液の分泌は，食べ物を咀嚼し，飲みこむことを補助する役割もあります。

唾液は唾液腺から分泌されるもので，約99％以上が水分です。1日に約1ℓ分泌されるとされています。そのなかには，消化酵素や少量のホルモンも含まれます。

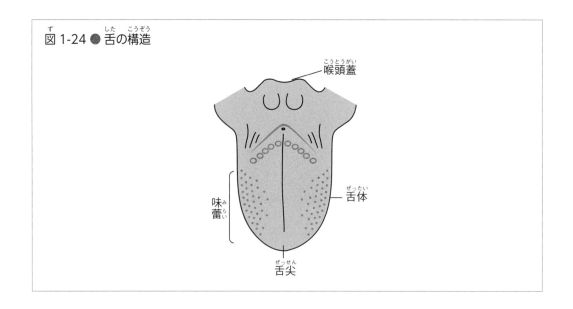

図 1-24 ● 舌の構造

喉頭蓋

味蕾

舌体

舌尖

▶▶ 口臭のしくみ

　口臭とは，口から吐く息にいやなにおいがあるものをいいます。口臭は，会話をする相手にいやな印象を与えたりすることで，互いを気まずくさせたりもします。口臭には，生理的なものや食べ物によるもの，疾患によるものなどがあります（表1-10）。

　口臭があるということは，その原因があります。原因のうち，生理的なものや食べ物によらない場合には，口腔ケアを見直すことが重要になります。それでも改善されない場合には，医療職と連携して原因を追究することも必要になります。

表1-10 ● 口臭の種類

生理的な口臭	起床時。睡眠中，唾液分泌量が低下することで口腔内が乾燥し，食物残渣などの変化から発生 水分不足の状態で，唾液分泌量が少なくなって発生
食べ物などによる口臭	にんにく・にら・ネギなどにおいの強い食べ物を食べたときに発生 喫煙により発生
疾患による口臭	虫歯・歯周病等，口腔内疾患で発生 発熱による口腔内乾燥で発生 鼻炎・呼吸器・消化器疾患で発生
その他	義歯のよごれ，舌苔，不完全な歯みがき，口腔内乾燥

2. 着脱，整容，口腔清潔の意味

❶ なぜ身じたくを整えるのか

　高齢であったり障害をもったり，介助が必要な状態になることで，自分らしい行動ができなくなったりすると，こころとからだのはたらきに制限が生じることになります。その結果，身じたくを整えることへの関心が薄れ，自分でしたいけれどもできない，だれかに頼みたいけど頼みにくいという気持ちを生みます。こころの動きとからだの動きが，自分らしい自己表現を抑えたり，他者とのかかわりの場を少なくしたり，社会参加の機会を少なくすることにもつながってしまいます。

▶▶ 身じたくの効果

　介護職として，身じたくを整えることの意義とは，介護を必要とする人が，自立した生活を営むうえで，その人なりの自己表現を維持することにつながることであると理解することが重要です。その人らしい身じたくは，やる気や自信を生み，生活を活性化させるという効果につながります。

　また，身じたくを整えることは，からだの健康を維持するうえでも重要なことです。たとえば，歯みがきをして口腔内を清潔にすることは，虫歯や歯周病を防ぎます。髪を洗うことは，頭皮に分泌される皮脂を取り除き，悪臭やかゆみの原因を取り除くことになります。そのためには，「なぜ歯がよごれるのか」「なぜ髪がよごれるのか」「どのようなことで虫歯になるのか」「どうして頭がかゆくなるのか」という，根拠を知ることが必要です。

　さらに，身じたくにおいての着脱は，体温調節をし皮膚を守り，健康的な生活にも効果があります。たとえば，外気の急激な変化に対して，衣服を脱いだり着たりして暑さや寒さから身を守り，健康を害さないようにしています。また，衣服を着るということは，外界からのよごれや危険物からからだを守るという効果があります。

　いずれにしても，身じたくの効果を理解して生活支援行為を行うということは，介護職の支援の重要な根拠となり，適切な技術とつながっていることを理解しておくことが重要です。

表 1-11 ● 身じたくの効果

① 生活のリズムが生まれる
② 社会生活の維持向上がはかれる
③ 生活のなかに楽しみが生まれる
④ 健康的な生活ができる

❷ 着脱，整容，口腔清潔に関するこころのしくみ ∷∷∷∷∷∷∷∷∷∷∷∷∷∷∷∷

▶▶ 目的が行動につながる

　着替えをしたり，歯みがきをしたりなど，それらは生活習慣として継続することが重要です。そのようななかで，私たちは「今日は大事な人に会う」という目的があると，何を着ていこうか，洋服ダンスを開けたり閉めたりしませんか。髪型はこれでよいか，鏡の前であれこれ考えませんか。人は目的があると，その場を想定し，多くのことを考え，判断し，行動します。高齢であっても，障害があってもこの思いは変わりません。何かをしようとするとき，人はこころを動かすのです。それは意欲につながり，行動にもつながります。

▶▶ 利用者の価値観を大事に

　利用者は，それぞれ身じたくについての価値観をもっています。その価値観は，利用者の個性や，今までの生活習慣，文化などによって形成されたものです。この価値観は利用者の自己表現でもあります。利用者の思いは第1に優先されなくてはいけません。介護職は，その人らしい身じたくを整えるということを常に考えて，支援していく必要があります。また，その人らしい身じたくは利用者の安心になります。

▶▶ 利用者を知る

　しかし，目的を考えるために重要な脳に障害があったり，行動に重要なからだの動きに制限があったりと，介護職がかかわる利用者の状態はその人によって異なります。介護職は利用者のからだの状態を把握するとともに，その人のそれまでの生活の情報も把握しておくことが重要になります。生活情報は利用者自身から得られればよいのですが，利用者自身から得られない場合もあります。もし，得られない場合は，家族や知人，または周囲の状況から情報を得ることも必要となります。介護職が，利用者が何を着たいのか，何をしたいのかという思いを知ることで，利用者の意欲を引き出すことにつながります。

▶▶ 意欲を大事に

　さらに，介護職は利用者の「できる活動」「している活動」にも注目することが重要です。今の状態で，これはできない，これはできると決めつけてしまうことは，利用者の意欲を阻害することになります。また，活動の状況は日によって，時間によっても異なります。意欲を大事にするためにも，利用者を知ることが重要になります。また，このような支援方法を行えば「できる活動」になるのではないかなど，常に利用者の状態を確認して自立への支援を行っていくことが，利用者の生活を支援する介護職の専門性にもつながります。

休息・睡眠に関連するからだのしくみ

1. 基本的なからだのしくみ

❶ 休息・睡眠

▶▶ 休息の役割

　私たちのこころとからだには，休息が必要です。休息なしに活動し続ければ，疲労が蓄積されて，全身のだるさやイライラ感などの心身の不調があらわれます。休息には，心身の疲労を回復させて，活動を再開するための気力と体力を養う効果があります。

▶▶ 睡眠の役割

　睡眠は，こころとからだの休息時間です。私たちは寝ているあいだに効果的に疲労を回復させて，心身の健康を維持しているのです。睡眠には休息だけでなく，からだやこころを整え，機能を回復させるさまざまな役割もあります。

　必要な睡眠が不足したり，睡眠の質が低下したりすると，こころとからだは十分に休息することができません。その結果，こころとからだにさまざまな影響を及ぼし，生活の質（QOL）が低下します。

❷ 脳と睡眠

　私たちの脳には，目覚めているあいだにさまざまな情報が収集されていきます。起きているあいだに見たり，聞いたりして得た情報は，一時的に脳の海馬に記憶されており，それらの情報を大脳皮質に移動し定着させなければ，長期間記憶しておくことはできません。この作業が行われるのが睡眠中です。睡眠は，日中に得た雑多な情報を整理したり，記憶を定着させたりして，起きているときの脳の活動を支える重要な役割を果たしています。

❸ 自律神経系と睡眠

　自律神経（☞第４巻 p.84）には，**交感神経**と**副交感神経**があります。活動しているときは，交感神経がはたらき，心拍数が増加して，筋肉が緊張します。一方，リラックスしているときは，副交感神経がはたらき，心拍数が減少して，筋肉がゆるみ，からだを休ませます。この２つの神経のはたらきにより，自律神経のバランスが保たれています。

　疲労回復のためには，副交感神経のはたらきが必要です。副交感神経は，血管を広げ，栄養や酸素を全身に行きわたらせて，体温を維持し，老廃物や疲労物質を排出するリンパの流れをよくします。眠るときには交感神経を抑制して副交感神経を優位にすることで，からだを休息させることができます。

❹ 成長ホルモンと睡眠

　「寝る子は育つ」といわれるように，睡眠中には脳下垂体から**成長ホルモン**が分泌されます。成長ホルモンには，骨の成長をうながす，筋肉量を増やすなどの身体組織の成長を促進するはたらきだけでなく，新陳代謝を活発にする，たんぱく質を合成して傷ついた細胞組織を修復する，免疫物質をつくって免疫機能をサポートする，などのはたらきもあります。

　成長ホルモンの分泌量は，加齢とともに減少します。成長ホルモンは入眠直後のノンレム睡眠中に分泌されやすいため，寝つきをよくして質のよい睡眠をとることが大切です。

❺ 生活リズムと睡眠

　私たちには，およそ１日の周期でリズムを刻む**体内時計**が備わっています。人間の体内時計は脳の視床下部にある視交叉上核にあるといわれており，朝になると目覚めて活動を始め，夜になると眠くなる概日リズム（サーカディアンリズム）をつくり出しています。概日とは，「およそ１日」の意味です。

　体内時計の周期は，朝，太陽の光を浴びることで１日の 24 時間周期にリセットされます。光を浴びることで覚醒がうながされ，活発に動ける状態になります。光を浴びてから 14 〜 16 時間後，脳の松果体から**睡眠ホルモン**と呼ばれるメラトニンという物質が分泌されると，からだは睡眠に適した状態に切り替わります。そして，朝になるとメラトニンの分泌は弱まり，目を覚ますのです。

　体内時計が乱れるとメラトニンの分泌が弱まり，なかなか眠くならない，睡眠中に目が覚めてしまうなどの状況を招きます。睡眠時の環境や生活習慣を整えて，メラトニンをしっかり分泌させることが質のよい睡眠につながります。

2. こころのしくみ

❶ こころの健康と睡眠

睡眠による休息はこころの健康にも重要です。

こころの健康を保つには，適度な運動，バランスのとれた栄養・食生活，そして休養が大切であり，十分な睡眠をとることはこころの健康に欠かせません。

必要な睡眠が不足したり，睡眠の質が低下したりすると，日中に眠気が残ります。そのような状態が長く続くと，疲労が蓄積して，やる気が起こらないという意欲の減退，注意力や集中力の低下，情緒の不安定などが生じます。

❷ ストレスと睡眠

ストレスを感じたまま眠ると，良質な睡眠は得られません。寝つきが悪くなったり，眠りが浅くなって何度も目が覚めたりするのは，ストレスが交感神経を刺激して，こころとからだが興奮している状態になっているからです。ストレスや緊張，不安などを感じているときは交感神経が優位になるため，睡眠に適した状態になりません。

睡眠不足が続くと，心身が休まらず，ストレスを感じやすくなります。そのストレスがますます睡眠不足の要因となって，一時的に不眠になることもあります。睡眠不足とストレスは互いに影響し合い，悪循環を引き起こしてしまうのです。

❸ うつ病と睡眠

近年，うつ病と睡眠には深い関係があることがわかってきました。しっかりと睡眠がとれている人はうつ病になりにくく，不眠の人はうつ病になりやすいことが報告されています。うつ状態になると，憂うつで物悲しいと感じること（抑うつ気分）が多くなり，興味や喜びの喪失，気力や集中力の減退などがみられます。身体面では，睡眠障害のほか，食欲減退，体重減少，性欲減退，**不定愁訴**[旧] (➡ p.45 参照) がみられます。

その一方で，うつ病があると，早朝に目が覚める早朝覚醒や，熟睡感が得られない熟眠障害などの不眠の症状がみられます。このような特徴的な不眠を初期に発見し，適切に治療することで，うつ病の悪化を予防することが大切です。

<ruby>第<rt>だい</rt></ruby><ruby>1<rt></rt></ruby><ruby>章<rt>しょう</rt></ruby> **学習のポイント** <ruby>重要事項<rt>じゅうようじこう</rt></ruby>を<ruby>確認<rt>かくにん</rt></ruby>しよう！

<ruby>第1節<rt>だい せつ</rt></ruby> **<ruby>移動<rt>いどう</rt></ruby>・<ruby>移乗<rt>いじょう</rt></ruby>に<ruby>関連<rt>かんれん</rt></ruby>するからだのしくみ**

■**<ruby>基本的<rt>きほんてき</rt></ruby>な<ruby>姿勢<rt>しせい</rt></ruby>**
- <ruby>姿勢<rt>しせい</rt></ruby>は，<ruby>臥位<rt>がい</rt></ruby>，<ruby>座位<rt>ざい</rt></ruby>，<ruby>立位<rt>りつい</rt></ruby>に<ruby>分<rt>わ</rt></ruby>けられます。 → p.2

■**<ruby>基本的<rt>きほんてき</rt></ruby>なからだのしくみ**
- <ruby>移動<rt>いどう</rt></ruby>するためには，<ruby>臥位<rt>がい</rt></ruby>から<ruby>座位<rt>ざい</rt></ruby>，<ruby>立位<rt>りつい</rt></ruby>と<ruby>姿勢<rt>しせい</rt></ruby>を<ruby>変換<rt>へんかん</rt></ruby>していく<ruby>必要<rt>ひつよう</rt></ruby>があります。 → p.4
- <ruby>歩行<rt>ほこう</rt></ruby>は，<ruby>立位<rt>りつい</rt></ruby><ruby>姿勢<rt>しせい</rt></ruby>を<ruby>保<rt>たも</rt></ruby>ちつつ，<ruby>両側<rt>りょうがわ</rt></ruby>の<ruby>下肢<rt>かし</rt></ruby>を<ruby>交互<rt>こうご</rt></ruby>に<ruby>軸足<rt>じくあし</rt></ruby>にしながら，<ruby>反対<rt>はんたい</rt></ruby><ruby>側<rt>がわ</rt></ruby>の<ruby>下肢<rt>かし</rt></ruby>を<ruby>前<rt>まえ</rt></ruby>にふり<ruby>出<rt>だ</rt></ruby>す<ruby>動作<rt>どうさ</rt></ruby>です。 → p.6
- <ruby>車<rt>くるま</rt></ruby>いすは，<ruby>座位<rt>ざい</rt></ruby><ruby>姿勢<rt>しせい</rt></ruby>で，<ruby>上肢<rt>じょうし</rt></ruby>や<ruby>下肢<rt>かし</rt></ruby>の<ruby>力<rt>ちから</rt></ruby>を<ruby>駆動力<rt>くどうりょく</rt></ruby>として<ruby>利用<rt>りよう</rt></ruby>し，<ruby>移動<rt>いどう</rt></ruby>するものです。したがって，<ruby>自走<rt>じそう</rt></ruby>で<ruby>利用<rt>りよう</rt></ruby>するには，<ruby>安定<rt>あんてい</rt></ruby>した<ruby>座位<rt>ざい</rt></ruby><ruby>姿勢<rt>しせい</rt></ruby>がとれること，<ruby>車<rt>くるま</rt></ruby>いすを<ruby>駆動<rt>くどう</rt></ruby>する<ruby>力<rt>ちから</rt></ruby>や<ruby>関節<rt>かんせつ</rt></ruby>の<ruby>動<rt>うご</rt></ruby>きがあることが<ruby>必要<rt>ひつよう</rt></ruby>です。 → p.7

<ruby>第2節<rt>だい せつ</rt></ruby> **<ruby>食事<rt>しょくじ</rt></ruby>に<ruby>関連<rt>かんれん</rt></ruby>するからだのしくみ**

■**<ruby>基本的<rt>きほんてき</rt></ruby>なからだのしくみ**
- <ruby>食事<rt>しょくじ</rt></ruby>の<ruby>動作<rt>どうさ</rt></ruby>には，<ruby>先行期<rt>せんこうき</rt></ruby>，<ruby>準備期<rt>じゅんびき</rt></ruby>，<ruby>口腔期<rt>こうくうき</rt></ruby>，<ruby>咽頭期<rt>いんとうき</rt></ruby>，<ruby>食道期<rt>しょくどうき</rt></ruby>といった<ruby>段階<rt>だんかい</rt></ruby>があり，これを<ruby>摂食嚥下<rt>せっしょくえんげ</rt></ruby>の5<ruby>期<rt>き</rt></ruby>といいます。 → p.8
- <ruby>消化<rt>しょうか</rt></ruby>とは，<ruby>取<rt>と</rt></ruby>りこんだ<ruby>食<rt>た</rt></ruby>べ<ruby>物<rt>もの</rt></ruby>を<ruby>栄養素<rt>えいようそ</rt></ruby>の<ruby>状態<rt>じょうたい</rt></ruby>で<ruby>吸収<rt>きゅうしゅう</rt></ruby>することです。<ruby>吸収<rt>きゅうしゅう</rt></ruby>とはこの<ruby>栄養素<rt>えいようそ</rt></ruby>を<ruby>小腸<rt>しょうちょう</rt></ruby>の<ruby>粘膜<rt>ねんまく</rt></ruby>などから<ruby>取<rt>と</rt></ruby>り<ruby>入<rt>い</rt></ruby>れ，<ruby>血液<rt>けつえき</rt></ruby>やリンパ<ruby>液<rt>えき</rt></ruby>のなかに<ruby>送<rt>おく</rt></ruby>りこむことです。 → p.9

■**<ruby>栄養素<rt>えいようそ</rt></ruby>とエネルギー**
- <ruby>栄養素<rt>えいようそ</rt></ruby>のなかで，たんぱく<ruby>質<rt>しつ</rt></ruby>，<ruby>脂質<rt>ししつ</rt></ruby>，<ruby>糖質<rt>とうしつ</rt></ruby>（<ruby>炭水化物<rt>たんすいかぶつ</rt></ruby>），ビタミン，ミネラルの5<ruby>種類<rt>しゅるい</rt></ruby>を5<ruby>大栄養素<rt>だいえいようそ</rt></ruby>といいます。 → p.11

■**<ruby>代償的<rt>だいしょうてき</rt></ruby>な<ruby>栄養摂取法<rt>えいようせっしゅほう</rt></ruby>**
- <ruby>代償的<rt>だいしょうてき</rt></ruby>な<ruby>栄養摂取法<rt>えいようせっしゅほう</rt></ruby>は，<ruby>機能障害<rt>きのうしょうがい</rt></ruby>，<ruby>狭窄<rt>きょうさく</rt></ruby>や<ruby>炎症<rt>えんしょう</rt></ruby>などで<ruby>口<rt>くち</rt></ruby>から<ruby>食<rt>た</rt></ruby>べることが<ruby>困難<rt>こんなん</rt></ruby>，あるいは<ruby>不可能<rt>ふかのう</rt></ruby>な<ruby>場合<rt>ばあい</rt></ruby>に，<ruby>必要<rt>ひつよう</rt></ruby>な<ruby>栄養<rt>えいよう</rt></ruby>や<ruby>水分<rt>すいぶん</rt></ruby>を<ruby>取<rt>と</rt></ruby>り<ruby>入<rt>い</rt></ruby>れるために<ruby>実施<rt>じっし</rt></ruby>されます。 → p.13
- <ruby>経鼻経管栄養<rt>けいびけいかんえいよう</rt></ruby>は，<ruby>鼻<rt>はな</rt></ruby>から<ruby>細<rt>ほそ</rt></ruby>いチューブを<ruby>胃<rt>い</rt></ruby>まで<ruby>挿入<rt>そうにゅう</rt></ruby>し，<ruby>流動食<rt>りゅうどうしょく</rt></ruby>や<ruby>水分<rt>すいぶん</rt></ruby>を<ruby>流入<rt>りゅうにゅう</rt></ruby>する<ruby>方法<rt>ほうほう</rt></ruby>です。 → p.13
- <ruby>経口栄養法<rt>けいこうえいようほう</rt></ruby>，<ruby>経管栄養法<rt>けいかんえいようほう</rt></ruby>の<ruby>適応<rt>てきおう</rt></ruby>がむずかしい<ruby>場合<rt>ばあい</rt></ruby>は，<ruby>末梢点滴<rt>まっしょうてんてき</rt></ruby>，<ruby>中心静脈<rt>ちゅうしんじょうみゃく</rt></ruby>

栄養法といった注射による栄養・水分などの補給を行います。 → p.14

 入浴・清潔保持に関連するからだのしくみ

■**基本的なからだのしくみ** ─────────────

● 皮膚は大きく分けて表皮と真皮，皮下組織から成り立っています。 → p.16

● 発汗は視床下部にある体温調節中枢が，自律神経を介して汗腺に指令を出すことで起こります。汗が皮膚を濡らし，蒸発するときに体熱を放散し，体温を調節します。 → p.17

● 大量に発汗したときには脱水を避けるために水分を補いますが，失われているのは水分だけではないので，塩分や電解質も補充する必要があります。 → p.18

● 皮膚のよごれには，①外部からつくよごれ，②皮膚からのよごれ，③頭皮からのよごれ，④体内から排出されたものが付着することによるよごれがあります。 → p.19

■**入浴と清潔保持の意味** ─────────────

● からだを清潔にするのは人間の基本的欲求の１つです。清潔にする方法としてもっとも効果的なのが入浴です。 → p.22

 排泄に関連するからだのしくみ

■**基本的なからだのしくみ** ─────────────

● トイレに移動し，便座に座るなどの排尿の体勢になってはじめて，脳から排尿してもよいという指示が出ます。それまで伸びていた膀胱は縮みはじめ，同時に尿道括約筋がゆるんで，尿は尿道を通って出ていきます。尿をためることを蓄尿，尿を出すことを尿排出といいます。 → p.25

● トイレで排便の体勢がとれると，少しのいきみをきっかけに，内肛門括約筋と外肛門括約筋がゆるみ，直腸は収縮することによって，便を排出します。これが便排出です。 → p.27

● 人工膀胱（尿路ストーマ）とは，尿管・膀胱・尿道の病気や，近くにある子宮や腸の病気の治療のために，使えなくなった尿管や膀胱の機能を代替するものをいいます。 → p.28

● 人工肛門（消化管ストーマ）とは，腸の病気や腸の近くにある臓器（膀胱や子宮など）の病気の治療のために，腸管をお腹の表面に出して，そこから便を排出するものをいいます。 → p.29

第5節 着脱，整容，口腔清潔に関連するからだのしくみ

■基本的なからだのしくみ ───────────

● 頭髪には伸びるリズムである毛周期といわれるものがあります。人の毛は，1本1本がそれぞれの周期をもっているので，通常では一度に全部抜け落ちるようなことはありません。 → p.30

● 爪には，おもに指先を外力から保護する，指を支える，手足の動きを助ける機能があります。この機能によって，人は物をつかみ，からだを支えることができています。 → p.31

● 口腔内には，歯や舌があります。口腔は食べ物を取り入れ，味わい，かみくだき，嚥下しやすくするというはたらきがあるほか，呼吸器の一部にもなっている重要なからだの構造の1つです。 → p.32

● 口臭には，生理的なものや食べ物によるもの，疾患によるものなどがあります。 → p.35

■着脱，整容，口腔清潔の意味 ───────────

● 身じたくを整えるということは，その人なりの自己表現を維持することにつながることであると理解することが重要です。その人らしい身じたくは，やる気や自信を生み，生活を活性化させるという効果につながります。 → p.36

第6節 休息・睡眠に関連するからだのしくみ

■基本的なからだのしくみ ───────────

● こころとからだには，休息が必要です。休息には，心身の疲労を回復させて，活動を再開するための気力と体力を養う効果があります。 → p.38

● 必要な睡眠が不足したり，睡眠の質が低下したりすると，こころとからだは十分に休息することができません。その結果，こころとからだにさまざまな影響を及ぼし，生活の質（QOL）が低下します。 → p.38

● 活動しているときは，交感神経がはたらき，心拍数が増加して，筋肉が緊張します。一方，リラックスしているときは，副交感神経がはたらき，心拍数が減少して，筋肉がゆるみ，からだを休ませます。この2つの神経のはたらきにより，自律神経のバランスが保たれています。 → p.39

■こころのしくみ ───────────

● ストレスを感じたまま眠ると，良質な睡眠は得られません。寝つきが悪くなったり，眠りが浅くなって何度も目が覚めたりするのは，ストレスが交感神経を刺激して，こころとからだが興奮している状態になっているからです。 → p.40

1 ADL

エーディーエル
➡ p.2 参照

Activities of Daily Living の略。「日常生活動作」「日常生活活動」などと訳される。人間が毎日の生活を送るための基本的動作群のことで，食事，更衣，整容，排泄，入浴，移乗，移動などがある。

2 脊髄損傷

せきずいそんしょう
➡ p.5 参照

交通事故などの外傷により脊椎の骨折，脱臼にともない生じる脊髄の障害で，重篤な機能障害を示す。

3 抗重力筋

こうじゅうりょくきん
➡ p.5 参照

立位や座位など，重力に抗して起立した姿勢を保つためにはたらく筋肉のこと。立ち上がり動作では，脊柱起立筋や股関節・膝関節の伸筋群，足関節の底屈筋群などが必要になる。また，立位保持では，脊柱起立筋，大殿筋，大腿四頭筋，下腿三頭筋，中殿筋などが必要になる。

4 脳卒中

のうそっちゅう
➡ p.6 参照

脳の循環不全による急激な反応で，突然倒れ，意識障害を呈し，片麻痺を合併する症候群のこと。

5 蠕動運動

ぜんどううんどう
➡ p.9 参照

消化管などの管状の臓器が，その内容物を波状に送る基本的な運動形式のこと。

6 代謝

たいしゃ
➡ p.9 参照

体外から取り入れた物質をもとに生物の体内で起こる化学的変化（反応）のこと。分解・合成されることにより古いものと新しいものが入れ替わり，それにともないエネルギーの生産や消費が行われることをいう。

7 3大栄養素

さんだいえいようそ
➡ p.9 参照

人間が必要とする栄養素のうち，エネルギー源となる糖質（炭水化物），脂質，たんぱく質をいう。

⑧ 中心静脈栄養法

ちゅうしんじょうみゃくえいようほう
➡ p.14 参照

経口摂取ができない場合に，直接静脈内に栄養分を入れる方法。手足の静脈でなく，心臓に近い上大静脈へカテーテルを挿入して，高カロリーの輸液を行うことをいう。

⑨ 視床下部

ししょうかぶ
➡ p.17 参照

間脳にあり，自律神経系，内臓機能，内分泌系の調節を行う総合中枢として重要な役割をもつ。

⑩ アポクリン腺

あぽくりんせん
➡ p.17 参照

皮膚表面にある毛孔に開いている汗腺で，わきの下，乳輪，肛門周辺に分布し，思春期以降に分泌が活発になる。

⑪ エクリン腺

えくりんせん
➡ p.17 参照

毛孔と関係なく皮膚表面に開いている汗腺で，汗を分泌し，体温調節の役割をになっている。

⑫ 不感蒸泄

ふかんじょうせつ
➡ p.17 参照

からだから失われている水分のうち，皮膚および肺から呼気内の水蒸気として蒸発する分をいう。不感蒸泄は発汗と異なり常に行われており，暑い場所では多くなるため，脱水の予防のうえで考慮する必要がある。

⑬ ブリストル便形状スケール

ぶりすとるべんけいじょうすけーる
➡ p.27 参照

便のかたさを7段階に分けた国際的な分類。バナナ状，あるいはソーセージのようにひび割れのない1本の便を標準とし，もっともかたい便をタイプ1，水様便をタイプ7としている。

⑭ 歯周病

ししゅうびょう
➡ p.33 参照

歯周組織が歯垢に含まれている細菌に感染し，歯肉（歯茎）が腫れたり，出血したり，最終的には歯が抜けてしまう病気のこと。日本人が歯を失うもっとも大きな原因である。

⑮ 不定愁訴

ふていしゅうそ
➡ p.40 参照

原因不明の身体の不調のこと。「頭が重い」「イライラする」「疲労感がとれない」「よく眠れない」などの自覚症状がみられる。

心身の構造・機能と介護における観察のポイント

(こころとからだのしくみⅡ)

第1節 人間の心理

第2節 人体の構造と機能

第3節 移動・移乗における観察のポイント

第4節 食事における観察のポイント

第5節 入浴・清潔保持における観察のポイント

第6節 排泄における観察のポイント

第7節 着脱，整容，口腔清潔における観察のポイント

第8節 休息・睡眠における観察のポイント

第9節 人生の最終段階のケアにおける観察のポイント

【到達目標】

● 人間の基本的欲求，学習・記憶等に関する基礎的知識を習得している。

● 生命の維持・恒常，人体の部位，骨格・関節・筋肉・神経，ボディメカニクス等，人体の構造と機能についての基本的な知識を習得している。

● 身体の仕組み，心理・認知機能等についての知識を活用し，観察・アセスメント，関連する職種との連携が行える。

人間の心理

1. 人間の欲求の基本的理解

❶ 基本的欲求

▶▶ 基本的欲求とは

　生理的もしくは心理的不均衡が内部に生じ，それを回復するための行動に駆りたてる内的な動因を，要求または欲求と呼びます。人間には生きていくうえで必要なさまざまな欲求があります。ここでは，一次的欲求とも呼ばれる基本的欲求について，生理的欲求と心理的欲求に分けて述べます。

▶▶ 生理的欲求

　生理的欲求とは，生理的に不足が生じ，それを回復しようとする欲求をいい，生命の維持に必要不可欠な欲求です。それが満たされないと死につながることもあります。生理的欲求には，生命体が快適な状態を維持し発展させようとする個体保存の欲求と，その種族を維持していこうとする種保存の欲求とがあります。

表 2-1 ● 生理的欲求の種類

①	個体保存の欲求……呼吸の欲求，苦痛排除の欲求，水分補給の欲求，排泄の欲求，睡眠と休息の欲求，食物補給の欲求　など
②	種保存の欲求……性の欲求，母性の欲求　など

▶▶ 心理的欲求

　心理的欲求には，「両親から愛されたい」「注目されたい」「関心をもたれたい」「やさしくされたい」という安心・安定感を求める欲求や，「仕事でがんばった成果に満足を得たい」「それを同僚・ほかの人にも認めてもらいたい」という成就の欲求があります。また，2〜3歳児の「僕がやる」という自立の欲求，青年期の「自力でやりたい」という独立の欲求や自由を求める欲求などもあります。さらに，新しい経験をいろいろ試みてみたいという好奇心も生じます。

▶▶ 社会的欲求とは

　人間は，社会のなかでほかの人々とかかわりながら生活しています。社会的欲求は，人々との関係において発生する欲求で，社会的営みには欠かせない欲求です。

　社会的欲求は，個人間の関係，所属グループ間の関係，または社会的価値や規範，制度などとの関連において形成されていくことが多いので，それに応じた社会的欲求もまた習得されることを意味します。

　この社会的欲求は，基本的欲求を一次的欲求とすれば，二次的欲求と呼ばれます。この欲求は生後の学習によって習得されてくるもので，集団への所属，社会的な承認，自己実現などは，ほとんどの人に認められる社会的欲求です。

　アメリカの心理学者であるマレー（Murray, H.A.）は，社会的欲求のあり方そのものが人格を表現するものと考え，みずからの理論のなかで社会的欲求を心理発生的欲求と呼び，動機の構造を明らかにするための欲求としています。

▶▶ 愛情の欲求

　われわれはお互いに支え合いながら生きています。幸福な社会生活を営むために，なくてはならないのが人々の愛情です。愛情の欲求は，その対象が両親，同性の友人，異性の友人へと成長とともに変化し，社会でつながっていく人々へと拡大していきます。この欲求が満たされるか満たされないかは，人格の形成に大きな影響をもたらすので，臨床的にも重要な欲求です。

▶▶ 所属の欲求

　人間は社会的動物であり，集団に属したい，仲間に加わりたいという所属の欲求があります。とくに，学校生活では，クラスや部活での友達が欲しいという友達への欲求があり，学校生活を楽しく充実したものにするには欠かせません。この欲求が満たされないと，臨床的には重要な問題となる場合があります。

▶▶ 承認の欲求

　集団に同化したいという欲求がある反面，そのなかで，ほかの多くの人々と異なる目立った人でありたいと願う欲求が承認の欲求です。何ごとにつけて，ある集団のなかでは自分はきわだつ人間でいたい，仕事などで高く評価されたいという欲求であり，地位，名声，評判，有名さを気にする欲求です。

❸ マズローの欲求階層説

　これまで基本的欲求（一次的欲求），社会的欲求（二次的欲求）について説明してきましたが，ここでは，このようなそれぞれの欲求が階層的構造をなして立ちあらわれるという考えを論じたマズロー（Maslow, A.H.）[1]（➡ p.175 参照）（☞第 4 巻 p.189）の欲求階層説について紹介します。

　マズローは人間の欲求の階層論を発展させ，人間の欲求は次々と立ちあらわれてくる階層的な構造をなしていると説きます。その構造は「パンのないところでは，人はパンのみにて生きる。だが，パンが十分にあり，食欲が常に満たされているという状況になれば，食欲よりもむしろ別の高い次元の欲求があらわれてくる，この欲求も満たされるとまた新しい高い次元の欲求があらわれる」という具合に続いていきます。

　このように，人間の欲求は，生理的な次元から始まり，心理的な安全へ，そして集団に所属し，人間関係のなかで愛情がはぐくまれ，社会参加という社会的次元へと発展させ，高い次元の自己実現が出現するまで階層をなしています。その階層は図 2-1 のように 5 段階になっています。

　利用者一人ひとりについて，マズローの欲求の 5 段階のなかでどの階層まで満たされているか，到達しているかを確認することも，個別ケアのうえで役に立つのではないかと思われます。

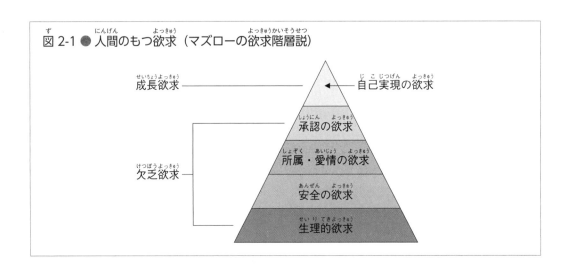

図 2-1 ● 人間のもつ欲求（マズローの欲求階層説）

成長欲求 ──────── 自己実現の欲求

承認の欲求

所属・愛情の欲求

欠乏欲求 ──

安全の欲求

生理的欲求

2. こころのしくみの基礎
_{き そ}

❶ 思考のしくみ
_{し こう}

▶▶ 思考とは
_{し こう}

　私たちは日常生活のなかのさまざまな場面で思考活動をしています。

　思考は「ちょっと○○と思っただけ」「ぼんやり考えていた」などと軽く受け流すような意味，また，「むずかしい問題を解いた」などと，苦しみながらやっと問題が解けた意味，哲学者デカルト（Descartes, R.）の言葉「われ思う，ゆえにわれあり」のように，深く考えた末に導き出された意味など，その意味の使用範囲は多様です。

　われわれの環境への適応行動には，生まれつき身につけている反応様式の再生ですぐ反応できる場合と，問題状況によってはすぐには解決できないために反応が起こるまでに時間がかかる場合とがあります。この反応が起こるまでの間における問題状況を解決するための準備活動が，思考といわれています。

▶▶ 問題解決がなされるまでの過程
_{もんだいかいけつ} _{か てい}

　思考活動による問題解決がなされるまでの過程をまとめたものが，図 2-2 です。

　日常生活の場面ではさまざまな問題に直面せざるを得ません。その問題について解決を促進させたり，妨害させたりする要因にも留意しておく必要があります。

　思考活動に影響を与える要因として，情報の少なさ，特定の事象への執着，動機づけ，パーソナリティ（気質，性格），発達レベルなどがあげられます。

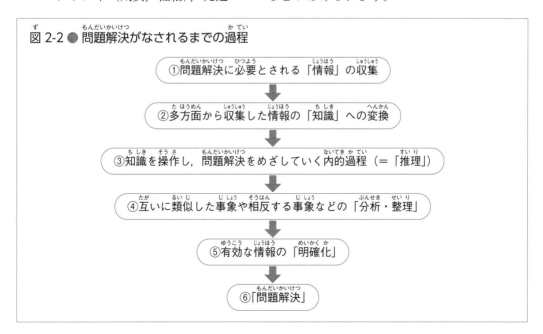

図 2-2 ● 問題解決がなされるまでの過程

①問題解決に必要とされる「情報」の収集

②多方面から収集した情報の「知識」への変換

③知識を操作し，問題解決をめざしていく内的過程（＝「推理」）

④互いに類似した事象や相反する事象などの「分析・整理」

⑤有効な情報の「明確化」

⑥「問題解決」

▶▶ 学習とは

人間の行動は本能による行動と，学習によって身についた行動の2つに分けられます。ただし，本能による行動についても経験，すなわち学習による影響を受けています。

学習とは「経験による比較的永続的な行動や認知の変化」と，心理学では定義されています。つまり，人間は学習を通じて行動を変化させることができるということです。

ここでは学習と行動との関係について，①パブロフの古典的条件づけ，②スキナーの道具的条件づけ，③ケーラーの洞察学習，④バンデューラの観察学習，という4つの理論を紹介します。

▶▶ パブロフの古典的条件づけ

「パブロフの犬」という言葉を聞いたことがあるでしょうか。これはロシアの生理学者パブロフ（Pavlov, I.P.）が行った実験に由来しています。

パブロフは実験のなかで，ベルを鳴らしてから犬に餌を与えることをくり返しました。その結果，ベルの音を聞いただけで犬は唾液を出すようになったのです。音の刺激と唾液の分泌という反応の連合が形成されたことを意味します。

この基本的な考え方は，問題行動や恐怖心などの軽減・改善にも応用されます。嫌いなものと並行して大好きなものを条件刺激（条件づけ）として用い，大好きなものへの肯定的感情を条件づけていくことにより，嫌いなものへの反応が弱められます。

▶▶ スキナーの道具的条件づけ

スキナー（Skinner, B.F.）は，箱の中でレバーを押すと餌がもらえるしくみの装置（スキナー箱）を考案しました。箱の中にネズミを入れ，ブザーが鳴ったときにレバーを押すと，ネズミは餌がもらえます。やがてネズミはブザーの音に反応してレバーを押すようになり，ブザーが鳴った直後にレバーを押す頻度が増加していきます。

レバーを押す反応は，餌を得るための道具的条件づけと呼ばれ，自発的に行う反応です。これは新しい学習を試みる，あるいは身につけさせたい行動がある場合に，本人が好む報酬を与えて行動を促進させるものです。

▶▶ ケーラーの洞察学習

　ケーラー（Köhler, W.）は，試行錯誤する学習ではなく，洞察（見通し）による学習パターンがあると考えました。それは問題状況について，物理的な場の理論を参考にして構造やしくみを認知的に把握することです。

　その例として，チンパンジーが問題解決のために道具を使うという実験があります。高い天井からバナナをひもでつるした部屋にチンパンジーを入れます。チンパンジーは大好物のバナナを何としても取ろうとしますが，手が届きません。やがて，部屋の隅にあった木箱に目をつけて箱を積み重ねて登り，うまくバナナを取ることができました。これは，部屋中を観察し，木箱を踏み台に見立てるという洞察に基づいた学習の例です。

▶▶ バンデューラの観察学習

　バンデューラ（Bandura, A.）は大人が人形に暴力をふるう行動を子どもたちに見せたあと，同じおもちゃを使って子どもがどのような行動をとるかを観察したところ，乱暴な行動をする率が高くなることを見いだしました。このモデルを用いての模倣学習は，乱暴な行動の修正や仲間づくりにも応用できます。

③ 記憶のしくみ

▶▶ 記憶とは

　人の名前が思い出せない，通帳や鍵などをどこに置いたか忘れてしまう，新しいことをなかなかおぼえられないなど，年をとることで自分の記憶力の低下を自覚するようになります。しかし，このような経験は若年期においても経験することです。

　記憶は，日常の体験したことや認知したものを頭のなかに蓄えていく，大切な脳のはたらきの1つです。その記憶の過程は，①外界の情報を入力し記銘する，②記銘した情報を頭のなかに保持する，③保持した情報を必要に応じて想起するという段階をふみます。

図 2-3 ● 記憶の過程

記 銘		保 持		再 生 [想起]
(情報をおぼえる)	→	(情報を保存する)	→	(情報を想起する)

▶▶ 記憶の分類①

　記憶は，保持時間や容量によって，感覚記憶，短期記憶，長期記憶，という3つに分類されます。

(1)　感覚記憶

　打ち上げ花火を見た直後のように，視覚や聴覚などの感覚器官で知覚した非常に短い記憶が感覚記憶で，そのほとんどは時間とともに忘れ，消えていきます。しかし，そのまま短期記憶へと転送される記憶もあります。

(2)　短期記憶

　短期記憶は，電話番号を暗記してすぐにかける，数字の系列「5，7，2，8」をおぼえて復唱する，直近の食事内容を思い出すなどの記憶です。くり返しリハーサルされた情報は記憶の貯蔵庫である長期記憶に転送されます。

(3)　長期記憶

　長期記憶は，数か月，数年，ほぼ永久に貯蔵されている安定した記憶です。膨大な量の知識が貯蔵され，意味的関係の構造をなしていて，必要に応じて活用されます。

図 2-4 ● 記憶の分類

感 覚 記 憶	→	短 期 記 憶	→	長 期 記 憶
・膨大な情報量をもつ。 ・注意を向けないと感覚記憶に入らない。 ・感覚記憶は一瞬で消える。		・長期記憶に移行しないと数秒から数分で消えてしまう。 ・一度に5～9個しか蓄えられない。 ・反復やまとまりを与えると長期記憶に移りやすい。		・何十年という長期保存が可能。 ・無限の貯蔵ができる。 ・組織化されたり，有意味のとき増強される。

▶▶ 記憶の分類②

　また記憶は，その内容により，作動記憶，意味記憶，エピソード記憶，手続き記憶などに分類されます。

(1) 作動記憶

　人前でスピーチをするときに頭のなかで話す内容や順序を考えたり，計算や推理をしたりするときに，必要な情報を一時的に頭のなかに保持し（短期記憶に相当），その情報を操作する能動的な記憶です。

(2) 意味記憶

　大化の改新は645年に始まったという歴史的事実や，りんごは英語に訳すとアップルであるといった言葉の意味など，社会的に共有された知識としての記憶です。

(3) エピソード記憶

　経験した出来事や情報に関する記憶で，昨日の出来事や修学旅行の思い出話など，「いつ，どこで，だれが，何を，どうした」を伝えることのできる記憶です。

(4) 手続き記憶

　自動車の運転や料理の仕方のような手続き・技能に関する記憶で，一度おぼえるとからだがおぼえていて，忘れにくい記憶です。

　なお，これらのうちの(2)から(4)までは，長期記憶に相当するものです。

　私たちは物事に注意を向けたり，言葉を記憶したり，状況を理解し判断するなどして自分の周囲の環境を認知しながら生活しています。認知は精神医学的には知能を，心理学的には知覚を中心とした意味でとらえています。ここでは，まず知能を中心に説明します。また，その認知が障害された場合に起こる失認と失行について次に説明します。

▶▶ 結晶性知能と流動性知能

　ウェクスラー（Wechsler, D.）は，知能を学習する能力，抽象的推理能力，適応する能力などと個々の具体的な能力ではなく，多面的で多くの要因によって決定される全体的な能力としてとらえました。その知能観を反映し，言語性知能，動作性知能から全検査知能を算出する考え方を導入しました。キャッテル（Cattell, R.B.）は，その言語性検査によって測定される知能を結晶性知能，動作性検査によって測定される知能を流動性知能と呼びました。

（1）結晶性知能

　これまでの学びや経験の積み重ねにより，知識，教養が結晶となりでき上がった知能を結晶性知能といいます。学校教育や社会などでつちかわれたもので，むずかしい問題に出会ったときに，その解決方法を導き出すために必要な能力です。"おばあさんの知恵袋"がその例にあたります。

（2）流動性知能

　新しいことを学んだり，新しい環境に適応するときにはたらく知能を流動性知能といいます。新しい課題や問題に直面したときに，その解決方法を見つけ出すために必要な能力で，これまでに身につけた知識や教養などとは異なる能力とされています。瞬間的なひらめきやとっさの空間的認知・視覚構成等の能力がさまざまな状況下ではたらきます。

▶▶ 失認

　失認とは，日常よく知っている物品を，感覚（視覚，触覚，固有感覚，聴覚など）をとおして認知することができなくなる障害で，脳血管障害のある人にしばしばみられます。身体失認や病態失認があり，身体図式にかかわるさまざまな障害をともなって起こります。身体各部の名称やその関係がわからなくなったり，自分の腕に対して，自分の身体の一部として感じられないために「ぶつけてすみません」と自分に言ったりする例があげられます。

▶▶ 失行

　失行とは，筋力，感覚，協応（目と手の同時使用など）に障害がないのに，特定の熟練した目的運動が遂行できない症状で，大脳半球の損傷によって起こります。失行には障害される運動の種類によって構成失行，運動失行，観念失行，観念運動失行，着衣失行などがあります。お茶をいれるときに，ポット，茶葉，急須，湯呑み茶碗の個々についてはわかるのに，お茶をいれる一連の行為がわからなくなる，また，ズボンを頭から被ろうとしたり，ズボンの片方に両足を入れようとするなどが失行の例にあたります。

❺ 感情のしくみ

▶▶ 感情とは

　人間の感情は，日常生活において行動の原動力となり，行動を支配する重要な役割を果たしています。脳の**扁桃体** [2]（➡ p.175参照）が感情をつかさどり，生物が生存していくうえで自分にとって安全で有益か，危険で有害かを見分けるきわめて重要な評価判断をになっています。

　感情は，狭義には快－不快の次元で刺激に反応する比較的単純な意識レベルとされますが，身体的な表出をともなう一過性の比較的激しい感情と広義にとらえ，情緒とほぼ同義語で使用されることも多いです。

　アメリカの心理学者エクマン（Ekman, P.）は，喜び，悲しみ，驚き，恐れ，怒り，嫌悪の顔面の表出（表情）が生まれつきのものか，文化による差があるのかについて，比較研究を行いました。その結果，人間の基本的な表情の表出は，どのような文化のもとにおいても同じであることがわかりました。人間が社会生活を営むうえで，他者の感情状態や意図を知る手がかりとなる顔の表情は，人間にとって重要な刺激となります。

▶▶ 感情の発達

　感情はどのように発達するか，ブリッジェス（Bridges, K.M.B.）の図でみてみましょう（図 2-5）。生後間もない時期に観察される感情である不快は，しだいに「怒り→嫌悪→恐れ」と分化していき，快は「得意→愛情（対大人→対子ども）」に分化していきます。2歳ごろまでには，嫉妬や喜びが出現することで大人にみられる感情（情緒）の基本型がつくられます。

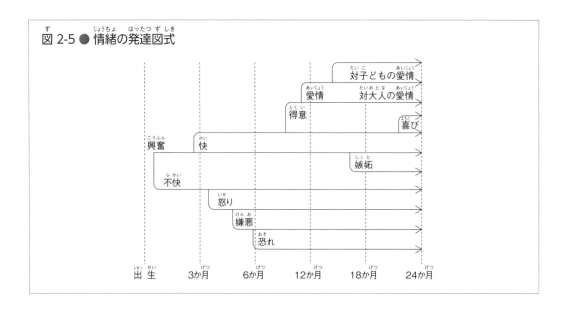

図 2-5 ● 情緒の発達図式

❻ 意欲・動機づけのしくみ ::

▶▶ 意欲とは

　人の行動は，行動を起こす何らかの理由，必然性があって発生します。その何らかの理由により，「～したい」「～しよう」と思う気持ち（意欲）が行動に結びつきます。その行動を起こし，行い続ける過程ないしはたらきを動機づけ（motivation）といいます。

　動機づけられた行動は速く，強く，積極的かつ一貫的で長続きします。反対に動機づけられていない行動は遅く，弱く，消極的で長続きしません，または気まぐれで散漫です。

▶▶ 内発的動機づけと外発的動機づけ

　デシ（Deci, E.L.）は，やる気の源泉に注目して，内発的動機づけと外発的動機づけに分類しました。

　人を外から駆り立てるという面が強い外発的動機づけは，競争させたり，圧力をかけたり，報酬をちらつかせたりして行動へ導こうとします。行動の目標が明確で，目標達成に向けて取り組みやすいことは確かですが，その効果はその場限りとなりやすく，人格的成長にまでつながらないことがよくあります。

　これに対して，その人の自発的な意思にまかせる内発的動機づけは，成果がただちには表面に出てこないという側面があるものの，ひとたび行動が始発すれば，強力かつ持続的に，高い人格的目標まで行動を導いていけます。

　この論拠はデシの実験により示されました。パズル課題を用いて実験参加者を，パズルを解いた数だけ現金報酬を与えるグループと，報酬を与えないグループとに分けました。その結果，報酬を与えないグループは休憩時間も自発的にパズルを解いていましたが，報酬を与えるグループは現金をもらえなくなるとパズルを解く数が減少しました。

　以上のことから，教育場面や労働環境において動機づけのきっかけをつくることや，動機づけを高める指導を行う際には，人格的目標までを視野に入れた配慮が必要とされます。外発的動機づけがきっかけとなって活動が定着し，内発的動機づけへと転換していく例もあります。

❼ 適応のしくみ ::

▶▶ 適応と不適応

　アメリカの心理学者であるサイモンズ（Symonds, P.M.）は，適応を「有機体とその環境との満足すべき関係」と定義しています。

　適応には，内的適応と外的適応とがあります。その人自身が主観的に充足し，要求水準が満たされ，幸福感をもち，満足すべき状態を内的適応といいます。一方，他者からみても客観的にその人自身が社会的・文化的ルール（規範）に従い，他者と協調し，他者からも受け容れられる状態を外的適応といいます。

　また，適応には，その人自身が環境に合わせて満足すべき状態をつくる受動的側面と，満足できない環境にあったときに，みずからはたらきかけて満足するように環境改善する能動的側面もあります。

　人間にとって，内的適応と外的適応がうまくいかない状態を不適応といいます。そして，不適応な行動があらわれると，さまざまな問題が発生する可能性が出てきます。

　ラザルス（Lazarus, R.S.）が不適応の状態を4つの基準で示しているほか（表2-2），ライチャード（Reichard, S.）は，高齢者の適応・不適応をパーソナリティとの関係で5つの類型に分けています（表2-3）。

▶▶ 適応機制（防衛機制）

　私たちが日常生活のなかで，新しい環境下におかれたり，不快な状況に遭遇したりしたとき，不安におそわれて緊張や葛藤が生じ，こころが不均衡な状態になることがあります。そして，その状態を解消し，バランスを保とうとして，無意識に自己を守ろうとします。

　フロイト（Freud, A.）は，このしくみを適応機制（防衛機制）と名づけ，すべての人生の段階において考えられる適応機制をいくつかに分類しています（表2-4）。

表 2-2 ● ラザルスの不適応状態の基準

① 長期にわたる不安・抑うつ状態という心理的不快状態
② 外界を正しく認知する能力が低下している認知不全状態
③ 食欲不振などの身体機能の障害の状態
④ 社会的規範（ルール）からの逸脱行動が起こった状態

表 2-3 ● ライチャードの高齢者の適応とパーソナリティとの関係

	類型	
適応型	①円熟型	自分の人生は実り多いとし，現実を受容し，現在の生活や人間関係に満足しているタイプ。社会的活動への参加，趣味などへの関心をもち，積極的で未来志向的である。
	②安楽椅子（ロッキングチェアー）型	物質的にも精神的にも他者の援助を期待し，他者に依存して老後を安楽に暮らそうとするタイプ。野心もなく，現状に満足し，仕事をすることを好まない。
	③装甲（自己防衛）型	他人の援助や世話を受けるのを嫌い，若者に負けないように精力的に活動することによって老齢化への不安を抑制し，肩肘を張ったような生き方をするタイプ。社会的活動を続け，仕事への責任感が強い。
不適応型	④憤慨（外罰）型	自己の老いを受容できず，他人を非難するタイプ。偏見が強く，常に不安を示し，悲観的である。趣味もなく，自己閉鎖的である。
	⑤自責（内罰）型	自分の人生の失敗や不幸を自分のせいにし，自分を責め立て，自分は不運であったと嘆くタイプ。何ごとに対しても悲観的で，自己の殻に閉じこもる傾向がある。時にはみずからを自殺に追いこむこともある。

＊定年退職後の高齢者をモデルにした分類表

退行 たいこう	耐えがたい状況におちいったとき，過去へ逃避して不安を解消し，満足を得ようとする幼児的な行動（幼児がえり）などをして受動的・依存的な行動をとる。
抑圧 よくあつ	不快な感情や思い出したくない記憶，実現困難な欲求などを無意識のうちに押しこめて意識しないようにする。
反動形成 はんどうけいせい	自分の本心（思考や感情など）が行動や態度にあらわれないようにふたをして，それとはまったく逆の過度に強調した行動や態度をとる。そうすることで，みずからの衝動や欲望を制御しようとする。
隔離 かくり	みずからに受け入れがたい状況に直面したときに，起こった出来事とそれにまつわる感情とを切り離して，客観的に取り扱うことで不安を感じないようにする。他人事のように語る。
打ち消し うちけし	過去にとってしまった受け入れがたい行為がもたらす罪悪感や恥の感情から逃れるために，その行為を打ち消す行動をとる。叱責や非難をしたあとで，ほめたり機嫌をとったりする。
投影 とうえい	自分自身のこころのうちに存在する受け入れがたい欲求や感情を，他者の側に転嫁し，他者にその欲求や感情があるかのように考えてしまう。みずからが怒りっぽいのに他人が怒りっぽいと認識してしまう。
取り入れ・同一視 とりいれ・どういつし	自分にとって重要な人がもっている感情や思考をそのまま自分の内部に取りこもうとする。
自己自身への向け換え じこじしんへのむけかえ	自分が相手に対して抱いている強い感情や衝動を反転させて，逆に自分自身を責めるような抑うつ的・自虐的な行動をとる。
逆転 ぎゃくてん	みずからが抱いている満たされない感情や欲望を，倒錯した形で満たそうとする。愛情が憎悪へと変わるような態度や行動をとる。
置き換え おきかえ	自分自身のなかで受け入れられない感情，思考，欲求を，それを受けた対象にではなく，どこか似たところがある別の対象に向けたり，ぶつけることによって充足をはかる。いわゆる八つあたり，身代わりである。
昇華 しょうか	こころのなかにある不安や攻撃性を直接発散せず，社会に受け入れられる価値の高い方法に置き換える。性や破壊の欲求をスポーツや芸術などに置き換え表現することで満足感を得る。

▶▶ 適応とストレス

　物事が思うようにいかず満足できないときに生じる精神的緊張をストレスといいます。物理的には，物（板，ゴム球等）に力を加えるとゆがみが生じ，力をゆるめるともとに戻ろうと反発する力が生まれ，この相反する力との間に生じるエネルギーのことをストレスとしています。図2-6のように加えられた有害刺激をストレッサー，その圧によってへこんだ状態をストレス反応といいます。

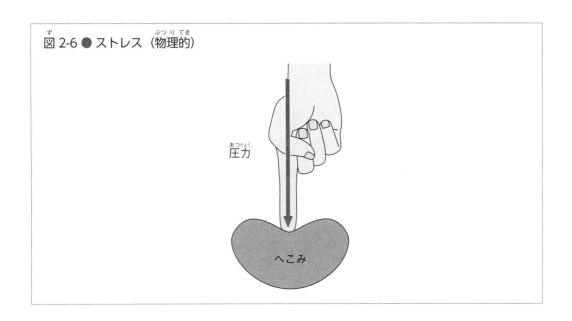

図 2-6 ● ストレス（物理的）

圧力

へこみ

(1) ストレス状態を引き起こす誘因（ストレッサー）

　ストレッサーには，寒暑，騒音などの物理的なもの，アルコール・麻薬など化学的なもの，飢え・睡眠不足など生物的なもの，経済危機・人間関係など社会的なものがあります。ストレスを受けた際のストレス反応は表2-5の3つに分類されます。いずれも一時的なものであれば回復しますが，長引くと治療が必要になってきます。

表 2-5 ● ストレス反応の種類

①身体的反応	動悸，発汗，筋緊張による頭痛，腹痛，不眠など
②心理的反応	不安，いらいら，気力・集中力の低下，落ちこみ，怒りなど
③行動的反応	生活の乱れから好ましくない行動にあらわれるもの（たばこやアルコールの量が増えたり，ギャンブルにのめりこんだりする）

(2) ストレスへの対処法

　同じストレスを受けても，まったくストレスを感じていない人，大きなストレスに感じる人とさまざまです。それはストレスをどうとらえ，どう対処できるかによって変わってきます。ラザルスはストレス対処法として，問題中心型と情動中心型の2つをあげています。

　問題中心型の対処法は起こった問題について情報収集をし，問題解決のための計画を立てて，具体的に行動し，問題の軽減をはかり，ストレスフルな状況そのものを解決しようとする方法です。それに対して情動中心型は，直面する問題の直接的な解決ではなく，問題から生起する，行きたくない，いやだという情動に焦点をあてて緊張を緩和する方法です。

(3) 欲求不満（フラストレーション）

　欲求が生起すると緊張が生じ，それを解消しようと行動を起こします。その行動の発現や遂行がさまたげられると欲求は満たされず，行動に移せずにこころの緊張は解消しないまま，不快な緊張状態が存続します。このような状態を欲求不満（フラストレーション）といいます。

▶▶ 適応機制の使用

　適応機制が適切に用いられるか否かで問題が生じたり，病気につながる症状が出たりします。一時的に用いることで不安や緊張を解消するならば必要なものとなりますが，その頻度がしだいに多くなり続けていくと，病的な症状や性格のかたよりなどとなって，日常生活にさまざまな支障が出て不適応状態となります。

　適応機制については，退行は早期に，昇華はある程度の成熟を経てというように発達段階をふまえた考え方もありますが，いくつも同時に併用したり，くり返して用いるということも少なくはありません。いずれにしても症状に合わせ用いられる適応機制を詳細に調べてみることも大切な視点になります。

　次に適応機制が用いられる症状や病気の例をみてみます。

(1) 退行

　自分の下に赤ちゃんが生まれると，自分も赤ちゃんぶるまいになり，これまで以上に母親に甘えたり，注意を引く行動をして以前の発達段階への逆戻り（退行）が起こります。これはふつうにみられる一時的な現象でしだいに落ち着きを取り戻してきますが，尾を引くと情緒不安定を示し，指しゃぶりや夜尿などが症状としてあらわれ，落ち着かない不安な状態が続きます。

(2) 退行，反動形成，隔離，打ち消し

　これらは，強迫神経症で用いられる（あらわれる）適応機制です。強迫神経症は本人が無意味だとわかっている考えが意思に反して，くり返し強く意識に侵入して（強迫観

念），制御できず，無理に考えを抑えたり，中断したり，打ち消そうとすると不安になり，くり返しの行為（強迫行為）がやめられなくなり，生活や精神状態に大きな影響を及ぼします。また，過度な戸じまり（施錠の確認），無意味な長時間の手洗いなどの強迫行為がみられます。

(3) 取り入れ・同一視，投影

　これらは，パラノイアで用いられる（あらわれる）適応機制です。パラノイアは，本人なりの論理や体系化された妄想を長時間にわたり確固としてもちつづけます。妄想内容は，高貴な血統であると確信する血統妄想などの誇大的内容のもの，自分の地位・財産・生命をおびやかされるという被害妄想，連れ合いの不貞を確信する嫉妬妄想などがあります。これらの妄想について語り始めると自我感情が高揚してその異常性が表面化し，不機嫌，攻撃性，猜疑的な傾向が顕著となり病的状態を示します。

(4) 抑圧

　外部から不快な刺激（ストレッサー）が加わって生体内のバランスが乱され，ひずみが生じるとストレス状態が生じます。適応機制ではストレッサーを抑圧する手段が使われますが，それが長く続くと，心身に不調があらわれ，日常生活に支障が出てきます。そのなかには「うつ病」の症状があらわれ，基本は抑うつ気分であり，不安感や焦燥感が強いと，不穏・焦燥・興奮状態となり，さらに強いと無感動になることもあります。また，思考が制止（抑制）したり，やらなければという気持ちが強いのにおっくうでやれなくなったりします。頭痛・頭重，易疲労・倦怠感，性欲減退，睡眠障害などの身体症状も多くみられます。

人体の構造と機能

□ 月
□ 日

1. 生命の維持・恒常のしくみ

　人体は，からだの内部・外部の環境が変化しても，一定の状態を保つ生態的機能がはたらいており，これをホメオスタシス（恒常性）といいます。この機能が低下すると人体にさまざまな影響を及ぼします。人体への異常を早期に発見するには，バイタルサイン（生命徴候）の観察が欠かせません。バイタルサインとは，体温・呼吸・脈拍・血圧をさし，場合によっては意識の状態も含めます。

❶ 体温

▶▶ 体温とは

　体温とは，身体内部の温度のことをいいます。腋窩（わきの下）や口腔内，直腸などの温度をはかることによって，その値を体温と呼んでいます。

▶▶ 体温の調節

　人間は恒温動物であり，環境が変わっても体温を一定に保つ調節機能をもっています。これは，熱の産生と放散のバランスによって成り立っています。つまり，熱の産生が放散を上回ると体温は上昇し，逆に，熱の放散が産生を上回ると体温は下降します。
　体温の調節には，皮膚の血管と汗が関与しています。外界の温度が低いときは，血管が収縮して体表面を流れる血液量を少なくし，熱の放散を防ぎます。逆に外界の温度が高いときには，血管が拡張して体表面を流れる血液量を多くし，熱を放散して汗を出します。汗が蒸発する際の気化熱により，体温を下げるはたらきをします。

▶▶ 体温のはかり方

　体温は，一般的に腋窩ではかる場合が多いですが，ほかにも口腔（舌下），直腸（肛門），耳腔内でもはかることができます。しかし，体温は部位によって違いがあるため，一定の部位ではかるようにします。
　口腔での測定は，乳幼児には適していません。直腸では正確に体内温度が測定できますが，不快感が大きいという欠点があります。
　また，耳腔内は短時間で測定値がわかるので，認知症のある人や体動がある人に適して

いるといえます。ただし，耳垢がつまっていると不正確になってしまうため，注意が必要です。

図 2-7 ● 腋窩（わきの下）での体温のはかり方

表 2-6 ● 腋窩（わきの下）で体温をはかる際の留意点

① 体温計をはさむ前に汗をふく
　濡れていると正確に測定できない。
② 片麻痺がある場合は，健側で測定する
　患側は血液循環が悪く代謝も低いため，体温が低くなりがちである。また，利用者が側臥位になっている場合，とくに下にした部位での測定では，体温が低くなる。
③ 腋窩の中央より前寄りに，下方からくぼみに向かって差しこむ
　体温計の先端部が皮膚に密着しているかどうか確認することが必要である。
④ 自分でできない場合，検温している側の腕を介護職の手でしっかり押さえる
　やせている利用者の場合，皮膚を密着することがむずかしいことがある。

表 2-7 ● さまざまな条件で変化する体温

① 個人差
　利用者によって体温には差がある。ふだんの平熱を知ることが大切である。
② 日内差
　早朝や睡眠中は体温は低めである。午後 3 時ごろがもっとも高いとされている。
③ 年齢差
　高齢者は成人よりも体温は低めである。
④ 環境
　電気毛布を使用していたり，衣服を多く着たりしている場合は，体温は高めになる。

❷ 呼吸

▶▶ 呼吸とは

　呼吸とは，体内に酸素を取りこみ，体外に二酸化炭素を排出するガス交換のことをいいます。

　具体的には，口や鼻から吸いこんだ空気が，喉頭，気管を通り，左右の気管支に分かれて肺にいたり，そこで酸素と二酸化炭素のガス交換が行われます。二酸化炭素を含んだ空気は，同じルートを通って口や鼻から外に吐き出されます。

　呼吸には，内呼吸（☞第4巻 p.88）と外呼吸（☞第4巻 p.88）とがありますが，一般に私たちが呼吸といっているのは外呼吸のことです。

　呼吸は無意識のうちに行われていますが，自分の意思によっても調節することができます。たとえば，痰や異物が喉頭や気管支に近づくと，意識的に強い息（咳やくしゃみ）で追い出そうとします。

▶▶ 呼吸運動

　呼吸運動とは，肺を伸び縮みさせて，その中の空気を入れ替える運動のことをいいます。肺は筋肉をもっていないので，外肋間筋（肋骨のあいだをつなぐ筋肉）と横隔膜の収縮によって呼吸運動が行われます。呼吸が絶え間なく行われるのは，延髄にある呼吸中枢からの刺激が，外肋間筋と横隔膜に達するためです。

▶▶ 呼吸数のはかり方

　呼吸数をはかるときは，手を利用者の胸，もしくはおなかの上に軽く置いて，1分間，その動きを数えます。また，胸腹部の上下運動で数える方法もあります（図2-8）。上下運動は，真正面から見るよりは，やや斜め側面から見たほうがよくわかります。

　なお，呼吸数をはかられていると感じると，速さやリズムが変化してしまうため，いつはかったか本人にわからないようにすることが大切です。

　呼吸数は，年齢や体格によって違うほか，気温，体位，運動や発熱などの状況によっても変わります。健康なときの1分間あたりの呼吸数は，成人で約12〜18回程度，5歳児では約25回，乳児では約30回といわれています。

　1分間あたりの呼吸数が増加することを頻呼吸といいます。発熱，肺炎，呼吸不全でよくみられます。一方で，1分間あたりの呼吸数が減少することを徐呼吸といい，脳圧亢進でよくみられます。

　呼吸数をはかるときに，ふだんよりも回数が異常に多かったり少なかったりする場合や，表2-8のようなリズムの異常，表2-9のような呼吸音の異常があった場合は，医療職に報告しましょう。

図 2-8 ● 呼吸数のはかり方

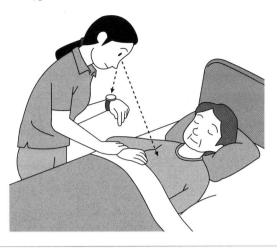

表 2-8 ● リズムの異常

チェーンストークス呼吸	無呼吸が数十秒続いたあと，呼吸が徐々に増大し，次いで徐々に減少し，再び無呼吸になる。これをくり返す：脳出血，脳梗塞でよくみられる
ビオー呼吸	大きな呼吸がしばらく持続したあと，突然消失し，しばらく無呼吸が続き，再び大きな呼吸が始まる：髄膜炎でよくみられる
クスマウル呼吸	呼吸数が少なく，異常に深い呼吸が規則正しく続く：尿毒症，糖尿病性昏睡でよくみられる

表 2-9 ● 呼吸音の異常

いびき音（グーグー）	比較的太い気管支が狭窄した場合
笛音（ヒューヒュー）	細い気管支が狭窄した場合（気管支喘息，異物吸引など）

❸ 脈拍

▶▶ 脈拍とは

脈拍とは，心臓から血液を全身に送り出すときの鼓動で，からだの表面から感じとれる拍動のことです。

脈拍に触れると，脈拍数だけでなく，脈のリズム，大きさ，緊張度などがわかるため，体温や呼吸とともに，高齢者のからだの状態を把握するうえで重要なサインとなります。

▶▶ 脈拍のはかり方

脈拍は，用具を使わなくてもはかることができます。測定できる部位としては，おもに①橈骨動脈，②上腕動脈，③浅側頭動脈，④頸動脈，⑤大腿動脈，⑥膝窩動脈，⑦足背動脈の7か所があります。

脈拍をはかるときは，人差し指・中指・薬指の3本をそろえて，指の腹を動脈に当ててはかります。親指では自分の脈を感じとってしまうために用いません。

強く押さえて拍動を感じない場合，血圧は正常です。また，押さえている指先に脈圧が押し上げるように感じる場合には，血圧が高いおそれがあります。

健康な成人の脈拍数は1分間で60～80回程度であり，女性は同年の男性よりも多いとされています。また，運動後，食後，排便後，入浴直後は脈拍数が多く，睡眠時には減少します。

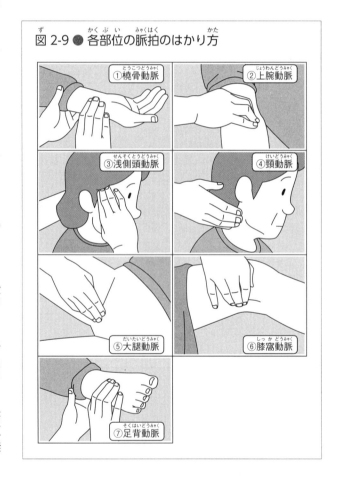

図 2-9 ● 各部位の脈拍のはかり方

①橈骨動脈
②上腕動脈
③浅側頭動脈
④頸動脈
⑤大腿動脈
⑥膝窩動脈
⑦足背動脈

④ 血圧

▶▶ 血圧とは

　血圧とは，心臓から全身に血液を送り出すとき，左心室の収縮によって生じる動脈の圧力のことをいいます。血圧は血液が血管の壁を押している力なので，動脈にも静脈にもそれぞれ血圧はありますが，静脈の場合は静脈圧と呼んで区別しています。私たちが一般的に血圧と呼んでいるのは，上腕動脈の血圧のことです。

　血圧は，心臓の収縮期にもっとも高くなります。このときの血圧を最高血圧，あるいは収縮期血圧といいます。これに対して，心臓の拡張期に血圧は最低となるので，このときの血圧を最低血圧，あるいは拡張期血圧といいます。

▶▶ 血圧の正常値

　血圧の正常値は，120 ／ 80mmHg 未満と日本高血圧学会の高血圧治療ガイドラインで定義されていますが（表 2-10），年齢，性別，時間差，運動，気温，食事，睡眠，感情の変化などによって測定値は変わります。また，血圧は体位によって変動します。

表 2-10 ● 最高血圧・最低血圧のガイドライン

WHO（世界保健機関）国際高血圧学会（ISH）の分類	
最高血圧（収縮期血圧）	140mmHg 未満
最低血圧（拡張期血圧）	90mmHg 未満

高血圧治療ガイドライン 2019 年版の分類					
分類	診察室血圧（mmHg）			家庭血圧（mmHg）		
	収縮期血圧		拡張期血圧	収縮期血圧		拡張期血圧
正常血圧	＜ 120	かつ	＜ 80	＜ 115	かつ	＜ 75
正常高値血圧	120-129	かつ	＜ 80	115-124	かつ	＜ 75
高値血圧	130-139	かつ／または	80-89	125-134	かつ／または	75-84
Ⅰ度高血圧	140-159	かつ／または	90-99	135-144	かつ／または	85-89
Ⅱ度高血圧	160-179	かつ／または	100-109	145-159	かつ／または	90-99
Ⅲ度高血圧	≧ 180	かつ／または	≧ 110	≧ 160	かつ／または	≧ 100
（孤立性）収縮期高血圧	≧ 140	かつ	＜ 90	≧ 135	かつ	＜ 85

出典：日本高血圧学会高血圧治療ガイドライン作成委員会編「高血圧治療ガイドライン 2019」日本高血圧学会，p.18，2019 年

2. 人間のからだのしくみ

❶ 細胞・組織 ::

▶▶ 細胞

　人体の 60％は水分で，そのほかは小さな細胞でできています。人体を構成する細胞の数は，数十兆個といわれています。細胞は人体の構造上，機能上の最小単位です。基本的な細胞の形は球形で，大きさは 10 〜 30 μm です。

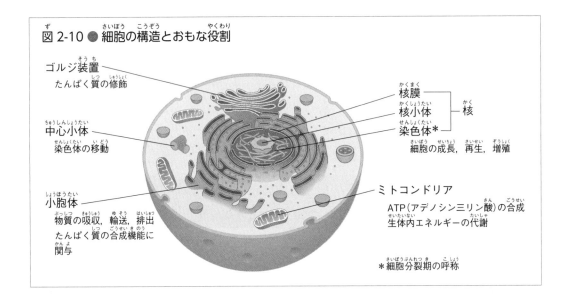

図 2-10 ● 細胞の構造とおもな役割

ゴルジ装置
たんぱく質の修飾

核膜
核小体 ┐ 核
染色体*
細胞の成長，再生，増殖

中心小体
染色体の移動

小胞体
物質の吸収，輸送，排出
たんぱく質の合成機能に
関与

ミトコンドリア
ATP（アデノシン三リン酸）の合成
生体内エネルギーの代謝

＊細胞分裂期の呼称

▶▶ 組織

　同じ形態もしくは類似した性質をもつ細胞同士が集まり，特定の役割を営むものとして組織があります。いくつかの組織が集まると器官を形成します。

表 2-11 ● おもな組織とはたらき

組織	はたらき
上皮組織	生体の内外をおおう細胞層を構成する。皮膚表面や口腔，消化管などの表面をおおう。上皮組織から分化したものに分泌腺がある。
結合組織	体内のいたるところにあり，組織や器官のあいだを満たしたり，器官の固定・保護などをする。骨や血液など。
筋組織	収縮性をもつ筋線維の集まり。不随意筋は，血管壁や消化管壁，膀胱，心筋などにある。随意筋は，骨格筋とも呼ばれる。
神経組織	神経系を構成する組織で，おもに神経細胞とその突起からなる。感覚神経・中枢神経・運動神経など。

❷ 人体各部の名称

▶▶ 身体各部の名称

身体各部の名称は，図 2-11 に示したとおりです。

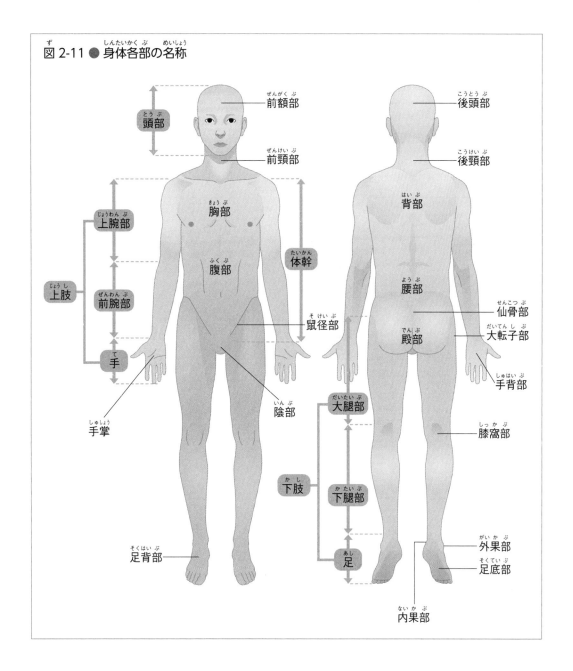

図 2-11 ● 身体各部の名称

前額部
頭部
前頸部

胸部
上腕部
腹部
体幹
上肢
前腕部

手

陰部

手掌

後頭部
後頸部

背部

腰部

仙骨部
殿部
大転子部

手背部

大腿部
膝窩部

下肢
下腿部

足背部
足

外果部
足底部

内果部

鼠径部

▶▶ 内臓の名称

内臓の名称は，図2-12・図2-13に示したとおりです。

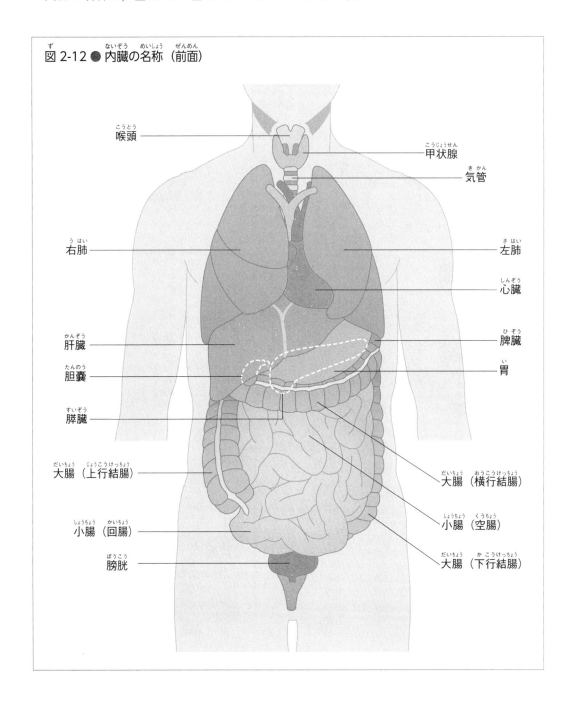

図2-12 ● 内臓の名称（前面）

喉頭
甲状腺
気管
右肺
左肺
心臓
肝臓
脾臓
胆嚢
胃
膵臓
大腸（上行結腸）
大腸（横行結腸）
小腸（回腸）
小腸（空腸）
膀胱
大腸（下行結腸）

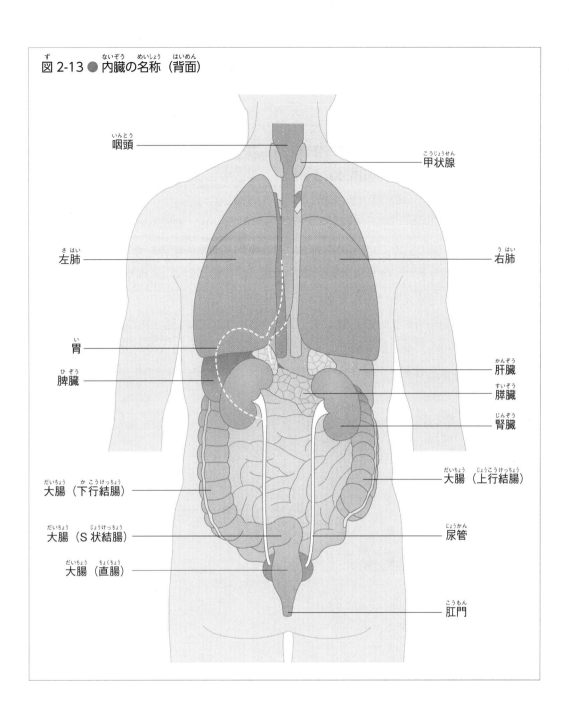

図 2-13 ● 内臓の名称（背面）

咽頭
甲状腺
左肺
右肺
胃
肝臓
脾臓
膵臓
腎臓
大腸（下行結腸）
大腸（上行結腸）
大腸（S状結腸）
尿管
大腸（直腸）
肛門

▶▶ 骨格

　人体には，約200個の骨があるとされています。全身の骨は互いに結合して，頭蓋骨・脊柱・胸郭・骨盤・上肢骨・下肢骨の骨格をつくっています。

　からだの骨格は，からだの頭部にある頭蓋骨，中心部分にある体幹と，上肢や下肢の体肢に分かれています。体幹部には，胸郭，脊柱，骨盤があります。

　胸郭は，12対の肋骨，12個の胸椎，1個の胸骨からなり，胸部の枠組みをつくっています。脊柱は，7個の頸椎，12個の胸椎，5個の腰椎，仙椎の癒合した仙骨，尾椎の癒合した尾骨から構成されています。骨盤は寛骨（腸骨，坐骨，恥骨），仙骨，尾骨からなり，体幹の底から内臓を支えるはたらきをしています。

　上肢は鎖骨，肩甲骨の上肢帯と接している上腕骨，前腕部の親指側に接している橈骨，小指側に接している尺骨があります。下肢は，骨盤に接している大腿骨と下腿にある太い脛骨，細い腓骨があります。全身の骨格は図2-14に示したとおりです。

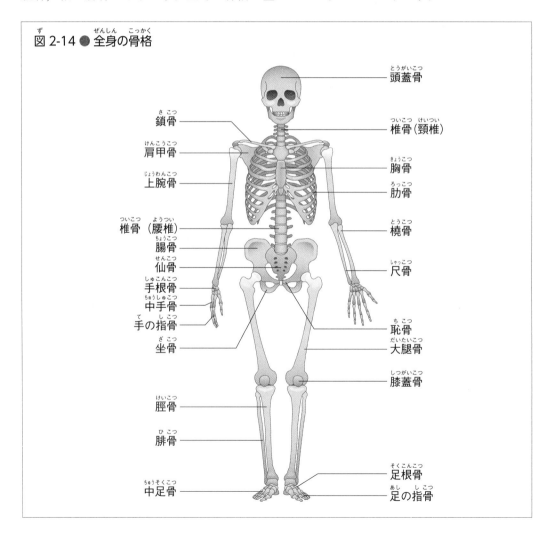

図2-14 ● 全身の骨格

頭蓋骨
鎖骨
椎骨（頸椎）
肩甲骨
胸骨
上腕骨
肋骨
椎骨（腰椎）
橈骨
腸骨
仙骨
尺骨
手根骨
中手骨
手の指骨
恥骨
坐骨
大腿骨
膝蓋骨
脛骨
腓骨
足根骨
中足骨
足の指骨

▶▶ 骨の構造

骨は，関節面を除き，骨膜におおわれ，緻密質と海綿質からなる骨質と，髄腔内の骨髄によって構成されています（図2-15）。骨膜は白色の薄い膜で，多くの神経や血管が走っています。骨質はカルシウムやリンを主成分とするかたい部分です。細かな血管の通り道にもなっています。骨髄は骨質の内部にある海綿質の部分です。骨髄腔は黄赤色の骨髄で満たされており，赤血球・白血球・血小板の生成を行っています。

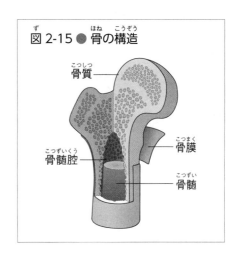

図2-15 ● 骨の構造

骨質

骨膜

骨髄腔

骨髄

▶▶ 骨のつくられ方とはたらき

骨には，骨をつくる骨芽細胞と，骨を壊す破骨細胞があり，両者がバランスをとりながら骨の破壊と新生を行っています。骨のはたらきには，支持作用，保護作用，運動作用，造血作用，電解質貯蔵作用があります（表2-12）。

表2-12 ● 骨のはたらき

作用名	はたらき
支持作用	頭や内臓を支え，身体の支柱となる。
保護作用	骨が集まり，骨格を形成し頭蓋腔や胸腔などをつくる。重要な臓器や器官を収める。
運動作用	付着する筋の収縮により運動が行われる。
造血作用	骨髄で血球成分（赤血球・白血球・血小板）をつくる。
電解質貯蔵作用	カルシウム・リン・ナトリウム・カリウムなどの電解質を蓄え，必要に応じて血液内に送り出す。

▶▶ 骨格筋

骨格筋は通常，骨と骨のあいだの関節にまたがって付着していて，自分の意志で随意運動を行う随意筋です。骨格筋のはたらきは，筋線維の収縮により関節運動を行うことです。この運動を行うためには，エネルギーを必要とします。エネルギーにはATP（アデノシン三リン酸）が分解されることにより生じる化学エネルギーが利用されます。

④ 関節のはたらき

▶▶ 関節とは

骨と骨をつなぐ連結部分が関節です。関節には，可動性（動く）と支持性（支える）という2つのはたらきがあります。また，骨の連結には，不動結合と可動結合があります。不動結合はほとんど運動性のない連結で，可動結合は比較的自由に動ける連結です。

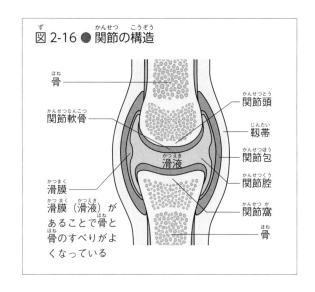

図 2-16 ● 関節の構造

骨
関節軟骨
滑膜
滑液（滑液）があることで骨と骨のすべりがよくなっている

関節頭
靱帯
関節包
関節腔
関節窩
骨

滑液

▶▶ 関節運動

関節運動は，次の8つに分類することができます。①屈曲と伸展，②内転と外転，③内旋と外旋，④回内と回外です。

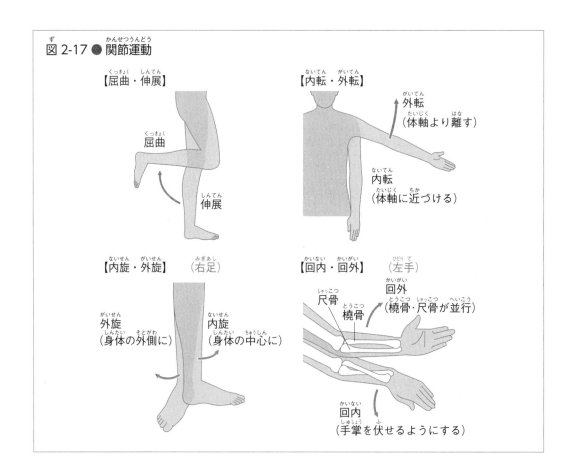

図 2-17 ● 関節運動

【屈曲・伸展】
屈曲
伸展

【内転・外転】
外転（体軸より離す）
内転（体軸に近づける）

【内旋・外旋】　（右足）
外旋（身体の外側に）
内旋（身体の中心に）

【回内・回外】　（左手）
尺骨
橈骨
回外（橈骨・尺骨が並行）
回内（手掌を伏せるようにする）

▶▶ 関節可動域

　関節が動く範囲を可動域といいます。可動域は，関節構造の特徴や形状によって決まります。関節可動域には個人差があり，そのほかに影響するものに性別や年齢などがあります。一般的には，加齢により関節可動域は小さくなる傾向があります。

　関節可動域は，自動的関節可動域（自分で動かせる可動域），他動的関節可動域（他者が動かす可動域）の2つに分類することができます。通常は他動的関節可動域のほうが大きくなります。

▶▶ 関節可動域の制限

　関節をある程度の角度まで伸ばし，それ以上伸びないものを伸展制限，その逆を屈曲制限といいます。寝たきり状態や関節を動かさない状態が続くと，関節可動域が小さくなる拘縮という状態になります。この状態にならないためには，予防が大切です。

▶▶ 関節の拘縮予防

　拘縮が起きた状態では，関節可動域が小さくなることだけでなく，筋肉の萎縮や筋力低下，骨密度の低下なども起きている場合があります。拘縮を予防する治療には，温熱療法やストレッチなどがあります。医師やリハビリテーション職が中心となり行います。

⑤ 筋肉のはたらき

　からだを動かすとは，筋肉を収縮し，関節を屈曲や伸展させることです。このときにはたらく筋肉は自分の意志で動かすことのできる骨格筋です。関節の屈曲や伸展には複数の筋肉がかかわっています。また，筋肉はからだを動かすだけでなく，呼吸運動や消化管の蠕動運動などのはたらきもあります。

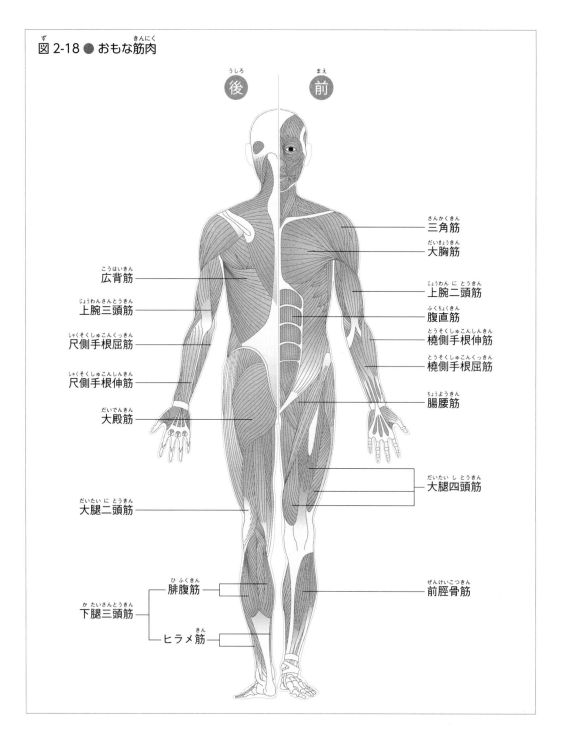

図 2-18 ● おもな筋肉

後　前

三角筋
大胸筋
広背筋
上腕二頭筋
上腕三頭筋
腹直筋
尺側手根屈筋
橈側手根伸筋
橈側手根屈筋
尺側手根伸筋
腸腰筋
大殿筋
大腿四頭筋
大腿二頭筋
腓腹筋
前脛骨筋
下腿三頭筋
ヒラメ筋

▶▶ 筋肉のはたらき

筋肉（骨格筋）には，動きをつくり出す，関節を保護する，姿勢を保持する，血液の循環をうながす，エネルギーを消費する，代謝を行う，からだのラインをつくるといったはたらきがあります。

表 2-13 ● 筋肉のはたらき

動きをつくり出す	からだの動きは，筋肉の収縮で行われる。
関節を保護する	筋肉は関節に加わる衝撃を吸収し，負担を軽減する。
姿勢を保持する	多くの筋肉で姿勢が保持されている。
血液の循環をうながす	下肢の筋肉は血液を心臓に戻すためのポンプのはたらきをしている。
エネルギーを消費する	1日に消費するエネルギーの70%は筋肉によって消費される。
代謝を行う	筋肉は糖の代謝の向上に関係している。
からだのラインをつくる	重力にさからい，からだの各部のパーツをもち上げるためからだのラインがつくられる。

▶▶ 筋肉量の減少と影響

筋肉量は20〜30歳代がピークで，それ以降は日常生活程度の動きでは，年々減少するといわれています。加齢にともない筋肉量が減少することをサルコペニア（sarcopenia）と呼びます。筋肉量が減少すると，日常生活や身体にさまざまな弊害が起こります。

たとえば，筋力の低下，基礎代謝の低下，スタイルがくずれる，姿勢が悪くなる，転倒リスクの増加，関節痛の発症・増加，医療費の増加があげられます。

▶▶ 筋肉量の減少に対する予防

大腿伸筋群は男女ともに，70歳代では，20歳代の約60%程度に減少するため，立ち上がり動作や歩行動作に支障が出るとされています。

しかし，たとえ高齢であっても，日常生活の維持を行いながら，運動により適度に刺激を加えたり，食事・休養を適切にとったりすることで，筋肉量の減少の予防につながります。

人間のからだには，約1000億個もの神経細胞があるといわれています。神経細胞はからだの隅々にまでネットワークをはりめぐらせ，さまざまな情報を受けとったり，送ったりしています。人間の神経は中枢神経系と末梢神経系に分けられます。中枢神経系は脳と脊髄からなり，末梢神経系のはたらきを調節します。末梢神経系は刺激や興奮を伝える脳脊髄神経と自律神経に分けられます。

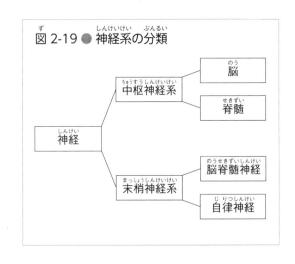

図 2-19 ● 神経系の分類

▶▶ 中枢神経系のはたらき

(1) 脳

脳の重量は男女差がありますが，成人で1200〜1500gの重さで，体重の約2〜2.5％を占めています。軟膜，くも膜，硬膜という薄い膜で三重に守られています。くも膜と軟膜の隙間は脳脊髄液で満たされ，脳はかたい頭蓋骨で囲まれています。

大脳，間脳，中脳，橋，延髄，小脳に区分され（図 2-20），中脳，橋，延髄を脳幹といいます。それぞれ表2-14のような役割をになっています。

図 2-20 ● 脳の構造

大脳半球

間脳

中脳

脳幹 ─ 橋

延髄

小脳

脊髄

(2) 脊髄

脊髄は脊柱管のなかにあります。身体各部の感覚を脳に伝え，脳からの運動命令も脊髄を通って筋肉に伝えられます。また，脊髄には反射の中枢としての機能もあり，これを脊髄反射といいます。脳に行かず，脊髄だけで情報が素早く処理されます。

表 2-14 ● 脳の役割

大脳	大脳の表面は大脳皮質と呼ばれ灰白質でできている。深部は大脳髄質と呼ばれ白質でできている。大脳皮質は部位により思考，感情，感覚，運動，言語などそれぞれの役割があり，大脳の機能局在という。
間脳	視床と視床下部に分けられる。視床は感覚系の神経経路の中継所である。視床に届いた感覚情報の「快」「不快」を認識するが，細かい認識は大脳皮質の感覚野で行う。視床下部は食欲・性欲・疼痛・口渇などの中枢であり，自律神経やホルモンの中枢がある。
中脳	大脳と脊髄，小脳を結ぶ神経の通り道であり，さまざまな反射の中枢である。
橋	大脳，小脳，脊髄などとの連絡路である。橋を含む脳幹全体に網様体と呼ばれる灰白質があり，意識や覚醒，睡眠のサイクルなどにかかわっている。
延髄	生命維持に不可欠な呼吸，心拍，血圧，嚥下，嘔吐などの中枢がある。
小脳	運動の際の筋力の微妙な調整や筋緊張の制御，筋肉のバランスをとるはたらきがある。

▶▶ 末梢神経系のはたらき

　末梢神経系とは中枢神経と末梢をつなぐ神経であり，脳脊髄神経と自律神経に分けられ，さらに脳脊髄神経は脳神経と脊髄神経に分けられます。脳神経は 12 対あり，頭部，頸部に分布しています。脳神経のなかの迷走神経は，頸部を下降し胸部や腹部の内臓に分布しています。脊髄神経は脊髄の両側に出入りする末梢神経で，頸神経・胸神経・腰神経・仙骨神経・尾骨神経に分かれます（図 2-21）。内臓，筋肉，感覚器に分布しています。

図 2-21 ● 脊髄と脊髄神経

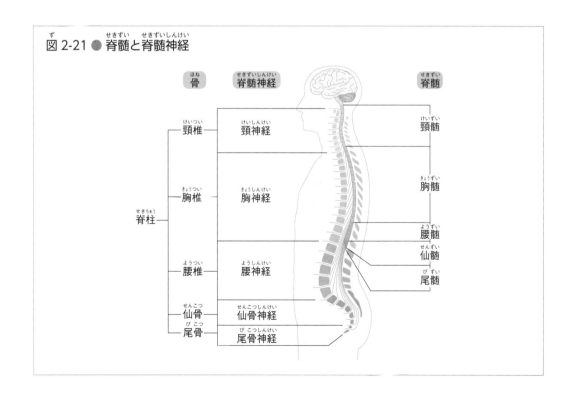

▶▶ 自律神経のはたらき

　自律神経は無意識のうちに身体の機能を調節する神経です。循環，呼吸，消化，発汗・体温調節，内分泌機能，生殖機能，代謝のような不随意な機能をコントロールします。たとえば，運動すると意識しなくても酸素を多く取りいれるために呼吸が速くなり，血液循環をよくするために心拍数が増加します。

　自律神経は交感神経と副交感神経に分けられ，1つの臓器を両神経が支配し（二重支配），両神経の作用は拮抗してはたらきます（相反支配）（図2-22）。交感神経はからだを活動，緊張，攻撃などの方向に向かわせる神経です。副交感神経は内臓のはたらきを高め，からだを休ませる方向に向かわせる神経です。

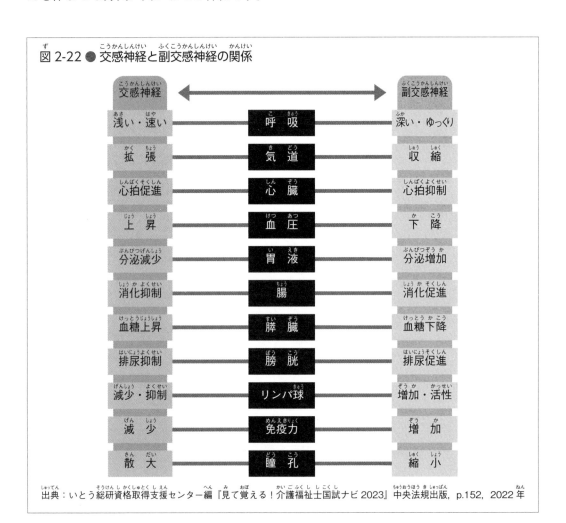

図2-22 ● 交感神経と副交感神経の関係

交感神経		副交感神経
浅い・速い	呼　吸	深い・ゆっくり
拡　張	気　道	収　縮
心拍促進	心　臓	心拍抑制
上　昇	血　圧	下　降
分泌減少	胃　液	分泌増加
消化抑制	腸	消化促進
血糖上昇	膵　臓	血糖下降
排尿抑制	膀　胱	排尿促進
減少・抑制	リンパ球	増加・活性
減　少	免疫力	増　加
散　大	瞳　孔	縮　小

出典：いとう総研資格取得支援センター編『見て覚える！介護福祉士国試ナビ2023』中央法規出版，p.152，2022年

❼ 感覚器のはたらき ⋮⋮⋮⋮⋮⋮⋮⋮⋮⋮⋮⋮⋮⋮⋮⋮⋮⋮⋮⋮⋮⋮⋮⋮⋮⋮⋮⋮⋮⋮⋮⋮⋮⋮⋮⋮⋮

感覚器には眼，耳，鼻，舌，皮膚に代表される，視覚器，聴覚・平衡感覚器，嗅覚器，味覚器，外皮があります。それぞれ外部からの刺激を受けとります。

▶▶ 視覚器のはたらき

視覚器は眼球と副眼器からなります。光は「角膜→前眼房→瞳孔→水晶体→硝子体→網膜」と進み，網膜で光が電気信号に変わり，視神経を伝わって脳の視覚野に達し，物を見ることができます。

図 2-23 ● 感覚器——眼球

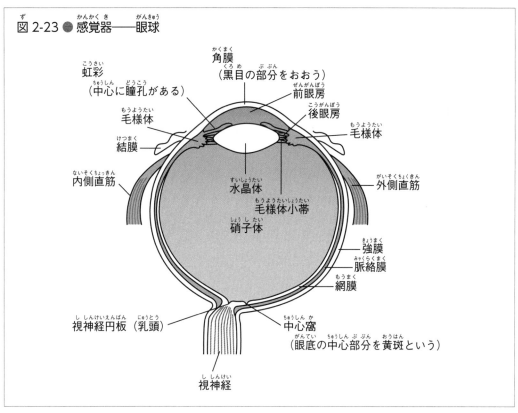

表 2-15 ● 眼の構造とそのはたらき

眼球	眼球壁	外膜，中膜，内膜の３枚の膜からなる。
	水晶体	両凸レンズ状で，辺縁は毛様体に連結されている。
	硝子体	ゼリー状の組織で眼球の５分の３を占め，眼球の内圧を保つ。
	眼房水	眼房を満たす体液のことであり毛様体でつくられる。後眼房から前眼房に流れ出し，眼圧を保つとともに角膜や水晶体にアミノ酸などの栄養分を与える。
	網膜	眼球内部にあり，視細胞が受容器である。
副眼器		眼瞼，結膜，眼筋，涙器などがあり，眼球を保護し，そのはたらきを助ける。

▶▶ 聴覚・平衡感覚器のはたらき

　聴覚・平衡感覚器は聴覚と平衡感覚をつかさどる器官であり，外耳，中耳，内耳からなります。音は「外耳→中耳→内耳」と進み，音の振動は蝸牛で電気信号に変わり，蝸牛神経を伝わって脳の聴覚野に達し，音を認識することができます。また内耳は，平衡感覚器の主要部であり，前庭と三半規管が感受しています。

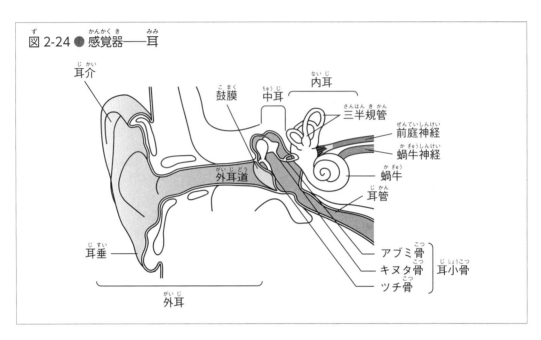

図 2-24 ● 感覚器——耳

表 2-16 ● 耳の構造とそのはたらき

外耳	・耳介は音波を集める。 ・外耳道は音波を中耳に伝える通り道である。 ・音波は外耳道の突き当たりの鼓膜を振動させ，中耳に伝わる。
中耳	・鼓膜の奥に鼓室があり，3つの耳小骨（ツチ骨，キヌタ骨，アブミ骨）が鼓膜につながっている。 ・鼓膜が振動すると，耳小骨で増幅され内耳に伝わる。
内耳	・聴覚を担当する蝸牛と，平衡感覚をつかさどる三半規管と前庭からなる。 ・音の振動は蝸牛で電気信号に変換され，蝸牛神経を通って大脳に伝わる。 ・頭部の回転は三半規管で感知し，電気信号に変換され，前庭神経を通って大脳に伝わる。 ・蝸牛神経と前庭神経を合わせて，聴神経または内耳神経という。

▶▶ 嗅覚器のはたらき

　嗅覚器はにおいを感じる器官であり，鼻腔上部（鼻の奥の天井部分）には嗅細胞があります。においは嗅細胞で電気信号に変わり，その電気信号が脳の嗅覚野に達することでにおいを認識することができます。

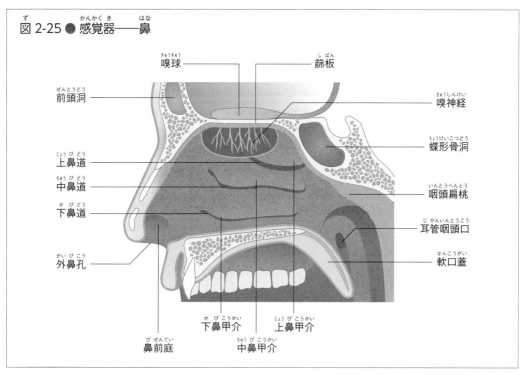

図 2-25 ● 感覚器——鼻

嗅球
篩板
前頭洞
嗅神経
蝶形骨洞
上鼻道
中鼻道
下鼻道
咽頭扁桃
耳管咽頭口
外鼻孔
軟口蓋
下鼻甲介
上鼻甲介
鼻前庭
中鼻甲介

▶▶ 味覚器のはたらき

　味覚器は味を感じる器官であり，舌の表面には舌乳頭が多数あり，多数の味蕾が分布しています（図2-26）。味蕾から感覚神経を伝わって脳の味覚野に達して味を認識することができます。

　味覚には甘味，苦味，酸味，塩味，旨味の5つの基本味があります。

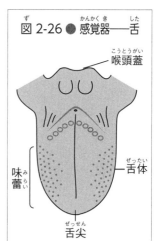

図 2-26 ● 感覚器——舌

喉頭蓋
味蕾
舌体
舌尖

▶▶ 皮膚のはたらき

　からだの表面をおおう皮膚と，毛や爪などの角質と，脂腺・汗腺・乳腺などの皮膚腺を総称して外皮といいます。皮膚感覚には，触覚，圧覚，痛覚，温度覚（温・冷）があります。皮膚より深部にある皮下，筋，骨膜や関節の受容器に刺激が加わることで生じる感覚を深部感覚といいます。深部感覚には，身体諸部の位置，運動，振動の状態を知る感覚と，筋膜，骨膜，関節などの損傷によって生じる深部痛覚があります。

▶▶ 肺の位置と構造

胸部とは，首と腹部にはさまれた部分をいいます。胸部には，中央よりやや左寄りに心臓があります。肺は胸部の大部分を占める臓器で横隔膜の上に位置し，右肺は３葉，左肺は２葉に分かれています（図 2-27）。肺はぶどうの房のように集まった肺胞と，これらを囲む編み目のような毛細血管でできています（図 2-28）。

▶▶ 上気道と下気道

空気が鼻腔から入って肺に達するまでの通り道を気道といいます。鼻腔，咽頭，喉頭，気管，気管支，肺からなり，鼻腔から喉頭までを上気道，喉頭から先の肺までを下気道といいます。

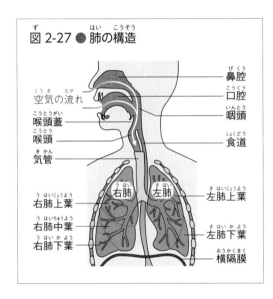

図 2-27 ● 肺の構造

鼻腔
口腔
空気の流れ
喉頭蓋
咽頭
喉頭
食道
気管
右肺上葉　右肺　左肺
左肺上葉
右肺中葉
左肺下葉
右肺下葉
横隔膜

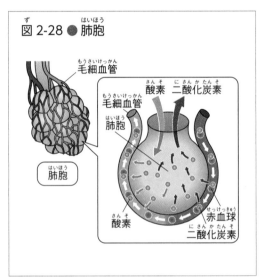

図 2-28 ● 肺胞

毛細血管
酸素　二酸化炭素
毛細血管
肺胞
肺胞
酸素
赤血球
二酸化炭素

▶▶ 外呼吸と内呼吸

呼吸とは，代謝に必要な酸素を細胞に供給し，細胞から代謝の際に生じた二酸化炭素を除去することです。気道に吸いこまれた空気は肺胞に達し，肺胞周囲の毛細血管を流れる血液に酸素を与え，二酸化炭素を血液から受けとります。このガス交換を外呼吸といいます。血液中に溶けこんだ酸素は赤血球内の血色素（ヘモグロビン）に結合して全身に運ばれ，末梢の毛細血管から細胞に移り，二酸化炭素は細胞から毛細血管内の血液に移ります。このガス交換を内呼吸といいます。

❾ 消化器のはたらき

▶▶ 消化器系とは

消化器系は，食べ物を摂取し，それを腸管から吸収できる程度まで分解し吸収して，血液中に送るはたらきをし，食物残渣の排泄を行う器官の集まりです。消化器系は，消化管と消化腺からなります。消化管は，口腔・咽頭・食道・胃・小腸・大腸・肛門から構成されており，消化腺は，唾液腺・肝臓・膵臓があります。

▶▶ 消化管

消化管は，口から始まり肛門までの1本の管腔臓器をいいます。口腔に取りこまれた食べ物は，下顎の運動により上下の歯間で細かくかみくだかれ（咀嚼），唾液と混ぜ合わされます。飲みこみやすい食塊が形成され，食塊は飲み下され（嚥下），咽頭，食道，胃に送られます。

食道は，脊柱の前面で気管の後ろにある約25cmの管状器官です。生理的な狭窄が3か所あり，固いものなどがつまりやすい部分です。

胃に送られた食物は胃の**蠕動運動**❸（➡ p.175参照）と胃液の分泌により，消化されます。胃の中の食物の滞留時間は食材により異なりますが，脂質は滞留時間が長くなるとされています。

小腸は，十二指腸・空腸・回腸に区分されます。小腸は，全長が約6～7mあり消化管のなかでもっとも重要な部分です。胃から送られた食物は，蠕動運動により胆汁・膵液・腸液などの消化液と混和され移送され，そのあいだに化学的消化が行われ，栄養物に分解されて吸収されます。

大腸は，消化管の終末部で，腹腔のまわりを取り囲んで走っており，全長は約1.5mあります。大腸は盲腸（虫垂）・結腸・直腸に区分され，小腸で吸収された残りのものから水分を吸収し，糞便を形成し，肛門から排泄します。

▶▶ 消化腺

　唾液は，大小の唾液腺から分泌され，糖質消化酵素が含まれています。

　肝臓は重さ約1200gの血管が多い臓器です。肝臓は物質代謝の中心で，グリコーゲンの生成と貯蔵，アルブミンなどたんぱく質の生成，不要なアミノ酸の処理，脂肪代謝を行います。そのほかには，栄養の処理・貯蔵，中毒性物質の解毒や分解・排泄，血液性状の調整，血液・ビタミンの貯蔵，胆汁の分泌，身体防衛作用などがあります。

　膵臓は，長さ約15cmの細長い扁平な器官です。右端はやや太く膵頭と呼ばれ，左端は細く膵尾と呼ばれます。膵臓の外分泌部からは1日に約500〜1000mlの膵液が分泌されています。膵液には，糖質・たんぱく質・脂質の分解酵素が含まれています。

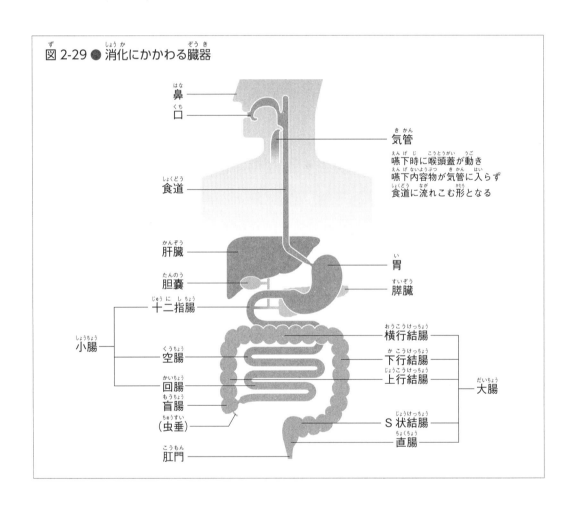

図 2-29 ● 消化にかかわる臓器

鼻
口
気管
嚥下時に喉頭蓋が動き
嚥下内容物が気管に入らず
食道に流れこむ形となる
食道
肝臓
胃
胆嚢
膵臓
十二指腸
小腸
横行結腸
下行結腸
空腸
上行結腸
回腸
大腸
盲腸
（虫垂）
S状結腸
直腸
肛門

⑩ 泌尿器のはたらき

▶▶ 泌尿器とは

　泌尿器は，生きていくために摂取した食物や水などのなかで不必要になったもの（老廃物）を尿として排泄するはたらきがあります。尿を生成する腎臓と，尿を体外に排泄する尿路である尿管，膀胱，尿道からなります。

▶▶ 泌尿器の構造

　腎臓は脊柱の両側に左右1対あります。成人で長さ約11～12cm，厚さ約3～4cmで重さは約120～130gです。腎臓では，血液の中にあるからだに不要な老廃物や取りすぎた物質がろ過され，尿として体外に排泄されます。

　尿管は，長さ約30cm，直径4～7mmで左右の腎臓から出て膀胱まで続く1対の管です。尿は尿管の筋肉の収縮と尿自体の重さにより，膀胱に送られます。

　膀胱は，尿管から送られた尿を蓄える筋性で袋状の器官です。位置は，骨盤腔内で恥骨結合の後ろにあります。男性では直腸が，女性では子宮と腟が密接しています。容量には個人差がありますが約200～500mℓで，尿意を感じるのは約300mℓとされています。

　尿道は，男性は約16～18cm，女性では約3～4cmと長さが異なる器官です。膀胱から尿道の始まる部分には膀胱括約筋があります。

▶▶ 尿の生成

　腎臓を1分間に流れる血液量（腎血液量）は800～1200mℓです。輸入細動脈から糸球体に血液が送りこまれ，血液から不必要な成分が除去され，原尿として尿細管に送られます。糸球体から1分間にろ過される原尿は100～200mℓです。糸球体を囲むボウマン囊の中では，血液中の血球やたんぱく質以外の成分がろ過されます。

　尿細管に入った原尿は，からだに必要な水・電解質・糖などが尿細管を取り巻く毛細血管に再吸収され，不要な老廃物は尿として集合管に送られます。糸球体でろ過されずに残った成分については，尿細管口に分泌されて，尿として排泄されます。

表 2-17 ● 尿の性状

・性状：淡黄色，pH5～7，比重1.015～1.030
・固形物のおもな成分：尿素，尿酸，クレアチニン，塩素，ナトリウム，カリウム，アンモニアなど

▶▶ 内分泌とは

内分泌とは, 導管をもたない分泌腺が, 分泌物を直接血液中に出すことをいいます。導管をもたない分泌腺を内分泌腺といい, そこでつくられて出される分泌物をホルモンといいます。ホルモンは特定の臓器において微量に産生される特殊な化学物質で, 血液中に分泌され血流に乗って標的器官(目的とする組織や器官)に達し, その器官のはたらきの調節に関与しています。内分泌腺には下垂体, 甲状腺, 上皮小体, 膵臓, 副腎, 性腺などがあります。

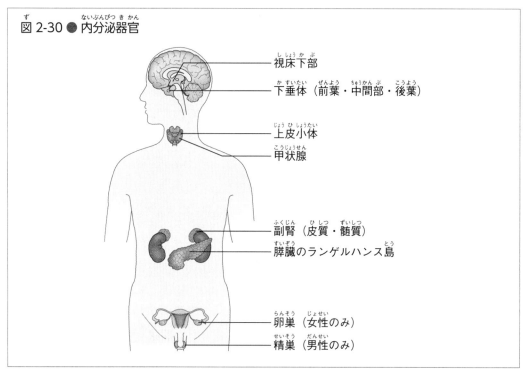

図 2-30 ● 内分泌器官

- 視床下部
- 下垂体(前葉・中間部・後葉)
- 上皮小体
- 甲状腺
- 副腎(皮質・髄質)
- 膵臓のランゲルハンス島
- 卵巣(女性のみ)
- 精巣(男性のみ)

表 2-18 ● おもなホルモン

下垂体	前葉	成長ホルモン(GH), 甲状腺刺激ホルモン(TSH), 副腎皮質刺激ホルモン(ACTH), 性腺刺激ホルモン(FSH, LH), プロラクチン(PRL)
	後葉	オキシトシン(OXT), 抗利尿ホルモン(ADH)
甲状腺		サイロキシン(T4), トリヨードサイロニン(T3), カルシトニン
上皮小体		パラソルモン(PTH)
膵臓		インスリン, グルカゴン, ソマトスタチン
副腎	皮質	糖質コルチコイド, 電解質コルチコイド
	髄質	アドレナリン, ノルアドレナリン
性腺	女性	エストロゲン, プロゲステロン
	男性	テストステロン

⑫ 生殖器のはたらき ::

▶▶ 生殖

生物は個体維持のためだけでなく，種の保存をはかるために新しい個体をつくります。そのために行われるのが生殖です。人間の生殖では，男性の精子が女性の卵子に結合し，新しい個体を生みます。

生殖を行う器官が生殖器です。生殖器は男性と女性では，形態的に異なる器官となります。

▶▶ 男性生殖器

男性生殖器は，精巣（睾丸）・精巣上体（副睾丸）・精管・尿道・精嚢・前立腺からなります（表2-19，図2-31）。

表 2-19 ● 男性生殖器のおもなはたらき

名称	おもなはたらき
精巣 （睾丸）	体幹から外に突出した陰嚢の中に左右1対あり，精巣上体とともにホルモンの分泌を行う。精子をつくる。
精巣上体 （副睾丸）	精巣の後縁と上端につく左右1対の器官。精巣でつくられた精子が精管を通って射精されるまで蓄えられる。
精管	長さ約30〜40cmの管。精巣上体にある精巣上体管に連結する管で，精子を精巣上体から射精管に運ぶ。射精管は左右別々に尿道に開く。
尿道	精子は射精時に尿道を通って外尿道口に運ばれる。
精嚢	精管に連なる1対の袋状の器官で射精管に開口する。淡黄色を帯びたアルカリ性の分泌物を出し，射精の際に前立腺の分泌物とともに精液として排出される。
前立腺	膀胱の下で，恥骨結合と直腸のあいだにある。射精管と尿道起始部を取り巻く腺で，精臭のある乳白色の液を尿道中に出し，精子の動きを促進する。

▶▶ 女性生殖器

女性生殖器は，卵巣・卵管・子宮・膣からなります（表2-20，図2-31）。

表2-20 ● 女性生殖器のおもなはたらき

名称	おもなはたらき
卵巣	長さ約3〜4cmほどの器官で，左右に1対ある。卵巣は卵子をつくる。卵子は卵胞という袋の中で成熟し，通常，毎月1回卵管を通り排卵される。また，女性ホルモンの分泌も行う。
卵管	長さ約7〜15cmの管で，排卵された卵子を取りこみ，子宮に運ぶ。
子宮	成人で長さは約7〜8cm，最大幅は約4cmくらいである。骨盤腔内で膀胱の後方，直腸の前方にあり，底辺が上になる下向きの二等辺三角形で，前後に扁平な形をしている。子宮の中に受精卵を着床，胎児を発育させる。
膣	子宮の下につながり，長さ約7cmほどの粘膜におおわれた筋肉の管。交接器および産道でもある。

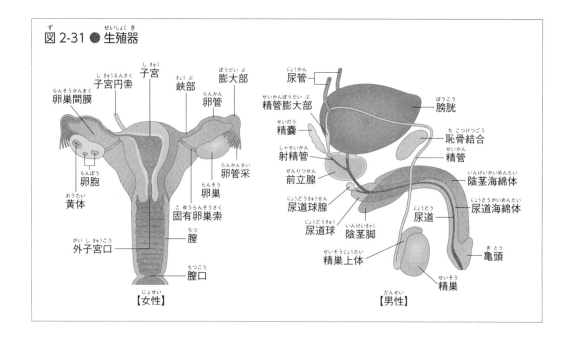

図2-31 ● 生殖器

【女性】
子宮円索
子宮
峡部
膨大部
卵巣間膜
卵管
卵胞
卵管采
黄体
卵巣
固有卵巣索
膣
外子宮口
膣口

【男性】
尿管
精管膨大部
膀胱
精嚢
恥骨結合
射精管
精管
前立腺
陰茎海綿体
尿道球腺
尿道海綿体
尿道球
陰茎脚
尿道
亀頭
精巣上体
精巣

▶▶ 心臓の位置と構造・はたらき

　心臓は胸腔内で左右の肺にはさまれ，横隔膜の上にあります。心臓の上部を心房，下部を心室といい，それぞれ心房中隔，心室中隔によって左右に分けられ，2心房，2心室からなります。右心房と右心室には三尖弁，左心房と左心室には僧帽弁，大動脈基部には大動脈弁，肺動脈基部には肺動脈弁があります。心臓の栄養血管は冠状動脈で，上行大動脈の基部から出ています（図2-32）。

　心臓は自律神経が支配し，ポンプのはたらきをして血液を流しています。

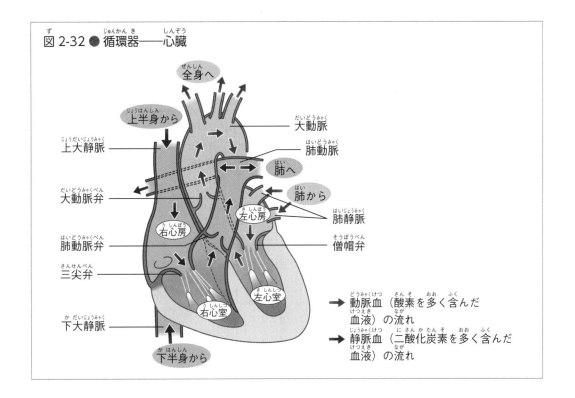

図 2-32 ● 循環器——心臓

全身へ

上半身から

大動脈

上大静脈

肺動脈

肺へ

肺から

大動脈弁

肺静脈

右心房

左心房

肺動脈弁

僧帽弁

三尖弁

左心室

右心室

下大静脈

下半身から

➡ 動脈血（酸素を多く含んだ血液）の流れ

➡ 静脈血（二酸化炭素を多く含んだ血液）の流れ

▶▶ 血管系

　肺から出た動脈血[4]（➡ p.175 参照）は，左心房を通り，左心室から出る大動脈を流れます。大動脈は分岐しながら全身に分布し，各組織に酸素と栄養分を運びます。二酸化炭素と老廃物を受けた静脈血[5]（➡ p.175 参照）は静脈の中を通ります。全身からの静脈は上下2本の大静脈（上大静脈，下大静脈）となりそれぞれ右心房に戻ります。これを大循環（体循環）といいます。

　全身から右心房に戻った静脈血は，右心室から出る肺動脈を通って肺に送られます。静脈血は肺でガス交換をして動脈血となり，肺静脈を通って左心房に戻ります。これを小循環（肺循環）といいます（図2-33）。

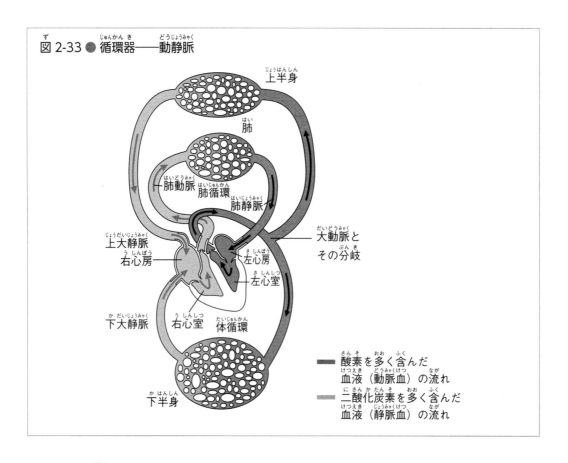

図 2-33 ● 循環器——動静脈

上半身

肺

←肺動脈　肺循環　肺静脈

上大静脈　　　　　　　　　大動脈と
右心房　　　　　左心房　　その分岐
　　　　　　　左心室

下大静脈　　右心室　体循環

━━ 酸素を多く含んだ
　　血液（動脈血）の流れ
━━ 二酸化炭素を多く含んだ
　　血液（静脈血）の流れ

下半身

▶▶ リンパ系

　リンパ系はリンパ管，リンパ節から
なり血管系とともに循環系を構成し，
おもに生体防御に重要なはたらきをし
ます。血管を流れる血液は心臓から拍
出され，全身をめぐって心臓に戻って
きます。しかし，血液の液体成分は常
に血管内を流れているのではなく，細
胞に酸素と栄養分を届けるために，毛
細血管の動脈側で血管から流れ出ま
す。そして静脈側で血管に戻れなかっ
た水分はリンパ液となり，これを回収
して血流に戻すのがリンパ管になりま
す。

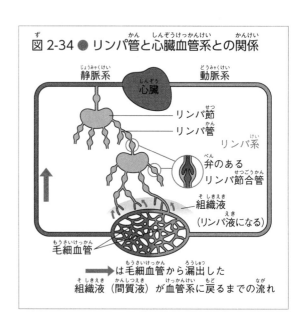

図 2-34 ● リンパ管と心臓血管系との関係

静脈系　　　心臓　　　動脈系

　　　　　　　　　　　リンパ節
　　　　　　　　　　　リンパ管
　　　　　　　　　　　　　リンパ系

　　　　　　　　　　弁のある
　　　　　　　　　　リンパ節合管

　　　　　　　　　　　組織液
　　　　　　　　　　（リンパ液になる）

毛細血管

➡ は毛細血管から漏出した
組織液（間質液）が血管系に戻るまでの流れ

　リンパ管はリンパ節を経由しながら合流し，最後はリンパ本幹となって静脈に流れま
す。右上半身のリンパ管は右リンパ本幹に集まり，左右の下半身と左上半身からのリンパ
管は胸管に集まります。

⑭ 血液・体液・リンパのはたらき ::::::::::::::::::::::::::::::::

▶▶ 血液の成分とはたらき

　血液は体重の 7 ～ 8 ％を占めています。血液を構成する成分は，固形成分（赤血球，白血球，血小板）と液体成分（血漿）に分けられます。固形成分が約 45 ％，液体成分が約 55 ％です。

　血液は酸素，二酸化炭素などを肺と組織細胞のあいだで交換したり，栄養素やホルモンの運搬などの作用をもちます。また，全身を循環して体温を均等にし，体表の血管から熱放散するなど体温調節作用をもちます。体液の pH を一定値に保つはたらきや，感染から身を守る免疫作用や止血作用などのはたらきもあります。

表 2-21 ● 血液の成分とはたらき

赤血球	骨髄で生成される。血液中での寿命は約 120 日であり，肝臓および脾臓で破壊される。血色素（ヘモグロビン）によって酸素の運搬を行う。数は成人男性で約 500 万個 /mm^3，成人女性で約 450 万個 /mm^3 である。
白血球	骨髄やリンパ節で生成され，肝臓や脾臓で破壊される。体内に入った細菌や異物を食作用でとらえて処理する。数は 4000 ～ 9000 個 /mm^3 である。
血小板	骨髄で生成され，約 10 日で，脾臓で破壊される。血液の凝固の際にはたらく。
血漿	血液の約 55 ％を占める液体成分で，その 90 ％は水分である。血漿たんぱく（線維素原，アルブミン，グロブリン）が含まれる。

▶▶ 体液のはたらき

　体液とは体内に存在する水分の総称です。からだの内部環境を保つため，液量や浸透圧，pH などが一定に維持されるように調節されています。液量は成人男性で体重の約 60 ％です。体液は細胞内液と細胞外液に大別され，細胞外液はおもに間質液と血漿からなります（図 2-35）。

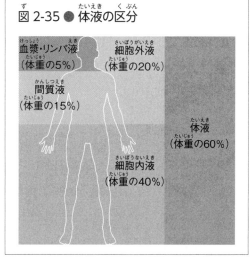

図 2-35 ● 体液の区分

血漿・リンパ液
（体重の5％）

細胞外液
（体重の20％）

間質液
（体重の15％）

細胞内液
（体重の40％）

体液
（体重の60％）

▶▶ リンパのはたらき

　リンパとはリンパ液ともいい，リンパ管の中を流れています。リンパには老廃物や余分な水分を回収するはたらきがあります。リンパ管が経由するリンパ節は，体内に侵入した細菌や異物を食いとめる役割になっています。

⑮ 免疫系のはたらき ::

▶▶ 免疫とは

からだの外から入ってくる病原微生物（細菌やウイルスなど）や体内で発生したがん細胞などを，異物として認識し，攻撃し排除するからだのはたらきを免疫といいます。もともと備わっている自然免疫と，一度感染するとできる獲得免疫があります。

▶▶ 病原微生物の侵入を防ぐ白血球

病原微生物が体内に侵入すると，まず白血球の一種であるマクロファージや好中球が血管の外に出て，病原微生物を食べて侵入が広がるのを防ぎます。またマクロファージには，食べた病原微生物の情報をリンパ球に送る役割もあります。情報を受けたリンパ球は病原微生物を記憶し，抗体をつくったり次の侵入に備えたりします。

白血球の種類には，単球（血管外へ出てマクロファージとなる），リンパ球（B細胞，T細胞，NK細胞），顆粒球（好酸球，好中球，好塩基球）があります。

▶▶ 非特異的防御機構

自然免疫のことをいいます。自然免疫とは生まれつき備わっている先天的な防御機構で，あらゆる異物に対してその特異性に関係なく対応できるため，非特異的防御機構ともいわれます。

体外からの病原微生物の侵入は，まず，生体表面（皮膚や粘膜など）の機械的なバリアでさまたげられます。皮膚は病原微生物の体内侵入を阻止し，粘膜は消化器や呼吸器表面において食物や空気に混ざって侵入した病原微生物をブロックします。

▶▶ 特異的防御機構

獲得免疫のことをいいます。獲得免疫は生後に異物が侵入してきたとき，その特異性を記憶することで獲得できるものです。一度侵入したことがある異物だけに対応するため，特異的防御機構ともいわれます。

リンパ球には液性免疫[6]（➡ p.175 参照）に関与するB細胞と，細胞性免疫[7]（➡ p.175 参照）に関与するT細胞の2つがあります。B細胞はそれぞれの抗原（病原体や腫瘍細胞）にしか反応しない抗体をつくり，抗原と結合してその抗原を破壊します。T細胞のうちキラーT細胞は，感染を受けた細胞を攻撃します。ヘルパーT細胞は，免疫活動を活性化します。NK細胞は，がん細胞や感染を受けた細胞をすぐに攻撃します。

3. ボディメカニクスの活用

❶ ボディメカニクスとは

　ボディメカニクスとは，骨格や筋肉および内臓器官などの相互関係で起こる身体の動きのメカニズムのことです。表2-22は，ボディメカニクスの基本原理になります。

表2-22 ● ボディメカニクスの基本原理

① 支持基底面積を広くとり，重心位置を低くする
　支持基底面積が広く，重心位置が低いと，身体がより安定する（図2-36）。
② 介助する側とされる側の重心位置を近づける
　重心位置を近づけることで，より少ない力での介助が可能になる（図2-37）。
③ 大きな筋群を利用する
　背筋全体や大殿筋を利用することで介助が容易になり，腰痛を防ぐことができる（図2-38）。
④ 介助される側の身体を小さくまとめる
　介助される側の腕を組んだり膝を立てたりして，身体を小さく1つにまとめると動かしやすくなる（図2-39）。
⑤ 「押す」よりも手前に「引く」
　押すよりも引くほうが，摩擦を軽減でき，力を分散させないため，より少ない力で動かすことができる（図2-40）。
⑥ 重心の移動は水平に行う
　足を広げて立ち，介助する側が下肢の動きのみで水平に移動することで，安定した移動が可能になる（図2-41）。
⑦ 身体をねじらず，骨盤と肩を平行に保つ
　骨盤と肩を平行に保つことで，腰部への負担が軽減できる（図2-42）。
⑧ てこの原理を応用する
　より少ない力で介助することが可能になる（図2-43）。

❷ 重心と姿勢の安定

　身体の動きは重心の移動をともないます。人間の重心は，成人の場合，通常身長に対して床から約55～56%の高さに位置します。介助場面では，身体の動きにともなって移動する重心を意識して介助します。
　また，姿勢の安定が重要です。支持基底面積を広く，重心の位置を低くし，安定した姿勢をとり，腰や背中に過剰な負担がかからないようにしましょう。

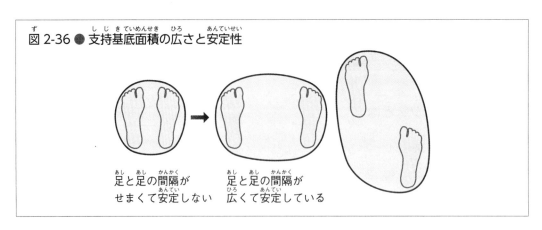
図 2-36 ● 支持基底面積の広さと安定性

足と足の間隔が
せまくて安定しない

足と足の間隔が
広くて安定している

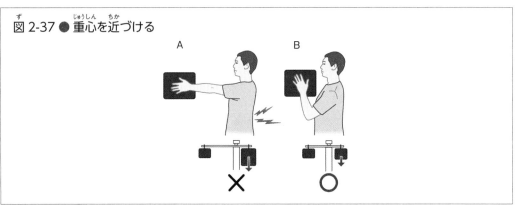
図 2-37 ● 重心を近づける

A

B

×

○

図 2-38 ● 大きな筋群を使用する

×

○

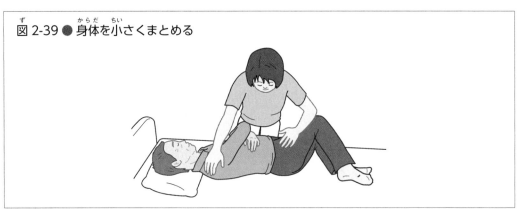
図 2-39 ● 身体を小さくまとめる

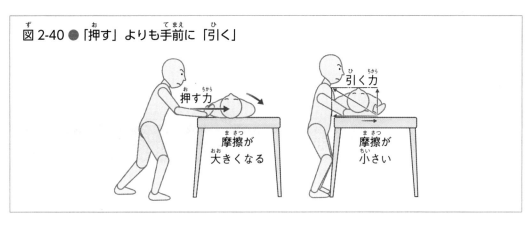
図 2-40 ●「押す」よりも手前に「引く」

押す力

摩擦が
大きくなる

引く力

摩擦が
小さい

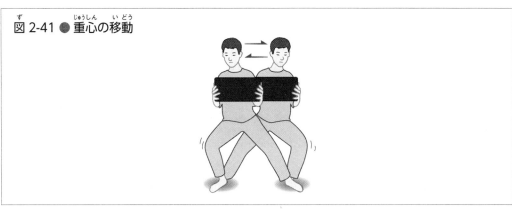
図 2-41 ● 重心の移動

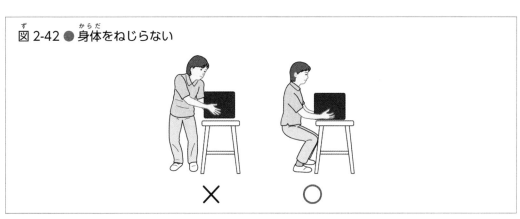
図 2-42 ● 身体をねじらない

×　　　○

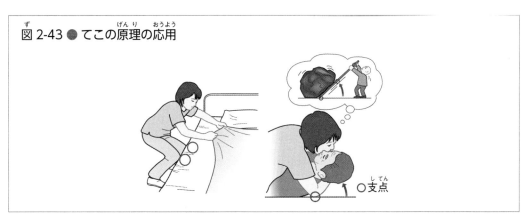
図 2-43 ● てこの原理の応用

○支点

移動・移乗における観察のポイント

1. 移動・移乗を阻害する要因の理解

❶ 精神機能の低下が移動に及ぼす影響

▶▶ 意欲の低下

　さまざまな原因により，物事に対する関心や何かに取り組む意欲が低下する場合があります。関心や意欲の低下は，座ったまま，あるいは寝たままで過ごす時間を増加させ，廃用症候群[8]（➡ p.175 参照）を引き起こす原因になります。

　また，意欲の低下がいちじるしい場合には，**傾眠**[9]（➡ p.176 参照）になる場合があります。このような場合には，仮に移動に必要な機能があったとしても，実際に移動することは困難でしょう。

　物事に対する関心や何かをやろうとする意欲は，人が移動するうえでの基礎になるものです。

▶▶ 意欲を低下させる原因

　認知症や脳卒中の後遺症などで，意欲が低下する場合があります。また，一般に高齢者では，新しいことに関する記憶力が低下するため，状況の変化に対応しにくくなります。たとえば転居などで環境が変わると，周囲の環境の変化に柔軟に対応できずに，混乱や不安を生じて，外出の意欲が低下することがあります。

　そのほかにも，近親者との死別により生活の張りを失ったり，病気や転倒に対する不安などを感じたりするようになることも，外出に対する意欲の低下を招く原因になります。

　高齢者や，軽度の認知症がある人の場合，適切な外出場所や外出の機会を確保することが重要になります。また，積極的に話しかけたり，可能ならば座位または立位をとったりするなどして，外部からの刺激を与えることも必要です。

▶▶ 視覚・聴覚の障害と移動能力の低下

　加齢にともない，老視（老眼）（☞第4巻p.266）や白内障（☞第4巻p.266）による視力低下のほか，緑内障（☞第4巻p.267）などによる視野障害，水晶体のにごりなどによる色や明るさの識別能力の低下がみられるようになります。

　これらの視覚障害は，段差が把握しにくくなるなど転倒の要因になります。また，交通量の多い場所では衝突などの危険性が高くなります。

　聴覚については，50歳代以降に高音域での聴力低下が生じます。**加齢性難聴**[10]（➡ p.176参照）では，語音が大きくなっても理解度が向上せず，単に声を大きくするだけでは伝わらないことがあります。

　このように，感覚機能の低下は転倒などの不安を生じさせるほか，コミュニケーションを困難にするため，それまでご近所同士でのおしゃべりが好きだった人が外出する機会や意欲を失うきっかけになります。

▶▶ 臓器の機能低下と移動能力の低下

　高齢者では，腎臓や尿路，消化器，肺，心血管系など，多くの臓器で機能低下がみられます。

　腎臓機能障害などの疾患では疲労感の訴えが多くみられ，移動することをひかえがちになります。肺や心血管系の疾患では，息切れや運動制限などがみられ，以前よりも少ない運動量で疲労を感じるようになるため，休みがちになることもあります。

　また，尿もれなどがあると，外出をひかえるきっかけにつながるほか，夜間の排尿頻度の増加はきちんと目を覚ましていない状態での移動となるため，転倒の危険性を高めたりします。

▶▶ 骨折にともなう移動能力の低下

　加齢や疾患などにより筋力や神経伝導速度の低下，平衡感覚にかかわる器官（視覚や聴覚，体性感覚など）の機能低下が生じた場合，さまざまな刺激に対する反応速度が低下します。このためバランスをくずしやすくなり，転倒の危険性が高まります。

　また，高齢者では骨密度が低下する傾向にあるため，転倒したときに骨折の危険性が高まります。転倒により，手首，肩，股関節，背骨を骨折しやすいとされています。とくに大腿骨頸部骨折（☞第4巻p.265）では，長期間の臥床が余儀なくされるほか，尻もちをつくなどしたときに生じる椎体[11]（➡p.176参照）の骨折（圧迫骨折）（☞第4巻p.244）も，腰痛が長期間続いて移動を困難にする原因になります。

▶▶ 切断にともなう移動能力の低下

　事故や糖尿病性壊疽などによる下肢切断も移動を困難にします。

　膝より下の切断者では，義足[12]（➡p.176参照）の利用により健常者と変わらない歩行を行っている場合もあります。

　ただし，高齢者では，義足を使いこなすことができなかったり，断端（切断面）の状態が不良で義足が使用できず，車いすの利用となる場合があります。

▶▶ 廃用症候群にともなう移動能力の低下

　長期間の臥床や活動の低下にともなって2次的に生じる機能低下を廃用症候群といいます。具体的な症状としては，全身の筋力の低下（筋萎縮）や関節可動域の制限（関節拘縮）のほか，呼吸筋力が低下して，換気量が減少したり，心筋にも筋力低下が及ぶために，心拍出量が減少します。そのほか，起立性低血圧[13]（➡p.176参照）を生じやすくなり，起き上がったり，立ち上がったりした直後にふらつく場合もあり注意が必要です。

　精神面でも，刺激が減少することにより意欲が低下したり，抑うつ状態を招いたりします。

　これらの症状は離床をさまたげる原因となり，さらに機能低下をきたすといった悪循環になるおそれがあります。

▶▶ 変形性関節症や腰部脊柱管狭窄症にともなう移動能力の低下

変形性関節症（☞第4巻p.244）は股関節や膝関節に多くみられ，立ち上がり動作や歩行，とくに階段や坂の昇降で疼痛[14]（→p.176参照）を生じます。疼痛を生じると歩行に負担を感じるために生活範囲がせまくなり，廃用症候群による移動能力の低下を生じるおそれがあります。

腰部脊柱管狭窄症（☞第4巻p.265）は，脊椎の変形などによって神経や神経近くの血管が圧迫されることで，腰痛や下肢のしびれを生じる疾患です。これらの症状は長距離の歩行を困難にするため，同様に廃用症候群を生じるおそれがあります。

▶▶ 脳血管障害にともなう移動能力の低下

脳梗塞や脳出血といったいわゆる脳血管障害は，その病原のある箇所や大きさにより症状や障害の程度はさまざまです。

下肢の麻痺の程度によっては，装具や杖などを利用して歩行することができる場合があります。しかし，患側の下肢は，体重を支える能力が低下していたり，すばやく自由に動かしたりすることが困難なため，バランスをくずしやすい状態になっています。

多くの場合，下肢と同じ側の上肢にも麻痺がみられることから，患側にバランスをくずすと転倒の危険が大きく，介護職は患側に位置するようにします。

歩行が自立していても，装具を利用している場合には，段差や坂の昇降は不安定になりがちで，手すりを必要とする場合があります。また，麻痺が重度で立位や歩行が困難な場合には，車いすを利用します。

脳血管障害では，麻痺以外にも失語症[15]（→p.176参照）や認知力の低下などの高次脳機能障害[16]（→p.176参照）と呼ばれる障害を負う場合があります。

失語症ではコミュニケーションが困難になるため，外出意欲や外出目的を喪失するきっかけになります。

また，認知力の低下は，片側（とくに左側が多い）を見落としがちになり，肩がぶつかる，足を踏みはずすなどの危険が生じたり，電車に乗っても降りるべき駅を通りすぎたりするなど，目的地までの移動を困難にする要因になります。

2. 変化に気づくための観察のポイント

❶ エピソードの把握

　活動量の低下や，そのきざしにいち早く気づくことは，生活の不活発による機能低下を未然に防ぐことにつながります。変化をつかむには，利用者のこれまでの生活や嗜好などを確認しておき，さらに日々の会話のなかからエピソードを把握することが重要です。

　これまでの生活を把握するうえでは，家族構成や家族との関係などの家族歴，ついていた職業などの社会歴，これまでのけがや病気などの既往歴，本人の趣味や嗜好などを確認しておきます。これらを知っておくことは，その人の人となりをつかむことができるため，今後，どこに重点をおいて接していけばよいかを考える材料になります。

　会話のなかからは，気持ちや意欲の変化，生活の変化を把握することが大切です。本人，家族から，移動動作やそのほかの生活動作で不安や疲労感がないかどうかを確認します。たとえば，最近階段の上り下りが不安になったとか，買い物に行くととても疲れるなどといった訴えなどです。

　不安や疲労の訴えは，生活範囲がせまくなる危険信号といえるでしょう。ふだんの会話のなかで，不安や疲労感がないかどうか，どれくらいの頻度でどこに外出しているのかなどを把握しておくと，具体的な変化に気づきやすくなります。

　そのほか，近親者や友人との死別などは，生活に対する意欲を減退させます。人生のなかでの大きな出来事についても把握できると，早めに対処することが可能になります。

❷ 動作の変化，からだの異常の把握 :::

　動作の変化やからだの異常を把握することで，転倒を予防したり，動作の負担に気づき，いち早く対応できたりすることがあります。

　利用者の動作を見るときは，ふだんと違う方法や姿勢，速さで行っていないか，ふだんより時間がかかっていないかに注意します。どこかに痛みがあると，その痛みを回避するために，ふだんとは違うやり方になります（表2-23）。

　歩行では，からだがいつもより大きく傾くときがないか，左右の足をふり出すタイミングに乱れがないか，歩幅や左右の足の幅がばらついて足を置く位置が一定しないことがないか，足先の上がりが悪くなってすり足になっていないか，などを観察します。これらの現象は，歩行が不安定になったり，つまずいたりして，転倒につながる場合があり，とくに注意が必要です。

　高齢者は周囲への気兼ねから，自宅で転倒しても外ではそれを隠すことがあります。膝や手，顔面などにきずやあざがないかを，ふだんから見落とさないように注意しておくことも重要です。

表2-23 ● 足の痛みを回避することによる，ふだんとは違う動作の例

立ち座りや乗り移り動作を行うとき	・からだを痛くない側に傾けて動作を行う。 ・勢いをつけて立ち上がったり，落ちるように座ったりする。 ・肘置きやテーブル，手すりなどに強く頼って動作を行う。 ・ソファなどの座面が低いいすに座ることを避ける。
歩行時	・左右の足をふり出すタイミングや速さが異なる。 ・すり足になる。 ・手すりや杖に強く頼る。
階段を昇降するとき	・1段ずつ，足をそろえるようにして行う。 ・手すりに強く頼る。

3. 医療職との連携のポイント

❶ 身体能力の判断

　身体能力に見合った移動手段や介助方法の選択は，運動機能の維持につながるばかりでなく，本人の主体性や意思を尊重する場面をつくることにつながります。過剰な介助は本人の意欲を低下させ，かえって機能低下をもたらすおそれがあります。

　移動に関する身体能力がどの程度あるか，どういった移動手段でどの程度の介助が必要なのかについては医師や理学療法士などに，また，服薬による影響などは医師や看護師，薬剤師に確認します。これらの職種に移動手段を確認する場合は，その人の移動の目的や動線の環境，移動距離を伝えると，より具体的な確認ができます。手すりがついた廊下を歩いてトイレに行くのと，買い物などで屋外を長距離歩くのとでは移動手段が異なる場合があるからです。

　また，**脳卒中**[17]（➡ p.176 参照）による片麻痺で下肢装具を利用している人では，夜間や入浴時は装具をはずす場合があります。寝室からトイレまでの動線上の環境や，浴室内の環境について，装具をはずした状態で，安定した動作が行えるかどうかを確認しておく必要があります。脊柱管狭窄症（☞第 4 巻 p.265）などにより**間欠性跛行**[18]（➡ p.176 参照）の症状がある場合，ふだんＴ字型杖を利用して歩行していても，移動距離によっては歩行器や車いすが必要なこともあるでしょう。

❷ 障害の予後の判断

　骨折後の安静が解除されたあとや，脳卒中の発症後約 6 か月以内の回復期と呼ばれる期間にある場合などでは，適切な訓練により機能回復を遂げることが可能です。状態が変化しているにもかかわらず，同じ介助を続けていると，機能回復をさまたげかねません。

　一方，進行性の疾患では，いつごろまで現状の移動手段が継続できるのか，次の移動手段は何か，どのような様子がみられたら，次の移動手段に変更するべきなのかを医師に確認しておくと，より安全な生活の継続が可能になります。パーキンソン病では，1 日のなかで移動能力が変化することもあるので，調子がいいときと悪いときの差が大きいときは，どのように対応するべきかも確認しておくといいでしょう。筋力が徐々に低下する筋萎縮性側索硬化症（ALS）（☞第 4 巻 p.278）では，症状の悪化が早い場合もあるため，早めに計画を立てて準備しておくことが大切です。

　介護職は直接利用者に接する機会が多く，変化を発見しやすい立場です。また，本人や家族と生活場面を共有するため，意向を把握しやすい立場でもあります。適時，介護職が

医療職と情報交換することで，利用者が，より安全な生活を継続することが可能になります。

❸ 装具・義足や福祉用具の適合判断 ::

装具[19]（➡ p.177 参照）や義足は，身体機能や体型（体重）の変化でからだに合わなくなったり，調整部分に狂いを生じたりする場合があります。このような状態では，歩行時に痛みやすり傷が生じたり，歩きにくさを訴えたりします。感覚障害がある場合は，痛みを感じなかったり傷に気がつかなかったりすることがあります。小さな傷が悪化する場合もあるため，傷を発見した場合は，傷が小さくても医師や看護師に伝える必要があります。

歩行時に利用する歩行補助具や，移乗時に用いる移乗用具などの福祉用具にはさまざまな種類があり，身体機能や使用する環境を考慮して適切なものが選択されます。歩行補助具については，グリップの高さによっても歩きやすさや安定性が変わるため，利用者の状態にあわせて調整します。身体機能の変化があったときや，移動・移乗動作が不安定なとき，介助者の負担が大きいときなどは，利用している福祉用具を見直す必要があります。

また，車いすでは，タイプやサイズ，クッションなどの不適合があると，頻繁に座位姿勢がくずれたり，殿部[20]（➡ p.177 参照）（☞第 4 巻 p.73）に発赤[21]（➡ p.177 参照）がみられたりすることがあるほか，視線などの違いによる精神面への影響もあります。

このような場合には，医師や理学療法士に適合をチェックしてもらう必要があります。

❹ 住環境の適合判断 ::

施設などは，段差部分がなく，またトイレなども十分な広さが確保され，必要な箇所には手すりがついています。一方で，ふだん過ごしている家は理想的な環境とは限りません。通常，玄関には段差があるほか，場合によっては門扉から玄関までに階段，飛び石などの不整地があることがあります。また，自宅内の動線上には，敷居などの段差部分や開き戸があり，通過しにくい環境になっている場合が多くあります。浴槽が深い場合もありますし，高齢者ではベッドをいやがって布団を利用している場合もあり，床からの立ち座り動作を行っている人もいるでしょう。

このように，施設では環境が整っていても，自宅では転倒を生じやすい，危険な状況にあるかもしれません。どのような住環境で過ごしているのかがわかったら，現状の身体機能で転倒などの危険がないかどうかを，理学療法士などに確認するとよいでしょう。

必要があれば，手すりの設置や段差解消などの環境整備，動作訓練などを行うことで，転倒を未然に防ぐことができます。

食事における観察のポイント

第4節

月

日

1. 食事を阻害する要因の理解

❶ 精神機能の低下が食事に及ぼす影響

　高齢者は，さまざまな原因で食事を円滑にとることができなくなることがあります。いわゆる食欲不振は「食欲がない」状態ですが，原因となる疾患には，表 2-24 に示したものがあります。

表 2-24 ● 食欲不振の原因となるおもな疾患

① がん，十二指腸などの潰瘍，肝硬変，胃炎，膵炎，腸炎，便秘などの消化器症状
② うっ血性心不全などの循環器疾患
③ アジソン病，甲状腺機能低下症などの内分泌疾患
④ 重症の気管支喘息などの呼吸器系疾患
⑤ 悪性リンパ腫などの血液・免疫系疾患
⑥ 腎不全などの泌尿器系疾患
⑦ 認知症，うつ病，心身症，神経性食思不振症，神経症，自律神経失調症，脳腫瘍，統合失調症などの精神神経系疾患
①〜⑦のほかには，亜鉛欠乏症，アルコール依存症，感染症，薬の副作用など

▶▶ 認知症

　認知症では，記憶障害のほか，認知機能に関連する機能障害，そのための社会・日常生活上の障害が生じることが問題となります。

　認知症が進むと，食べ物の認知や取りこみといった摂食動作，咀嚼，嚥下などの一連の動作に影響が生じることがあります。アルツハイマー型認知症（☞第 4 巻 p.345），前頭側頭葉変性症（☞第 4 巻 p.350），レビー小体型認知症（☞第 4 巻 p.349）などの原因疾患と進行のステージによって摂食嚥下障害の症状が異なることが知られてきています。認知症と診断されたら，行動障害のサインの内容に応じて早期から，より安心して楽しく，さらに十分なエネルギーを確保できるように食事環境の整備を検討していくことが重要です。

　具体的な解決法をもって食事を促進するための方法論の詳細はわかっていないのが現状ですが，行動障害を把握するツールとして，摂食サイクル測定記録シート（Feeding

110

Cycle Recording sheet：FCR），認知症高齢者の自発摂食評価表（Self-Feeding assessment tool for the elderly with Dementia：SFD）などがあります。

　実際は直接介助することが必要となりますが，なるべくストレスが少ない状況下で食事が提供できるように，環境整備や食形態の工夫，体位の工夫，嗜好品を取り入れるといったことを心がけながら介助します。

　なお，脱力（衰弱），運動困難，感覚機能の喪失は脳血管障害やパーキンソン病などにみられることがあり，認知症と似たような症状があらわれます。

　レビー小体型認知症では，幻覚・妄想あるいは幻視があることで，食事に毒が入っていると言って拒食することなどがみられます。また，前頭側頭型認知症は，初期のころではマナーなどの社会的な行動が困難になり抑制のない行動をとったり，最終的には無気力・活動低下，あるいは過度の活動があらわれたりすることなどから，食事行動にも変化を示します。

▶▶ うつ病

　うつ病（☞第4巻 p.339）では，興味や喜びが消失し，食欲の減退，疲れやすさ，気力の減退，思考力や集中力の減退，不眠などが生じるために，食事そのものができる状況が整いにくくなっているといえます。

　リラックスできる環境下で，時間を十分に確保し，わかりやすい言葉で食事をうながすといった工夫が必要です。

▶▶ 心身症

　心身症❷（➡ p.177 参照）になりやすい性格として，みずからの感情を自覚・認知したり，表現したりすることが不得意で，空想力・想像力に欠ける傾向にある人などがあげられます。こうした人たちには，消化器症状をはじめとするさまざまな慢性疾患，生活習慣病があらわれることがあります。原因となるこころの状態を改善することが大切です。

　それぞれの病気に適切に対応することが重要となるため，疾患の特徴を理解することが必要です。

　とくに疾患を有する場合，薬を服用していることが多く，効用，あるいは副作用として食事場面に影響することがあります。まずは食事場面をよく観察し，日によって，あるいは1日のなかで違いがあるかといったことを詳細に把握していきます。

❷ 身体機能の低下が食事に及ぼす影響 ::

▶▶ 加齢による機能の低下

　加齢にともない，口腔内に残る歯の数は減少していきます。全部床義歯（総入れ歯）になると，かみくだく能力は健康な人の6分の1から3分の1になるといわれています。

　また，加齢により咀嚼に関連する筋肉の低下が起きると，咀嚼に要する時間が長くなるほか，唇の閉じが悪くなり，食べこぼしが起きます。さらには，唾液の分泌量が減り，唾液のねばり気が強くなって，口腔内は不潔になりやすくなります。

▶▶ 感覚機能の低下

　視覚，聴覚，味覚，嗅覚などの知覚が低下すると，反応に要する時間は遅くなります。たとえば，白内障や**視野狭窄**[23]（➡ p.177 参照），**半側空間無視**[24]（➡ p.177 参照）といった障害があると，食器の置き場所が正確にわからず，食べ残したり，こぼしたりしやすくなります。

　また，「ご飯を食べましょう」「もう一口食べましょう」といった言葉かけは，食事をする準備のための重要な刺激ですが，聴力が低下すると，この刺激は遮断されてしまいます。

▶▶ 摂食嚥下機能の低下

(1) 先行期

　覚醒レベルが悪いとき，高次脳機能障害により集中力や反応がとぼしいときには，食べ物をうまく認知することができず，食事動作が遅くなったり止まったり，誤嚥したりすることがあります。

(2) 準備期

　姿勢が悪かったり（体幹や頸部をしっかり保持できなかったり），テーブルの高さ，食器やスプーンといった自助具が合っていなかったりすると，食べ物を口に運び入れることが困難になります。また，歯が欠けていたり，義歯が合っていなかったりすると，歯肉などに痛みが生じるほか，咀嚼や**食塊**[25]（➡ p.177 参照）を形成する際のさまたげとなります。

　唾液の分泌が低下すると口腔内はねばつきが増し，食事を適度なやわらかさに整えるまでに時間がかかります。さらに，食塊を形成することが十分にできなくなり，口腔内や咽頭壁への食べ物の付着や残留が多くなります。

　本人の機能に合った食事形態を整えるという考え方が重要で，やわらかすぎたり，かたすぎたりしてもよくありません。その意味では，一口量や食べるペースも重要です。ほおばりすぎや，食べるペースが早すぎたり，ゆっくりしすぎたり，まちまちになったりしないように注意します。

▶▶ 障害による機能の低下

　発声や会話は，構音機能と舌の動きの維持に関係します。そのため，黙って１日を過ごすことがないようにはたらきかけることが必要です。重要なことの１つに，口を清潔に保つことがあります。

　口腔内の清掃は，においや細菌の繁殖防止のみならず，味覚や食欲，嚥下反射などにも影響しますので，義歯をつけている場合ははずして，口腔内，義歯ともにきちんと手入れします。

　痰も可能な限り，取り除くことが大切です。自身で咳払いをして出せる場合には，こまめに吐き出してもらいます。

　また，ふだんから離床の支援を心がけます。臥床状態であっても動作をできるだけ本人に手伝ってもらい，使える筋肉を用い，ADL[26]（➡ p.177 参照）や肺機能の低下などの廃用症候群の防止に努めます。

　とくに頭を上げる動作は，頸部の筋肉を用いますので，枕を整える際など，可能な限り自力で上げてもらうようながします。

　いわゆる基礎体力の維持と向上をはかり，感冒（風邪）などの感染症を予防します。

▶▶ 全身的な機能の低下

　脱水，低栄養，全身状態の悪化（肺炎，心不全，がん，貧血，肝臓機能障害など），嘔吐，下痢，食欲不振といった消化器症状，糖尿病や高血圧に対する不適切な食事制限などは，食事行為への影響を及ぼすとともに，食事からも影響を受けるといったような悪循環を誘導します。

　当然，これらの状態がみられる場合には，食事の量や形状の制限，工夫，変更が必要になります。また，食事を上手にとらないと，これらの状態は悪化していきます。

2. 変化に気づくための観察のポイント

❶ おもな身体機能

▶▶ 姿勢

通常，座位時の頭部はまっすぐか顎を少し引くような姿勢で，体幹もまっすぐです。食事の姿勢（体幹の左右の傾き，円背），頸部の支持力，顎の引き具合，座位可能時間（最低30分くらい），補助具利用時の支持力，異常な姿勢（顎の突き出し，頸部のうなだれ，頸部後屈，全体的に無理な姿勢)の有無，疲れやすさや腹筋，背筋の力などを観察します。

▶▶ 顔と口腔

表情，顔色，顔のむくみ，口唇の開閉や動き，会話の明瞭さ，顔面痙攣などの不随意運動，また，利用者が食事をする際には，下顎関節の動きの円滑さ，左右差，痛みの有無，摩擦音なども確認します。口腔ケアの際には，口唇の乾燥，口腔内の粘膜の色，炎症の有無，歯肉の色，腫脹（はれ）・出血・膿・退縮の有無，唾液分泌，義歯の適合性を確認します。

▶▶ 頸部・咽頭

頸椎可動域は，前後屈，左右側屈，左右回旋ができるか，あるいは頸のまわりの筋肉のかたさや疼痛などを確認します。声は，開鼻声（鼻に抜ける声），嗄声（かれ声），湿性嗄声（ゼロゼロした声）の有無を確認します。痰が喉にからむと声が変化します。

▶▶ 胸部

嚥下と呼吸は協調関係にあり，無理な嚥下をくり返すことで呼吸が切迫することがあります。食事による疲労感，聞き慣れないふだんと異なる呼吸音などを注意深く観察します。誤嚥性肺炎が生じた場合，利用者は元気がなくなります。通常，高熱が出ますが，高齢者の場合には症状が出にくいことに留意します。

▶▶ 摂食行動

食器の持ち方，スプーンや箸の使い方，口までの食物の運び方，食べ物の口への取りこみ，取りこむまでの時間，飲みこむ時間，全体の食事時間，集中力，疲労感などを確認します。

❷ 緊急性をともなう異常

▶▶ 誤嚥

誤嚥がくり返されると，誤嚥性肺炎を引き起こし，時に死にいたることがあります。通常，健康な人の肺に誤って食べ物などが入ると，かなり激しい咳が出て，異物が除去されます。しかし，反射が低下していると咳も弱かったり，あるいは反射が消失していると誤嚥しても一見，問題がないようにみえたりします。誤嚥が疑われる状態には，表2-25のような内容があります。

表 2-25 ● 誤嚥が疑われる状態

- ●過去に誤嚥・窒息があった
- ●脱水，低栄養状態がある
- ●食事時間が1時間以上かかる
- ●食事中・食事後にむせや咳が多い
- ●夜間に咳きこむ
- ●肺炎，発熱をくり返す
- ●拒食，食欲低下がある
- ●食事の好みが変わった
- ●嗄声（かれ声）がある
- ●咽頭違和感・食物残留感がある

▶▶ 窒息

窒息の場合，声が出せなくなり，もがいたり，チョークサイン（図2-44）があらわれたりします。また，甲高い呼吸音や顔面の赤紫色（チアノーゼ）がみられるようになり，脈拍，血圧が上昇します。さらに進行すると，けいれん，脱糞をともない，激しくのた打ちまわるようになります。

1分を過ぎると，意識を消失し，表情は硬直し，昏睡状態，筋肉の弛緩，仮死状態におちいり，1分半を過ぎると回復の可能性は少なくなります。

義歯がゆるい場合や，大量の食事を一口でほおばる行動がみられる利用者には，十分に注意を払います。

図 2-44 ● チョークサイン

❸ おもな症状 ::

▶▶ 食欲不振

　食欲不振は，胃，腸，肝臓などの消化器系の異常，心臓や肺などの病気，泌尿器系の問題，感染症や発熱，痛み，ストレス，中毒などが原因で生じます。食欲不振の症状は，食欲低下，疲れやすさ，気力の減退，体重減少，胃の痛み，便秘などです。

▶▶ 脱水・低栄養

　脱水症状の観察は，口渇・口唇の乾燥，わきの下の乾燥，肌荒れ，尿量の減少・濃縮尿，頭痛，全身倦怠感，食欲不振，めまい，嘔気・嘔吐，発熱，意識低下，けいれんなどを確認します。体重の2％に相当する水分が失われると，強い喉の渇きや食欲減退があらわれます。高張性脱水，低張性脱水の混合型が多くなります（表2-26）。

　低栄養は血清アルブミン値（3.5g/d*l* 以下），体重減少率（1か月で5％以上）をみます。症状には，食欲低下，咀嚼力・嚥下力の低下，唾液や消化液の分泌量の減少，腸蠕動の低下，味覚の低下，嗜好の変化，感染症，浮腫，活気・ADLの低下，うつ病，うつ状態などがあります。

▶▶ 摂食嚥下障害

　摂食嚥下障害の症状として，よだれが流れる，咀嚼ができない，嚥下の開始が困難である，鼻腔への逆流，咳・むせがみられる，喉への食べ物の残留感，食事時間が1時間以上かかる，食事の量が少なくなる，食事前後のバイタルサインが不安定で疲労度が高いなどがあげられます。

表2-26 ● 脱水の種類	
高張性脱水	水分が多く失われる水欠乏性の脱水 症状：発熱といちじるしい口渇感をともない，口腔などの粘膜が乾燥する。意識は保たれるが，不穏・興奮の状態となる。手足は冷たくならず，脈拍もしっかりとふれる。
低張性脱水	ナトリウムが多く失われる塩類欠乏性の脱水 症状：発熱や口渇感をともないにくく，皮膚・粘膜の乾燥も少ない。全身倦怠感や眠気がみられ，手足は冷たく，脈拍が弱くなる。
等張性脱水	水分とナトリウム欠乏とがほぼ同じ割合で起こっている混合性の脱水

3. 医療職との連携のポイント

❶ 治療食の提供，薬剤の投与

食事は，時に糖尿病食や腎臓病食などの治療食として提供されます。この場合，利用者の疾患の状態によって食事内容が変わります。治療食は，医師の指示により食事箋が発行されています。また，薬剤を併用していることも多いので，利用者の状態をふまえたうえで介助することが必要となります。

たとえば，糖尿病の利用者の場合には，血糖検査や尿検査が定期的にされていることが多く，食事前に血糖検査をして，**インスリン**⧠（➡ p.178 参照）などの薬剤が投与されることがあります。とくに，血糖コントロールをしている場合は，薬剤の投与時間と食事時間との関係といったことをふまえておく必要があります。通常，薬剤管理は医師の処方後，薬剤師，看護師らを通じて行われていますが，薬の服用の是非や服用方法について把握しておきます。

❷ 合併症発生のリスクへの対応

疾患があったり，経管栄養を実施したりしている場合，合併症発生のリスクが生じるので十分な観察が必要となります。糖尿病による低血糖発作や経管栄養による下痢・嘔吐などといった食事に関連する合併症を理解しておくと，異常の早期発見に役立ちます。何らかの異常を発見したときは，適切な治療的措置がとれるよう，すぐに医療職に連絡をします。

治療的措置には，リハビリテーションなども含まれます。利用者に麻痺などの障害がある場合，理学療法士や作業療法士，言語聴覚士といった職種がかかわっていることがあります。リハビリテーションが実施されている場合，自力でどの程度の食事が可能かといった情報を共有し，本人の能力維持や回復のために計画にそってともに実践することが必要になります。

❸ 義歯の調整

高齢者が義歯を使用している場合，義歯調整が必要となることがあります。口腔内の疼痛や異常発見時には，歯科医師に調整を依頼する必要があります。これらの問題発見時には，まず医療職に相談し，それから医師に**コンサルテーション**⧠（➡ p.178 参照）を依頼するといった手続きをふんでいきます。

第5節 入浴・清潔保持における観察のポイント

月

日

1. 入浴を阻害する要因の理解

① 精神機能の低下が入浴・清潔保持に及ぼす影響

▶▶ 認知機能の低下

加齢によって認知機能が低下すると，脳内で情報を処理する速度が遅くなります。その ため，行動するのに時間がかかるようになります。また，注意力や集中力を保つのがむず かしくなるため，同時に多くのことに注意を払いにくくなり，瞬時の反応や判断が遅く， むずかしくなります。

入浴しているときは，浴室の床面が濡れていること，石けんで床がすべりやすいこと， 裸であること，お湯を使うことなどから，まわりの状況に注意を払い，瞬時に反応し判断 を行うことが必要とされます。

認知機能の低下は安全をおびやかすことにもつながるので，利用者一人ひとりの心身の 状態をよく知り，細心の注意を払うことが大切です。

なお，高齢者の認知機能は個人差が非常に大きいことにも留意します。

▶▶ 加齢にともなう皮膚の機能の変化

　介護職は，高齢者に多い皮膚の変化と特徴を知り，入浴・清潔保持の介助方法に留意します。

表 2-27 ● 高齢者に多い皮膚の変化と特徴

① 皮膚が薄くなり，血管が透けて見えるようになる。
② 拡張した毛細血管が皮膚の表層に浮き出てくる。
③ 皮膚が乾燥しやすくなるため，かゆみを感じやすくなる。
④ 真皮の弾力性線維が減少するため，皮膚の弾力性が低下する。
⑤ 皮膚はたるみ，皮膚が重なる部分が増える。
⑥ 皮膚の感覚機能が低下し，外からの刺激に対する反応がにぶくなる。

▶▶ かゆみ

　かゆみを起こす刺激には物理的刺激，化学的刺激，心理的刺激などがあげられます。かゆみには，皮膚そのものの原因によりかゆみがある場合（表 2-28）と，皮膚以外の要因で皮膚症状がある場合（表 2-29）があります。

　かゆみが気になったり緊張したりすると，さらにかゆみが増し，不快感が増します。かくことで皮膚を傷つけるだけでなく，精神的にも身体的にも大きな苦痛となります。

　かゆみの原因を調べ，原因となるものを取り除きます。また，必要な予防をし，清潔で健康な皮膚を保持します。

▶▶ かぶれ

　かぶれとは接触性皮膚炎のことで，一時刺激性のものとアレルギー性のものがあります。おむつをつけている場合，おむつの中は高温多湿となり，細菌が繁殖しやすいため，長期間にわたって使用していると「おむつかぶれ」を起こしやすくなります。

　そこで，おむつは排泄のたびに交換し，よごれはすぐに取り除きます。よごれを取り除く場合，石けんは刺激の少ない弱酸性のものを使用し，洗浄効果を高め，皮膚への刺激を少なくするために十分に泡立てて洗います。石けんを使用しないで洗い流すだけのこともあります。

表 2-28 ● 皮膚そのものの原因によりかゆみがある場合

皮脂欠乏性皮膚炎	発汗や皮脂分泌の減少に加え，表皮の角質層の水分保持機能が低下することで起こる。高齢者の場合は，腹部や下肢を中心に好発する。
接触性皮膚炎	異物との接触で起こるかぶれで，おむつ，装飾品，植物，洗剤などによるものが多い。
脂漏性皮膚炎	ふけ，落屑が増えるふけ症。皮膚の常在菌が皮脂を分解し，遊離脂肪酸を増加させることで皮膚の新陳代謝を早め，結果としてふけ症が生じる。
白癬	かびの1種で糸状菌がおもに皮膚の角質層下に寄生する。部位により足白癬，爪白癬，頭部白癬，体部白癬，股部や殿部白癬などがある。感染力は弱いが不潔，湿潤，こすれなどで起こり，皮膚の乾燥，鱗屑（魚のうろこのようなカサカサ）が生じる。清潔と乾燥が有効である。
疥癬	ヒゼンダニ（疥癬虫）が，皮膚の角質層内に寄生して起こる皮膚感染症で，人から人への接触により感染する。毎日入浴して清潔に保つ。衣類，寝具も毎日取り替え，部屋を清潔にする。
その他	・低栄養や脱水などにより皮膚の乾燥が起こる。 ・温熱寒冷が刺激となる。体温が上昇するとかゆみが増す。 ・清潔保持が不十分でかゆみが生じる。

表 2-29 ● 皮膚以外の要因で皮膚症状がある場合

腎疾患	透析患者のかゆみはきわめて強く，透析歴が長いほど強い傾向にある。皮膚が非常に乾燥し，鱗屑がみられることが特徴。
肝疾患	黄疸のあるときには，ビリルビンや胆汁酸などの物質が血液中や組織内に増加して，皮膚の末梢神経を刺激するため，かゆみが生じる。
糖尿病	糖尿病のコントロールが悪いと軽い脱水症状におちいり，皮膚が乾燥する。糖尿病性の感染症を起こし，かゆみが生じる。
薬疹	薬物の副作用，体質（アレルギー），肝臓などの臓器や身体の状態により出現する。薬疹は薬剤投与開始後数時間から3日，遅いときには1週間以上経ってから出現するものもある。
循環障害	・浮腫：循環障害のため，酸素・栄養不足，免疫力の低下を起こす。皮膚は弾力性にとぼしく，乾燥する。薄くなった皮膚は外的刺激で損傷を起こしやすい。皮膚温も低下する。 ・褥瘡：長時間の局所圧迫，ずれによる循環障害のため，酸素・栄養不足を起こし，組織が壊死する。汚染，湿潤なども誘因となる。入浴の際は，軽度の褥瘡は開放のまま創部はこすらずに洗い流し，重度の場合は防水フィルムでおおって入浴する。 ・壊疽：局所の神経障害，血管障害，感染などにより，末梢の循環障害を起こし，組織が壊死する。変性・変色をきたす。神経障害により足の感覚が低下するので，熱湯によるやけどや打撲に注意する。皮膚が化膿している場合は濡れないように保護して入浴する。

▶▶ 視覚機能の低下と影響

視覚機能が低下すると，視力，視野などに影響があらわれ，今までと同じように情報を得ることがむずかしくなります。浴室は，床がすべる，使用物品が多い，熱いお湯が出るなど，転倒ややけどの危険が多くなるので注意が必要です。

また，よごれが見えにくくなるので，洗い残しがないように言葉をかけたり，必要に応じて介助します。

▶▶ 運動機能の低下と影響

入浴には，居室からの移動，着脱，脱衣室から浴室内への移動，洗身，洗髪，シャワーの使用，浴槽をまたぐ，タオルをしぼるなどの一連の動作を必要とします。

運動機能が低下した場合，それらの動作に影響があらわれます。介護職は，個別の心身の状況や環境などについても十分な観察を行うようにします。

また，福祉用具の使用を含め，自立に向けた安全で適切な介助の方法を検討します。

▶▶ 高血圧がある場合

冬に入浴する際，脱衣室と浴室とのあいだに急激な温度差があり，そのまま熱いお湯に入ると，血圧が上昇し，やがて温熱効果で血圧は下降します。このような温度変化は血管をいちじるしく伸縮させるとともに，血圧や脈拍を大きく変動させます。これにより，脳梗塞[29]（➡ p.178 参照）や脳出血[30]（➡ p.178 参照）を引き起こし，深刻な事故につながることがあります。

家庭内における不慮の事故死のなかでも，浴槽内での溺死・溺水は非常に多く発生します。部屋間の温度差，お湯の温度には十分な注意が必要です。

▶▶ 心疾患や呼吸器疾患がある場合

心臓や呼吸器に疾患がある場合，温度変化以外にも水圧による影響を受けます。全身浴[31]（➡ p.178 参照）では心臓や肺に集まる血液量が増して負担がかかります。そのため，負担の少ない半身浴[32]（➡ p.178 参照）やシャワーの使用が望ましいでしょう。

2. 変化に気づくための観察のポイント

① おもな身体機能

▶▶ 皮膚

裸になるので，ふだんは衣服に隠れて見えない皮膚の状態を把握できる機会です。ふだん乾燥している肌も濡れるとしっとりとするので，皮膚の観察は入浴前と入浴中，入浴後に行います。観察のポイントとしては，乾燥，湿疹，弾力，褥瘡，色素沈着，水虫，紫斑，発疹，発赤，傷，かゆみ，浮腫，爪の状態などです。

▶▶ 脱水

入浴の温熱作用（☞第4巻 p.23）によって発汗や利尿作用がうながされ，水分が失われます。その結果，血液のねばりけが増し，心臓に負担がかかります。また，半身浴よりも全身浴のほうが発汗量が多くなるので，入浴の方法も考慮する必要があります。脱水傾向にある場合，水分の吸収時間を考慮し，入浴の30分ほど前に水分をとっておきます。水分を失うとぼんやりしてくるので，入浴中の表情にも気をつけます。

▶▶ 麻痺，拘縮

四肢，体幹に麻痺や拘縮がある場合，歩行状態や関節可動域などを確認します。浴室内はすべりやすいので，移動には細心の注意を払います。利用者の機能を適切に評価して，利用者に危険がなく最大限の力が発揮できるように介助します。また，身体を洗うときも自分でできる範囲はどこまでかを把握し，福祉用具の活用も視野に自分でできる範囲を広げ，満足感が得られるように介助します。

▶▶ 循環器

入浴で気をつけなくてはならないことの1つに，ヒートショック圏（➡ p.178 参照）があります。室温の変化，湯温の影響，入浴時間，入浴前後の行為などが及ぼす循環機能への影響を確認しておきます。本人の意向も大事にしますが，血圧が高い場合には，シャワー浴や清拭など，入浴以外の方法を選択することもあります。からだにお湯をかける場合も，心臓から遠い足下から行います。

▶▶ 呼吸器

　お湯につかると，静水圧作用（☞第4巻 p.23）により横隔膜がもち上げられ，肺の容量が縮小します。また，洗髪時の前屈姿勢などは胸郭をせばめ，呼吸しにくくさせます。肺疾患（肺気腫や慢性気管支炎など）がある場合は，呼吸器に負担の少ない半身浴や，水圧の影響が少ないシャワー浴などを行います。入浴中は呼吸の様子を確認します。

▶▶ 姿勢

　脱衣室での衣服の着脱，浴室での座位，浴槽内での姿勢について，確認します。脱衣時には立位姿勢が可能でも，入浴後の疲労により座位姿勢での着衣が適切なことが多いです。体格に合ったいすを準備し，股関節，膝関節，足関節が 90 度，足底が床についた安定した座位姿勢がとれるようにします。

　浴室内においても，安定した座位姿勢で洗身や洗髪が行えるように，シャワーチェアの高さを合わせます。

　浴槽内では浮力作用（☞第4巻 p.23）がはたらき，からだの重さが 9 分の 1 程度になります。頭はお湯につかっていないため重いままです。浴槽内でしっかりと座位姿勢がとれていない場合，姿勢がくずれ，頭の重みで沈みこむ場合があるので，注意が必要です。手すりなどを利用して利用者のからだを支えることも可能です。

❷ おもな生活動作 ::

▶▶ 食事

　お湯につかるとからだの表面の血管が拡張し，血液が集まります。熱めのお湯は交感神経が優位に立ち，血行を促進させます。胃腸が活発にはたらくのは副交感神経の作用です。空腹時や食前後 1 時間は入浴を避けます。

▶▶ 排泄

　入浴中は，静水圧作用やリラックス効果などにより括約筋の緊張もゆるみ，排泄しやすい状態になります。入浴中の排泄を避けるためにも先にすませておきます。ストーマをつけている場合は，周辺の皮膚の観察をします。浴槽には装具をつけたままでも，はずしても入れます。

▶▶ 服薬

　降圧剤などを服用している場合，入浴前に服用していないことを確認します。

3. 医療職との連携のポイント

❶ 食事 ::

▶▶ 胃ろうや腸ろうを造設している場合

　胃より少量の粘液が出ることがあり，ぬるま湯で湿らせたガーゼでふきとります。入浴とシャワー浴は，胃ろう（☞第4巻p.14）の部位と全身状態に問題がなければ可能です。体外の固定板の下や周囲の皮膚のよごれを石けんでやさしく洗い流し，水分を押さえぶきし，自然乾燥させます。胃ろうの周囲に発赤，腫脹，変色，痛みがある場合や，胃ろう部位から栄養剤や消化液が漏れている場合は，すぐに医療職に報告します。

　腸ろうは，シャワー浴と入浴が可能です。カテーテルが洗身のときなどにひっかけて抜けてしまわないように，身体の外に出ているカテーテルをまとめてから入ります。

❷ 排泄 ::

▶▶ 消化管ストーマがある場合

　人工肛門（消化管ストーマ）（☞第4巻p.458）がある場合は，便を腹部から直接出すため，便意を感じることがありません。そのため，通常パウチをつけていますが，入浴時ははずすことも可能です。ストーマ装具の交換日に入浴する場合は装具をすべてはずし，ストーマのまわりをていねいに洗います。このときにストーマ周囲の皮膚をよく観察し，発赤や湿疹，ただれなど異変があればすぐに医療職に報告します。

▶▶ 尿道留置カテーテルを装着している場合

　尿道留置カテーテル（☞第4巻p.457）を装着している場合は分泌物や排便，下痢による汚染から細菌が繁殖しやすいので，清潔には十分に留意します。入浴時は感染予防のため，カテーテルと蓄尿袋の接続部をはずさずに入ります。尿が逆流しないように蓄尿袋は膀胱より低くしますが，浴槽で浮いて高くなることも予測されます。その場合でも逆流しないように，カテーテルをストッパーで止めて入ります。皮膚の状態とともにカテーテルの状態も確認し，いつもと異なる様子がみられる場合は，すみやかに医療職に報告します。

❸ 循環 ::

▶▶ 血圧が高い場合

　血圧は室温や湯温に影響を受けます。血圧は，入浴直後に上昇するといわれており，高

血圧の人には危険が生じます。医師の指示に従い，入浴前の血圧の測定値にもとづいて，入浴の可否を決めます。脱衣室や浴室の温度や湿度など環境面からも見直し，入浴する時間帯や湯温，入浴の順番などを医療職と相談し，決めます。

❹ 感染

▶▶ 疥癬がある場合

感染力が強い角化型疥癬の場合は，毎日入浴し，清潔にすることが必要です。感染を拡大させないために入浴時のタオルの共用は避けます。疥癬の症状として丘疹，結節，皮膚トンネルができます。入浴時に皮膚の観察を行い，いつもと違う皮膚症状がある場合は医療職に報告し，適切な対応につなげて感染の拡大を防ぎます。

▶▶ MRSAがある場合

MRSA（メチシリン耐性黄色ブドウ球菌）を保菌していて隔離が必要な人の入浴は最後にしますが，隔離を必要としない人であれば最後にする必要はありません。介護職からの感染が起きないように，入浴の前後には手洗いをしっかりと行います。入浴後の浴槽は通常の方法できれいに洗います。過剰な対応は利用者を傷つけることになります。心配なことがあれば医療職に相談することが大切です。

❺ その他

▶▶ 糖尿病により末梢神経の障害がある場合

糖尿病により末梢神経が障害を受けると刺激に対する感覚がにぶるため，外傷や熱傷に注意が必要です。また，免疫力も低下するため，感染を受けやすく，治りにくくなります。症状により対応が異なるので，入浴時は足の状態を観察し，小さな変化も見逃さず，変化を発見した場合は医療職に報告します。

▶▶ 褥瘡がある場合

入浴は血行をよくし，新陳代謝を促進するため，褥瘡があってもすすめます。感染がある場合は，医師の指示に従います。皮膚に刺激の少ない弱酸性の石けんを用い，手袋をつけて摩擦を避け，泡立ててからやさしく洗います。洗浄剤が皮膚に残ると真菌感染などを引き起こしやすくなるので，きれいに洗い流します。おむつ交換時や入浴時に，骨の突出部分の皮膚の状態を観察し，異常があれば医療職に報告します。

排泄における観察のポイント

1. 排泄を阻害する要因の理解

❶ 精神機能，判断力の低下が排泄に及ぼす影響 ::

▶▶ 認知症が及ぼす影響

　認知症の症状は，大きく分けて中核症状と BPSD（行動・心理症状）があります。たとえば，尿意・便意を訴えられないのは中核症状ですが，おむつをとってしまったり，トイレ以外の場所で排泄してしまうのは BPSD です。尿意を伝えられない，トイレの場所がわからない可能性がある場合は，排尿誘導やトイレの表示をわかりやすくするなど，その人にあった適切な対応ができればトイレで排泄できる可能性があります。

　排尿誘導とは，自発的に排尿のためにトイレに行けない場合に，トイレに誘う方法です。①定時排尿法，②習慣排尿法，③排尿促進法の3つがあります。いずれも排尿日誌を記録すること，膀胱や尿道の機能に問題がないか確認することが必要です。

　排便は排尿に比べて頻度が少ないことから，誘導などの管理をきちんとすれば排尿よりも先にトイレでできる可能性があります。また，便失禁は汚染やにおいが強いため介護職の精神的負担をともない，便による皮膚障害の危険性が高い点でもトイレで排泄できることは有益です。

▶▶ ストレスが及ぼす影響

　排泄は自律神経によりコントロールされています。自律神経は緊張やリラックスといった精神的な影響を受けやすいのが特徴です。緊張すると頻尿や下痢，便秘になったりすることはよく経験することです。

　心因性頻尿とは，膀胱や尿道の機能には問題がないにもかかわらず，気持ちの問題で早めに排尿してしまうことをいいます。「尿をがまんすると膀胱炎になる」などといった間違った知識によって習慣的に早めに排尿してしまう人は意外に多いようです。

　また，不安や心身症などでも尿意に過敏になり，膀胱に尿が十分たまっていないうちに排尿することがあります。蓄尿機能に問題はないため，排尿日誌をつけるとよく眠れた起床時など，1回あたりの排尿量は正常であり，もれがないことが特徴です。

❷ 身体機能の低下が排泄に及ぼす影響

▶▶ ADLの低下による排泄の困難

筋力低下，運動麻痺，足腰の痛み，病気のために安静にしなければならないなどの理由から，1人で排泄行為を行うことが困難になることがあります。

膀胱・尿道や肛門の機能に問題がなく，運動機能だけに問題がある場合，移動動作や介助方法の確立さえできればトイレでの排泄が可能となります。尿意・便意に応じてトイレへの移動を介助したり，トイレに近い部屋にすることや手すりなどの用具の工夫も含めた環境整備を行います。

安易におむつを使用したり，できることを介助してしまうことは，利用者の残された能力をうばってしまうことにもなりかねません。できない部分にばかり目を向けるのではなく，できる部分や改善の可能性があるかどうかにも目を向け，最大限にいかせる方法を探すことが大切です。たとえば，足が不自由でも手が使えれば，ベッド上で尿器を使用できる場合があります。

▶▶ 膀胱尿道機能の低下による排尿障害

正常な排尿回数は日中（覚醒時）4～7回，夜（就寝時）は0回です。それより多い，つまり「トイレが近い」状態を頻尿といい，昼の回数が8回以上を昼間頻尿，夜の回数が1回以上の状態を夜間頻尿といいます。また，尿がもれることを尿失禁，尿を出しにくいことを尿排出障害といいます。

▶▶ 尿失禁の種類

(1) 腹圧性尿失禁

くしゃみや咳など，おなかに力が入ったときに少量の尿がもれるタイプを腹圧性尿失禁といいます。これは女性に多いタイプの尿失禁で，尿道をしめる骨盤底筋^語（➡ p.178 参照）が弱くなることが原因です。出産後の若い女性にもみられますが，加齢にともない骨盤底筋の収縮力が弱くなるため，高齢者ではさらにその頻度が増加します。

(2) 切迫性尿失禁

切迫性尿失禁とは，急な強い尿意を感じてがまんできず，トイレに間に合わずにもれてしまうことをいいます。膀胱が過敏になって，十分に尿がたまっていないのに膀胱が収縮してしまう状態です。通常は昼間頻尿と夜間頻尿もともないます。

(3) 溢流性尿失禁

残尿があり，少量ずつあふれるようにもれるタイプを溢流性尿失禁といいます。尿道が開きにくいか，膀胱が収縮しにくいため，尿排出障害によって常に残尿があります。

▶▶ 消化器機能の低下にともなう排便障害

消化器機能の低下にともなう排便障害としては，便秘，下痢，便失禁があげられます。

便秘とは，排便が順調に行われず，排便回数が少なくなり，便性がかたく，排便に苦痛をともなう状態です。その原因により**機能性便秘**[35]（➡ p.178 参照）と**器質性便秘**[36]（➡ p.178 参照）に分けられ，さらに細分されます（図2-45）。

下痢とは，泥状便や水様便のように便が水分を多く含む状態です（ブリストル便形状スケール（☞ 第4巻 p.130）のタイプ6～7）。通常の便の水分は80％程度ですが，90％以上になると泥状便，100％近くになると水様便と表現されます。

便がもれることを**便失禁**といいます。多くは，肛門括約筋がしっかりしまらないために起こります。

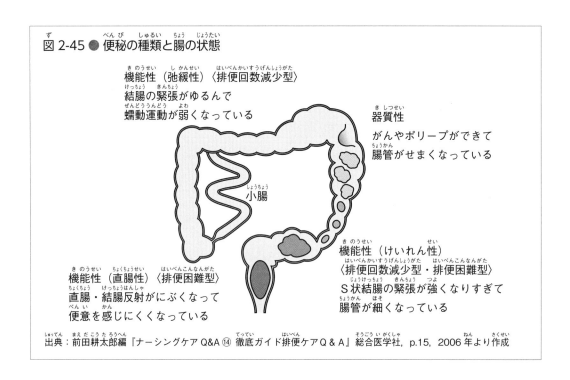

図2-45 ● 便秘の種類と腸の状態

機能性（弛緩性）〈排便回数減少型〉
結腸の緊張がゆるんで
蠕動運動が弱くなっている

器質性
がんやポリープができて
腸管がせまくなっている

小腸

機能性（けいれん性）
〈排便回数減少型・排便困難型〉
S状結腸の緊張が強くなりすぎて
腸管が細くなっている

機能性（直腸性）〈排便困難型〉
直腸・結腸反射がにぶくなって
便意を感じにくくなっている

出典：前田耕太郎編『ナーシングケアQ&A ⑭ 徹底ガイド排便ケアQ＆A』総合医学社，p.15，2006 年より作成

▶▶ おもな便秘の種類

(1) 弛緩性便秘（排便回数減少型）

　　大腸の蠕動運動が低下することで，便が長時間排出できず，水分が吸収されて便がかたくなるタイプです。加齢や運動不足による腸管の緊張低下や筋力低下，食物繊維の不足などが原因であるため，食物繊維の摂取や適度な運動がすすめられます。

(2) けいれん性便秘（排便回数減少型・排便困難型）

　　大腸がけいれんを起こしてせまくなるために，便が通過できないタイプで，腹痛や腹部不快をともなうことが特徴です。ストレスが関係していることが多いため，精神的なケアも並行して行います。

(3) 直腸性便秘（排便困難型）

　　直腸に便があるにもかかわらず，がまんしすぎたり，腹筋が弱く腹圧がかけられないために出せないタイプです。とくに病気がなければ朝食をきちんととり，食後に便意があってもなくてもトイレに座るといった行動療法をとります。それが困難な場合は，**摘便**[87]（➡ p.179 参照），浣腸，座薬によって，直腸内の便を出し切ります。

▶▶ おもな下痢の種類

(1) 急性下痢

　　一時的な下痢で，食中毒などの感染によるものと，ストレスや暴飲暴食・食べ物のアレルギー・薬の副作用（とくに下剤）など感染によらないものがあります。

(2) 慢性下痢

　　4週間以上続くものをいいます。原因は，消化管の病気や全身性疾患です。

▶▶ おもな便失禁の種類

(1) 漏出性便失禁

　　内肛門括約筋が障害されるために，便意がなく，気づかずにもれます。固形便でももれる場合にはこのタイプが考えられます。便をもれないかたさに整えて，まとめて出したり，定期的な浣腸などにより直腸を空にしたりして対処します。

(2) 切迫性便失禁

　　外肛門括約筋が障害されるために，便意はありますが，トイレまでがまんできずにもれます。食事や薬剤で便をもれないかたさに整えたり，**骨盤底筋訓練**[88]（➡ p.179 参照）などを行ったりします。

(3) 下痢にともなう便失禁

　　肛門括約筋は正常であっても，下痢で直腸が過敏になり便失禁を起こすことがあります。この場合は下痢の改善が優先されます。

2. 変化に気づくための観察のポイント

❶ 排泄状態の観察

▶▶ 排泄物の観察

尿に混濁がみられたり，たんぱく質がくさったような悪臭がしたりする場合は，膀胱炎の可能性があります。その際，発熱をともなう場合には，早急な受診が必要です。頻回に血尿が出る場合は，結石や膀胱がんの疑いがあります。

便に血液が混ざる，黒い色の場合は，消化管の出血が疑われます。

▶▶ 便秘の観察

ブリストル便形状スケール[39]（➡ p.179 参照）（図 2-46）で，タイプ１や２のかたく出しにくい便は便秘と考えます。

一般的には３日以上排便がない状態を便秘といいますが，個人差があります。その人の排便習慣を確認し，通常の排便周期を過ぎても排便がない場合や，腹痛やおなかが張る，すっきり出ないなどの症状がある場合には，便秘の可能性を考えます。

▶▶ 下痢の観察

ブリストル便形状スケールで，タイプ６や７の水分の多い便は下痢と考えます。下痢になると排便回数が増え，水分や電解質を失います。高齢者では，脱水から重篤な状態におちいりやすいために注意が必要です。また，便失禁が起こる可能性もあります。

下痢が始まったのはいつからか，便の性状，量，頻度，ほかにどんな症状があるか，水分や栄養をどれくらいとれているかなど，具体的に確認します。

発熱や嘔吐，腹痛などをともなった急激な下痢で，しかも集団で発生した場合は感染性の下痢の可能性があるので，早急な医師への報告と感染拡大の防止策が必要です。

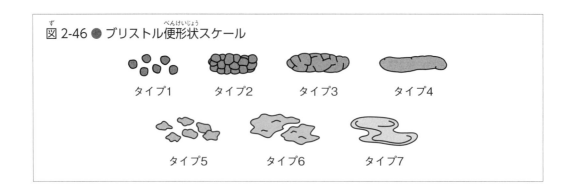

図 2-46 ● ブリストル便形状スケール

タイプ1　タイプ2　タイプ3　タイプ4

タイプ5　タイプ6　タイプ7

▶▶ 皮膚の観察

失禁がある場合は，排泄物が皮膚に付着することによるただれや，紙おむつによるアレルギー性の湿疹が出ることがあるので，おむつ交換や入浴介助の際に皮膚の観察を行います。仙骨部や坐骨部には褥瘡ができやすいので注意が必要です。

膀胱留置カテーテルを装着している場合は，尿道口周囲の潰瘍や，テープ固定による皮膚障害がないかを観察します。

▶▶ 認知・こころの状態の観察

排泄は人の尊厳にかかわるため，利用者や介護職が排泄障害をどのように受けとめているかによって，介助方法も大きく変わります。介護職には，利用者の表情や言葉，態度などを観察し，その人の価値観，周囲との人間関係への配慮などが求められます。

❸ その他

▶▶ 使用している用具や環境の確認

排泄関連用具には多くの種類があります。用具や環境が，利用者の尿意・便意の有無，ADL，性別，体格，利用者や家族の希望に合っているか，また，実際の使い方や介助方法についても確認します（表2-30）。

▶▶ 排泄日誌

（1）排尿日誌

排尿日誌とは，排尿時刻，尿量，失禁量，飲水量，強い尿意を感じてがまんできなかったなどの症状，どんなときにもれたかなどの状況を記録するもので，最低24時間，できれば3日間以上記録します（表2-31）。

尿量が少なく，尿の色が濃い場合は脱水状態が考えられるので，飲水量を確認し，足りないようであればうながす工夫をします。また，極端に尿量が少ない場合は，高度の脱水や残尿，腎不全などが考えられるので，すぐに医師や看護師に相談します。

（2）排便日誌

排便日誌は，排便時刻，便の性状，量，下剤使用時刻と内容などを記録するものです。便のもとは食べ物ですから，食事日誌とあわせて記録することで，食事との因果関係がわかります。これは排便パターンがわかるまで続けて記録します。

表 2-30 ● 排泄に関する用具のおもな種類

尿意・便意	ADL		性別	おもな製品
なし	寝たきり		男女	おむつ，カテーテル，消臭・脱臭剤
あり		腰上げ不能	男性	装着式収尿器
			男女	腰上げ不要な尿便器，手持ち式収尿器
			男性	男性用収尿器
		腰上げ可能	男女	差しこみ便器
		座位保持可能	男女	座位用尿器，ポータブルトイレ，リフター，水まわり用車いす，補高便座，昇降便座

表 2-31 ● 排尿日誌の例（切迫性尿失禁の場合）

7月1日				
時間	排尿量 ml	失禁量 g	飲水量 ml	備考
6時30分	120		水 200	起床
8時30分	80		牛乳 200 お茶 200	
10時30分		180		水の音を聞いたときにもれた。
11時50分	100			
12時40分	150		お茶 200	
13時30分	70			
15時00分	120		コーヒー 200	
17時00分		150		トイレの前で間に合わずにもれた。
18時00分	80		お茶 300	
20時10分	100		お茶 200	21 時就寝
23時30分		200		トイレまで間に合わずにもれた。
2時00分		150		トイレまで間に合わずにもれた。
4時10分	80			
合計	900	680	1,500	回数：日中 10 回，夜間 3 回，失禁 4 回

3. 医療職との連携のポイント
_{いりょうしょく} _{れんけい}

　基本的な考え方として，異常ととらえられるものは，医師や看護師などの医療職への報告が必要です（表2-32）。乏尿や無尿は生死にかかわる危険信号ですし，便秘や下痢も病気の徴候である場合があります。頻尿や尿失禁はすぐに生死にかかわることはありませんが，溢流性尿失禁のように残尿をともなうものでは感染症や腎臓機能障害を起こします。

　治療や介助方法によって改善の可能性があるので，介護職は医療職と情報を共有して個別サービス計画を立案するとよいでしょう。

表 2-32 ● 排泄に関する症状とおもな対応

症状	おもな対応
無尿（50〜100mℓ以下／日） 乏尿（400mℓ以下／日）	早急に医師の診察が必要
血尿 血便	少量で続かないようならば経過観察 鮮血で量が多いか，持続する場合は医師の診察が必要
尿の混濁	医師の診察が必要 発熱をともなう場合は早期に受診
その他の尿・便性状の変化	医師または看護師へ報告
尿の勢いが弱い 排尿途中で止まる すっきり出ない いきんで排尿する 排尿直後に尿意がある 溢流性尿失禁	排尿直後に医師または看護師による残尿測定
頻尿 尿失禁	医師または看護師へ報告 排尿日誌をつけ，アセスメントやプランにつなげる
下痢	発熱や嘔吐など随伴症状をともなうものは医師への報告と，感染が否定されるまでは感染性廃棄物に準じた対応
便秘 便失禁	医師または看護師へ報告 排便日誌・食事日誌をつけ，アセスメントやプランにつなげる
陰部や肛門周囲の皮膚の異常	医師または看護師へ報告 やさしく洗浄し，排泄物の皮膚への接触を避ける
人工肛門・人工膀胱のトラブル	医師または看護師へ報告

着脱，整容，口腔清潔における観察のポイント

1. 身じたくを阻害する要因の理解

❶ 精神機能の低下が身じたくに及ぼす影響

▶▶ 認知機能の低下

　認知症のある人の場合は，中核症状としての記憶障害，見当識障害，判断力の低下などがあることにより，身じたくをするという行為自体を忘れてしまいます。また，場所に合わせた装いをするという意識，その行為で得られる効果を判断する能力がなくなることがあります。

　表2-33のような場面が続くと，健康状態を維持できなくなる可能性があります。しかし，介護職が介助することで，その人らしい状態を維持することは可能です。介護職による適切な介助は，利用者に心地よいという感情を呼び起こすことにもなります。

　認知症のある人にパジャマから日常着に着替えてもらう，食後の歯みがきをしてもらうという，利用者がいつも行っていた身じたくを介護職が介助することが，QOL（☞第4巻p.189）の維持向上，健康の維持につながります。その人らしい身じたくを支援することは，利用者の気持ちの不安を安心に変える効果にもつながります。

表2-33 ● 認知機能の低下が身じたくに及ぼす影響の例

① 衣服着脱の場面
・何日も衣服を着替えることを忘れる
・場所に合わせた服装の見当がつかない
・衣服を着替えることは清潔につながるという判断能力が低下する　　　など
② 整容の場面
・ひげが伸びてもそることを忘れる
・場所に合わせた整容の見当がつかない
・不精ひげは他者に失礼につながるという判断能力が低下する　　　など
③ 口腔ケアの場面
・歯をみがくことを忘れる
・義歯ははずし，清潔にする必要性があるという判断能力が低下する　　　など

▶▶ 意欲の低下

病気になると，人は生きるための欲求や健康になるための欲求が優先され，身じたくに関する意欲は薄れてしまいがちです。

身じたくと病気の関係を考えてみましょう。

高熱が続き汗をかいた状態になると，皮膚はよごれます。よごれた皮膚をそのままにしていては，皮膚のかゆみや悪臭の原因となります。また，汗でよごれた衣服を着替えないと，体温が失われるなど，病気や症状を悪化させることもあります。

また，高熱が続くと水分が失われ，口腔内も乾燥します。口の中がネバネバした状態は気持ちが悪いものです。この状態をそのままにしておくと，口腔内の細菌が繁殖してしまいます。このようなときに口腔ケアを行えば，気分は爽快になり，口の中の健康も維持されます。

このように，身じたくを整えることは，病気の状態であっても，意欲の低下を防ぐことにつながります。

次に，脳卒中の後遺症として麻痺がみられる利用者の場合を考えてみましょう。身じたくを行ううえでの課題として，**表2-34**のような状態が考えられます。

これらの状態をそのままにしておくことは，意欲を低下させることにもなります。いつもしていたことができない苛立ちから，こころに不安やストレスを蓄積することにもなります。

たとえ麻痺があっても，その人らしい身じたくを維持することがQOLの維持向上につながります。介護職としては，利用者の残存能力を活用しながら，できない部分を介助することで，意欲の低下を防ぎます。

表2-34 ● 麻痺が身じたくに及ぼす影響の例

・麻痺があることで，いつものように着替えることができない
・好きな衣服を着られないため，着替えをあきらめてしまう
・食べこぼしがあるよごれた衣服でも，着替えが面倒に感じる
・麻痺があることで，いつものように歯みがきができない　　など

▶▶ 老化にともなう眼の変化

　老化にともなう眼の機能低下では，まず老視（老眼）（☞第4巻 p.266）があります。この変化では，近くのものが見えにくくなったり，眼が疲れやすくなったりします。老視は，水晶体の弾力性が低下することが原因とされています。

　さらに高齢になると，角膜の周囲に灰色のリングのようなものが見えることがあります。これは老人環と呼ばれるもので，角膜周囲にコレステロールなどの脂肪成分が沈着することで起こります。視力に変化はなく，治療も必要ありません。

　眼の周囲では，眼窩やまぶたの脂肪組織が減少するために，眼が落ちくぼんでいるようにみえます。まぶたを上げる筋力の低下によって，まぶたが下がったような印象を受けます。そのまぶたを上げようとして，前額部に皮膚のしわが寄りやすい状態も，老化にともなう変化といえます。

　涙は眼の表面をうるおす重要なはたらきをもっていますが，一般的に老化にともなって涙腺が萎縮し，高齢者は若い人よりも涙の量が減る傾向にあります。

▶▶ 老化にともなう毛髪の変化

　老化にともなう毛髪の変化は，個人差が大きく，遺伝やストレス，食事が関係しているとされています。男女別の変化をみると，男性ではまゆ毛が長くなり，人によっては耳毛もみられるようになります。一方，60歳以上の女性ではわき毛がなくなるとされています。皮脂腺の大きさは変化しませんが，分泌は低下します。エクリン腺も15％減少するといわれています。

　毛髪はその人の外観にかかわることで，こころへの影響も大きいものです。白髪が出る，毛髪の数が少なくなることで地肌が見えるなど，外観の変化は老いを感じることにもなります。

　ただし，人が自分の老いをどのように感じるかは千差万別です。そのため，前述のような変化を自分らしいおしゃれにする人もいれば，自分らしいおしゃれができにくくなるということに不安を感じる人もいます。不安を感じる人は，その不安によるこころの変化が社会性を低下させることになります。

▶▶ 老化にともなう口腔の変化

歯の数が減ることで，喪失した歯の機能は，義歯により代用されることが多くなります。義歯は，部分床義歯（局部床義歯）や全部床義歯（総義歯）など，利用者に残っている歯の状態によって選択されます。近年は，インプラント（人工歯根）技術も発達してきています。

味蕾は，舌以外の咽頭粘膜などにも分布していますが，老化にともなってその数が減少し，舌乳頭の萎縮が起きます。また，味覚中枢への神経経路にも老化にともなう変化が起きるので，年をとるとともに味覚は低下します。とくに，苦味や塩味の低下がいちじるしいとされ，高齢者は濃い味のものを好みやすくなります。

歯の数の変化，咀嚼力の変化，味覚の変化，唾液分泌量の変化は，相互に関係するはたらきをもっています。そのため，老化にともなう口腔の変化は，栄養をとる際の支障につながります。

また，歯がないと，発音がうまくできなくなったり，口のまわりのしわが目立ち，顔貌も変化したりすることがあります。さらには，義歯の手入れがうまくできないと，口臭を感じることもあります。これらのことが原因となり，人前で話すこと，人とかかわることを苦手に感じる場合があります。

老化にともなう口腔の変化がこころの変化を起こし，社会性を低下させることにもつながります。

2. 変化に気づくための観察のポイント

❶ 衣服の着脱における観察のポイント ::

　衣服着脱の介助は，利用者の全身を確認するうえで重要な機会となります。日ごろ，衣服で隠れている部分の皮膚の状態が，衣服を脱ぐことでわかることが多くあります。また，いつもなら自分で着脱ができる利用者が，手間どっていたり，着やすい衣服だけを選ぶようになったりしたときは，その原因は何なのか考えることも重要な視点になります。

表 2-35 ● 衣服の着脱における観察のポイント

- ・皮膚に赤みや，ほかの部位と異なる色調はないか（表 2-36）
- ・ひっかいたあとや傷はないか
- ・異常にジクジクした皮膚の状態でないか
- ・衣服のあとが強くついていないか
- ・痛みのある部分はないか
- ・動きにくいからだの部分はないか（しびれ感や物をつかみにくいなど）
- ・衣服に出血のあとや，かさぶたはついていないか
- ・異常な湿りや臭気はないか
- ・生活に変化はないか　　など

表 2-36 ● 皮膚の色の変化

皮膚の色や状態	考えられる状態など
赤い色をしている	褥瘡の初期段階・湿疹・虫さされ・やけど
青紫色をしている	チアノーゼ・転倒・打撲・圧迫・虐待 腹部紫斑は肝臓病などが想定される
白っぽい色をしている	貧血
黄色っぽい色をしている	黄疸、柑橘系の食べ物を多量に食べた
カサカサしている	老人性皮膚掻痒症・脱水症
湿疹がある	蕁麻疹・薬疹・アレルギー・疥癬
水疱がある	帯状疱疹・やけど
熱っぽい	発熱・感染症
ジクジクしている	皮膚真菌症・疥癬

❷ 整容における観察のポイント

▶▶ 毛髪

毛髪に関する観察のポイントとしては，表 2-37 のような内容があります。

表 2-37 ● 毛髪に関する観察のポイント

- 異常な抜け毛はないか
- かゆみや痛みはないか
- 周囲の皮膚の状態に変化はないか（赤くないか，周囲の色とのあいだに変化はないか）
- 全身状態に変化はないか
- 生活に変化はないか　など

▶▶ 爪

爪は，からだの状態をよく表す部位でもあります。深爪や，巻き爪，陥入爪，不適切な爪切りにより，周囲の皮膚を傷つけることがあります。糖尿病のある利用者の場合，血液の状態から感染症にかかりやすく，かつ治りにくいという特徴をもっているので，爪だけではなく，周囲の皮膚の観察をすることが重要です。

表 2-38 ● 爪の変化と予測されること

	どのような変化か	予測されること
爪の色	Half and half nail：爪のほぼ中央に白色帯が出た状態（上下にわかれる）	腎疾患
	全体に白い爪	肝障害や低栄養，貧血など
	青紫色の爪：チアノーゼがみられる状態	心疾患や呼吸状態の悪化など
爪の性状	巻き爪・陥入爪：足指の爪の側縁が指に食いこんだ状態	老化 足に合わない靴
	スプーン爪：爪がスプーン状になっている	重症の貧血
	バチ状爪：指先が太鼓をたたくバチのようになっている	おもに心臓疾患
その他	爪の白濁・肥厚がみられる	爪白癬＝水虫 白癬菌を原因とする

---

❸ 口腔清潔における観察のポイント :::

▶▶ 口腔内

口腔内に関する観察のポイントとしては，表2-39のような内容があります。

表2-39 ● 口腔内に関する観察のポイント

- グラグラした歯はないか
- 入れ歯は合っているか
- 口臭はないか
- 痛みはないか
- 出血はないか
- 周囲の口腔粘膜と異なる色調はないか（赤くないか，白くないか）
- 食事量の変化はないか
- 食事に対する嗜好に変化はないか
- 食事に対する気持ちの変化はないか
- 全身状態に変化はないか
- 生活に変化はないか　　など

▶▶ 虫歯

虫歯とは，「歯の硬組織の軟化とくぼみの形成をともなう局所的な歯牙の外因性疾患」と定義されています。進行状況はCaries（カリエス）を略して「C1〜C4」で分類されています（表2-40）。虫歯をそのままにすると，全身疾患につながる場合もあるので，注意が必要です。

虫歯の原因には，①歯質，②細菌，③食べ物の3つがあり，この3つが重なると虫歯になります。②の細菌は歯垢（プラーク）のなかにあります。歯みがきは，これらの原因を抑えることにつながります。とくに，歯垢がたまりやすい歯と歯の境界部分や，奥歯の溝にみがき残しがないようにします。

表2-40 ● 虫歯の進行状況

程度	状況	症状
C1	歯の表面，エナメル質	とくにない
C2	歯の内面，象牙質	水がしみるなど
C3	歯の中心部，歯髄	神経圧迫による痛みがある
C4	歯表面の欠損部分が広い。歯髄の内部まで放置すると歯根膜へと広がる	持続的な痛みや腫れ　全身症状としての発熱につながる場合もある

▶▶ 歯周病

歯周病とは，歯肉や歯を支える骨である歯槽骨など，歯の周囲組織に起きる病気をまとめた呼び方です。歯周病の原因も歯垢（プラーク）のなかの細菌です。とくに，歯周病では，歯と歯肉の境界部分に付着した歯垢が原因とされます。定期的に歯石を除去することが，歯周病の予防になります。

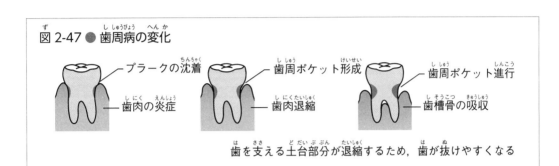

図 2-47 ● 歯周病の変化

プラークの沈着　歯周ポケット形成　歯周ポケット進行

歯肉の炎症　歯肉退縮　歯槽骨の吸収

歯を支える土台部分が退縮するため，歯が抜けやすくなる

▶▶ 口腔内アフタ

アフタとは，丸く白い偽膜をもつ小さな潰瘍をいいます。周囲は赤く腫れていて，痛みがあります。原因には，細菌，食べ物，アレルギー，ビタミン不足などがあります。

慢性再発性の全身性炎症性疾患であるベーチェット病では，外陰部潰瘍，皮膚症状，眼症状のほかに，再発する口腔内アフタが特徴的な症状としてみられます。

3. 医療職との連携のポイント

❶ 皮膚にかゆみのある場合

　高齢者は，加齢にともなって皮脂が欠乏することにより，からだの一部や全身にかゆみが生じることがあります。老人性皮膚掻痒症では，かゆみが原因で，不眠や食欲不振などの症状がみられる場合があります。清潔な寝具や衣服の用意，入浴時の洗い方，使用する石けんなどに注意することが必要です。しかし，症状が強い場合には，医療職と連携し，かゆみ止めなどの薬を処方してもらい，かゆみを抑えることも重要になります。

　また，糖尿病や肝臓病，腎臓病のある利用者は，それらの病気が原因となって，かゆみが生じやすくなります。その際には，事前に対応方法を医療職と連携しておきます。

　高齢者にかゆみはつきものという考え方は，疥癬などの感染症を見逃すことにもなりかねません。全身の皮膚の状態をよく観察し，医療職と連携することが重要になります。

❷ 発疹や水疱がある場合

　皮膚の状態をみて気づきやすいのが発疹です。発疹は皮膚の変化の初期症状なので，見逃してはいけません。かゆみや痛みがないようであれば，まず経過を観察することが重要になります。一時的な場合もあり，症状がなくなれば問題はありません。

　発疹の次に生じる皮膚の変化として水疱があります。圧迫ややけどを原因として生じる場合もあります。水疱をみつけたら，破らないようにします。水疱を破ってしまうと感染を生じる危険性があるので，水疱をみつけたら医療職と連携して対応します。

　高齢者では，帯状疱疹がみられる場合があります。帯状疱疹は水疱瘡のウイルスが加齢や疲労などを原因として，皮膚に発疹と水疱を生じさせ，神経痛様の痛みをともなう病気です。痛みがあってから発疹が出て水疱になっていきます。神経走行にそってからだの片側にだけ出る痛みの強い発疹の場合には，医療職に報告します。症状がなくなっても痛みが数年残ることがあります。痛みを訴える利用者には注意してその訴えを聞き，医療職と連携して経過をみる必要があります。痛みのための不眠や食欲不振に注意することも重要です。

❸ 爪の色が青紫色になっている

　1本の指の爪の色が青紫色になっている場合には，打撲など外的要因が考えられるので，周囲の環境や利用者に痛みの有無などを確認します。痛みがない場合には，医療職に報告し，経過をみるだけでもよい場合があります。

　指全体の色が青紫色になっており，反対側の指もその状態で，口唇の色も青紫色であった場合には，すぐに医療職に連絡しましょう。青紫色になった爪は，チアノーゼがあるということで，血液中の酸素濃度の低下を示しています。利用者が苦しさなどを訴えていなくても，医療職への連絡が必要な状態です。

❹ 口腔内の出血や口臭がある場合

　口臭や出血がある場合は，歯周病の可能性があります。日ごろの歯みがきで改善できる場合と，できない場合があります。そのため，気がついたら口腔内の確認をするとともに，医療職に報告し，状態を確認してもらいましょう。その後，利用者に合った介助のポイントを共有していきましょう。

　また，口腔内の出血が止まらずに続いたり，全身状態が悪くなったりするような場合には，ほかの病気があることも考えられます。「この利用者は出血するから」と自分だけの気づきにとどめておくのではなく，そのときの状態を記録に残しておくことも，介護職としては重要になります。

第8節 休息・睡眠における観察のポイント

月

日

1. 睡眠を阻害する要因の理解

❶ 加齢による睡眠の変化

▶▶ 睡眠時間の変化

　一般的に，年齢を重ねると必要な睡眠時間は短くなる傾向があります。標準的な睡眠時間は6時間以上8時間未満ですが，高齢者の場合，運動量が低下してエネルギーの消費が少なくなるため必要な睡眠量も減少します。無理に長い時間眠ろうとすると，睡眠が浅くなり熟睡感が得られません。

▶▶ 睡眠比率の変化

　布団に入っていた時間のうち，実際に眠っていた時間の比率を睡眠比率といいます。10～20歳代では睡眠比率はほぼ100％ですが，加齢とともに徐々に低くなり，80歳代では70～80％まで低下します。

▶▶ 概日リズムの変化

　体内時計（☞第2巻p.437）による概日リズム（☞第2巻p.437）にも，加齢による変化がみられます。一般的に高齢者が早寝早起きなのは，概日リズムが変化したためです。早寝早起きが極端になり，夕方などの早い時間帯に眠気を感じて就寝し，夜中に目が覚めてしまう状態は，概日リズムの過剰な前進が原因と考えられています。

▶▶ 睡眠リズムの変化

　脳を休息させるノンレム睡眠は，睡眠の深さ（脳波の活動性）によって4段階に区分されます。加齢により，睡眠ホルモンと呼ばれるメラトニンの分泌が減少すると，ウトウトした眠りの段階1と浅い眠りの段階2が増えて，深い眠りの段階3ともっとも深い眠りの段階4が減少します。その結果，夜中に何度も目が覚めたり，ちょっとした物音で目覚めたりするようになります。

❷ 心身の機能の変化が睡眠に及ぼす影響 ┈┈┈┈┈┈┈┈┈┈┈┈┈┈┈┈┈┈

▶▶ からだの予備力の低下

　老化によりからだの予備力が低下すると，睡眠の質が低下する原因になることもあります。

　加齢とともに腎機能が変化したり，膀胱容量が減少したりすると，睡眠中にトイレに起きる回数が増えます。一般的に，眠っているあいだはトイレに行かなくても大丈夫なように尿が濃縮されて量が減りますが，高齢者の場合，夜間の尿の濃縮が不十分だったり，膀胱に十分な量の尿をためることができなくなります。睡眠中にトイレに起きる回数が増えると，睡眠が妨害され，眠りが浅くなります。

▶▶ 老年期のこころの問題

　睡眠は，こころの問題とも関連しています。日常生活上の問題や精神的なストレスが原因となって，一時的に不眠になることがあります。

　老年期に直面しやすいこころの問題には，老化に対する不安やとまどい，さまざまな喪失体験，病気の悩みや苦しみなどがあります。これらの問題がストレスとなって，不眠やうつ病を招くこともあります。

　また，眠れない経験をくり返すと不安になり，眠れないことに対する心配が不眠を引き起こしていることがあります。「眠らなくては」と努力することで神経が興奮し，かえって眠れなくなってしまい，不眠が悪化したり慢性化したりします。このような状態を精神生理性不眠と呼びます。

▶▶ 身体的な要因

　身体疾患にともなうかゆみや痛み，呼吸困難などがあると，睡眠が妨害され，不眠をもたらすことがあります。原因となる身体疾患としては，表 2-41 があげられます。

　また，睡眠時無呼吸症候群は，睡眠中に無呼吸の状態が頻繁に生じる病気で，肥満体型の男性に多いという特徴があります。無呼吸から呼吸再開時に目覚めてしまうため，長く睡眠をとっても熟睡できません。症状が軽いときは夜中に目が覚めることを自覚している人もいますが，進行してくると目覚めていることに気づくことはなくなります。知らないうちに極度の睡眠不足になり，日中に過剰な眠気や居眠り，集中困難が生じます。

表 2-41 ● 睡眠をさまたげる身体疾患

- 狭心症や心筋梗塞による胸苦しさ
- 前立腺肥大による残尿，尿路系の刺激
- 腰痛や神経痛，関節リウマチなどによる痛み
- 慢性閉塞性肺疾患（COPD）や気管支喘息による咳，呼吸困難
- 皮膚炎，疥癬，糖尿病による掻痒感（かゆみ）

▶▶ 精神的な要因

　うつ病や神経症性障害[40]（➡ p.179 参照），統合失調症[41]（➡ p.179 参照）などの精神疾患には不眠などの睡眠障害がともないます。うつ病では，朝早く目覚めてそのあと寝つけなくなる早朝覚醒や，夜中に何度も目が覚める中途覚醒，朝に離床することが困難になるなどの症状があらわれる傾向があります。

　アルツハイマー型認知症やパーキンソン病，脳血管障害[42]（➡ p.179 参照）などの脳器質性疾患にも，急性あるいは慢性の不眠が起こることがあります。

▶▶ 薬物的な要因

　身体疾患の治療のために服用する薬剤のなかには，副作用として不眠を引き起こすものがあります。原因となる薬剤としては，抗パーキンソン病薬（レボドパ，アマンタジン），降圧薬，副腎皮質ステロイド，消炎鎮痛剤，気管支拡張剤などです。

　また，副作用として日中の眠気や過眠をきたす薬剤もあります。抗ヒスタミン作用のある風邪薬，抗アレルギー薬，抗不安薬，抗うつ薬，抗精神病薬などのなかには，過眠を引き起こすものもあるため注意が必要です。

▶▶ 睡眠障害

睡眠と覚醒に関するさまざまな病気を睡眠障害と呼びます。

睡眠障害のなかでもっとも多いとされているのが，不眠症です。不眠症とは，その人の健康を維持するために必要な睡眠時間が量的あるいは質的に不足して昼間に強い眠気が起こり，そのために社会生活に支障をきたしている状態をいいます。必要とされる睡眠時間には個人差があるため，一般的に短いとされる睡眠時間であっても，本人に目覚めたときに満足感があり，昼間に活動できるようであれば不眠症とは呼びません。

不眠症の種類には，表2-42のようなものがあります。これらの症状が数日間持続する状態を一過性不眠，ストレスや身体の病気などにより1〜3週間ほど続く状態を短期不眠，さまざまな理由により1か月以上続く状態を長期不眠と分類することもあります。

また，過眠症では，夜間の睡眠時間は十分なはずなのに，日中に強い眠気におそわれて日常生活に支障をきたします。代表的な過眠症には，日中に突然強い眠気が出現して眠りこんでしまうナルコレプシーがあります。日中の過剰な眠気は日常生活や社会生活に支障をきたすだけでなく，転落や転倒などの事故の原因にもなるため専門機関での検査や治療が必要です。

表 2-42 ● 不眠症の種類

① 入眠障害
布団に入ってから，寝つくまでに30〜60分以上かかる状態が慢性的に続く。入眠困難ともいう。

② 熟眠障害
睡眠時間は十分でも，よく眠ったという満足感が得られない症状が続く。

③ 中途覚醒
夜中に何度も目が覚める状態が続く。睡眠中に何度もトイレに行きたくなるなどの症状を訴える人も多い。睡眠維持困難ともいう。

④ 早朝覚醒
早朝（午前3時や4時）に目が覚めてしまい，まだ睡眠が足りないにもかかわらず，それ以降眠れなくなる症状が続く。

2. 変化に気づくための観察のポイント

① 睡眠における観察のポイント

▶▶ 日中の眠気

必要な睡眠が十分にとれているかどうかは，日中の眠気の有無で判断できます。実際の睡眠時間が短めでも，日中の眠気がなければ必要な睡眠がとれているといえるでしょう。実際の睡眠時間は長くても，日中の眠気や居眠りで困っている場合は対策が必要です。

▶▶ 睡眠中の異常行動

睡眠中にあらわれる心身の変化は，専門的な治療を要する病気のサインである場合があります。

周期性四肢運動障害では，睡眠中に上肢や下肢が勝手にピクピクと動くこと（**不随意運動**[43]（→ p.179 参照））により，睡眠が浅くなり，中途覚醒を引き起こします。

レストレスレッグス症候群は，むずむず脚症候群とも呼ばれています。睡眠中の不随意運動がひどくなり，「むずむずする」「痛がゆい」という異常感覚が下肢を中心に起こります。下肢を動かしたいという強い衝動が出現し，布団のなかで脚を動かしつづけたり，足踏みを続けたりして不眠になります。

レム睡眠行動障害は，夢のなかでの行動が実際の寝言や動作としてあらわれ，睡眠中に突然大きな声で話したり，手足を動かして暴れだしたりします。パーキンソン病の人やレビー小体型認知症の人によくみられます。

▶▶ 睡眠中の異常呼吸

睡眠中の呼吸停止や激しいいびきは，睡眠時無呼吸症候群などの呼吸に関連した病気の可能性があります。睡眠中に異常呼吸があると熟睡できず，日中に強い眠気や居眠りが生じます。

▶▶ 睡眠日誌

睡眠の状態や原因について確認する方法に睡眠日誌があります。睡眠日誌では，睡眠の状態を 1 週間から 10 日間記録します。医療職に相談するときや，医療機関にかかるときにも役立ちます。

❷ 変化にともなって必要とされる対応 ::

▶▶ 夜間に異常な行動や現象がある場合

　夜間の異常な行動の原因は，周期性四肢運動障害，レストレスレッグス症候群，レム睡眠行動障害などの特殊な睡眠障害，てんかん[44]（→ p.179 参照），薬剤の副作用，せん妄などが考えられます。また，認知症などで脳の機能が低下している人が，ベンゾジアゼピン系の睡眠薬を服用すると，そのためにせん妄状態を生じてしまうことがあります。幻覚や妄想が生じて，精神的に落ち着かなくなることもあります。

　不眠以外に異常な行動や現象がある場合には，医療機関で診察・検査をする必要があります。

▶▶ 日中にきちんと目覚められない場合

　服用している薬剤がある場合，その副作用が考えられます。睡眠薬を服用しているときは，睡眠薬の効果が日中にまでもち越して，日中に眠気が出現することがあります。薬剤が原因と考えられるときには，かかりつけ医に症状を伝え，薬剤の変更や減量，あるいは中止することによって，睡眠の問題は改善します。

　薬剤の影響のほかにも，就寝前のカフェインやアルコールの摂取，持病の症状など，何らかの原因で睡眠が浅く慢性的な睡眠不足の状態になっていると，日中目覚めていられなくなります。また，睡眠時無呼吸症候群やナルコレプシーでは，日中に強い眠気が出現します。

▶▶ 昼夜逆転の場合

　昼間と夜間が逆転してしまい，夜間は眠くならず，日中に眠る状態です。日中の活動が少ないと睡眠の必要性が減り，昼夜逆転しやすくなります。また，日中に外出できないと光を浴びないために，体内時計のリズムがくずれてきます。1～2時間でも日中に外出したり，日光を浴びるようにすると，体内時計が修正されます。

▶▶ うつ病が疑われる場合

　うつ状態では早朝覚醒や中途覚醒などの不眠や，過眠などの症状がみられます。睡眠障害にともなって，日中の気分の落ちこみ，意欲や集中力の低下，不安感，食欲不振などがみられる場合にはうつ病（☞第4巻 p.339）が疑われます。

　早めに精神科医を受診して，うつ病の治療を優先します。

3. 医療職との連携のポイント

1 必要な情報をそろえて相談する ::

　睡眠における変化に気づいたときには，医師や看護師，保健師などに相談し，連携をとることが必要になります。相談する前に，観察したり，アセスメントを行ったりして，必要と思われる情報をそろえましょう。これらの情報とともに介護職の気づきを伝え，医療職の考えを聞きましょう。

▶ アセスメント

　睡眠の状態やこころとからだの状態を把握するだけでなく，生活習慣・睡眠環境などのライフスタイルからもアセスメントすることが必要です（表2-43）。

　睡眠に問題がある場合，それが急に起きたものなのか，あるいは，少しずつ時間をかけて生じたものかを確認します。急に起きた場合は，からだの状態の急激な変化や服用している薬の影響などが考えられます。逆に，少しずつ時間をかけて生じた場合は，慢性の病気や，環境，ストレス，習慣などが原因になっていることが考えられます。

表2-43 ● アセスメントのポイント

項目	ポイント	
睡眠の状態	・睡眠時間と熟睡度 ・問題となる症状の出現時期と頻度	・睡眠に関する本人からの訴え
からだの状態	＜病気＞ ・既往歴と現病歴 ・睡眠をさまたげる痛みやかゆみなどの症状 ＜薬剤＞ ・服用している薬品名（処方薬，売薬）	
こころの状態	・かかえている悩み ・不安に思っていること ・負担に感じていること	・イライラしてしまうこと ・最近とくにつらかったこと
ライフスタイル	＜生活習慣＞ ・起床時間と就寝時間 ・食事の時間と食事量 ・入浴の仕方と入浴時間 ＜睡眠環境＞ ・寝室の環境	・カフェインを含む飲み物の習慣 ・喫煙や飲酒の習慣 ・運動の習慣 ・寝具や寝衣
家族介護者が気づいたこと	・睡眠中の様子（呼吸や行動の異常） ・日中の様子	

❷ 緊急対応が必要な例

　いつもと違う睡眠が観察されたときは注意が必要です。睡眠中の異常行動や異常呼吸，日中の強い眠気や居眠りなどがみられる場合には，早めに医療職に相談しましょう。
　睡眠中の変化には，表2-44のような病気の可能性があります。

表2-44 ● 睡眠中の変化と可能性のある病気

睡眠中の変化	可能性のある病気
激しいいびき・呼吸停止	睡眠時無呼吸症候群 など
上肢や下肢が勝手にピクピク動く	周期性四肢運動障害 など
下肢のむずむず感	レストレスレッグス症候群 など
大きな声で叫ぶ，暴れる	レム睡眠行動障害，レビー小体型認知症 など
早朝に目が覚める	不眠症，うつ病 など

人生の最終段階のケアにおける観察のポイント

1. 終末期の理解

❶ 終末期への取り組み

　高齢化の進展とあわせ社会保障制度が大きく変わり，団塊の世代が75歳以上の後期高齢者となる2025（令和7）年に向けて，厚生労働省は，地域包括ケアシステムを推進しています。その内容には，「重度な要介護状態になっても住み慣れた地域で自分らしい暮らしを人生の最後まで続けることができるよう，住まい・医療・介護・予防・生活支援が一体的に提供される」ことが含まれています。予防から介護まで，医療と連携しながら，利用者の住まいで，生活支援とあわせて介護を提供することは，介護職の専門性が発揮される場面です。その人らしく最期まで住み慣れた地域で暮らすことを支えることは，死に向かうプロセスを支える終末期ケアへの取り組みといえます。

　最期までその人らしく，尊厳を大切にしながら過ごすことの支援は，人生のなかで大切にしてきたことや日々の生活でのこだわりなど，一人ひとりの価値観を知ることから始まります。そのことは，介護するうえで基本となるアセスメントそのものです。終末期ケアは，アセスメントを通した個別性の理解から始まるのです。

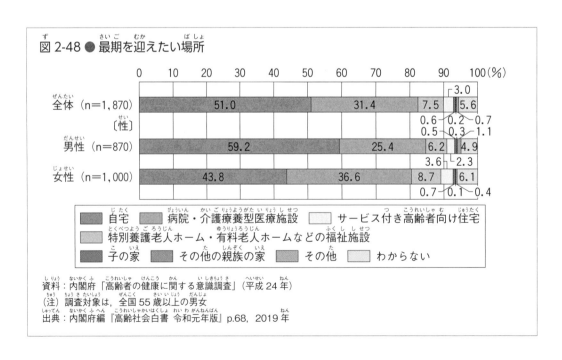

図 2-48 ● 最期を迎えたい場所

資料：内閣府「高齢者の健康に関する意識調査」（平成24年）
（注）調査対象は，全国55歳以上の男女
出典：内閣府編『高齢社会白書 令和元年版』p.68，2019年

❷ 看取りの現状

　高齢者人口の増大で今後死亡者数が増えていくことから，終末期ケアのあり方がより重要になっていきます。終末期ケアを行う場所についての現状は，日本人の死亡場所の約8割は病院や診療所で，約2割が自宅や施設となっています。しかし，「完治が見込めない病気の場合に迎えたい最期の場所」については，「自宅」が51.0%ともっとも多く，次いで「病院・介護療養型医療施設」が31.4%という結果が出ています（図2-48）。また，地域包括ケアでは，住みなれた地域で，最期まで自分らしい暮らしの継続を推進しているため，今後自宅での看取りのニーズが増えていくと考えられます。このことから，人生の最期の時間をどこでどのように過ごしたいのか，日常のケアのなかで利用者の本当の気持ちをつかむことが大切になります。

❸ 終末期の医療・ケアの決定プロセス

　高齢化が進むと同時に多死社会への対応が必要となります。地域包括ケアシステムによって，住み慣れた地域で最期までその人らしく過ごすことを支えるため，より身近な地域ごとに取り組みが求められています。これまで病院で迎えることが多かった，人生の最期の時間を過ごす場所について，在宅や施設での看取りができるよう，しくみが整えられ

表2-45 ● 人生の最終段階における医療・ケアのあり方

①　医師等の医療従事者から適切な情報の提供と説明がなされ，それに基づいて医療・ケアを受ける本人が多専門職種の医療・介護従事者から構成される医療・ケアチームと十分な話し合いを行い，本人による意思決定を基本としたうえで，人生の最終段階における医療・ケアを進めることが最も重要な原則である。

　また，本人の意思は変化しうるものであることを踏まえ，本人が自らの意思をその都度示し，伝えられるような支援が医療・ケアチームにより行われ，本人との話し合いが繰り返し行われることが重要である。

　さらに，本人が自らの意思を伝えられない状態になる可能性があることから，家族等の信頼できる者も含めて，本人との話し合いが繰り返し行われることが重要である。この話し合いに先立ち，本人は特定の家族等を自らの意思を推定する者として前もって定めておくことも重要である。

②　人生の最終段階における医療・ケアについて，医療・ケア行為の開始・不開始，医療・ケア内容の変更，医療・ケア行為の中止等は，医療・ケアチームによって，医学的妥当性と適切性を基に慎重に判断すべきである。

③　医療・ケアチームにより，可能な限り疼痛やその他の不快な症状を十分に緩和し，本人・家族等の精神的・社会的な援助も含めた総合的な医療・ケアを行うことが必要である。

④　生命を短縮させる意図をもつ積極的安楽死は，本ガイドラインでは対象としない。

出典：厚生労働省「人生の最終段階における医療・ケアの決定プロセスに関するガイドライン」（平成30年3月改訂）

てきました。厚生労働省の検討会によって2018（平成30）年3月に改訂された「人生の最終段階における医療・ケアの決定プロセスに関するガイドライン」や，医療従事者だけでなく，広く国民にも理解を求め推進するためのACP普及・啓発リーフレット[45]（→p.180参照）も作成されました。

　リーフレットによると，命の危険が迫った状態になると，約70％の人が医療やケアなどを自分で決めたり望みを人に伝えたりすることができなくなるといわれています。どこでどのような医療やケアを望むかを自分自身で前もって考え，周囲の信頼する人たちと話し合い，共有することが重要です。

　人生の最終段階における医療・ケアの決定プロセスでは，本人の病状の変化や家族の介護状況によって考えが変化することも十分に考えられます。状況の変化にともない気持ちが揺れ動くことも想定して，話し合いはくり返し行われることが重要になります。迷いや気持ちの揺れに寄り添いながら，その人らしさが尊重されるようにケアチームの一員としてかかわるようにします。

❹ 終末期のアセスメント

　「人生の最終段階における医療・ケアの決定プロセスに関するガイドライン」では，医療職ではなく，医療・介護従事者，医療・ケアチーム，と記されています。本人の生活に寄り添う専門職として，意思決定を支えることの意義を考え，自分自身で考えたり，施設・事業所内で話し合ったりするなど，日ごろから準備を心がけましょう。看取り経験のない介護職は，不安になることがあるかもしれませんが，看取りは1人で支えることではなく，家族を中心としたさまざまな職種との連携が必要です。そのため，介護職同士や他の専門職との話し合いの場を積極的につくることで，多様な考え方がわかり，自身の死生観をはぐくむことにもつながります。

　人生の最終段階について考えることは，どのように生きていくかを考えることになり，家族はどのように介護をしたいのか，どこまでできるのか，家族の思いや介護力も含めてアセスメントする機会にもなります。介護職は，日常の介護場面を通して，今後の人生の最終段階の意思決定に向けて，本人や家族の思い，大切にしていることを観察しアセスメントすることが求められます。

　たとえば，本人は「○○が好きだとおっしゃっていました」「○○しているときは，うれしそうにしていました」と利用者の思いを代弁することや，「○○と話しておられましたが，ご家族はどのように思われますか？」と，家族の意思を引き出すようなコミュニケーションをすることも，大切な介護です。

2. こころのしくみ

❶ 死に対するこころの変化

▶▶ 死生観

　人の価値観が多様であるように，死に対する考え方も人それぞれ異なります。「1日でも長く生きてほしい」「できる限りの治療をしてほしい」「延命治療よりも苦痛の緩和をしてほしい」「最期は家族といっしょに過ごしたい」など，死生観には物事の考え方や価値観が反映されます。また，どのようにしたいのかという考え方は本人と家族の間で意見が異なる場合や，同居家族と別居家族の間で意見の食い違いがあることもあります。心身の状態の変化によっても，本人や家族の気持ちが変わることもあります。大切にしたい思いに寄り添いながら，今どのような状況なのかをていねいに把握しようと努める誠実な姿勢が大切です。

▶▶ 終末期の心理状態

　アメリカの精神科医，キューブラー－ロス（Kübler-Ross, E.）[46]（➡ p.180 参照）は，終末期にある人の心理状態は，「否認」「怒り」「取り引き」「抑うつ」「受容」の5つの段階をたどると説明しています（表2-46）。ただし，すべての人がこの段階を経るとは限らず，また，受容する人ばかりではありません。

　このような心理状態では，やりきれない思いや不安や恐怖が言動となってあらわれて，そばにいる家族や周囲の人にとっても苦しい状況です。こころの変化があることを理解して，心情を察しながら少しでも苦痛が緩和できるように心がけます。

表 2-46 ● 終末期にある人の心理状態

否認 （否認と孤立）	「自分が死ぬはずがない」「何かの間違いだ」と，死の運命の事実を拒否し否定する段階。周囲から距離をおくようになる。
怒り	死を否定しきれない事実だと自覚したとき，「なぜ私が死ななければならないのか」と問い，「死」に対して強い怒りの感情があらわれる段階。
取り引き	「神様どうか助けてください」「病気さえ治るなら何でもします」など，死の現実を避けられないかと，取り引きをするかのように神にすがろうとする状態。
抑うつ	取り引きが無駄だと認識して，何をしても「死は避けられない」とわかり，気持ちが滅入って，抑うつ状態になる。
受容	「死はだれにでも訪れる自然なことだから，受け入れよう」と，死を受容しこころおだやかになる。

▶▶ こころの揺れ

　終末期には，身体的な痛みや不安，恐怖などさまざまな苦痛によって，「こうありたい」「こうしたい」と思っていた気持ちが変化することがあります。また，家族が不安になって，最期まで看取ることがむずかしくなることもあります。このように本人や家族の気持ちの揺れが生じていることを理解したうえで，その気持ちにつきあいながら介護する心構えも大切です。

　死に対する不安や恐怖が少しでも軽減するための精神的なケアも大切な介護です。本人のしてほしいこと，してほしくないこと，残された時間をどのように過ごしたいのか，少しでも心地よくいられるように，こころおだやかに過ごせるように，誠意をもってこころに寄り添います。孤独感やさびしさを感じないように，家族や友人など身近な存在の人たちと相談しながらかかわることも，看取りの体制を整えることになります。本人が納得するように，見送った家族が後悔しないように，その時々で精いっぱいのことができるように支援します。

▶▶ 家族の心理

　終末期のケアでは，本人だけでなく，身近な家族もつらい状況におかれるため，家族にも目を向ける必要があります。自宅での看取り経験がない家族は，この先どのような経過で死に向かうのかイメージできずにいるため，さまざまな症状や変化が起きたときに動揺して冷静な判断ができなくなることがあります。また，医師の説明に対して「わかりました」と答えていたとしても，実はわかっていないこともあります。説明を聞いてどのように感じたのか，心配なことはないか，家族が気持ちを表出できるように意図的なコミュニケーションをとることが不安を取り除くことにもつながります。

　また，介護職は家族が疲弊している姿を目にすると，介護負担を軽減するために，できるだけ介護をゆだねてもらい少しでも休んでもらおうと考えがちです。しかし，家族にとって少しでも後悔が少なく，「十分にやってあげられた」と感じることができるように，家族の様子を気づかいながらも，家族が介護に参加できるようにすることを忘れてはいけません。残された時間が充実したものであるように，多職種で連絡を取り合いながらきめ細かく支えていくようにします。

3. 終末期から危篤状態の変化の特徴

① 終末期における家族の変化

　終末期は，死に向かい症状が不安定になる時期で，これまで行ってきたケアに対して，家族は「これでよいのだろうか」と不安になり，動揺することがあります。家族が落ち着いて最期までケアができるように支援することが大切です。看取りの時期になっていることを家族が受け入れられない場合もあります。ケアのときに，今起こっていることは自然な看取りのプロセスであることを伝えたり，医師や看護師から説明を受けられるように，家族の不安な様子を伝えたりすることも大切な役割です。そして，家族が看取りに向き合っていけるように，いっしょに支えていくことを伝え，不安を軽減することも介護の1つです。これまでの介護の延長線上に終末期ケアがあることを心得て，日常生活を支えるなかで家族の変化をとらえることが介護職の役割でもあります。

　終末期には，家族が利用者の死を少しずつ受容していけるようにかかわることが大切です。そのためには，身体機能の変化と死に向かうプロセスを学び，さまざまな変化に対応できるための準備が必要です。準備としては，知識だけではなく，心構えも大切です。人生の終焉という尊い場面に接することの責任の重さの覚悟をしたうえで，自分の経験していない死に向かうプロセスを学ばせていただく，といった真摯な姿勢で介護を実践することが，自分なりの死生観をはぐくむことにもなります。

② 終末期の変化の特徴

　終末期には，利用者の全身状態が急速に変化します。そのため，前回かかわったときと違う，何となく様子が違うなど気になるときには，昨日はどうだったのか，いつからこのような状態になったのか，かかわる多職種で確認することが大切です。それにより，ケアチーム全体で情報を共有することができ，ケアチームの連携が深まり，利用者や家族にとっても安心や信頼につながります。命の終わりの診断をするのは医師ですが，その判断をするために必要な情報を伝えることも介護職の重要な役割です。

　表2-47のような変化を早期に発見し，適切に対応するためには，もっとも身近な介護職が日々の状態を観察するとともに変化の状況を記録し，迅速に報告することが大切です。

表2-47 ● 終末期の変化の特徴

- 身体機能の変化が全身に及ぶ。
- 身体機能の低下とともに介護量が増える。
- 身体的，精神的に家族の負担が増える。

▶▶ バイタルサインの変化

(1) 体温

　脱水によって発熱している場合もありますが，死が近くなると，体温は低下し，四肢冷感がみられます。清拭や排泄ケアなど肌に触れる介護場面で意識して観察することで気づくことができます。

(2) 脈拍・血圧

　心臓の機能が低下するため，脈拍のリズムは乱れ，脈が弱くなり，手首（橈骨動脈）では触れにくくなります。また，血圧も下降し，徐々に測定できなくなります。

(3) 呼吸

　呼吸の間隔が不規則となり，深さも乱れてきます。

　死の直前には呼吸が変化することがよくあります。たとえば，**チェーンストークス呼吸**[47]（➡ p.180 参照）や**下顎呼吸**[48]（➡ p.180 参照）などがみられます。これらの苦しそうな様子をみて家族は不安になり，あわててしまうことがありますが，介護職は，このような呼吸状態は自然の変化であり，苦しさのあらわれではないことを家族に伝え，見守ることも大切です。また，状態の変化に関しては，医師や看護師に報告し，時間と状態を記録します。

　なお，呼吸が浅くなると，脳も低酸素状態になり，体内モルヒネが分泌されるため苦痛がやわらぎできます。

(4) チアノーゼ

　呼吸や循環状態の低下から酸素欠乏になり，皮膚や粘膜が青紫色になります。とくに，口唇や爪で目立ちます。呼吸状態とあわせて観察しましょう。

(5) 意識状態

　覚醒時間・反応がとぼしくなり，声をかけてもウトウトしているなど，目を閉じている時間が長くなり，名前を呼んでも反応しなくなります。覚醒状態の観察は，食事のときに食器や箸を把持できなくなり落としたり，食べ物を口の中に入れたまま眠ってしまうなど，日常の介護の場面でも気づくことができます。

　死が近づいてくると意識が低下し，ウトウトしている時間が長くなります。呼びかけても反応しないことがありますが，動けなくなり，反応がなくなっても最期まで耳は聞こえているといわれており，手をにぎって呼びかけるなど，最期まで，できることがあることを家族に伝えます。

　最期まで意識がはっきりしている場合があります。人間としての尊厳を大切にし，本人を目の前にした会話の内容には十分留意します。

(6) 死前喘鳴

　死に直面している場合や衰弱がひどく，喀痰を自力で出せない場合には，分泌物が下咽頭にたまるため，喉の奥で，ゼロゼロ，ヒューヒューという音を発しながら呼吸をします。死前喘鳴があらわれる死に直面した時期には，通常，意識は低下し，本人は苦痛でないことが多いのですが，家族にとっては，「苦しそうにしているのに何もできない」という思いにかられるなど，つらい場面であることを十分理解して，言葉をかけるなどの配慮が大切です。

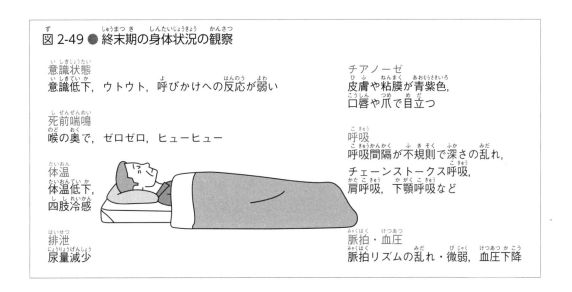

図 2-49 ● 終末期の身体状況の観察

意識状態
意識低下，ウトウト，呼びかけへの反応が弱い

チアノーゼ
皮膚や粘膜が青紫色，口唇や爪で目立つ

死前喘鳴
喉の奥で，ゼロゼロ，ヒューヒュー

呼吸
呼吸間隔が不規則で深さの乱れ，チェーンストークス呼吸，肩呼吸，下顎呼吸など

体温
体温低下，四肢冷感

排泄
尿量減少

脈拍・血圧
脈拍リズムの乱れ・微弱，血圧下降

▶▶ 食事・水分量の減少

　食事や水分の摂取量が徐々に減り，食べるときと食べないときのムラが出たり，食べられないことが増えてきます。また，食事のペースが遅くなる，口の中に入れても飲みこまずにためこんだり舌で吐き出したり，咀嚼や嚥下ができなくなってきます。少量で栄養がとれる高カロリー食や，トロミをつけて飲みこみやすく工夫するなど状態に合わせた栄養補給の方法を検討します。食欲の減少は栄養状態の低下に影響するため，食事以外の全身状態の変化も気をつけて観察します。食事や水分の摂取量の減少にともない，体重も減ってくるため，体重測定をしていない場合でも，「見た目がやせた」などの観察で気づくことができます。

　食べられなくなると，「このまま何もしなくてよいのか，少しでも食べられないか」と心配になりますが，死に近づいていくプロセスであることを理解していれば，無理に食べてもらおうとするのではなく，受け入れて見守ることも介護であることを家族に伝えることができます。「食べたくない，食べ物が喉を通らない」と話したときに，単なる拒否と思いこまず，死が近づいたことによる変化の可能性も念頭に入れ，最近の様子を家族に詳しくたずねるなど日常のケアからの観察が大切です。

▶▶ 排泄の変化

(1) 尿量の減少

　　腎臓機能の低下や，食事・水分量の減少による脱水などの影響から，尿量が減少して
いきます。食事や水分量が減少したときには排泄もあわせて観察し，24時間通してど
のくらいなのかを見るために，自分がかかわったときだけではなく，ほかの時間・ほか
の人がかかわっているときはどのくらいだったのか，情報を集めます。記録を確認した
り，家族に具体的にたずねるなどして，継続的に把握する視点が大切です。

(2) 便秘・下痢

　　食事・水分量の減少による栄養状態の低下や脱水は，排便にも影響します。痛みを緩
和するためのモルヒネなど薬剤の影響で便秘になっていることもあります。また，消化
機能の低下から下痢になることもあります。排泄状態の変化の原因を確認するために
も，医師や看護師などの医療職にも報告・相談します。

　　排泄状態の変化を情報共有する方法は，家族を通しての伝達や，記録，電話やFAX，
メールなど，介護の環境やかかわり方に合わせて効果的な手段で行います。また，体力
やADLが低下すると排泄の介助が必要になりますが，「トイレだけは世話になりたく
ない」「はってでも自分で行きたい」など，尊厳にかかわるデリケートな問題であるこ
とを忘れてはいけません。羞恥心に配慮しながら，可能な限り利用者が望む排泄方法を
継続できるように，ポータブルトイレや尿器など福祉用具の活用や介護環境の調整も視
野に入れて多職種で話し合うことが大切です。

▶▶ 不眠

　痛み・吐き気・呼吸困難・不安などの症状は，睡眠にも影響するため，不眠に対しては，
室温・換気・照明などの環境を整え，落ち着いて眠れるように配慮します。
　人によっては，夜の静かな環境で不安を感じる場合もあります。利用者が不眠である場
合，介護している家族も不眠になっていることがあるため，家族の様子にも気を配りま
す。
　痛みや不安で眠れないときには，痛みを緩和するために睡眠薬が処方される場合があり
ます。睡眠薬を服用しているときには，夜間トイレに歩こうとしたときにふらついて転倒
しないように手すりを活用したり歩行を見守るなど，注意が必要です。不眠の原因と対応
を考えるときには，本人の状態とあわせて，家族の介護量や疲労の度合いもアセスメント
する必要があります。

▶▶ 褥瘡

褥瘡（☞第2巻 p.378）のおもな原因は，圧迫，摩擦，ずれですが，終末期には，体力や身体機能が低下して，自分で寝返りできなくなり，臥床して過ごす時間が多くなります。そして，関節の**拘縮**[49]（➡ p.180参照）や栄養状態の低下からやせて骨が突出すると，圧迫されて褥瘡ができやすい原因になります。

褥瘡の予防として，長時間の圧迫や同一姿勢を避け，状態のよいときにはいすや車いすに座るなど，離床をうながすことも大切です。排泄の介助のときには，紙おむつが長時間濡れてよごれた状態になっていないか，体位変換や更衣，清潔ケアのときなどに，皮膚の状態を注意深く観察します。痛みを訴えたときには，骨突出部の皮膚の圧迫，ずれ，発赤などがないかていねいに観察することで，早期発見や対応ができるのです。

とくに，むくみがひどいときや，抗がん剤やステロイドなどの薬の影響で免疫力が低下している場合には，皮膚に負担をかけないように，ゆっくりと優しくケアするように気を配ります。

褥瘡の好発部位を意識して観察し，皮膚状態の変化に気づいたときには早急に医療職に報告し，適切な治療が受けられるように連携をはかります。また，介護支援専門員（ケアマネジャー）や看護師，福祉用具専門相談員といっしょに床ずれ防止用具を検討するなど，ケアチームで悪化の予防に努めることも大切です。

4. 死後の対応

❶ 死後のからだの変化 :::

　死が訪れるときには，表 2-48 にあるような身体的な変化が徴候としてみられます。そして，死後はからだの各器官が機能停止することによりさまざまな変化があらわれます。

表 2-48 ● 死の徴候

- 呼吸が止まる
- 心停止，脈が止まる
- 体温が低下し，冷たくなる
- 瞼がわずかに開く
- 口がわずかに開くことがある
- 筋肉が弛緩し，排泄物（便・尿・体液）が出る

　死後のからだは，以下に述べる順序で変化します。

▶▶ 冷却

　死後は体温調節ができなくなるため，体温は周囲の温度の近くまで低下していきます。

▶▶ 死斑

　死後，血液の流れが止まると，重力によって，血液は下へたまります。たまった血液の色が，皮膚を通して見える状態を死斑といいます。死後 20 〜 30 分くらいから始まり，8 〜 12 時間でもっとも強くなります。

▶▶ 死後硬直

　死後硬直とは，死後にからだの筋肉がかたくなる現象をいいます。温度などの環境の影響により異なりますが，通常，死後 2 〜 4 時間で始まり，半日程度で全身に及び，30 〜 40 時間で硬直がほぐれていきます。

▶▶ 乾燥

　死後，水分の蒸発とともにからだは乾燥していきます。皮膚・粘膜・口唇・角膜などから水分が蒸発していきます。

❷ 死亡の確認

▶▶ 医師による死亡診断

　最期まで自宅で過ごすことを望むのであれば，亡くなったときに死亡確認をしてくれる医師が必要です。そして，死亡した場合，どのような方法で死亡確認をするのかといった具体的なことを，家族や関係者で共有しておくことが，望む最期をかなえるために重要なことです。かかりつけ医への連絡が確実に行えるように，連絡方法や手順などについて，家族も含めたケアチームで具体的に確認して，情報共有します。

　死後のケアをする場合には，死亡診断書が出ていることを確認したうえで行うということを理解しておきましょう。

　なお，厚生労働省の「令和4年度版死亡診断書（死体検案書）記入マニュアル」では，死亡診断書等について，次のように示されています。

(1)　死亡診断書（死体検案書）

　死亡診断書（死体検案書）は，人の死亡に関する厳粛な医学的・法律的証明であり，死亡者本人の死亡に至るまでの過程を可能な限り詳細に論理的にあらわすものです。医師は，「自らの診療管理下にある患者が，生前に診療していた傷病に関連して死亡したと認める場合」には死亡診断書を，それ以外の場合には死体検案書を交付します。交付すべき書類が死亡診断書であるか死体検案書であるかを問わず，異状を認める場合には，所轄警察署に届け出なければなりません。

(2)　医師が患者の死亡に立ち会えなかった場合

　これまで当該患者の診療を行ってきた医師は，たとえ死亡に立ち会えなくとも，死亡後あらためて診察を行い，生前に診療していた傷病に関連する死亡であると判定できる場合には，死亡診断書を交付することができます。

▶▶ 家族への支援

　死亡の確認と死亡診断書の発行に関しては，医師から家族へ事前に説明してもらいます。家族は動揺して冷静に聞き取れていないことも考えられるため，そのようなときは，家族に寄り添い，心情を理解するように努めます。医師の説明をどの程度理解できているのか，家族の表情や言葉，態度などから把握して，医師・看護師に家族の状況を伝えます。家族が冷静に話を聞けるように環境を整えることも家族への支援です。

　死亡確認という厳しい状況において，介護職は，家族にとって，身近な存在として支えとなれるよう配慮することも大切な役割です。

5. 医療職との連携のポイント

① 呼吸困難時の医療と介護の連携

▶▶ 人工呼吸器

　自分で呼吸ができない状態への医療処置として，気管内挿管や気管切開を行って気道を確保し，人工呼吸器を装着することがあります。この場合，気道が分泌物で閉塞しないように痰の吸引や口腔ケアが必要となります。

　人工呼吸器を使用中の吸引や口腔ケアは，医療職が家族に指導を行います。医療的ケアに関する説明や指導は医師や看護師が中心に行うため，介護職は家族が理解できているか，医療的なケアに不安や疑問がないかを身近な相談者として確認し，医療職と連携します。

▶▶ 在宅酸素療法（HOT）

　慢性気管支炎や慢性閉塞性肺疾患（COPD）など動作時の呼吸困難がいちじるしくなると，自宅で酸素療法を行いながら生活する場合もあります。酸素の吸入量は医師の指示にもとづいて調節されます。医師の指示が守られているか観察するとともに，呼吸苦や顔色などの状態変化に気づいたときには，すみやかに医師や看護師に連絡します。

　また，日常生活で，どのようなときに苦しくなるのか，生活状況と症状の変化を観察し記録することで，ほかの職種も状態を把握することができます。状態悪化の早期発見・早期治療のためにも，医療と介護の連携が重要です。

▶▶ 痰の吸引

　終末期の呼吸や意識状態の変化にともない，痰が出ることがあります。自力で痰が出せず継続的に痰の吸引が必要な場合には，吸引器を使用します。痰の吸引には口腔内の吸引，鼻腔からの吸引，気管内吸引などの方法があります。

　痰の吸引は，一定の条件下で介護職にも認められるようになりました。定められた研修と実習を経た介護職は，医師の指示にもとづき，口腔内，鼻腔内，気管カニューレ内部の吸引を実施することが可能となりましたが，医療行為であることを念頭におき，そして，吸引は苦痛をともなうため，あくまでも最終手段であることを忘れずに実施します。緊急でない場合は，利用者の苦痛も考慮して，口腔ケアや体位ドレナージなど，負担の少ない方法を選択することも医療職とよく相談しながら検討します。

　痰の多くなる時間帯や状況の把握，痰の性状（色・かたさ）や量，吸引の頻度などについて必要な観察と記録を行い，医師や看護師，必要に応じて理学療法士・作業療法士などに情報提供し，チームで観察しながら継続的なケアにいかすことが大切です。

❷ 疼痛緩和時の医療と介護の連携

▶▶ 苦痛の緩和

　終末期には，疼痛や食欲不振，吐き気，全身倦怠感，息苦しさなど，さまざまな身体症状をともなうことがあり，これらの苦痛が緩和されなければ利用者も家族もこころ休まることがありません。

　とくに，在宅では，苦痛が在宅生活を続けることができなくなる要因にもなりかねないのです。症状の観察とあわせて，どのようなときに苦痛が増強・緩和するのか，時間や場面などを詳しく観察・記録して，医師や看護師に報告します。疼痛に関して，モルヒネなどの鎮痛薬を使用している場合には，決められた時間どおりに確実に服薬する必要があるため，医師・看護師など医療職との連携が不可欠です。苦痛の訴えや，薬の効き方が変化したと感じたときには，すみやかに医師や看護師に連絡しましょう。

　終末期の苦痛には，身体的苦痛だけでなく，精神的・社会的・霊的（スピリチュアル）な苦痛があります。病気や症状に対する不安やいらだち・恐怖感などの精神的苦痛や，病気のために仕事ができなくなることによる経済上の問題や家庭内の問題などの社会的苦痛，仕事をやめたことで家族の支えになれないという苦悩から，生きる意味，人生の意味への問い・死の恐怖や死生観に対する悩みなどの霊的（スピリチュアル）苦痛です。これらの苦痛を緩和するためには，不安や不快についての訴えを傾聴し共感することや，これまでの人生への問いや思いを聴き，誠実な態度で，利用者や家族の心情に寄り添います。

　終末期の苦痛は，身体的・精神的・社会的・霊的要因が複雑にからみ合った全人的苦痛であるため，苦痛がいつ，どのようなとき，どのくらいつらいのかがわかるように，具体的に把握します（図2-50）。医療と介護の連携により，それぞれの専門性を発揮して，誠心誠意，精神の安定と，苦痛の緩和に努めることが大切です。

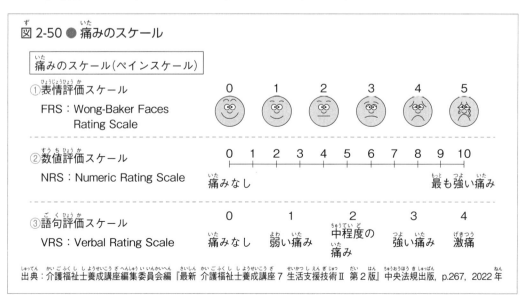

図 2-50 ● 痛みのスケール

出典：介護福祉士養成講座編集委員会編『最新 介護福祉士養成講座7 生活支援技術Ⅱ 第2版』中央法規出版，p.267, 2022年

6. 家族へのケア

❶ 家族へのケアにおける介護職の役割

▶▶ 意思決定のための支援

終末期の病状であることの説明をするのと同時に，どこでどのように最期の時間を迎えたいのか，本人の意向を確認する場面が訪れます。そのときに，本人が自分で意思表示できない場合は，家族に意思決定がゆだねられることになります。意思決定をするためには，知識や情報が必要です。

まずは，家族の受けとめ方を把握して，その状況に合わせて対応することになります。治療や病状をどのように理解しているか，そして，医師や看護師の説明に対して，疑問や不安な点がないかどうか，家族に率直に話してもらえるように，具体的にたずねることや，「つらいですね」「心配でしょうが，これから看取りまでいっしょに介護していきましょう」など共感する気持ちを言葉で伝え，家族のおかれている状況をていねいにつかみながら寄り添っていくことが大切です。

そのうえで，不安や疑問があるとわかったときには，医師や看護師などに伝え，どのように支援するかをいっしょに考えます。医療的な説明や対応は医療職が行いますが，介護場面を通してサポートするためには，介護職もいっしょに情報を共有しながら，役割にあわせてケアチームで連携することにより，意思決定に必要なサポート体制が整います。

また，どのような状態になったらどうしたいのか，折にふれ家族で話し合ってもらうことが大切です。介護職としてできることは，利用者とコミュニケーションがとれるうちに，これまで大切にしてきたことや，どのような生活を望んでいるのかといった，価値観や死生観につながる個別性を意識したアセスメントを日ごろから心がけることです。また，終末期に関する思いは，そのときになって変わることがあるということを心得ておき，くり返し思いを確認するなど意識してコミュニケーションをとることが大切です。

▶▶ 看取りケアする家族を支える

家族が心残りなく最期の時間を過ごせるように，家族とともに介護し，寄り添いながら家族の看取りケアを支えます。ただし，病状が変化し介護の必要性が増えるにしたがい，家族の「看取り」に対する気持ちが揺れ動くことがあることも理解しておきましょう。どのような状況によって，家族の気持ちがどのように影響を受け，苦悩しているのか，気持ちや介護状況の変化に気づくことが大切です。

たとえば，「最期まで自宅で過ごしたい」「家で看取りたい」と希望しても，苦しそうにしているのを見ていられなくなり，最後になって家族が救急車を呼ぶこともあります。救

急車を呼んで救急医療機関に搬送されることは，「できる限りの医療で治療してほしい」という意思表示になります。そのため，結果的に延命治療をして人工呼吸器が装着されることにもなり得るということの理解が必要です。介護職として，家族がそのことを理解しているかどうかを確認し，家族の理解状況に不安がある場合には，医療職に伝えて対応してもらうなど連携が不可欠です。

　そして，看取りにかかわる意思決定は人の尊厳にかかわる重要なことであるため，本人や家族の意思をケアチームで協力して確認し，その思いに添えるように話し合います。家族の思いが揺れ動いたときには，そのつど確認しながら，家族ができるだけ悔いの残らないように介護できる体制をていねいかつ迅速に整えていきます。また，家族の意思やケアチームの方針は変わるたびに記録し，ケアチームで情報を共有して同じ方針で支援できるようにすることが看取る家族を支える土台となります。

▶▶ グリーフケア

(1) 予期悲嘆

　近い将来，身近な家族の死が避けられないと知ったとき，本人だけでなく家族も同様につらい現実をつきつけられることになります。死別前であっても，余命宣告されるということは死が予測されたことであり，家族は喪失に対する悲嘆で悩み苦しみます。現実を受け入れられないまま本人と死別することのないように，家族の悲嘆へのケア（グリーフケア）も大切です。終末期にいたる経過や本人と家族の関係によっても受けとめ方は一様ではありません。

　最期まで大切な家族のために尽くすことができた，十分にやれるだけのことはできた，と家族が少しでも悔いが残らないようにするためにも，寄り添いながら時間をかけて家族のサポートをすることも終末期のケアになります。本人が病状や余命宣告を受けていない場合は，家族が孤独に苦悩することのないように，こころの動きにも気を配りながらいっしょに支えていくことを伝えます。家族の身近な相談者として寄り添う気持ちで，感情を表出できるよう，信頼関係をつくることも大切な介護技術です。

(2) 死別後の悲嘆

　大切な家族を失った深い悲しみや後悔の念にさいなまれ，回復にも時間を要します。家族が十分にケアしていたことや，家族に寄り添われて旅立ったことなど，看取った家族をねぎらう言葉がけや，無理に話をしなくても，そばで寄り添って背中をさするなど，家族の悲しみに共感する姿勢が大切です。

(3) デスカンファレンス

　遺された家族のグリーフケアとして，看取りをふり返るデスカンファレンスがあります。看取ったときの家族の悲しみや受けとめ方，悔いなくできたと思えているかどうか，家族は自分の生活を取りもどすことができているか，周囲に親族や友人など支える

人がいるかどうかなど，看取ったあとの家族の心身の状況や，生活状況をカンファレンスのふり返りや語りのなかから把握します。大切な家族を失った悲しみを共有し，十分に介護したことへのねぎらいや，家族自身へのねぎらいをします。これらのふり返りは，家族へのグリーフケアであると同時に，支援者である介護職のケアのふり返りや，グリーフケアにもつながります。

❷ その人らしい最期を迎えるために

　看取りは，かかわる人たちの文化，価値観によって左右されるため，本人，家族の思いを知り，介護職はその思いに寄り添うことが大切です。しかし実際は，本人の自己決定よりも，家族にゆだねられていることが少なくありません。本人の自己決定をうながすことは，死ぬ瞬間まで人間としての尊厳を全うするための重要な視点といえます。

　その人らしい「死」を迎えることは，その人らしく「生きる」ことにほかなりません。人生の終焉を迎えるにあたり，どこでだれとどのように過ごしたいのか，大切にしたいことやこだわりは何なのかを適切に把握することが大切です。

　この先どうなっていくのか，利用者，家族の状況を予測するとともに，介護職自身のとるべき対応も予測・整理しておく必要があります。本テキストはそのための1つの手段です。テキストに示していることは一般的な知識であり，実際の看取りは，より個別性があることをふまえ，利用者ごとの個別のチームで話し合いを重ね，検討していく過程が大切です。介護の現場では1人であっても，自分1人で支えているのではないことを認識し，よりよいチームケアをめざした積極的な姿勢が，介護職の専門性を高めることになります。

　人生最期の大切な時間へのかかわりから，どのような気づきや学びが得られるかは，一人ひとりの介護に向かう姿勢次第といえます。

学習のポイント 重要事項を確認しよう！

人間の心理

■人間の欲求の基本的理解

●生理的もしくは心理的不均衡が内部に生じ，それを回復するための行動に駆りたてる内的な動因を，要求または欲求と呼びます。 → p.48

■こころのしくみの基礎

●学習とは「経験による比較的永続的な行動や認知の変化」と，心理学では定義されています。つまり，人間は学習を通じて行動を変化させることができるということです。 → p.52

●記憶の過程は，①外界の情報を入力し記銘する，②記銘した情報を頭のなかに保持する，③保持した情報を必要に応じて想起するという段階をふみます。 → p.54

●人は物事に注意を向けたり，言葉を記憶したり，状況を理解し判断するなどして自分の周囲の環境を認知しながら生活しています。 → p.56

●人間の感情は，日常生活において行動の原動力となり，行動を支配する重要な役割を果たしています。 → p.58

●人の行動は，行動を起こす何らかの理由，必然性があって発生します。その何らかの理由により，「〜したい」「〜しよう」と思う気持ち（意欲）が行動に結びつきます。その行動を起こし，行い続ける過程ないしはたらきを動機づけといいます。 → p.59

人体の構造と機能

■生命の維持・恒常のしくみ

●体温は，一般的に腋窩ではかる場合が多いですが，ほかにも口腔（舌下），直腸（肛門），耳腔内でもはかることができます。 → p.66

●呼吸数をはかるときは，手を利用者の胸，もしくはおなかの上に軽く置いて，1分間，その動きを数えます。 → p.68

●脈拍をはかるときは，人差し指・中指・薬指の3本をそろえて，指の腹を動脈に当ててはかります。 → p.70

●血圧は年齢，性別，時間差，運動，気温，食事，睡眠，感情の変化などに

よって測定値が変わります。また，体位によっても変動します。　→ p.71

■人間のからだのしくみ ────────────────────

- 人体の60％は水分で，そのほかは小さな細胞でできています。人体を構成する細胞の数は，数十兆個といわれています。　→ p.72
- 同じ形態もしくは類似した性質をもつ細胞同士が集まり，特定の役割を営むものとして組織があります。いくつかの組織が集まると器官を形成します。　→ p.72
- 人体には，約200個の骨があるとされています。全身の骨は互いに結合して骨格をつくっています。　→ p.76
- 骨と骨をつなぐ連結部分が関節です。関節には，可動性（動く）と支持性（支える）という2つのはたらきがあります。　→ p.78
- 筋肉を収縮し，関節を屈曲や伸展させることでからだを動かしています。また，筋肉には呼吸運動や消化管の蠕動運動などのはたらきもあります。　→ p.80
- 人間の神経は中枢神経系と末梢神経系に分けられます。中枢神経系は脳と脊髄からなり，末梢神経系のはたらきを調節します。末梢神経系は刺激や興奮を伝える脳脊髄神経と自律神経に分けられます。　→ p.82
- 感覚器には眼，耳，鼻，舌，皮膚に代表される，視覚器，聴覚・平衡感覚器，嗅覚器，味覚器，外皮があります。それぞれ外部からの刺激を受けとります。　→ p.85
- 内分泌とは，導管をもたない分泌腺が，分泌物を直接血液中に出すことをいいます。導管をもたない分泌腺を内分泌腺といい，そこでホルモンを分泌しています。　→ p.92
- 心臓の上部を心房，下部を心室といい，それぞれ心房中隔，心室中隔によって左右に分けられ，2心房，2心室からなります。　→ p.95
- 血液は体重の7〜8％を占めています。血液を構成する成分は，固形成分（赤血球，白血球，血小板）と液体成分（血漿）に分けられます。　→ p.97
- からだの外から入ってくる病原微生物（細菌やウイルスなど）や体内で発生したがん細胞などを，異物として認識し，攻撃し排除するからだのはたらきを免疫といいます。　→ p.98

■ボディメカニクスの活用 ────────────────────

- ボディメカニクスとは，骨格や筋肉および内臓器官などの相互関係で起こる身体の動きのメカニズムのことです。　→ p.99

第3節 移動・移乗における観察のポイント

■移動・移乗を阻害する要因の理解 ――――――――――――――――――
- さまざまな原因により，物事に対する関心や何かに取り組む意欲が低下する場合があります。物事に対する関心や何かをやろうとする意欲は，人が移動するうえでの基礎になるものです。 → p.102
- 長期間の臥床や活動の低下にともなって2次的に生じる機能低下を廃用症候群といいます。 → p.104

■変化に気づくための観察のポイント ――――――――――――――――
- 活動量の低下や，そのきざしにいち早く気づくことは，生活の不活発による機能低下を未然に防ぐことにつながります。 → p.106
- 動作の変化やからだの異常を把握することで，転倒を予防したり，動作の負担に気づき，いち早く対応できたりすることがあります。 → p.107

第4節 食事における観察のポイント

■変化に気づくための観察のポイント ――――――――――――――――
- 誤嚥がくり返されると，誤嚥性肺炎を引き起こし，時に死にいたることがあります。 → p.115
- 義歯がゆるい場合や，大量の食事を一口でほおばる行動がみられる利用者には，十分に注意を払います。 → p.115

■医療職との連携のポイント ――――――――――――――――――――
- 治療食は，医師の指示により食事箋が発行されています。また，薬剤を併用していることも多いので，利用者の状態をふまえたうえで介助することが必要となります。 → p.117
- 疾患があったり，経管栄養を実施したりしている場合，合併症発生のリスクが生じるので十分な観察が必要となります。 → p.117

第5節 入浴・清潔保持における観察のポイント

■入浴を阻害する要因の理解 ――――――――――――――――――――
- 介護職は，高齢者に多い皮膚の変化と特徴を知り，入浴・清潔保持の介助方法に留意します。 → p.119
- 家庭内における不慮の事故死のなかでも，浴槽内での溺死・溺水は非常に多く発生します。部屋間の温度差，お湯の温度には十分な注意が必要です。 → p.121

■変化に気づくための観察のポイント

- 脱水傾向にある場合，水分の吸収時間を考慮し，入浴の 30 分ほど前に水分をとっておきます。水分を失うとぼんやりしてくるので，入浴中の表情にも気をつけます。 ➔ p.122
- 脱衣室での衣服の着脱，浴室での座位，浴槽内での姿勢について，確認します。浴槽内でしっかりと座位姿勢がとれていない場合，姿勢がくずれ，頭の重みで沈みこむ場合があるので，注意が必要です。 ➔ p.123

第6節 排泄における観察のポイント

■排泄を阻害する要因の理解

- 筋力低下，運動麻痺，足腰の痛み，病気のために安静にしなければならないなどの理由から，1 人で排泄行為を行うことが困難になることがあります。 ➔ p.127
- 安易におむつを使用したり，できることを介助してしまうことは，利用者の残された能力をうばってしまうことにもなりかねません。 ➔ p.127
- 「トイレが近い」状態を頻尿といい，昼の回数が 8 回以上を昼間頻尿，夜の回数が 1 回以上の状態を夜間頻尿といいます。また，尿がもれることを尿失禁，尿を出しにくいことを尿排出障害といいます。 ➔ p.127
- 便秘とは，排便が順調に行われず，排便回数が少なくなり，便性がかたく，排便に苦痛をともなう状態です。その原因により機能性便秘と器質性便秘に分けられ，さらに細分されます。 ➔ p.128

第7節 着脱，整容，口腔清潔における観察のポイント

■身じたくを阻害する要因の理解

- 認知症のある人にパジャマから日常着に着替えてもらう，食後の歯みがきをしてもらうという，利用者がいつも行っていた身じたくを介護職が介助することが，QOL の維持向上，健康の維持につながります。 ➔ p.134

■変化に気づくための観察のポイント

- 衣服着脱の介助は，利用者の全身を確認するうえで重要な機会となります。 ➔ p.138

■医療職との連携のポイント

- 高齢者にかゆみはつきものという考え方は，疥癬などの感染症を見逃すことにもなりかねません。全身の皮膚の状態をよく観察し，医療職と連携することが重要になります。 ➔ p.142

● 口臭や出血がある場合は，歯周病の可能性があります。日ごろの歯みがきで改善できる場合と，できない場合があります。 → p.143

第8節 休息・睡眠における観察のポイント

■睡眠を阻害する要因の理解

● 一般的に，年齢を重ねると必要な睡眠時間は短くなる傾向があります。高齢者の場合，運動量が低下してエネルギーの消費が少なくなるため必要な睡眠量も減少します。 → p.144

● 老化によりからだの予備力が低下すると，睡眠の質が低下する原因になることもあります。 → p.145

● 身体疾患にともなうかゆみや痛み，呼吸困難などがあると，睡眠が妨害され，不眠をもたらすことがあります。 → p.146

● 睡眠と覚醒に関するさまざまな病気を睡眠障害と呼びます。睡眠障害のなかでもっとも多いとされているのが，不眠症です。 → p.147

■変化に気づくための観察のポイント

● 必要な睡眠が十分にとれているかどうかは，日中の眠気の有無で判断できます。実際の睡眠時間が短めでも，日中の眠気がなければ必要な睡眠がとれているといえるでしょう。 → p.148

第9節 人生の最終段階のケアにおける観察のポイント

■終末期の理解

● 最期までその人らしく，尊厳を大切にしながら過ごすことの支援は，人生のなかで大切にしてきたことや日々の生活でのこだわりなど，一人ひとりの価値観を知ることから始まります。終末期ケアは，アセスメントを通した個別性の理解から始まるのです。 → p.152

● 人生の最終段階における医療・ケアの決定プロセスでは，状況の変化にともない気持ちが揺れ動くことも想定して，話し合いはくり返し行われることが重要になります。 → p.154

■こころのしくみ

● 人の価値観が多様であるように，死に対する考え方も人それぞれ異なります。死生観には物事の考え方や価値観が反映されます。 → p.155

■終末期から危篤状態の変化の特徴

● 終末期の変化を早期に発見し，適切に対応するためには，もっとも身近な介護職が日々の状態を観察するとともに変化の状況を記録し，迅速に報告

することが大切です。　　　　　　　　　　　　　　→ p.157

■死後の対応
●死後のケアをする場合には，死亡診断書が出ていることを確認したうえで
行うということを理解しておきましょう。　　　　　→ p.163

■医療職との連携のポイント
●終末期の苦痛には，身体的苦痛だけでなく，精神的・社会的・霊的（スピ
リチュアル）な苦痛があります。　　　　　　　　　→ p.165

■家族へのケア
●終末期の介護では，現実を受け入れられないまま本人と死別することのな
いように，家族の悲嘆へのケア（グリーフケア）も大切です。　→ p.167
●本人の自己決定をうながすことは，死ぬ瞬間まで人間としての尊厳を全う
するための重要な視点といえます。　　　　　　　　→ p.168

① マズロー (Maslow, A. H.)

まずろー
➡ p.50 参照

アメリカの心理学者。「人間は自己実現に向かって絶えず成長する生きものである」と仮定し，人間の欲求を5段階の階層により理論化したことで知られている。

② 扁桃体

へんとうたい
➡ p.58 参照

アーモンド形の神経細胞の集まりで，脳の側頭葉内側の奥に存在する。扁桃体は情動反応の処理と記憶において大きな役割をもつことが示されている。

③ 蠕動運動

ぜんどううんどう
➡ p.89 参照

消化管などの管状の臓器が，その内容物を波状に送る基本的な運動形式のこと。

④ 動脈血

どうみゃくけつ
➡ p.95 参照

肺でガス交換された血液。酸素が多く二酸化炭素が少なく鮮紅色をしている。心臓に流れたあと，末梢へ向けて送り出され，身体各部の組織に酸素を与える。肺動脈を除く動脈および肺静脈に流れる。

⑤ 静脈血

じょうみゃくけつ
➡ p.95 参照

大循環（体循環）で各組織中に生じた二酸化炭素や老廃物を受けて心臓に戻り，ガス交換のために肺に入る血液。酸素にとぼしく暗赤色をしている。肺静脈を除く静脈および肺動脈に流れる。

⑥ 液性免疫

えきせいめんえき
➡ p.98 参照

リンパ球にあるB細胞が分泌した抗体が血液や組織液によって運ばれ，間接的に抗原を攻撃する免疫反応のこと。

⑦ 細胞性免疫

さいぼうせいめんえき
➡ p.98 参照

リンパ球にあるT細胞が全身を循環して抗原（病原体や腫瘍細胞）を直接攻撃し，破壊する免疫反応のこと。

⑧ 廃用症候群

はいようしょうこうぐん
➡ p.102 参照

安静状態が長期にわたって続くことにより，身体的には筋・骨の萎縮や関節拘縮などが，精神的には意欲の減退や記憶力低下などがあらわれること。

⑨ 傾眠

けいみん
➡ p.102 参照

軽い刺激で目覚めるが，注意は散漫で，応答や行動は緩慢である状態。

⑩ 加齢性難聴

かれいせいなんちょう
➡ p.103 参照

加齢とともにみられる聴力障害で，低音域の聴力は保たれる一方，高音域の聴力が障害されるという特徴がある。

⑪ 椎体

ついたい
➡ p.104 参照

椎骨の前部を占める半円形の部分。

⑫ 義足

ぎそく
➡ p.104 参照

下肢の欠損部分に装着し，人工的に補塡するための器具。「障害者の日常生活及び社会生活を総合的に支援するための法律（障害者総合支援法）」に基づく補装具の交付品目（義肢）として指定されている。

⑬ 起立性低血圧

きりつせいていけつあつ
➡ p.104 参照

臥位からの起立時に血圧が低下する状態で，立ちくらみや，時に失神を生じる。

⑭ 疼痛

とうつう
➡ p.105 参照

ずきずきする痛み。うずき。

⑮ 失語症

しつごしょう
➡ p.105 参照

大脳の言語野が損傷されることによって生じる言語機能の障害であり，すでに獲得していた言語を話したり，聞いたり，書いたり，読んだりすることが困難になる。損傷部位によって言語の表出面が障害される運動性失語症，理解面が障害される感覚性失語症など，異なるタイプがあらわれる。

⑯ 高次脳機能障害

こうじのうきのうしょうがい
➡ p.105 参照

脳血管障害などにより脳に損傷を受け，その後遺症として生じた記憶障害，注意障害，社会的行動障害などの認知障害などのこと。

⑰ 脳卒中

のうそっちゅう
➡ p.108 参照

脳の循環不全による急激な反応で，突然倒れ，意識障害を呈し，片麻痺を合併する症候群のこと。

⑱ 間欠性跛行

かんけつせいはこう
➡ p.108 参照

歩いているうちに下肢が痛んで正常に歩け

なくなり，休息すると痛みがとれて歩けるようになる状態。腰部脊柱管狭窄症や動脈硬化などで下肢の血行障害があるときに起こる。

19 装具

そうぐ
➡ p.109 参照

補装具の一種。四肢または体幹の疾病の治療，機能障害の軽減のために装用する装置。その使用部位により下肢装具，靴型装具，体幹装具，上肢装具などがある。

20 殿部

でんぶ
➡ p.109 参照

尻の部分のこと。

21 発赤

ほっせき
➡ p.109 参照

炎症によって皮膚表面にある血管が拡張，充血したために赤色になった状態のこと。

22 心身症

しんしんしょう
➡ p.111 参照

はっきりとした身体の病気や不調があり，その病気の原因や経過が，心理的要因によって強い影響を受けているもの。診断や治療には心理的要因についての配慮が重要となる。

23 視野狭窄

しやきょうさく
➡ p.112 参照

視野が縁のほうから，あるいは不規則に欠けてせまくなる状態。緑内障などでみられる。

24 半側空間無視

はんそくくうかんむし
➡ p.112 参照

左右どちらか半分に対して注意が向かなくなる症状で，網膜には物が映っていても，脳の損傷によってその物を認識できないことから生じる。目は見えるのに半側にある人や物を無視したり，ぶつかったりするといった行動を起こす。

25 食塊

しょっかい
➡ p.112 参照

かんで細かくなって唾液と混ぜられ，飲みこむ直前の状態になった食べ物のまとまりのこと。

26 ADL

エーディーエル
➡ p.113 参照

Activities of Daily Living の略。「日常生活動作」「日常生活活動」などと訳される。人間が毎日の生活を送るための基本的動作群のことで，食事，更衣，整容，排泄，入浴，移乗，移動などがある。

27 インスリン

いんすりん
➡ p.117 参照

膵臓のランゲルハンス島から分泌されるホルモンで，血糖値を下げる役割を果たす。

28 コンサルテーション

こんさるてーしょん
➡ p.117 参照

異なる専門性をもつ複数の職種が，利用者の生活課題などについて検討し，よりよい支援のあり方について話し合う過程。

29 脳梗塞

のうこうそく
➡ p.121 参照

脳血栓や脳塞栓などによる脳血流障害により，脳細胞が壊死におちいった状態のこと。

30 脳出血

のうしゅっけつ
➡ p.121 参照

さまざまな原因で起こる脳の血管からの出血。脳の血管が切れる脳内出血と，脳の表面の血管が切れて起こるくも膜下出血とがある。

31 全身浴

ぜんしんよく
➡ p.121 参照

肩までお湯につかる入浴方法で，全身の表面に水圧がかかる。

32 半身浴

はんしんよく
➡ p.121 参照

水圧による胸部への圧迫を避けるために，浴槽内のお湯の量を腹部あたりまでにした状態での入浴方法のこと。

33 ヒートショック

ひーとしょっく
➡ p.122 参照

急激な温度の変化により，血圧の乱高下や脈拍の変動が起こること。冬場の入浴時や冷暖房の効いた部屋から外へ出たときなどに起こりやすく，脳出血や脳梗塞，心筋梗塞などの深刻な疾患につながる危険性がある。

34 骨盤底筋

こつばんていきん
➡ p.127 参照

恥骨から尾骨までハンモック状に横たわり，内臓を支え，尿道・膣・肛門をしめる役割をしている筋肉のこと。

35 機能性便秘

きのうせいべんぴ
➡ p.128 参照

大腸の運動機能や反射の異常による便秘。その原因により弛緩性便秘，けいれん性便秘，直腸性便秘などに分類される。

36 器質性便秘

きしつせいべんぴ
➡ p.128 参照

大腸などの病気が原因で，大腸が部分的に

せまくなるなど，便が通過しにくい状態により起こる便秘。血液が混じる場合などに疑われる。

37 摘便

てきべん
→ p.129 参照

腸の蠕動運動が弱い，運動量の不足，偏食や薬の副作用などで便秘となり，自力での排便が困難な場合，直腸内に手指を入れて，かたい便を摘出することをいう。ゴム手袋にグリセリン，ワセリンなどの潤滑剤をつけ，肛門や直腸を傷つけないように気をつけて便を取り出す。

38 骨盤底筋訓練

こつばんていきんくんれん
→ p.129 参照

尿失禁，便失禁を改善・防止するために骨盤底の支持組織の強化をはかる訓練のこと。

39 ブリストル便形状スケール

ぶりすとるべんけいじょうすけーる
→ p.130 参照

便のかたさを 7 段階に分けた国際的な分類。バナナ状，あるいはソーセージのようにひび割れのない 1 本の便を標準とし，もっともかたい便をタイプ 1，水様便をタイプ 7 としている。

40 神経症性障害

しんけいしょうせいしょうがい
→ p.146 参照

精神障害のうち，器質的原因がなく，心理

的，環境的，社会的な原因によって発症し，精神症状や身体症状を呈するもの。

41 統合失調症

とうごうしっちょうしょう
→ p.146 参照

原因不明の疾患で，青年期に多く発症する。症状はさまざまで，おもに思考・感情・知覚・行動に大きく影響し，治療は，薬物療法，生活療法，精神療法が中心となっている。

42 脳血管障害

のうけっかんしょうがい
→ p.146 参照

血管不全による脳障害で，多くは突発的に発症し，脳障害の部位，程度によりさまざまな神経症状を呈する。脳血管の閉塞で虚血が続けば脳梗塞の過程が進み，脳の軟化が起こる。また，出血により，脳実質内に血腫をつくるものを脳出血，くも膜下腔に出血するものをくも膜下出血という。

43 不随意運動

ふずいいうんどう
→ p.148 参照

意思によらない運動。自律神経系に支配された平滑筋や心筋などは不随意筋と呼ばれ，意思によらず自律的に調節し機能を果たす。

44 てんかん

てんかん
→ p.149 参照

さまざまな病因によって起こる慢性の脳障

害で，大脳の神経細胞の過剰な発射が起こり，それによってけいれん，欠神，脱力，幻聴など，さまざまな症状がくり返しみられる病態のこと。

45 ACP 普及・啓発リーフレット

エーシーピーふきゅう・けいはつりーふれっと
➡ p.154 参照

みずからが望む人生の最終段階における医療・ケアについて，前もって考え，医療・ケアチーム等とくり返し話し合い，共有する取り組みを「アドバンス・ケア・プランニング（ACP）」と呼ぶ。この取り組みを普及・啓発するために作成された「もしものときのために『人生会議』」と題するリーフレットのこと。

46 キューブラー－ロス (Kübler-Ross,E.)

きゅーぶらー－ろす
➡ p.155 参照

アメリカの精神科医。死の直前の重症患者から直接，面接や聞き取りをして，その心理過程を『死ぬ瞬間』などにまとめた。そのなかで，死を受容するまでに5段階のプロセスがあると示している。

47 チェーンストークス呼吸

ちぇーんすとーくすこきゅう
➡ p.158 参照

ごく小さな呼吸からしだいに深さや速さが増して最大に達したのち，今度はしだいに減少して無呼吸となることをくり返す呼吸のパターン。

48 下顎呼吸

かがくこきゅう
➡ p.158 参照

呼吸困難時に下顎を動かして少しでも空気を吸入しようとする，補助呼吸筋を用いた呼吸。死の直前を意味する状態とされる。

49 拘縮

こうしゅく
➡ p.161 参照

固まって動かなくなること。人は身体を使わないことによって廃用症候群があらわれ，筋の萎縮（縮むこと）や関節の拘縮などが起こる。

第3章

老化に伴うこころとからだの変化
（発達と老化の理解Ⅰ）

第1節 ▶ こころの変化と日常生活への影響

第2節 ▶ からだの変化と日常生活への影響

【到達目標】

● 老化に伴う心理的な変化の特徴と日常生活への影響を理解している。
● 老化に伴う身体機能の変化の特徴と日常生活への影響を理解している。

こころの変化と日常生活への影響

1. 老化が及ぼす心理的影響

❶ 老化による心理や行動を理解するための視点

老化は時間経過（加齢）にともなう生理的機能の低下（生物学的老化）としてとらえられがちです。しかし，高齢者を取り巻くさまざまな社会的な側面の変化も，高齢者の生活機能に大きな影響を与えています。

また，加齢によって生じる老化現象に病気やけがなどが加わると，さらに強く心理や行動に影響を与える要因となります。

▶▶ 高齢者を個人として理解する視点

一般的には「高齢者とはこのような人だ」というイメージをもちがちです。このような「高齢者とは…」という一律な考え方はステレオタイプ[1]（➡ p.216 参照）と呼ばれ，一人ひとりの高齢者の個別的な心理的理解のさまたげになる場合があります。

年齢によるステレオタイプにもとづいた態度や行動をとることは，エイジズム（年齢による差別）と呼ばれています。高齢者とコミュニケーションをはかったり，支援をしたりするときにはエイジズムにおちいらず，個人を理解する視点が非常に重要です。

図 3-1 ● 高齢者のステレオタイプのイメージ（例）

頑固である

がまん強い

孤独である

物事にこだわる

物を大切にする

依頼心が強い

▶▶ 老化の個人差が大きいこと

老化による心身機能の変化は，だれにでも生じることです。しかし，変化の程度は，同じ年齢であっても個人差が大きいことが特徴です。同じ年齢であれば，だれでも同じように，老化による機能低下が生じていると考え，対応することは誤りです。

たとえば，老化によって聴力の低下が生じます。そのため，高齢者に対して，「大きな声でゆっくりとはっきり話す」という方法がよくみられます。しかし，聞こえにくさには個人差があって，必要以上に大きな声を出したり，ゆっくり話したりすることはかえって高齢者の自尊心を損なう場合があります。年齢だけを基準にして，同じように対応することは個人差を無視した対応といえます。

若いころからの生活習慣は，その人の生活スタイルに大きな影響を与えており，心理や行動の理解には，生活歴や経験を知ることが大きなヒントになります。

▶▶ 社会的影響が大きいこと

人は社会的な存在であり，職業経験，家族関係，社会的役割などが，その人の心理や行動に強い影響を与えています。老年期には，子どもとの関係が変化したり，孫が誕生したりといった家族関係の変化や，職業からの引退などを経験することが多くなります。また，配偶者や友人との死別といった喪失体験をする人が多くなります。

このような社会的関係や役割の大きな変化は，心理や行動にも大きな影響を与えると考えられます。生き方が多様化している現在では，こうした経験自体に個人差があり，個別的な理解が必要です。

▶▶ 経験の違いによる個人差

人のさまざまな心理や行動は，**生得的な要素と学習的な要素** [2] (➡ p.216 参照) の両面に影響されています。高齢者は，だれにでも生じる生物的な変化によって同じような心理や行動の傾向をもつとみられがちです（生得的）。しかし，生物的な老化の程度は暦年齢（実際の年齢）と必ずしも一致しているわけではなく，個人差が大きいことが特徴です。また，人生を長く生きているということは，それだけ経験の期間が長く，その影響が大きいことで個人差が大きいといえます（学習的）。人間関係や職業，生活習慣などによる生活経験の個人差は心理や行動に影響を及ぼします。

さらに，若いころからの運動習慣が老年期の運動機能の維持に関係があるように，生物学的老化に影響を与える場合があることも理解する必要があります。

このように，老化による心理や行動には，さまざまな要因が影響を与えていると考えることができます。

▶▶ 老化による身体機能の変化と心理的影響を理解する姿勢

老化による身体機能は，だれでも若いころに比べて低下しますが，低下の程度には個人差が大きいのが特徴です。また，正常な老化の範囲では，いろいろなことができなくなってしまうというわけではありません。しかし，若者や若いころの行動と比べたり，機能が低下することに過剰にとらわれたりしてしまうと，意欲が失われ，自尊心が損なわれ，行動が不活発におちいってしまう可能性があります。

老化による身体機能の変化と，その心理的影響を理解するには，表 3-1 に示すような姿勢が大切になります。「新しいことは試すことが怖い」「どうもやる気が出ない」「どうせできない」といった不活発性が言動にあらわれたときには，ただ叱咤激励するのではなく，その気持ちを受容・共感しつつ，できることがあるということに目を向けるようにはたらきかけることが有効です。

表 3-1 ● 老化による身体機能の変化と心理的影響を理解する姿勢

① どのような状態であるのか，客観的に把握すること
② 適切な機能的補助の可能性を検討すること（補聴器や杖の使用など）
③ 適切な環境を整えることで，自発的な行動を可能な限り保つこと

▶▶ 視覚の変化と心理的影響

高齢者は，視力だけではとらえられない「見えにくさ」を経験しており，そのことで行動の自由度が制限されている場合があります。たとえば，老化によって生じる老視（老眼）によって近くの物に焦点が合いにくくなることは，本や新聞を「読む」という行為に影響を及ぼし，知的好奇心や社会的関心が低下することにもつながりやすくなります。

また，暗い場面での明暗差への感度が低下したり，暗いところに慣れる（暗順応）速さが低下したりしますが，このことによって，とくに夕方の薄暗い状態で外の状況が見えにくいという現象が生じやすくなります。

高齢社会においては，文字を拡大し見やすくする（新聞や雑誌，掲示など），細かい作業を必要とする器具を改良して使いやすくする，つまずきやすい段差を減らす，薄暗いなかでも見えやすい色や形などを自転車や自動車に用いるなど，環境を調整することを考えていく必要があります。

▶▶ 聴覚の変化と心理的影響

　老化による聴覚機能の低下は、個人差があるもののだれにでも生じる現象です。とくに、高い周波数の音に対する感度が低下します。

　また、高齢者の聴覚機能の低下は、感音性といわれ、単に音を大きくすればよく聞こえるようになるのではないことを理解することが大切です。逆に音を大きくしすぎると、聞きとりにくいという現象（補充現象）が生じる場合もあります。とくに、会話を聞きとりにくくなることが特徴であり、雑音が多い場面ではさらに聞きとりにくくなります。

　このような聴覚機能の低下によるコミュニケーション不全の状態は、社会的交流を避けるような行動につながる可能性があり、周囲の配慮が必要です。

　また、聴力の低下が生活の支障となる場合には、本人の意向をふまえたうえで、補聴器[3]（➡ p.216 参照）の使用を検討することが欠かせませんが、一方で補聴器を使っても健聴者と同じように聞こえるわけではないことも知っておく必要があります。

　音は自動車や人の接近を感知し、危険回避のためにも重要な情報です。聴覚機能の低下は危険回避力の低下にもつながりやすいので注意が必要です。

▶▶ 運動機能の低下と心理的影響

　老化による身体機能の変化は、形態的な変化（見た目の変化）と機能的変化（生理的機能の変化）の複合であり、筋力の低下による動きにくさ、関節可動域[4]（➡ p.216 参照）の制限、神経痛などの運動時の痛み、持久力・持続力の低下、反応速度の低下、運動後の疲労回復の遅さなどが生じやすくなります。身体機能の変化によって、運動機能の低下はだれにでも生じますが、低下の程度に個人差が大きいことが特徴です。

　運動機能の低下による疲れやすさ、痛み、ふらつきなどは、さらに運動をおっくうにさせてしまい、それによって生活が不活発になると、さらに運動機能が低下してしまい、廃用症候群[5]（➡ p.216 参照）が生じやすくなります。生活不活発をきっかけにした「もうできない」というあきらめは、生活全体への意欲低下の原因の1つだと考えられるため、運動機能の維持・向上とともに、意欲に対するはたらきかけが大変に重要な役割をもっています。

▶▶ 高齢者の自己イメージと社会的環境

社会からの老化に対する否定的な情報は,高齢者自身の自己イメージに対して否定的な影響を強めると考えられています。

たとえば,他者や社会から「年をとったのだから,社会とかかわらなくてもよい」といった反応が示されると,ますます自己イメージが悪化していきます。このような悪循環を断ち切るためには,高齢者に対して積極的な活動や参加を評価することが必要です。

▶▶ 家族との関係

高齢者にとって家族との関係は,それ以前にも増して重要な位置づけとなります。しかし,急速に家族の構造は変化してきました。1980(昭和55)年には,高齢者のいる世帯のうち,3世代同居の世帯が約半数を占めていましたが,現在では高齢者夫婦世帯がもっとも多く,単独世帯と合わせて半数を超えており,高齢の親とその子どもが別居する世帯形態が多数派となっています。一方で,別居している子との接触頻度については,2020(令和2)年度の「高齢者の生活と意識に関する国際比較調査」によると国際的に比較して低い頻度にとどまっている傾向があり,高齢の親と別居している子とのコミュニケーションが1つの課題といえます(表3-2)。

また同じ調査では,「同居の家族以外に頼れる人」についての項目があり,別居の家族・親族が63.1%なのに対して,友人が14.9%,近所の人が15.0%にとどまっており,地域での人間関係づくりも大きな課題といえます(図3-2)。

急激に進んだ世帯構造の変化に対して,家族の関係や機能を考えていくことは今後の大きな課題と考えられます。

表3-2 ● 別居している子との接触頻度

(%)

	ほとんど毎日	週に1回以上	月に1～2回	年に数回	ほとんどない
日本	14.8	27.1	32.7	21.8	3.7
アメリカ	39.3	42.3	11.6	4.3	2.6
ドイツ	20.4	40.1	20.4	15.1	3.9
スウェーデン	23.5	42.7	18.3	13.4	2.1

注1:調査対象は,60歳以上の男女
　2:子との接触とは,実際に会うことのほか,電話等による接触を含む。
資料:内閣府「令和2年度 高齢者の生活と意識に関する国際比較調査」

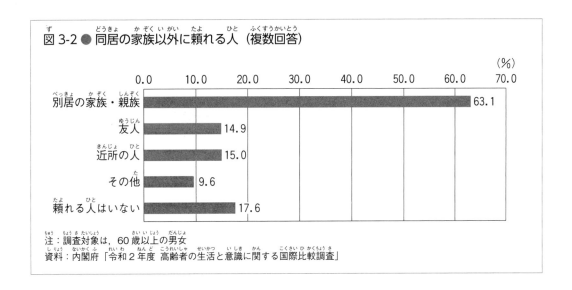

図 3-2 ● 同居の家族以外に頼れる人（複数回答）

図 3-2 ● 同居の家族以外に頼れる人（複数回答）

(%)

別居の家族・親族 63.1
友人 14.9
近所の人 15.0
その他 9.6
頼れる人はいない 17.6

注：調査対象は，60歳以上の男女
資料：内閣府「令和2年度 高齢者の生活と意識に関する国際比較調査」

▶▶ 喪失体験（家族との死別など）

老年期の社会的関係の変化の特徴として，喪失体験があげられます。とくに配偶者との人間関係が重要な位置づけとなっている場合に，その死別は残された高齢者に大きな影響を与えます。その適応は「喪失－悲嘆－回復」という経過をたどると考えられています。

喪失体験による悲嘆から回復にいたる過程にはいくつかの段階があることが知られていますが，基本的にはキューブラー－ロス（Kübler-Ross, E.）[6]（➡ p.216参照）の死の受容過程に類似した考え方が示されています。

喪失とは，感情的に強く結びついていた対象が自分の人生から失われたことを意味しています。喪失を悲嘆することで，情動的，知覚的，身体的なさまざまな反応が生じます。その状態から抜け出し，喪失対象がいない生活を再構築することが回復と考えられます。

配偶者と死別した人は，身体的愁訴が多かったり，医療機関への受診が多かったりするといったストレスに対する心身の反応があらわれ，健康を損なうことすらあります。また，死をめぐる儀式である葬儀は，死者の社会的価値や死に対する信仰を表明し，死者に別れを告げる機会と位置づけられます。また同時に，残された者の悲嘆をやわらげ，死についてみつめ，死んでしまった人がいない人生を考える機会でもあるといわれます。

2. 自己概念と生きがい

❶ 自己概念の視点 :::

▶▶ 自己概念とは

　自己概念とは, 自分で自分自身をとらえたイメージのことです。身体的特徴, 周囲の人との社会的関係, 性格, 能力や価値観といった心理的側面など幅広い内容が含まれています。自己概念は自己観察だけでなく, 周囲の人の言動や評価を通じて形成されていきます。どのような自己概念をもっているかということは, その人の行動に影響を与えていると考えられます。

　自己概念と似た概念として, アイデンティティ(自我同一性)があります。アイデンティティは, 単に自分へのイメージというだけでなく, 自分はたしかに自分自身であり, 他者とは異なる存在であるという感覚に着目します。アイデンティティは, 周囲の人との違いに着目した個人的アイデンティティと自分が所属する集団の特性を反映した社会的アイデンティティで構成されています。個人的アイデンティティは, 所属する集団内での他者との比較(社会的比較)によって他者との違いが明確になります。社会的アイデンティティは, 自分が所属する集団(内集団)の共通している特性が取りこまれるとともに, 所属していない集団(外集団)との比較によって形成されると考えられます。

▶▶ 自己概念とライフステージ

　自己概念は, 発達段階ごとの自分の身体・精神の状況, さらに, 自分を取り巻く環境や社会の状況の組み合わせによって影響を受け, つくり出されていると考えられます。

表 3-3 ● 発達段階ごとにみる自己概念の形成

①乳幼児期・児童期	この時期の子どもは, 身体・精神ともに発達過程にあり, 親との信頼関係を構築したり, 行動面では自分自身をコントロールすることを学習したりする。
②思春期・青年期	身体的には第2次性徴を迎え, 精神的には大人になるための猶予期間であり, 自分とはこういう人間だというアイデンティティを確立する。取り巻く環境は学校から社会へと広がる。
③成人期	職場, 家庭, 社会とかかわる環境も多岐にわたり, 連帯感が生じる一方, その環境ごとに義務と責任が生じることにより, ストレスも感じられる。
④老年期	加齢にともない身体機能や精神機能がおとろえ, 喪失体験がある一方, 経験が蓄積され, 人格も円熟・調和される。この場合, これまでの自分の人生の意味や価値, 新たな方向性を見いだすことによる自己実現への接近も可能となる。

▶▶ 生きがいと自己実現，尊厳

　マズロー (Maslow, A.H.) [7] (➡ p.217 参照) は，人間のもつ欲求を 5 段階に階層化しました。生理的欲求から承認欲求までは，外部からの物や人によって充足されることから欠乏欲求と呼ばれています。欠乏欲求が満たされることによって自己実現の欲求が生じます。自己実現の欲求は成長欲求とも呼ばれています。

　自己を実現したいということは，人間の欲求の特徴の 1 つであり，自己の才能，能力，可能性を十分にいかし，みずからを完成させ，なし得る最善を尽くそうとすることを求めます。これが生きがいにつながります。

　このような自己実現の欲求の達成，すなわち，人が一生を通じて個人として尊重され，その人らしく暮らしていくことはだれもが望むものです。そうした思いにこたえるためには，自分の人生を自分で決め，また，周囲からも個人として尊重される社会（尊厳を保持した生活を送ることができる社会）を構築していくことが必要となります。

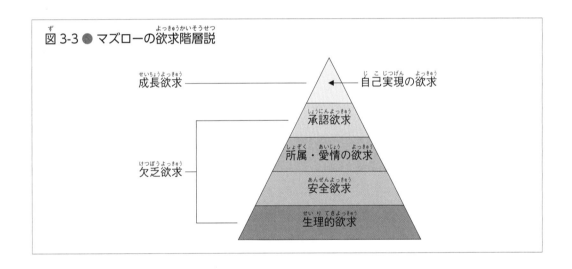

図 3-3 ● マズローの欲求階層説

- 成長欲求 ──── 自己実現の欲求
- 承認欲求
- 所属・愛情の欲求
- 欠乏欲求 ── 安全欲求
- 生理的欲求

▶▶ QOL という指標

　老化による心理や行動への影響を考えるときには，その人の生活の全体像をもとに考える必要があります。生活の全体像を考えるための 1 つの指標として QOL [8] (➡ p.217 参照) があります。QOL とは，ある個人の生活全体としての継続的な質の高さに着目する考え方です。近年，介護の領域でもその概念は重視されており，QOL の維持・向上は介護の目標ということもできます。

第2節 からだの変化と日常生活への影響

1. 加齢にともなう身体機能の変化と日常生活への影響

① 加齢にともなう生理機能の全体的低下

　人は，生まれてから時間の経過とともに成長し，老い（老化）を経て，死を迎えます。人の生理的な機能は，成長していく過程のなかで，機能を最大限に発揮したあと，少しずつ低下していきます（図3-4）。これは，人が生きる過程においてほとんどすべての人にみられ，生理的老化と呼ばれています。

　生理的老化は少しずつ生じるため，全体的な恒常性を維持する機能は保たれているといわれています。しかし，臓器の予備力が低下するため，病気にかかったとき，急激に障害

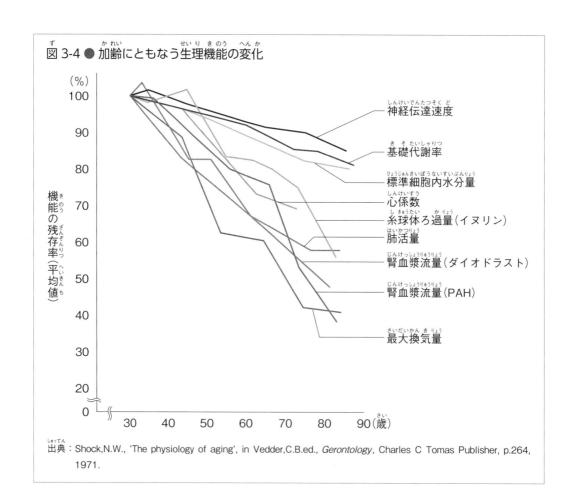

図 3-4 ● 加齢にともなう生理機能の変化

神経伝達速度
基礎代謝率
標準細胞内水分量
心係数
糸球体ろ過量（イヌリン）
肺活量
腎血漿流量（ダイオドラスト）
腎血漿流量（PAH）
最大換気量

出典：Shock,N.W., 'The physiology of aging', in Vedder,C.B.ed., *Gerontology*, Charles C Tomas Publisher, p.264, 1971.

を受けたときなどに，適応力や回復力が低下します。また，ストレスを受けたときには，免疫機能が十分発揮できないなど，防衛力が低下します。

　生理的老化がいちじるしく進行し，病的な状態を引き起こすものを病的老化といいます。

❷ 恒常性を維持する機能

　人の身体には，体内の生理的機能と外部環境のバランスを調整する能力があります。たとえば，体内の水電解質バランスを維持したり，体温などを一定に保ったりする能力です。この能力を恒常性の維持（ホメオスタシス）といいます。

　生理的老化は徐々に生じるため，全体としての恒常性は維持されます。しかし，加齢とともに，恒常性にかかわる機能が低下すると，さまざまな影響を及ぼします。たとえば，熱中症や脱水症を起こしやすくなります。

　恒常性を維持するためには，防衛力，予備力，適応力，回復力などの力がはたらきます（図 3-5）。

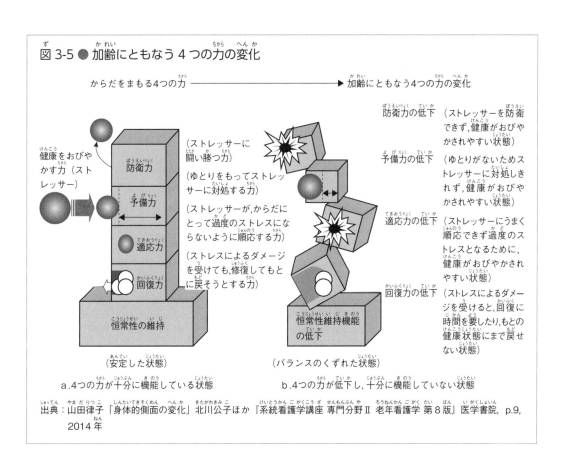

図 3-5 ● 加齢にともなう 4 つの力の変化

出典：山田律子「身体的側面の変化」北川公子ほか『系統看護学講座 専門分野Ⅱ 老年看護学 第 8 版』医学書院，p.9，2014 年

▶▶ 防衛力

　防衛力は，ストレスを引き起こす要因を避けたり，たたかったりすることにより，身体の恒常性を保つ能力のことです。加齢とともに防衛力は低下します。

　たとえば，皮膚のバリア機能の低下によって，外界からの微生物が侵入しやすくなります。また，免疫機能が低下するために，細菌やウイルスなどの病原体に対する抵抗力が低下します。

▶▶ 予備力

　予備力とは，その人に備わっている体力や生理的機能の最大の能力と，日常的に使っている能力の差のことであり，身体に蓄えられているゆとりの能力のことです。この能力が十分にあれば，不安や怒り，寒暑・外傷などのストレスを引き起こす要因が加わっても，ある程度まで対処できます。

　加齢とともに予備力は低下します。たとえば，暑さや寒さに耐えられない，階段を上ると息切れがするなどが起こります。

▶▶ 適応力

　適応力とは，ストレスを引き起こす要因が身体にとってストレスにならないように，順応していく能力のことです。加齢とともに適応力は低下します。たとえば，入院や施設への入居，引っ越しなどにより，生活環境が変化することで不安感や心理的ストレスが高まり，新たな病気や症状があらわれる場合があります。

　高齢者では，成人と比べて，病気の症状や経過が定型的な形であらわれにくい特徴があります。これは，病気への適応力の低下が原因であると考えられます。

▶▶ 回復力

　回復力とは，何らかのストレスを受けたときに，修復してもとに戻そうとする能力のことです。加齢とともに回復力は低下します。たとえば，ふだんしないような無理をすると回復に時間がかかり，病気になるとなかなか治りにくくなります。

　回復力は，本人の意欲や意思が大きく影響します。また，その人を取り巻く環境が整っているかどうかも関係します。

▶▶ フレイル

　フレイルとは，高齢者の筋力や活力が低下した段階のことです。今後，後期高齢者の多くが，フレイルという段階を経て，徐々に要介護状態になると考えられています。フレイルになっている高齢者に適切な介入を行うことで，生活機能の維持・向上にもつながります。

2. さまざまな機能の変化

❶ 免疫機能の変化

▶▶ 免疫とは

細菌などの病原体から，人体を守るために備わっているしくみを免疫といいます。

人体に悪い影響を及ぼす病原体が侵入しても，悪さをしないように免疫機能がはたらくことで，人体にダメージを与えないように病原体の活動を抑えます。

免疫にはリンパ球が関与しています。リンパ球にはT細胞とB細胞があり，骨髄でつくられます。T細胞は胸腺に運ばれて成熟し，全身を循環して抗原（病原体や腫瘍細胞）を直接攻撃して破壊します（細胞性免疫）。B細胞は抗体を分泌し，血液や組織液によって運ばれ，抗原を間接的に攻撃します（液性免疫）。細胞性免疫も液性免疫もADL[9]（➡ p.217参照）が高い人，うつ状態でない人ほどよく保たれているといわれています。

▶▶ 免疫機能の維持

胸腺は思春期をピークに徐々に萎縮していきます。免疫機能が低下する原因は，T細胞が減少することです。B細胞も抗体をつくる能力が低下します。これは，リンパ球をたくさん含む脾臓の萎縮が，ほかの臓器と比べて早く進むためと考えられています。そのため，高齢者は成人に比べてインフルエンザや肺炎などの感染症にかかりやすく，重症化することが多いです。図3-6は免疫機能の加齢にともなう低下を示しています。免疫機能は20歳をピークに減少します。一方で自己免疫疾患[10]（➡ p.217参照）の発症は40～60歳がピークになっています。

加齢にともなう身体機能の低下や病気，喪失体験などによるストレスが，高齢者の感染症やがんの罹患率を高める要因になっています。免疫機能を維持するためには，規則正しい生活，栄養のバランスがとれた食事，十分な休息と睡眠，適度な運動などが重要です。

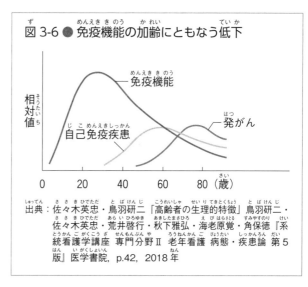

図 3-6 ● 免疫機能の加齢にともなう低下

出典：佐々木英忠・鳥羽研二「高齢者の生理的特徴」鳥羽研二・佐々木英忠・荒井啓行・秋下雅弘・海老原覚・角保lád0『系統看護学講座 専門分野Ⅱ 老年看護 病態・疾患論 第5版』医学書院, p.42, 2018 年

▶▶ 視覚機能の変化

　視覚は人間の活動において重要な役割を果たします。物の形や大きさ，動き，色など，外界からの情報の8割は視覚によるといわれています。

　人間の視力（☞第4巻 p.444）は，40歳くらいから低下し，75歳を過ぎると急激に低下します。視力が低下することによって，近くのものがぼやけて見えるようになります。これを老視（老眼）といい，だれにでも訪れる老化現象です。

　細かな字がかすんで見えにくい，少し暗くなると本が読みづらい，近くのものがぼやけて見えるなどの訴えを聞くことがあります。このようなことは，適切な老眼鏡を使用することで解消できます。

　視野（☞第4巻 p.444）も加齢にともなってせまくなります。そのため，物によくぶつかる，転倒する，近くのものを探せないなどということが生じます。

　光覚は光の明暗を識別する能力です。加齢により瞳孔の光量の調節能力が低下するため，明暗順応[1]（→ p.217参照）が低下します。明るい場所から暗い場所への移動は，暗がりに慣れるまでのあいだは，視覚情報が途絶えるため，足元を照らすなどの工夫が必要です。

　色覚の低下は，水晶体の変性により起こり，黄ばみが生じたり透過性に変化が生じます。物が黄色がかって見えるようになり，白色と黄色の区別，紺色と黒色の区別が困難になります。逆に，赤色や橙色などの暖色系は高齢者の目にも留まりやすいといえます。屋内外とも段差や突出物などに色の変化をつけたり，色の違いがわかる配色に変えたりして，注意をうながす環境の工夫が必要です。

▶▶ 聴覚機能の変化

　聴覚は，他者との音声言語によるコミュニケーションや，歌やメロディを聴く楽しみ，危険の認識など，重要な役割を果たします。

　加齢にともなうもっとも大きな変化は内耳（☞第4巻 p.86）にあらわれ，小さく聞こえるだけでなく，音にゆがみが加わり，はっきりと聞こえなくなります。このような難聴を感音性難聴といい，高齢者の難聴の多くを占めます。

　もう1つの特徴として，「1時（いちじ）」や「7時（しちじ）」というような似た音に対しての聞きとりが悪くなったり，どちらの方向から声や音がしているのかがわかりにくくなったりします。

　また，耳鳴りなどの現象もみられます。低音域の部分的な聞きとりは可能ですが，一部の高音域が聞きとりにくいため，本人は「変に聞こえている」と感じることが多いようです。

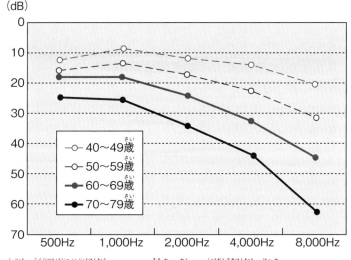

図3-7 ● 年齢ごとの聴力の比較

(dB)

凡例：
○ 40〜49歳
○ 50〜59歳
● 60〜69歳
● 70〜79歳

資料：国立長寿医療研究センター「老化に関する縦断的研究の結果から」

聴力には個人差がありますが，年齢とともにおとろえていきます。音は周波数の高低にかかわらず，蝸牛の入り口から入ってくるため，入り口に近い有毛細胞 ▣（→ p.217 参照）は長い期間が経つにつれて大きなダメージを受けることになります。入り口に近い有毛細胞は，高い周波数の音の分析を担当しているため，年齢とともに高い周波数（1000Hz 以上）の音が聞こえにくくなってきます。

外耳（☞第4巻 p.86）や中耳（☞第4巻 p.86）の何らかの原因によって起こる伝音性難聴もあります。この難聴は，音が小さく聞こえる状態になるため，補聴器の使用効果が期待できます。

　高齢者との対話においては，声の高さや大きさ，話す速度，文章の長さ，表情や身ぶり手ぶりを交えた表現，静かな環境づくり，内容が聞きとれているかの確認などの配慮が必要です。

▶▶ 皮膚感覚機能の変化

　皮膚感覚は，温度覚，触覚，振動覚，痛覚などから成り立っています。加齢にともない，皮膚にある感覚受容器（**感覚点** ▣（→ p.217 参照）の機能が低下すると，外的な刺激に対しての反応がにぶくなります。さらに，加齢による体温調節機能の障害，寒冷刺激に対する知覚の低下などが適応力の低下をもたらします。

　たとえば，夏に衣服を何枚も重ねて着たり，若い人には快適な冷房でも寒くてふるえていたりする高齢者もいます。

　痛覚の加齢変化はやや複雑です。痛みは身体の内外にある脅威を警告し，身を守る役割を果たします。しかし，高齢者の場合，ふだんからあちらこちらに痛みがある場合が多く，異常時の痛みを感じず過ごしていることもあるため，全身の状態観察が重要です。

　日常生活においては，転倒やけが，低体温ややけど，褥瘡の発生などに注意することが必要です。さらに，痛みの訴えが適切に表現されにくい場合もあるため，全身の状態観察が重要になります。

そしゃくきのう しょうかきのう へんか
❸ 咀嚼機能・消化機能の変化 ::

▶▶ 咀嚼機能の変化

咀嚼とは，取り入れた食べ物を歯でかみ，粉砕することを意味します。これにより消化を助け，栄養をとることができます。

その役割を果たす歯は，加齢とともに摩耗し，もろくなります。歯の老化はエナメル質の産生が減少することで，表面にさまざまな物質が付着し，黄ばんでよごれた感じになるほか，冷たさや熱さに対して過敏になります。

また，歯肉の後退や**歯周病**（☞第4巻 p.284）により，虫歯や歯の脱落が起こりやすくなり，義歯にせざるを得なくなることも増えてきます。

唾液分泌量の減少も咀嚼に影響します。さらには，食べ物をかみくだくときに必要な咬筋力，唇や頬の筋力なども加齢とともに低下します。

▶▶ 嚥下機能の変化

咀嚼を終えて，**食塊**[14]（➡ p.217 参照）となった食べ物は食道を通って胃に送られます。この一連の過程を嚥下といいます。

嚥下反射は延髄の嚥下中枢で行われているため，自分の意思でコントロールできません。咽頭からの嚥下反射によって食道に送りこまれるときには，喉頭が挙上し，喉頭蓋が閉鎖します。引き続き，食道の**蠕動運動**[15]（➡ p.218 参照）などによって食塊は食道内を通過し，噴門にいたります。食塊が逆流しないように，上部食道括約筋が閉鎖し，嚥下が終了します。

この過程のなかで，高齢者の場合，舌骨上筋群（舌骨を前上方に引き上げる），舌骨下筋群（喉頭蓋の閉鎖）の萎縮や緊張低下が起こります。また，喉頭挙上がしにくく，喉頭閉鎖が弱まります。そのため，誤嚥（☞第4巻 p.256）をしやすくなります。さらに，喉頭表面の感覚低下や咳嗽反射が低下し，誤嚥があってもむせにくい状態になります。

▶▶ 消化・吸収機能の変化

食べ物のなかの栄養素を吸収できる形に分解する過程を消化といいます。さらに，水分や栄養素を消化管壁の細胞膜を通じて，血管・リンパ管中に取り入れることを吸収といいます。

高齢者の場合，消化酵素が減少するために消化・吸収機能がおとろえます。また，胃壁の運動や腸管の蠕動運動の低下も加わり，消化管内の食物停滞時間を延長させます。このことが高齢者の便秘（☞第4巻 p.254）や下痢（☞第4巻 p.255）を起こす原因になっています。

図 3-8 ● 消化機能の加齢変化

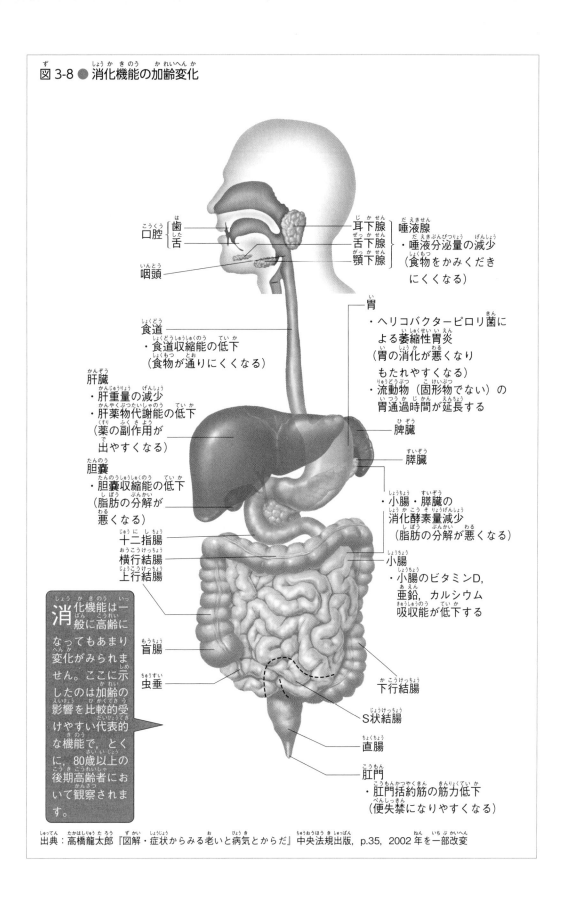

口腔 [歯
      舌]

咽頭

食道
・食道収縮能の低下
（食物が通りにくくなる）

肝臓
・肝重量の減少
・肝薬物代謝能の低下
（薬の副作用が
出やすくなる）

胆嚢
・胆嚢収縮能の低下
（脂肪の分解が
悪くなる）

十二指腸
横行結腸
上行結腸

盲腸

虫垂

耳下腺] 唾液腺
舌下腺   ・唾液分泌量の減少
顎下腺   （食物をかみくだき
         にくくなる）

胃
・ヘリコバクターピロリ菌に
よる萎縮性胃炎
（胃の消化が悪くなり
もたれやすくなる）
・流動物（固形物でない）の
胃通過時間が延長する

脾臓

膵臓

・小腸・膵臓の
消化酵素量減少
（脂肪の分解が悪くなる）

小腸

・小腸のビタミンD，
亜鉛，カルシウム
吸収能が低下する

下行結腸

S状結腸

直腸

肛門
・肛門括約筋の筋力低下
（便失禁になりやすくなる）

消 化機能は一般に高齢になってもあまり変化がみられません。ここに示したのは加齢の影響を比較的受けやすい代表的な機能で，とくに，80歳以上の後期高齢者において観察されます。

出典：高橋龍太郎『図解・症状からみる老いと病気とからだ』中央法規出版，p.35，2002 年を一部改変

❹ 循環器の機能の変化 ::

▶▶ 血液の変化

　血液（☞第4巻p.97）は骨髄でつくられますが，成長とともに骨髄の脂肪質が増え，造血機能のある赤い骨髄が減少します。

　高齢になると，白血球数はほとんど変化しませんが，赤血球数は減少します。赤血球の数が減少すると，十分な量の酸素を運ぶことができず，疲労や衰弱，からだのだるさなど，貧血のような症状を訴えることが増え，活動がにぶりがちとなります。

▶▶ 血管壁の変化

　加齢とともに血管壁が厚くなりはじめ，弾力が低下しかたくなり，血流に対する抵抗が増して，高血圧になる傾向があります。

　血管壁の変化は加齢のほかに生活習慣が大きく影響します。自覚症状がなく，血圧測定してはじめて気づくこともあります。動悸やめまい，頭痛，息切れ，気分の悪さをともなう場合は，治療が必要なこともあるので注意が必要です。また，脈拍も刺激伝導系細胞の消失や変化などにより不整脈（☞第4巻p.275）の頻度が増加します。

▶▶ 血圧の変化

　加齢により**収縮期血圧**[16]（➡ p.218 参照）の上昇，**拡張期血圧**[17]（➡ p.218 参照）の低下がみられます。血圧の変化を受容し調整するはたらきが低下するため，血圧の上昇や下降に対応するのにも時間がかかるようになります。急に立ち上がったときの立ちくらみや，興奮して高くなった血圧も，若い人のようにすぐには戻りません。したがって，姿勢の変化時には起立性低血圧を起こしていないかを確認することが大切です。

▶▶ 血液を送るしくみ

　上大静脈の血液は重力にしたがって心臓に戻るのに対して，下大静脈は並行して走る動脈の拍動や，下肢筋肉の収縮によって心臓に戻ることができます。このとき，血液が逆流しないように静脈には逆流防止弁がついています（図3-9）。

　加齢にともない，静脈の拡張や蛇行が起こり，静脈の弁がきちんと閉まらず，下肢静脈瘤ができることがあります。弾力包帯などによる圧迫，足の運動，マッサージや足浴などで血行をよくし，心臓への環流を促進し，下肢の静脈炎や血栓を予防します。

　麻痺した下肢や，長時間の座位・立位では心臓への環流が悪く，局所性の浮腫（☞第4巻p.249）が出やすくなります。足首を動かしたりすることや筋肉の運動が大切です。

　高齢者ではとくに異常がなくても，下腿や足背に夕方に出現し，翌朝に消失する立位性の浮腫もあります。浮腫にともなう冷感やだるさ，動かしにくさがみられるので，気をつ

198

けて様子をみます。

　臥床している場合でも，足首や膝を曲げ伸ばしをするなどレッグパンピング[15] (➡ p.218 参照)（下肢のポンプ作用）に準じた下肢の運動を取り入れ，血液循環をよくすることが大切です（図3-10）。

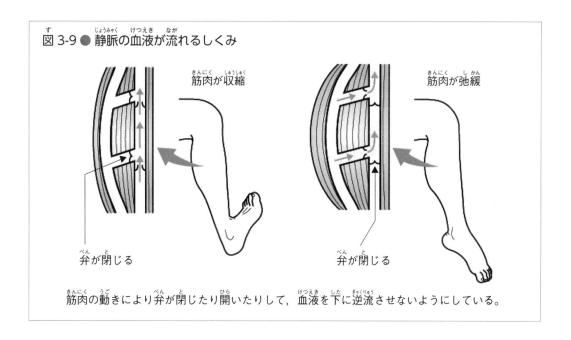

図 3-9 ● 静脈の血液が流れるしくみ

筋肉が収縮　　　　　　　　　　　筋肉が弛緩

弁が閉じる　　　　　　　　　　　弁が閉じる

筋肉の動きにより弁が閉じたり開いたりして，血液を下に逆流させないようにしている。

図 3-10 ● レッグパンピング

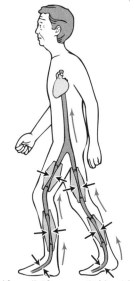

レッグパンピング（下肢のポンプ作用）：歩行により血液を送り返す作用をいい，第2の心臓といわれている。

▶▶ ガス交換の機能の低下

　人間は，肺胞において血液とのあいだでガス交換（外呼吸）をし，血液と組織のあいだで酸素と二酸化炭素の交換（内呼吸）を行います。外呼吸は肋間筋と横隔膜のはたらきにより胸郭を拡張し，胸腔を広げ，肺が拡張や収縮をすることで肺胞内に空気を入れます（☞第4巻 p.88）。

　高齢になると，肺胞におけるガス交換の機能が低下し，若い人と同じ量の空気を吸っても血中酸素分圧が低い状態になります（図 3-11）。

▶▶ 呼吸器に関連するその他の変化

　加齢とともに脊柱が前屈し，胸郭の前後径が広がります。それにより横隔膜の形が変わり，収縮による上下運動が制限されます（図 3-12）。

　また，肋軟骨の石灰化が起こり，換気機能が低下します。さらに，加齢とともに**肺活量**[19]（➡ p.218 参照）が減り，予備能力が低下するため，高齢者では軽い運動でも息切れしやすくなります。

　ほかにも，高齢になると喉頭蓋の反射が低下し，誤嚥の危険性が増加します。通常，気管内は線毛細胞と粘液が異物を外に排出する作用がありますが，高齢になると，その機能も低下し，**咳嗽反射**[20]（➡ p.218 参照）も低下するため，誤嚥しても吐き出せず，**誤嚥性肺炎**[21]（➡ p.218 参照）の危険性が増加します。

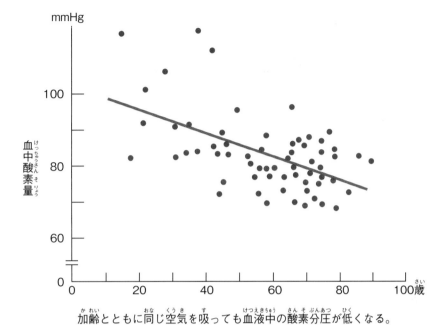

図 3-11 ● 血中酸素分圧の加齢変化

mmHg

加齢とともに同じ空気を吸っても血液中の酸素分圧が低くなる。

資料：原澤道美ほか「動脈血ガス組成の加齢変化」『厚生省特定疾患「呼吸不全」調査研究班研究業績 昭和54年度』
厚生省特定疾患「呼吸不全」調査研究班, p.37-39, 1980年

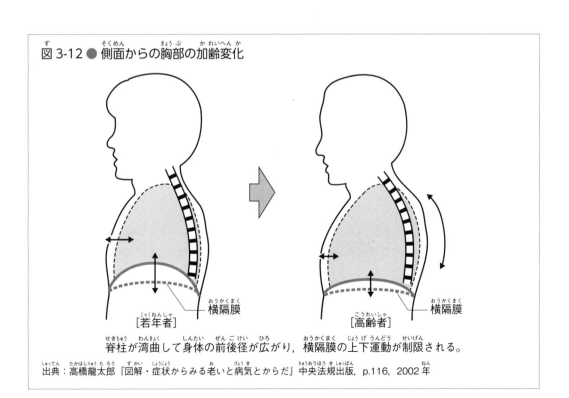

図 3-12 ● 側面からの胸部の加齢変化

横隔膜

［若年者］

横隔膜

［高齢者］

脊柱が湾曲して身体の前後径が広がり，横隔膜の上下運動が制限される。

出典：高橋龍太郎『図解・症状からみる老いと病気とからだ』中央法規出版, p.116, 2002年

⑥ 筋肉，骨，関節の機能の変化

▶▶ 筋肉の変化

　加齢とともに筋線維の萎縮が進み，筋量に比例した筋力を発揮できなくなります。脚の伸展力は 70 歳では男女ともに 20 歳代の 50％にまで減少します。この機能は，いすからの立ち上がりや歩行，階段昇降などを行うためにもっとも必要な力です。

　上腕屈筋群の筋量は，若者でも高齢者でも大差はみられませんが，大腿伸筋群では加齢とともに減少し，男女ともに 70 歳では，20 歳代の約 60％にまで減少します。

　下肢に比べ上肢の筋量が維持されているのは，高齢になっても日常生活において上肢を使用する機会が多いためと考えられます。このことは，適度の身体運動が筋機能の維持向上に効果があることを示しています。

▶▶ 骨の変化

　高齢になると，骨をつくる骨芽細胞よりも，骨を破壊する破骨細胞のはたらきが活発になり，骨密度（骨量）が低下します。女性の場合，更年期になると女性ホルモンが減少するため，男性より早く骨密度が減少しはじめます（図 3-13）。その結果，海綿骨[22]（➡ p.218 参照）の中に空洞が増え，もろくなります。この状態を骨粗鬆症（☞第 4 巻 pp.264-265）といいます。合併症としての骨折は高齢者の QOL（生活の質）を損なわせるので，骨折予防に細心の注意が必要です。また，脊椎骨が加齢とともに退行性変化を起こし，腰痛や下

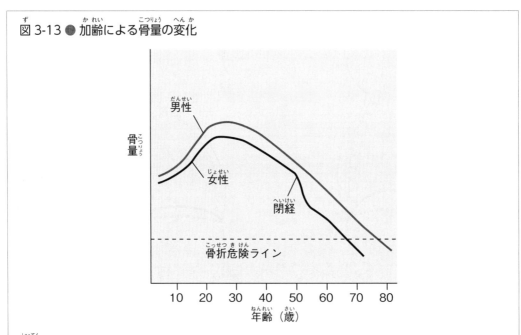

図 3-13 ● 加齢による骨量の変化

出典：Finkelstein, J.S., *Osteoporosis, Cecil Textbook of Medicine. 21st ed.*, W.B. Saunders Co., p.1366, 2000.

肢痛，しびれが起こりやすくなるため，痛みをかばうような歩行となります。バランスをくずさないように注意が必要です。

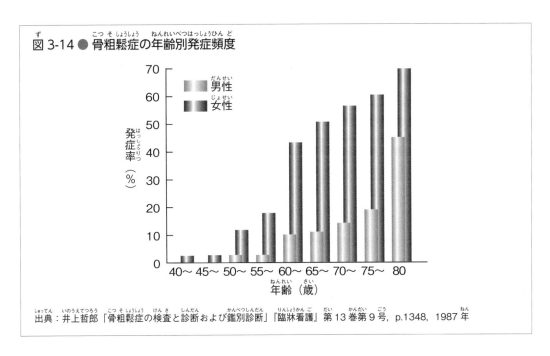

図 3-14 ● 骨粗鬆症の年齢別発症頻度

出典：井上哲郎「骨粗鬆症の検査と診断および鑑別診断」『臨牀看護』第 13 巻第 9 号，p.1348，1987 年

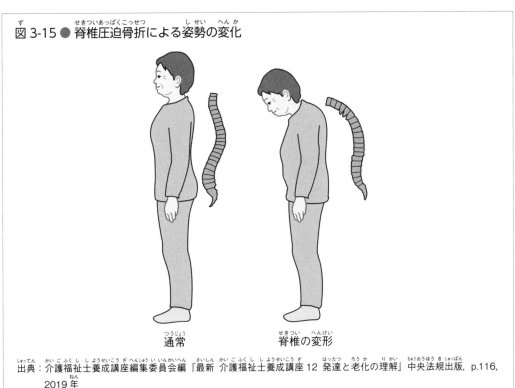

図 3-15 ● 脊椎圧迫骨折による姿勢の変化

通常　　　　脊椎の変形

出典：介護福祉士養成講座編集委員会編『最新 介護福祉士養成講座 12 発達と老化の理解』中央法規出版，p.116，2019 年

▶▶ 運動中枢神経の変化

　神経伝達物質のドーパミンは，神経細胞（ドーパミンニューロン）から産生されます。しかし，加齢とともにドーパミンニューロンが減少し，ドーパミンの分泌を減少させ，神経回路の情報処理に異常が起こり，結果としてパーキンソン病の症状を出現させます。

　具体的には，立ち上がって歩こうとしてもからだがすくんだり，どのように筋肉を動かしたらよいのかわからなくなったり，手足がふるえたり，運動そのものができなくなるといわれています。

　正常の20％ほどにドーパミンニューロンが減少するとパーキンソン病（☞第4巻pp.276-277）の症状が出るといわれています。今後，高齢化の進展にともない，国内のパーキンソン病患者は増加すると予想されています。

▶▶ 関節の変化

　加齢にともない，関節軟骨のコラーゲン線維は増加し，軟骨基質の水分が減少します。そのため，関節軟骨に負荷が集中すると，コラーゲン線維が損傷し，関節軟骨の変性が起こります。変形した軟骨は関節運動により摩耗し，関節の痛みと同時に関節の運動制限が起きます。

　膝や股関節が変形性関節症にかかった場合も関節可動域が小さくなり，移乗・移動時の動きに影響が出ます。バランスをくずしやすくなるので，注意が必要です。

❼ 泌尿器の機能の変化

▶▶ 腎臓の変化

腎臓では，全身をめぐって集められた血液中の老廃物をろ過し，水分とともに尿として排出します。老廃物の排泄以外にも，血圧の調整や血液中の塩分量の調整，薬物の排出など，**恒常性**[22]（➡ p.218 参照）の維持に重要なはたらきをしています。

腎臓の機能が低下すると，薬物が排出されにくく，体内にたまるようになり，副作用が起きやすくなります。また，**電解質**[24]（➡ p.218 参照）のバランスもくずれやすくなります。

加齢により，腎血流量，糸球体ろ過量，尿濃縮力が減少するため，尿の回数が増加したり，塩分が失われやすくなったりするので注意が必要です。

▶▶ 膀胱の変化

膀胱は加齢とともに収縮力が低下するので，尿を出しきれず，残尿を起こしやすくなります。また，膀胱の容量も減少するため，蓄尿機能が低下して頻尿（☞ 第4巻 p.127）になりやすくなります。

さらに，高齢になると，夜間に産生される尿量が増えるために，夜間頻尿が多くなります。また，加齢にともない抗利尿ホルモンの分泌も減少するため尿量が増えます。

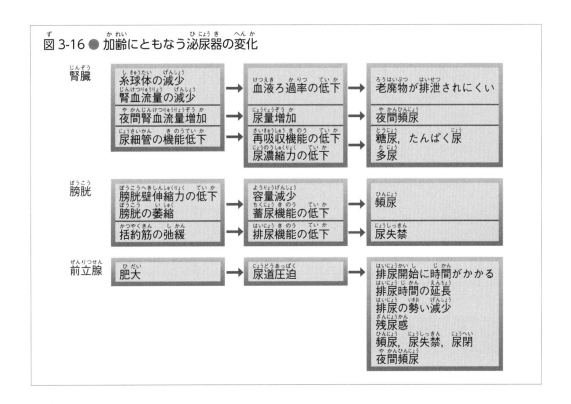

図 3-16 ● 加齢にともなう泌尿器の変化

腎臓	糸球体の減少 腎血流量の減少	→	血液ろ過率の低下	→	老廃物が排泄されにくい
	夜間腎血流量増加	→	尿量増加	→	夜間頻尿
	尿細管の機能低下	→	再吸収機能の低下 尿濃縮力の低下	→	糖尿，たんぱく尿 多尿
膀胱	膀胱壁伸縮力の低下 膀胱の萎縮	→	容量減少 蓄尿機能の低下	→	頻尿
	括約筋の弛緩	→	排尿機能の低下	→	尿失禁
前立腺	肥大	→	尿道圧迫	→	排尿開始に時間がかかる 排尿時間の延長 排尿の勢い減少 残尿感 頻尿，尿失禁，尿閉 夜間頻尿

▶▶ 尿道の変化

恥骨と尾骨のあいだにハンモック状に骨盤腔にある臓器を支える骨盤底筋[24]（➡ p.219参照）群があり，女性では尿道，膣，肛門をしめる役割を果たしています。妊娠や出産，加齢にともなう筋量の減少などにより，骨盤底筋群の張力は低下し，尿失禁が起こりやすくなります。

また，女性は尿道が約3 ～ 4cmと短く，解剖学的にも尿失禁が起こりやすいのです。年のせい，出産の影響とあきらめてしまう人がいますが，治療は可能なので，受診することは大事です。

男性の場合，尿道が16 ～ 18cmと長く，膀胱の出口は前立腺[25]（➡ p.219参照）に囲まれています。加齢にともない前立腺が肥大すると尿道を圧迫して，排尿困難を起こしやすくなります。

膀胱頸部の内尿道括約筋（平滑筋），尿道の外尿道括約筋（骨格筋）が尿道をしめる役割を果たしていますが，前立腺全摘出後には内尿道口周囲の筋も消失し，腹圧性尿失禁が起こりやすくなります。

表 3-4 ● 尿失禁の種類

尿失禁の種類	状態
腹圧性尿失禁	咳，くしゃみ，走る，跳ぶ，階段を下りるなどの日常生活で腹圧がかかったときに起こる。安静臥床時は通常もれがないのが特徴。
切迫性尿失禁	急に起こるがまんのできない強い尿意（尿意切迫感）とともにもれる。過活動膀胱の中核的症状。頻尿，夜間頻尿がみられる。
溢流性尿失禁	排尿障害にともない，膀胱内の残尿がダラダラともれてくる。前立腺肥大症による下部尿路閉塞や，神経因性膀胱による排尿障害などが原因となる。神経因性膀胱は排尿に関係するすべての神経の病気が原因となる。おもな病気として，脳梗塞・脳出血・認知症などの脳疾患，脊髄損傷などの脊髄疾患，糖尿病などの末梢神経障害などがある。
機能性尿失禁	関節の痛みや脳血管障害の後遺症などによる歩行障害，認知症による認知機能障害などにより，間に合わずにもれる。

⑧ 生殖機能の変化 ::

　加齢とともに，男女ともに徐々に性腺の機能が低下し，性腺は下垂体から分泌される性腺刺激ホルモンに反応しにくくなります。高齢になると生殖機能は消失します。しかし，老年期に入っても年齢に相応した性的欲求があります。人と人との親密なつながりを人の基本的欲求としてとらえることが必要です。

▶▶ 女性にみられる変化

　女性では，45〜50歳ごろから月経周期が不規則になり，やがて月経は停止（閉経）します。この閉経前後の数年を更年期といいます。個人差が大きいですが，更年期には，熱感や多量の発汗をともなう顔面の紅潮をはじめ，疲れやすさや不安など，さまざまな身体症状や精神症状があらわれます。

　エストロゲンの分泌減少により，骨粗鬆症になりやすくなります。

　また，骨盤底筋群の弛緩により，子宮脱（☞第4巻p.282）や腹圧性尿失禁が起こりやすくなります。

表 3-5 ● 閉経後にみられる機能低下

① 卵巣の機能の低下
② 性ホルモンの分泌の停止
③ エストロゲンの減少にともなう生殖能力の低下
④ 膣の収縮
⑤ 膣壁，卵巣，子宮，外陰の萎縮
⑥ 膣の潤滑性の低下

▶▶ 男性にみられる変化

　男性では，睾丸が60歳ごろから萎縮し，精液の産生が減少しますが，70〜80歳になっても精子の形成能力はあるといわれています。個人差は大きいですが，加齢とともに勃起能力は低下し，射精を行う筋肉群の弾力が弱まり，射精の勢いがなくなるといわれています。

　前立腺は加齢にともない，肥大してきます。肥大により尿道を圧迫し，尿が出にくくなります。勢いも弱くなり，残尿感，尿の切れが悪い，頻尿などの症状が出現します。

▶▶ 体温の維持

　人間は恒温動物で，細胞がもっとも活動しやすい温度として体内の温度は37℃に保たれています。体温が一定に保てるのは，産熱（熱の産生）と放熱（熱の放散）のバランスがとられているからです。

　温度は皮膚と中枢にある温度受容器によって感知され，**視床下部**（➡ p.219 参照）にある体温調節中枢に伝えられ，産熱と放熱のはたらきを調節して体温を維持します。

▶▶ 体温調節のしくみ

　身体内・外部の温度受容器からの情報は脳に伝達されます。その情報を受け，大脳や間脳の視床下部は指令を出して体温が一定になるように調整します。衣服や室温の調節は大脳からの指令によります。視床下部は自律神経系や内分泌系の中枢であり，産熱や放熱の指令を出して体温が一定に保たれるように調整します（図 3-17）。

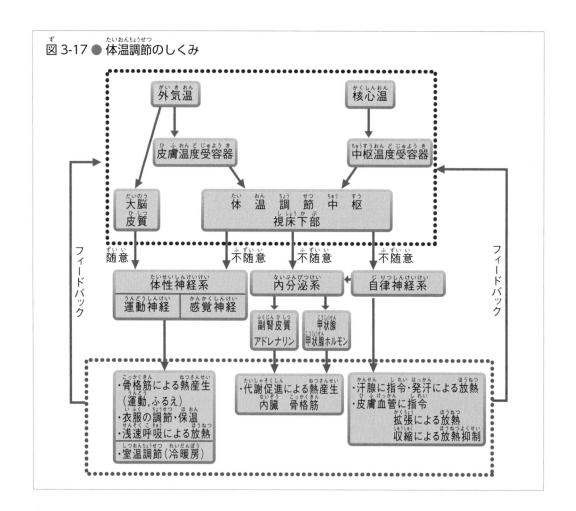

図 3-17 ● 体温調節のしくみ

▶▶ 熱の産生

生命活動に必要なエネルギーは，食事などで得られた栄養分（糖，たんぱく質，脂肪）が代謝[28]（➡ p.219 参照）されるときや，それらの栄養分が肝臓で代謝・分解されるときなどに産生されます。

体内における最大の熱産生は骨格筋で行われます。この筋肉が収縮することにより熱が発生します。寒いときには血管を収縮させて血流量を減らし，熱の放散を防いだり，シバリング[29]（➡ p.219 参照）により筋肉を動かし，熱を産生させたりします。

▶▶ 熱の放散

体温の上昇を防ぐため，皮膚の末梢血管を拡張させて体熱を放散したり，発汗により熱を放散させたりして体温を保ちます。しかし，汗をかかない生活をしていると能動汗腺が減少し，十分に発汗できずにうつ熱状態になります。また，湿度が高いと発汗しても気化できないため，熱は放散されず，体温が上昇しやすくなります。

産熱と放熱のバランスがくずれることにより，熱中症[30]（➡ p.219 参照）の危険が増します。発汗時には水分を十分にとることが必要です。大量の発汗時は，汗がからだの表面を流れ落ちるために放熱につながりません。

▶▶ 高齢期の体温

加齢によるさまざまな身体機能の変化にともない，体温を維持する機能にも変化が起こります。

表 3-6 ● 高齢期の体温を維持する機能の変化

① 高齢になると，基礎代謝が低下し，30 〜 40 歳代と比較すると，男性で 20％，女性で 15％前後熱産生量の低下が見られる。

② 筋肉量が減少し，熱産生が減少する。

③ 末梢血管の収縮反応が遅くなり，熱の放散が起きやすく低体温になる。

④ 骨量や筋肉量が減少し，活動の低下につながり，骨格筋による熱産生が減少する。

⑤ 暑さ，寒さを感じにくく，反応するのにも時間がかかるようになる。

⑥ 加齢とともに，動脈の壁は弾力を失い，かたくなり，血流がおとろえる。

⑦ 体温調節中枢の機能が低下し，発汗をうながす自律神経からの汗腺への指令が遅れる。

⑧ 成人のからだの総水分量は約 60％であるが，男女ともに 10％減少し，水分不足が起こりやすくなる。

⑨ 腎機能の低下により尿の濃縮機能低下が起こり，尿量が増し，からだの水分が減少する。

⑩ 口渇感が減り，水分摂取量が減少する。

⑪ 高温の環境におかれた場合の核心温（身体深部の温度）の上昇度が若い人よりも大きくなり，熱中症にかかりやすくなる。

▶▶ 記憶とは

記憶は情報を入力する符号化（記銘）と，情報を蓄える貯蔵（保持）と，保持された情報を探し出し利用する検索（想起）の３つの過程から成り立っています。

記憶は異なる機能の複合体であり，非常に短い時間だけ視覚や聴覚の感覚情報そのものを記憶する「感覚記憶」，数秒のあいだ，言語的情報や視覚的情報等を記憶する「短期記憶」，長期間の情報の記憶が可能な「長期記憶」に分けられています。ここでは短期記憶と長期記憶の機能についてみていきます。

▶▶ 短期記憶

短期記憶とは，ほんの数秒程度，限られた容量のことをおぼえておく記憶です。

短期記憶の容量を確かめる課題としては，３－６－１のように，数字を１つずつ音声や文字で示し，全部の数字が示されたら，順番に復唱する課題がよく用いられます。数字の個数を増やしていき，何個まで復唱できるかを調べます。

この課題を用いると，およそ７個程度までおぼえることができますが，60歳代，70歳代でも若い世代に比べて，復唱できる数字の個数にそれほど変化はみられません。このように単純なことを短時間でおぼえる短期記憶は加齢にともなう低下が小さいと考えられています。

短期記憶のなかでも，計算しながら途中の結果をおぼえておく，文章を読みながらその前の内容をおぼえておく，といった複雑な知的活動の途中において使われている記憶をワーキングメモリといいます。ワーキングメモリは，加齢にともない大きく低下しやすい記憶だと考えられています。

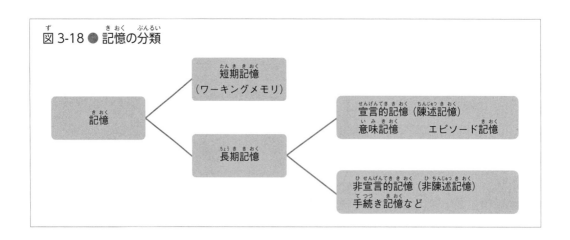

図 3-18 ● 記憶の分類

▶▶ 長期記憶（宣言的記憶）

　長期記憶とは，ほぼ無限の容量をもつ，永続的な記憶です。

　長期記憶のなかでも言語的な記憶を宣言的記憶（陳述記憶）といいます。言葉の意味やさまざまな知識に関する意味記憶と，個人の経験や出来事に関するエピソード記憶に分類されています。

　意味記憶は，「太陽は東から昇る」「月は地球の衛星である」といった一般的知識があてはまります。こうした文章を読んで理解できるのも，意味記憶のはたらきが大きいといえます。

　エピソード記憶は，「昨日の晩ご飯に○○を食べた」「先週末に映画を観に行った」などの個人的経験として思い出されるような記憶です。

　全般的には意味記憶の機能は加齢によってあまり低下しないと考えられており，高齢者にとって知識を活用することは得意な分野といえます。

　しかし，エピソード記憶は加齢にともない低下しやすいことがわかっています。「年をとるとおぼえが悪くなる」という場合の多くは，エピソード記憶をさしていると考えられます。ただし，おぼえ方や思い出し方に工夫をしたり，こまめにメモをとるなど，記憶の補助となる工夫をしたりすることで，うまくエピソード記憶の機能を使うことができると考えられます。

▶▶ 長期記憶（非宣言的記憶）

　言語的に想起されない長期記憶のことを非宣言的記憶といいます。代表的なものは手続き記憶です。

　手続き記憶は技能の記憶であり，たとえば，自転車に乗ることや自動車を運転することなど，練習して身につけた技術です。スポーツ，音楽，ものづくりなど，さまざまな分野で経験によって習得された技能があてはまります。

　手続き記憶は加齢によってあまり低下しないと考えられており，若いころに取得した技能は老年期にもいかせるものが多いといえます。ただし，感覚機能や運動機能の低下によって，その技能を若いころと同じような速さでは再現できない場合もあります。手順や判断などは記憶を活用できることも多く，急かされずゆっくり取り組めるかどうかも大切です。

▶▶ 認知機能とは

　認知機能とは身体各部からの情報の認識や，感覚機能を通じて外部から取り入れる情報の認識，話す，計算する，判断する，記憶する，思考するなど，脳における知的機能を総称しています。

　高齢者の認知機能は，教育，職業，趣味，心身の状況，生活環境，人間関係などさまざまな影響を受け，個人差が非常に大きいです。

　一般的に新しいものをおぼえる能力，計算・暗記などの学習能力など，生まれながらにもっている流動性知能（☞第4巻p.56）は加齢とともに低下するといわれています。一方で，判断力や理解力など経験や学習で獲得された結晶性知能（☞第4巻p.56）はほとんど変化しないといわれています（図3-19）。

▶▶ 認知機能に影響を及ぼす感覚器の変化

　大脳皮質は，感覚や知覚，創造などの高度な知的活動をつかさどります。五感を通じて外部から入手した情報は，第一次感覚野に送られたのちにそれぞれ特定の場所に集められ，処理されます。このときに必要に応じて過去に記憶されている経験や知識もいっしょ

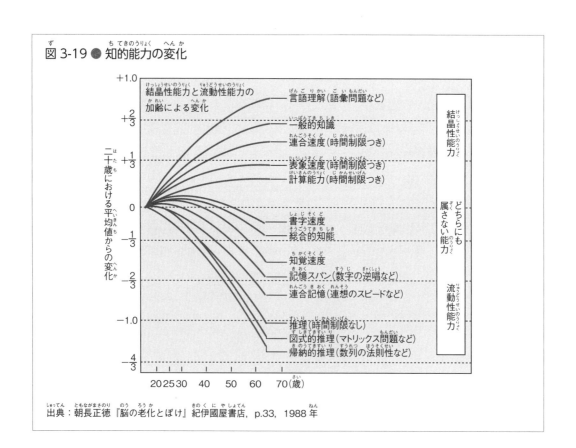

図 3-19 ● 知的能力の変化

結晶性能力と流動性能力の加齢による変化

二十歳における平均値からの変化

言語理解（語彙問題など）
一般的知識
連合速度（時間制限つき）
表象速度（時間制限つき）
計算能力（時間制限つき）
書字速度
総合的知能
知覚速度
記憶スパン（数字の逆唱など）
連合記憶（連想のスピードなど）
推理（時間制限なし）
図式的推理（マトリックス問題など）
帰納的推理（数列の法則性など）

結晶性能力
どちらにも属さない能力
流動性能力

20 25 30　40　50　60　70（歳）

出典：朝長正徳『脳の老化とぼけ』紀伊國屋書店，p.33，1988年

に集められ，全体を統合して判断するのが前頭葉です。前頭葉が加齢にともない萎縮したり障害を受けたりすると人格が変わってしまったり，適切な行動を選択できなくなったりするなど，どうするとよいのか判断が下せなくなります。

　健康な高齢者の場合は，もの忘れなど加齢にともなう生理的な記憶の低下があっても，脳の器質的な病変による記憶障害をともなわない限り，日常生活には支障をきたすことはないといわれています。

　感覚機能の低下は，情報の量と質に影響を及ぼし，対象物の認識をむずかしくし，正しい情報の入力に支障をきたします。情報が正しく入手できない，あるいは情報の認識に時間がかかる，入手してからの情報処理も加齢にともない遅くなるなど，総じて時間がかかります。また，認知されてから行動に移るまでにも時間がかかり，その行動も感覚機能の低下により適切な実行になりにくいとされています。

▶▶ 認知機能に影響を及ぼす身体機能の変化

　個人差が非常に大きいといわれていますが，加齢とともに脳の萎縮が始まります。脳が萎縮する原因の1つに神経細胞の減少があげられています。大脳には平均140億個の神経細胞があり，誕生してからは増えることはなく，1日に10万個ずつ死滅しているといわれています。

　脳の機能を維持するためには，安定した血流が必要になります。脳は安静時で，心臓が送り出す血流量のうち15％を受けとっています。加齢にともない，動脈硬化など血管に変化が起こり，血流障害が生じると脳のはたらきにも支障が生じるので注意が必要です。

　また，加齢にともなう変化として，脳内における情報処理速度が遅くなるために，瞬時の反応や判断が遅くむずかしくなり，課題を遂行するのにも時間を要します。しかし，時間をかければ正しく遂行できることが多いとされているので，周囲は急がせずにゆったりと待つことが必要です。若い人の感覚で進めると高齢者の能力を低く見積もる危険性があるので，そのことを念頭におく必要があります。

▶▶ 認知機能の低下が及ぼす日常生活への影響

　私たちは多くの刺激（情報）のなかで生活しています。そのなかから必要な情報に注意を向けて意識を集中させたり（選択的注意），逆に同時に複数の情報に注意を向け（分散的注意），情報を処理したりしながら行動しています。認知機能の低下はこれらにも影響を及ぼし，情報が多い環境では1つのことに集中しにくかったり，たくさんの情報を同時に提供されるとおぼえにくいとか，わかりにくいということが起こります。

学習のポイント

重要事項を確認しよう!

第1節 こころの変化と日常生活への影響

■老化が及ぼす心理的影響

- 「高齢者とは…」という一律な考え方はステレオタイプと呼ばれ,一人ひとりの高齢者の個別的な心理的理解のさまたげになる場合があります。 → p.182
- 同じ年齢であれば,だれでも同じように,老化による機能低下が生じていると考え,対応することは誤りです。 → p.183
- 社会からの老化に対する否定的な情報は,高齢者自身の自己イメージに対して否定的な影響を強めると考えられています。 → p.186
- 老年期の社会的関係の変化の特徴として,喪失体験があげられます。とくに配偶者との人間関係が重要な位置づけとなっている場合に,その死別は残された高齢者に大きな影響を与えます。 → p.187

■自己概念と生きがい

- 自己を実現したいということは,人間の欲求の特徴の1つであり,自己の才能,能力,可能性を十分にいかし,みずからを完成させ,なし得る最善を尽くそうとすることを求めます。これが生きがいにつながります。 → p.189
- 生活の全体像を考えるための1つの指標としてQOLがあります。QOLとは,ある個人の生活全体としての継続的な質の高さに着目する考え方です。 → p.189

第2節 からだの変化と日常生活への影響

■加齢にともなう身体機能の変化と日常生活への影響

- 人の生理的な機能は,成長していく過程のなかで,機能を最大限に発揮したあと,少しずつ低下していきます。これは,人が生きる過程においてほとんどすべての人にみられ,生理的老化と呼ばれています。 → p.190

■さまざまな機能の変化

- 加齢にともなう身体機能の低下や病気,喪失体験などによるストレスが,高齢者の感染症やがんの罹患率を高める要因になっています。 → p.193
- 視力が低下することによって,近くのものがぼやけて見えるようになります。これを老視(老眼)といい,だれにでも訪れる老化現象です。 → p.194

●唾液分泌量の減少は，咀嚼に影響します。さらには，食べ物をかみくだくときに必要な咬筋力，唇や頬の筋力なども加齢とともに低下します。

→ p.196

●高齢者の場合，消化酵素が減少するために消化・吸収機能がおとろえます。また，胃壁の運動や腸管の蠕動運動の低下も加わり，消化管内の食物停滞時間を延長させます。

→ p.196

●急に立ち上がったときの立ちくらみや，興奮して高くなった血圧も，若い人のようにすぐには戻りません。したがって，姿勢の変化時には起立性低血圧を起こしていないかを確認することが大切です。

→ p.198

●気管内は線毛細胞と粘液が異物を外に排出する作用がありますが，高齢になると，その機能も低下し，咳嗽反射も低下するため，誤嚥しても吐き出せず，誤嚥性肺炎の危険性が増加します。

→ p.200

●加齢とともに筋線維の萎縮が進み，筋量に比例した筋力を発揮できなくなります。脚の伸展力は70歳では男女ともに20歳代の50％にまで減少します。

→ p.202

●高齢になると，骨をつくる骨芽細胞よりも，骨を破壊する破骨細胞のはたらきが活発になり，骨密度（骨量）が低下します。その結果，海綿骨の中に空洞が増え，もろくなります。この状態を骨粗鬆症といいます。

→ p.202

●産熱と放熱のバランスがくずれることにより，熱中症の危険が増します。発汗時には水分を十分にとることが必要です。

→ p.209

●一般的に新しいものを覚える能力，計算・暗記などの学習能力など，生まれながらにもっている流動性知能は加齢とともに低下するといわれています。一方で，判断力や理解力など経験や学習で獲得された結晶性知能はほとんど変化しないといわれています。

→ p.212

1 ステレオタイプ

すてれおたいぷ
➡ p.182 参照
さんしょう

ある集団の成員全般に対する認知・信念な
しゅうだん　せいいんぜんぱん　たい　にんち　しんねん
どのこと。実際にはどんな集団でも個人差
じっさい　しゅうだん　こじんさ
があり，そのステレオタイプが全員にあて
ぜんいん
はまることはないが，ステレオタイプが集
しゅう
団の全員にあてはまると考えがちである。
だん　ぜんいん　かんが

2 生得的な要素と学習的な要素

せいとくてきなようそとがくしゅうてきなようそ
➡ p.183 参照
さんしょう

人間の特性は生得的なもの（生まれつきに
にんげん　とくせい　せいとくてき　う
得られているもの）と学習的なもの（生後
え　がくしゅうてき　せいご
に経験によって獲得したもの）に分けられ
けいけん　かくとく　わ
る。ただし，遺伝的な素質はあるが，経験
いでんてき　そしつ　けいけん
がないと獲得できない特性もある（たとえ
かくとく　とくせい
ば，言葉の理解や発話など）。
ことば　りかい　はつわ

3 補聴器

ほちょうき
➡ p.185 参照
さんしょう

箱型，耳かけ型，挿耳型などがある。補聴
はこがた　みみ　がた　そうじがた　ほちょう
器装着の効果は大きいが，音の分析能力の
きそうちゃく　こうか　おお　おと　ぶんせきのうりょく
改善には限界があるため，音がゆがんで聞
かいぜん　げんかい　おと　き
こえたり，聞き誤りが生じたりすることも
き　あやま　しょう
ある。

4 関節可動域

かんせつかどういき
➡ p.185 参照
さんしょう

個々の関節は，それぞれの関節構造・形状
ここ　かんせつ　かんせつこうぞう　けいじょう
によって，固有の動く方向と可動の範囲が
こゆう　うご　ほうこう　かどう　はんい
ある。関節可動域とは，身体の各関節が，
かんせつかどういき　しんたい　かくかんせつ
傷害などが起きないで生理的に運動するこ
しょうがい　お　せいりてき　うんどう
とができる範囲（角度）のことを示す。
はんい　かくど　しめ
ROM（Range of Motion）ともいわれる。

5 廃用症候群

はいようしょうこうぐん
➡ p.185 参照
さんしょう

安静状態が長期にわたって続くことによ
あんせいじょうたい　ちょうき　つづ
り，身体的には筋・骨の萎縮や関節拘縮な
しんたいてき　きん　ほね　いしゅく　かんせつこうしゅく
どが，精神的には意欲の減退や記憶力低下
せいしんてき　いよく　げんたい　きおくりょくていか
などがあらわれること。

6 キューブラー－ロス（Kübler-Ross, E.）

きゅーぶらー－ろす
➡ p.187 参照
さんしょう

アメリカの精神科医。死の直前の重症患者
せいしんかい　し　ちょくぜん　じゅうしょうかんじゃ
から直接，面接や聞き取りをして，その心
ちょくせつ　めんせつ　き　と　しん
理過程を『死ぬ瞬間』などにまとめた。そ
りかてい　し　しゅんかん
のなかで，死を受容するまでに5段階のプ
し　じゅよう　だんかい
ロセスがあると示している。
しめ

7 マズロー（Maslow, A. H.）

まずろー
→ p.189 参照

アメリカの心理学者。「人間は自己実現に向かって絶えず成長する生きものである」と仮定し，人間の欲求を5段階の階層により理論化したことで知られている。

8 QOL

キューオーエル
→ p.189 参照

Quality of Life の略。「生活の質」「人生の質」「生命の質」などと訳される。一般的な考えは，生活者の満足感・安定感・幸福感を規定している諸要因の質のこと。諸要因の一方に生活者自身の意識構造，もう一方に生活の場の諸環境があると考えられる。

9 ADL

エーディーエル
→ p.193 参照

Activities of Daily Living の略。「日常生活動作」「日常生活活動」などと訳される。人間が毎日の生活を送るための基本的動作群のことで，食事，更衣，整容，排泄，入浴，移乗，移動などがある。

10 自己免疫疾患

じこめんえきしっかん
→ p.193 参照

免疫系が正常に機能しなくなり，からだが自分の組織を攻撃してしまう病気のこと。代表的な病気として，関節リウマチや全身性エリテマトーデスなどがある。

11 明暗順応

めいあんじゅんのう
→ p.194 参照

暗い場所から明るい場所に出た際に，眼が明るさに慣れることを「明順応」という。逆に，暗さに眼が慣れることを「暗順応」という。

12 有毛細胞

ゆうもうさいぼう
→ p.195 参照

内耳の蝸牛内にある音を感じ取る細胞。鼓膜や耳小骨を伝わった音は，内耳の蝸牛でリンパ液の振動となる。有毛細胞はこの振動を電気的な信号に変換する。その種類には外有毛細胞と内有毛細胞があり，位置する場所によって，変換する音の周波数が異なる。

13 感覚点

かんかくてん
→ p.195 参照

皮膚に点状に分布する感覚部位で，触点・温点・冷点・痛点・圧点がある。

14 食塊

しょっかい
→ p.196 参照

かんで細かくなって唾液と混ぜられ，飲みこむ直前の状態になった食べ物のまとまりのこと。

15 蠕動運動

ぜんどううんどう
→ p.196 参照

消化管などの管状の臓器が，その内容物を波状に送る基本的な運動形式のこと。

16 収縮期血圧

しゅうしゅくきけつあつ
→ p.198 参照

心臓が収縮したときの血圧。血液が心臓から全身に送り出された状態で，血管壁にかかる圧力が高くなり，血圧がもっとも高くなるため，最高血圧とも呼ばれる。

17 拡張期血圧

かくちょうきけつあつ
→ p.198 参照

心臓が拡張したときの血圧。全身を循環する血液が肺静脈から心臓へ戻った状態で，血流がゆるやかになり，血圧がもっとも低くなるため，最低血圧とも呼ばれる。

18 レッグパンピング

れっぐぱんぴんぐ
→ p.199 参照

下肢による血流ポンプ作用のこと。歩行により血液を送り返す作用であり，第2の心臓といわれている。

19 肺活量

はいかつりょう
→ p.200 参照

呼吸機能をあらわす指標の1つ。深呼吸によって吸った空気を最大排出した呼吸量（空気量）で示される。

20 咳嗽反射

がいそうはんしゃ
→ p.200 参照

気道内に異物が入ったときに，咳きこむことで異物を気道の外に排除しようとする生体防御反応のこと。「咳嗽」とは咳のことである。

21 誤嚥性肺炎

ごえんせいはいえん
→ p.200 参照

細菌が食べ物や唾液などとともに誤って気管から肺に入り，肺に炎症を起こしたもの。

22 海綿骨

かいめんこつ
→ p.202 参照

骨の内部にあるスポンジ（海綿）のような構造をした骨のこと。

23 恒常性

こうじょうせい
→ p.205 参照

ホメオスタシスともいい，体内が外部環境の変化に左右されず，一定に維持されていることをいう。体温，血液中の酸素レベルなど，多くに恒常性がみられる。

24 電解質

でんかいしつ
→ p.205 参照

水や体液などに溶解するとイオンになる物質（ナトリウム，カリウムなど）。発汗や排尿・排便で体外に排泄される。激しい運

動をしたとき，激しい下痢や嘔吐があったときには電解質の補給が必要になる。

25 骨盤底筋

こつばんていきん
➡ p.206 参照

恥骨から尾骨までハンモック状に横たわり，内臓を支え，尿道・膣・肛門をしめる役割をしている筋肉のこと。

26 前立腺

ぜんりつせん
➡ p.206 参照

ヒトを含め，哺乳類の雄のみに存在する器官。膀胱の下に尿道を取り囲むように位置し，真ん中を尿道が貫き，さらに左右から両側の精管が入り射精管となって前立腺部の尿道に注ぐ。

27 視床下部

ししょうかぶ
➡ p.208 参照

間脳にあり，自律神経系，内臓機能，内分泌系の調節を行う総合中枢として重要な役割をもつ。

28 代謝

たいしゃ
➡ p.209 参照

体外から取り入れた物質をもとに生物の体内で起こる化学的変化（反応）のこと。分解・合成されることにより古いものと新しいものが入れ替わり，それにともないエネルギーの生産や消費が行われることをいう。

29 シバリング

しばりんぐ
➡ p.209 参照

体温が下がったときに筋肉を動かすことで熱を発生させ，体温を保とうとする生理現象のこと。

30 熱中症

ねっちゅうしょう
➡ p.209 参照

炎天下での激しい運動などで体温調節が障害を受け，けいれん，めまい，頻脈，意識障害などを起こす症状。死亡にいたることもある。

第**4**章

老年期の発達，成熟と健康
（発達と老化の理解Ⅱ）

第**1**節 ▶ 人間の成長・発達

第**2**節 ▶ 老年期の発達・成熟と心理

第**3**節 ▶ 高齢者に多くみられる症状・疾病等

【到達目標】

- ライフサイクル各期の発達の定義，発達段階，発達課題について理解している。
- 老年期の発達課題，心理的な課題（老化，役割の変化，障害，喪失，経済的不安，うつ等）と支援の留意点について理解している。
- 高齢者に多い症状・疾病等と支援の留意点について理解している。

人間の成長・発達

第1節

月

日

1. 発達の定義

❶ 発達とは

▶▶ 発達の定義

発達とは，年齢を重ねるなかで心身に生じる変化と定義されます。

一般的に，加齢にともなって生じる身体的・生理的変化（身長や体重のように量的に増加する現象）を成長といい，成長が一定水準に到達することを成熟といいます。

これまで人間の発達は，身体的側面の成長・成熟を中心にして考えられていました。現在では，精神的側面の質的な変化も含めて，受胎から死にいたるまでの一生の変化すべてを発達と呼びます。

▶▶ 発達の要因

発達は，身体的・生理的な成熟と，後天的な経験や学習，環境からの影響などとの相互作用によって規定されます。

スイスの心理学者であるピアジェ（Piaget, J.）は，発達の生物学的要因（身体的・生理的な成熟）を重視しつつも，子どもが環境にはたらきかけ，また，環境が子どもにはたらきかけるという相互作用を強調しています。

発達を規定する要因として，相互作用の時期も重要です。オーストリアの動物行動学者であるローレンツ（Lorenz, K.）は，ガンなどの大型の鳥が，卵からかえった直後の一定期間内にはじめて見るものの動きを追いかける刷りこみ現象（インプリンティング）[1]（➡ p.289参照）を発見しました。一定期間を過ぎるとこのような現象が起こらないことから，発達にはその特性を獲得するためにもっとも適した時期があると考えられています。この時期を逃したら習得できないという意味で臨界期と呼ばれていますが，近年では言語や運動機能の習得が行われやすい時期という意味で敏感期と呼ぶようになっています。

▶▶ 生理的発達とは

生理的発達とは，おもに身体面の成長・成熟を意味します。

最近の研究から，胎児の視覚，聴覚，触覚などの感覚系は，かなり早い時期から発達していることが明らかになってきました。誕生するまでの約10か月間に，胎児は母親の胎内でさまざまな感覚機能を発達させ，生後間もなくから，環境を知覚したり，外界からの情報を取り入れたりして，まわりの世界を認識していくと考えられています。

人間は身長50cm程度，体重3000g程度で誕生したあと，生後2年目までに急激な発達がみられます。身長や体重の増加とともに，運動機能もいちじるしく発達します。歩行や階段の上り下りなどができるようになり，子どもの行動範囲が広がります。また，手指の運動も発達し，箸をもつ，衣服のボタンをとめるなど，自分でできることが増えていきます。

6歳ごろから12・13歳ごろまでのあいだは緩慢期となり，発達のスピードが落ちますが，そのあと，再び急成長期が訪れます（図4-1）。性的成熟（第二次性徴）という身体的変化が生じると，女児は女性ホルモンの分泌により，月経が始まり，からだつき全体に丸みを帯びてきます。男児は男性ホルモンの分泌により，ひげが生える，声変わりする，精通が生じるなどの変化が起こり，筋肉や骨格が発達します。性的成熟の段階を経て，身体の成長は終了の時期を迎えます。

40歳代に入ると徐々に，体力のおとろえ，運動能力の低下などの身体的変化が自覚されるようになります。頭髪の変化，しわの拡大，視力の低下などの外見的な変化があらわれ，さまざまな病気，とくに生活習慣病にかかる比率も上昇しはじめます。

さらに60歳代には，加齢にともなう心身の変化，すなわち老化という現象に直面します。若いころと比べて，さまざまな生理的機能が確実に低下しますが，その程度には個人差が大きいと考えられています。

図4-1 ● 人間の生理的発達

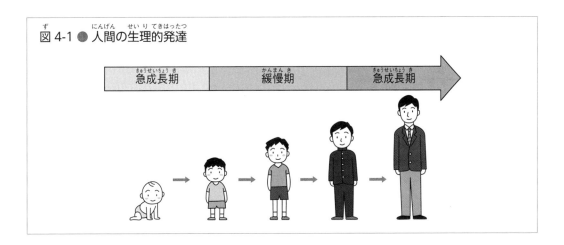

急成長期	緩慢期	急成長期

▶▶ 心理的発達とは

　心理的発達とは，おもに精神的側面の質的な変化を意味します。からだの成長・成熟とともに，こころも変化し，相互に関連し合って，人間は発達していくのです。

　生まれたばかりで，環境からの影響をほとんど受けていない乳児にも，泣き方やそのタイミングなどの行動に個人差が観察されることがわかっています。遺伝的，生物学的に規定されると考えられる個人差を，心理学では気質といいます。トマス（Thomas, A.）らは，気質を表4-1のように3つに分類しています。

　乳児のもって生まれた気質は，養育者（母親）の乳児に対するはたらきかけに影響を与えます。そして，そのはたらきかけの違いが，乳児のこころの発達に影響していくのです。個人がもつ気質と環境との相互作用のなかで私たちのこころは発達していくといえるでしょう。

表4-1 ● 気質のタイプ

気質のタイプ	生活リズム	特性
扱いやすい子 (Easy child)	規則的	いつも機嫌がよく，環境の変化に適応しやすい。はじめての経験にも積極的。
扱いにくい子 (Difficult child)	不規則	泣いたり，ぐずったりしやすく，すぐ機嫌が悪くなる。新しい状況には消極的。
エンジンがかかりにくい子 (Slow to warm up child)	規則的だが，活動水準が低い	全体的に反応が弱い。環境の変化に順応するのに時間がかかる。新しい状況には消極的。

2. 発達段階と発達課題

❶ 発達段階の意味と一般的な発達区分

▶▶ 発達段階とは

発達の過程において，発達現象や特徴を示す区切り（区分）を発達段階と呼びます。

人間は発達段階を飛び越えたり，逆戻りしたりすることなく，一定の順序で，1つずつ段階を進みながら発達しています。

現在では，人間は一生涯発達しつづけるという生涯発達の考え方をもとに，誕生から死にいたるまでの過程をいくつかに区分して，各段階における発達の特徴を理解する方法が広く支持されています。

▶▶ 発達区分とは

発達の一般的な区分には，赤ちゃんの時期（乳児期・幼児期）、子どもの時期（児童期），青年の時期（思春期・青年期），大人の時期（成人期），高齢者の時期（老年期）などがありますが，発達過程をどのように区分するのか，発達段階の数をいくつにするのかは，それぞれの発達段階説によって異なります。

また，発達段階には年齢の目安がありますが，それは絶対的なものではなく，個人的なパーソナリティ，家族や地域などの環境，社会状況，文化の影響によって大きく異なります。

❷ おもな発達段階説

▶▶ ピアジェの発達段階説

ピアジェは，子どもが論理的思考や判断ができるようになる過程を，表4-2のように4つの段階に区分しました。この理論は認知発達理論とも呼ばれています。

▶▶ フロイトの発達段階説

フロイト（Freud, S.）は性的エネルギーをリビドーと呼び，リビドーのあらわれ方や充足の仕方によって，自我の発達を表4-3のように5つの段階に区分しました。

▶▶ エリクソンの発達段階説

　エリクソン（Erikson, E.H.）は生まれてから死にいたるまでが発達過程であると考え，自我の心理・社会的側面の発達を表4-4のように8つの段階に区分しました。発達の概念をライフサイクルへと拡張したことから，この理論は生涯発達理論とも呼ばれています。

表4-2 ● ピアジェの発達段階説

発達段階（年齢の目安）	知的機能の特徴
感覚運動期（生後～2歳ごろ）	・直接何らかの動作をすることによって，刺激と感覚器官との結びつきを通して外界とかかわっている。 ・対象の永続性が獲得される。
前操作期（2～6歳ごろ）	・自己以外の視点に立って物事を考えることができない自己中心性が特徴である。 ・量や数の保存が欠如しているため，見た目による判断を優先させる。 ・模倣などの象徴遊びができる。
具体的操作期（6～12歳ごろ）	・自分と異なる他者の視点を理解できるようになり，社会化された思考ができる。 ・量や数の保存が理解でき保存の概念が獲得される。 ・具体的なものに対しては，論理的な思考ができる。
形式的操作期（12歳以降）	・抽象的な概念の理解や，論理的思考ができる。 ・具体的な場面を離れ，仮説を立てて思考する仮説的思考ができる。

表4-3 ● フロイトの発達段階説

発達段階（年齢の目安）	特徴
口唇期（生後～1歳）	授乳・摂食によって口唇から快感を得る時期。授乳という行為を通じて外界（養育者）との交流を行う。
肛門期（3歳ごろまで）	排泄と保留によって肛門から快感を得る時期。トイレット・トレーニングを経験し，自分をコントロールできる自信を身につける。
男根期（5歳ごろまで）	生殖器への関心と異性の親に対する小児性欲（エディプスコンプレックス）が特徴となる時期。男女の違いを意識し，性役割を獲得する。
潜在期（11歳ごろまで）	精神エネルギーが外部（学業や友人関係など）に向けられる時期。リビドーは潜伏し，安定状態になる。
性器期（思春期以降）	身体的成熟とともに性器性欲が出現する時期。部分的なリビドーが統合され，異性を愛するエネルギーになる。

表 4-4 ● エリクソンの発達段階説

発達段階（年齢の目安）	発達課題	心理社会的危機
乳児期（0～1歳ごろ）	基本的信頼の獲得	不信
幼児期前期（～3歳ごろ）	自律性の獲得	恥・疑惑
幼児期後期（～6歳ごろ）	自主性の獲得	罪悪感
学童期（～11歳ごろ）	勤勉性の獲得	劣等感
青年期（～20歳ごろ）	同一性の獲得	同一性拡散
成人期前期（～30歳ごろ）	親密性の獲得	孤立・孤独
成人期後期（～65歳ごろ）	生殖性の獲得	停滞
老年期（65歳ごろ～）	自我の統合	絶望

❸ 発達課題

▶▶ 発達課題とは

発達課題とは，それぞれの発達段階において達成することが期待される課題をいいます。

私たちには，各発達段階において身につけておくべき技術や能力，あるいは心理特性があり，それらを獲得して次の段階へと発達を進めていきます。

▶▶ エリクソンの発達課題

エリクソンは，表4-4のように，8つの発達段階で解決しなければならない固有の課題を発達課題として示しました。それぞれの段階で直面する心理・社会的な危機を克服することで，人間は発達を続けると考えています。

3. 各ライフサイクルの発達_{はったつ}

❶ 乳児期_{にゅうじき}

▶▶ 発達課題は基本的信頼の獲得_{はったつかだい きほんてきしんらい かくとく}

　乳児は，1人では何も行うことができない未熟な状態です。言葉を使って必要な訴えができるわけでもありません。そこで，養育者は乳児が発した信号（泣く，発声するなど）から「ミルクがほしい」「おむつが濡れて気持ちが悪い」などのメッセージを受けとって対応します。

　乳児は，自分の発した信号に養育者が適切に反応してくれることで，自分を取り巻く環境が信頼できるものであるという感覚を形成します。同時に，自分が発した信号が状況を変えた（ミルクを飲むことができた，濡れたおむつを取り替えてもらうことができたなど）という体験を通して，自分自身に対する信頼感も養っていくのです。

　エリクソンによれば，**基本的信頼の獲得**が乳児期の発達課題であり，その課題達成に失敗すると不信という危機に直面するとしています。

▶▶ 愛着（アタッチメント）の形成_{あいちゃく けいせい}

　乳児には，泣く，ほほえむ，発声するなどして，積極的に対人関係を求めていく能力が備わっています。そして，自分の発した信号にタイミングよく反応してくれる人と，**愛着**を形成します。**愛着（アタッチメント）**とは，発達初期に形成される養育者との情緒的な絆のことをいいます。この絆は，こころの発達にとって重要であり，そのあとの人格形成や社会的適応にも影響を及ぼすと考えられています。

❷ 幼児期

▶▶ 反抗期と自我の芽生え

幼児期になると，自分でできることが増えてくると同時に，排泄や食事，衣服の着脱などのしつけも始まる時期です。

「いや」と言って指示を拒否したり，言われたことと反対のことをしたりする反抗的態度が多くみられるようになり，「自分でできる」「自分でやる」などの自己主張をするようになります。この現象は，自我の芽生えのあらわれであり，自我の発達に重要な意味をもちます。その一方で，保育所や幼稚園などの集団生活において，がまんする，順番を待つ，きまりを守るなど，自己を抑制することもおぼえていきます。

エリクソンによれば，幼児期の発達課題は前期が自律性の獲得，後期が自主性の獲得です。子どもはしだいに自分の意志によって，自分の行動をコントロールするようになります。「自分でできる」という体験は子どもの自信となり，自分の力で行動することの充実感や，自分で何かを成し遂げた効力感をもたらします。

▶▶ 社会性をはぐくむ子どもの遊び

子どもの遊びは，社会性をはぐくむうえで大きな役割を果たします。

1歳までは1人遊びをする様子が多くみられますが，やがて子ども同士の遊びへと変化し，2歳を過ぎるころにはルールや役割を決めて集団で遊ぶようになります。集団で遊ぶためには，友だちに伝わるように自分の要求や考えを表現することが必要です。友だちにもそれぞれ要求や考えがあり，意見が食い違ったときには調整することも必要になるでしょう。このような体験を通して，子どもはコミュニケーション能力や自律性，社会性を身につけていきます。

❸ 学童期

▶▶ 生活の中心が家庭から学校へ

小学校に入学すると，子どもの社会的環境はさらに広がります。家庭から，学校や近隣へと生活の中心が移り，学業や友人関係にエネルギーが注がれるようになります。親や家庭からの解放感を獲得すると同時に，自分だけの秘密をもつようになり，友だち関係や勉強に関する課題にも自分自身で対応し，解決しなければならない時期です。

エリクソンは，学童期の発達課題を勤勉性の獲得としています。勤勉性とは，何かに熱中し，注意力と忍耐力で成し遂げることに喜びを見いだすことです。

❹ 青年期

▶▶ アイデンティティの探索と確立

中学生になるころには，急激な身体的変化とともに，「自分自身への関心」が生まれます。

エリクソンは，同一性の獲得を青年期の発達課題としています。進学や就職などの進路の問題，友達や異性との人間関係に関する問題，価値観の獲得などを通して，アイデンティティ[2]（➡ p.289 参照）（自己同一性：「自分とは何者であるか」という自己定義）を確立すると考えられています。

自己の存在感や同一性を獲得していくなかで，その内面の発達に支えられながら，人とかかわりをもつ力や社会的態度などの社会性も発達します。

▶▶ 子どもから大人へと変化していく段階

この時期の子どもには自立と依存という，相反する複雑な感情が混在しており，子どものこころと大人のこころが同時に存在します。

また，親や周囲の人々の態度や期待にも変化がみられるようになり，保護される存在から，自立や責任ある行動を期待される存在へと，子どもに対する社会的な見方も段階的に移行します。しかし実際には，社会的な義務や責任は猶予されており，社会からは大人として認められていないという不安定な段階ともいえます。

エリクソンは，青年期を心理・社会的モラトリアム（大人になるための準備や修行を行うための猶予期間）と位置づけています。

❺ 成人期

▶▶ 親密な人間関係を築く前期

身体的に成熟し大人になったあとも，こころの発達は続きます。青年期に獲得したアイデンティティは，成人期以降も修正が加えられたり，変化したりします。

エリクソンによれば，成人期前期（30 歳ごろまで）の発達課題は親密性の獲得です。親密性の獲得とは，結婚や家族の形成に代表される親密な人間関係を築くこと，人とかかわり愛する能力をはぐくみ連帯感を獲得することを意味します。

▶▶ 次世代をはぐくみ導く後期

　成人期後期（65歳ごろまで）は中年期あるいは壮年期とも呼ばれ，職場においては責任のある立場に，家庭においては家族を支える存在になる段階です。エリクソンは，この時期の発達課題を生殖性の獲得としています。さまざまな期待と役割を引き受けるなかで，子どもや次の時代をになう世代をはぐくむこと（生殖性）に関心が向かいます。自分の子どもでなくても，地域の子どもや若者を育てること，学問的，技術的，職業的な後輩を育てること，さらには，次世代に残すものとして，作品や建築物など，形ある物を残すことも含まれています。

❻ 老年期

▶▶ 最後の発達課題は人生の総括

　エリクソンによると，老年期の発達課題は自我の統合です。これまでの人生をふり返り，「自分の人生には失敗や悔いもあったけれど，全体としてみればこれでよかった」と，肯定的に受けとめて受容することを意味しています。自分の人生の意味や価値を見いだすことができれば人間としての総括ができますが，失敗した場合には絶望という心理的な危機に直面すると考えられています。

▶▶ 成熟した人格への発達

　ハヴィガースト（Havighurst, R. J.）は，老年期において果たさなければならない課題には，表4-5のようなものがあると考えています。

　老年期にうまく適応して，サクセスフル・エイジング（幸福な老後を迎えることができる状態）になるためには，老年期にいたるまでの人生のそれぞれの時期に，どのように発達課題に取り組み，人格的に成長してきたかが重要と考えられています。

表4-5 ● ハヴィガーストによる老年期の発達課題

① 肉体的衰弱への適応
② 退職後の生活と収入減少への適応
③ 同年齢集団との親密な関係の確立
④ 配偶者の死に対する適応
⑤ 社会的責任への関与
⑥ 満足な生活空間の確保

老年期の発達・成熟と心理

月

日

1. 老年期の定義

❶ なぜ老年期を定義する必要があるのか

　老年期を定義することは意外にむずかしく，定義することによって，よい面もあれば，課題や支障が生じてくることもあります。たとえば，80歳でも自分を「高齢者」と思わない人がいる一方で，50歳代で老年期特有の病気にかかっているにもかかわらず，「高齢者」の対象外とされて，不自由な生活を強いられてしまう人もいます。

　それでは，老年期の定義を決めないとどうなるでしょうか。老年期を定義しないままでいると，老年期に自然にみられる心身の老化や，老年期にかかりやすくなる病気によって生活の不自由を強いられている多くの国民を，国全体として支える施策や体制をつくることができなくなります。老年期を定義することによってはじめて，それに該当する人々を介護や福祉の対象とすることができるのです。

　介護福祉士をはじめとする介護職は，老年期の定義を正確に理解する一方で，個々の高齢者の理解においては，自分がつくった高齢者に対する**ステレオタイプ**[3]（➡ p.289参照）をそのままあてはめてしまうことがないように注意することが必要です。

❷ さまざまな老年期や高齢者の定義

▶▶ 国際的な高齢者の定義

　世界保健機関（WHO）[4]（➡ p.289参照）では，65歳以上を高齢者として人口統計資料を作成しています。しかし，世界全体の高齢化の状況は国によって大きく異なっています。

　WHOが発表した2019年時点の平均寿命をみると，日本では84.3歳ですが，世界全体の平均は73.3歳ですから，世界全体で統計をとる場合には，65歳を高齢者とみることも妥当なことだといえるでしょう。しかし，2060年には中国やシンガポールの高齢化率も30％台に，平均寿命も70歳代後半となって，日本の高齢化率と大きな差がなくなると予想されています。

▶▶ 日本における高齢者の定義

日本は世界のなかでもまれにみる長寿国であるとともに，少子化が進んで高齢社会を迎えています。

日本では，表4-6のように法律のなかで高齢者はおおむね65歳と考えられていますが，平均寿命や健康寿命 [5]（➡ p.289参照）が延びてきたことを背景に，この定義は今後も時代とともに変化していくと考えられています。

表4-6 ● 日本の法律における高齢者の定義

老人福祉法	老人の定義は明確にしていないが，その内容は65歳以上を対象とした福祉について定められており，事実上65歳以上を老人として位置づけている。
介護保険法	65歳以上の者を第1号被保険者と位置づけており，原因にかかわらず要介護状態になったときには介護保険制度を利用することができる。
高齢者の医療の確保に関する法律	65歳以上75歳未満を前期高齢者，75歳以上を後期高齢者と定めている。
高齢者虐待の防止，高齢者の養護者に対する支援等に関する法律	高齢者を65歳以上と定めている。
高年齢者等の雇用の安定等に関する法律	高年齢者を55歳と定めている。企業が定年を設ける場合には60歳未満としてはならないことを定めている。

▶▶ 老年期という発達段階

人は法律などに規定されて高齢者となるばかりでなく，生物学的な身体機能の変化や，心理学的な変化も経験しながら，老年期という人生のなかの1つの段階に到達します。

たとえばレビンソン（Levinson, D.）は，生涯最後の生活構造の大きな変化として60歳ごろに老年期への過渡期があるといいます。このころ，身体のおとろえを無視できなくなるとともに，老年期に経験しやすいライフイベントを経験することで老性自覚が進みます。そのような状況に適応するために，生活構造を，その後の生活に向けた新しい構造に替えていくことが老年期の課題であると説明しました。

老年期という発達段階は，心身の老化と社会的な役割の喪失への適応が課題となる段階であるといえるでしょう。

① 老年期におけるさまざまな心理的課題 ::

▶▶ 老いの自覚

　人間は加齢とともに老いを自覚するようになります。自分自身の老いを自覚することを老性自覚と呼びますが，自覚をもつきっかけは人によりさまざまです。また，早くから自覚が芽生える人もいれば，そうでない人もいます。

　老性自覚をうながすきっかけには，内からの自覚と外からの自覚の2つに分けることができます。内からの自覚とは，身体的徴候や認知的徴候，精神的減退などによってうながされるものです。一方，外からの自覚とは，定年退職，引退，離別，死別といった社会的な経験や出来事によって引き起こされます。

　人間が老いを自覚するということは，どうしてもネガティブな側面ばかりにかたよりがちです。しかし，高齢化が急速に進む現代社会では，老いはすべての人々がわが身に起きる事実としてとくに意識せざるを得ません。言い換えれば，自分自身の人生をとらえるための主体的な老年観が，新たにつくり出されるべきだといえるでしょう。

▶▶ 役割の変化・喪失

　老年期における家庭内での役割の変化や，退職に代表される社会的な役割の喪失は，高齢者の存在感や生きがいの変化・喪失にもつながるといわれています。

　しかし，見方を変えると，自由な時間が増える，職場のストレスから解放されるなど，プラスの面から役割の変化をとらえることも可能です。

　役割が変化・喪失したからといって，高齢者がそれまでに生活や仕事でつちかった豊富な経験，知識や技術が必要でなくなるわけではありませんし，失われるわけでもありません。家庭内における新たな役割の創出や社会参加を通じて，老年期の自己実現をはかることは可能です。

▶▶ 喪失体験

　老年期の社会的関係の変化の特徴として，喪失体験があげられます。とくに配偶者との人間関係が重要な位置づけとなっている場合に，その死別は残された高齢者に大きな影響を与えます。

　喪失とは，感情的に強く結びついていた対象が自分の人生から失われることを意味しています。喪失を悲嘆することで，情動的，知覚的，身体的にさまざまな反応が生じます。その状態から抜け出し，喪失対象がいない生活を再構築することが回復と考えられます。

配偶者と死別した人のなかには，身体的愁訴が多かったり，医療機関への受診が多かったりするといったストレスに対する心身の反応があらわれ，健康をそこなう場合があるので注意が必要です。

▶▶ 経済的不安

2021（令和3）年の国民生活基礎調査における生活意識に関する調査結果をみると，高齢者世帯では「大変苦しい」が21.3％，「やや苦しい」が29.1％となっており，高齢者世帯の約半数が「生活が苦しい」と感じていることがわかります。

また，高齢者世帯の場合，1世帯当たりの平均所得金額の構成割合をみると，「公的年金・恩給」が62.3％であり，「稼働所得」は21.5％にすぎません。

このことからも，高齢者が経済状況に関して何らかの不安をかかえやすいことがうかがえます。

▶▶ 老年期のうつ

老年期のうつは，高齢者の精神的健康を大きく阻害するものといえます。老年期のうつは，ほかの年代でみられるうつと異なるわけではありませんが，その症状のあらわれ方には特徴があります。

高齢者で注意しておかなければならないのは，認知症と間違われるような状態になることがあるということです。ここで大事なことは，もともとその人がどのような生活を送っていたか，それがいつごろからどのような変化が生じるようになったかということをよく把握することです。

きちんと家事や身のまわりのことをこなし，趣味にも打ちこんでいたような人が，2〜3か月のあいだに意欲がなくなって，ひきこもるような状態になっているのであれば，うつの可能性が考えられます。

❷ 老いの受容とサクセスフル・エイジング

　日本人の平均寿命が延び，老年期は平均でも約 20 年の期間となり，人生のなかで 4 分の 1 を占めるようになりました。かつては，老年期の生活は隠居，余生といった呼び方をされていましたが，もはやその呼び名はあてはまらなくなっています。高齢社会においては，老年期をよりよく生きることが人生の大きな課題であり，また社会的に達成すべき課題ともいえます。一方で，老化現象はだれにでも生じることであり，個人差が大きいものの身体機能や心理機能の低下はだれにでも生じます。老化による機能低下にこだわりすぎると，老年期の生活を楽しめなくなってしまったり，新しい役割や人間関係等にチャレンジする動機づけが低下してしまったりする原因となります。老化をどのように受容するのかは老年期の発達課題の 1 つとされています。

▶▶ サクセスフル・エイジングとは

　老化に適応した幸せな老年期の生き方をサクセスフル・エイジングと呼び，さまざまな議論が行われてきました。たとえば，可能な限り自立した生活を継続できることや，社会的役割やかかわりをもっていること等が求められ，身体的健康，精神的健康，社会的機能や生産性などが関係していると考えられています。とくに，サクセスフル・エイジングを包括的に示すために，生活全般に対する幸福感である**主観的幸福感**を指標とすることが提案されています。幸せの感じ方は個人差があるため，本人が幸せを感じる主観的評価を重視しようという考え方です。

　疾病をかかえていたり，介護を必要としたりしている高齢者では，主観的幸福感が阻害されやすい傾向があります。心理的動揺を起こしやすかったり，孤独感を深めたり，阻害される側面や程度にも個人差があります。

❸ 死生観

　死生観とは，生きることと死ぬことを表裏のこととととらえ，生死の両方を通じて，その価値やあり方をどのように考えるかということです。社会，文化，宗教によって特徴があるとともに，個人による価値観の差も大きいといえます。死生観をどのようにもつかということは，生命への尊厳や死に対する考え方に関係しており，どの世代にもかかわる問題です。とくに老年期においては，「死」はほかの世代に比べて身近なことであり，死生観のもち方は生活や心理に影響を与えていると考えられます。

　2012（平成 24）年の経済産業省による全国調査の結果によれば，「死ぬのがとても怖い」と感じる人は，年齢層が高くなるほど割合が低くなっています。また，自分自身が最期を迎える際の不安については，「病気の悪化にともない，痛みや苦しみがあること」がどの

年代でも多く，高齢者層でも半数弱の人が不安を感じているという結果でした。

▶▶ 死生観の変化

　現代社会は，長寿化，高齢者との同居の減少，病院での死亡が多くなったことなどによって，日常生活において直接的に「死」を経験することが少なくなったといわれています。死はだれにでも訪れる不可避なものであり，とくに老年期においては，自分自身の身体的変化や身近な人との死別経験等を通じて，より身近なものになっていくことで死生観が変化していくものと考えられます。先述の調査結果でも，全年代をとおして，最近に死別経験をした人のほうが「死ぬのがとても怖い」と感じる割合が低くなっていました。また，内閣府の調査結果によれば，延命治療に対する考え方について，年々延命治療を希望する人の割合が減っています（図4-2）。長くなった老年期を生きていくうえでは，死にとらわれすぎたり，過度の不安や恐怖を感じていたりすることは，生活への活力や幸福感に影響を与えると考えられます。現代の日本では，超高齢社会の時代に応じた死生観の醸成が必要になっており，若い世代からの教育や準備が必要だといえるでしょう。

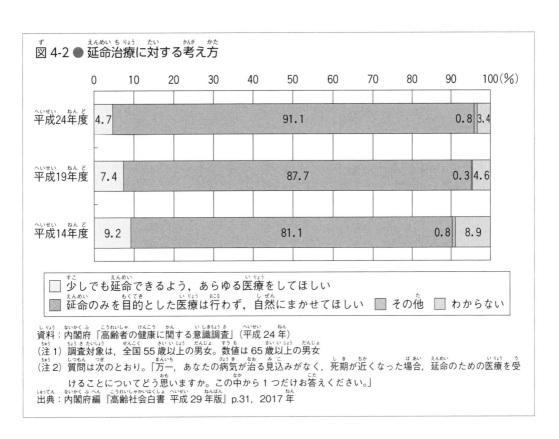

図 4-2 ● 延命治療に対する考え方

　□ 少しでも延命できるよう，あらゆる医療をしてほしい
　■ 延命のみを目的とした医療は行わず，自然にまかせてほしい　■ その他　□ わからない

資料：内閣府「高齢者の健康に関する意識調査」（平成24年）
(注1)　調査対象は，全国55歳以上の男女。数値は65歳以上の男女
(注2)　質問は次のとおり。「万一，あなたの病気が治る見込みがなく，死期が近くなった場合，延命のための医療を受けることについてどう思いますか。この中から1つだけお答えください。」
出典：内閣府編『高齢社会白書 平成29年版』p.31，2017年

❹ 動機にもとづく理解と支援

　動機とは，人間の行動の原動力であり，食物や水分等を対象とした欲求（生理的欲求）や仕事や学習等の目標を対象とした「やる気」等を含んでいます。第3章で述べたように，老年期には老化にともなって，さまざまな機能の低下が生じやすくなります。そのため，高齢者へのかたよった見方として，高齢になるとだれでも同じように欲求ややる気が低くなると誤解されがちです。しかし，高齢者といっても，60歳代後半の人から，100歳以上の人まで幅広い年代の人が含まれています。

　また，高齢になったからといって，急に価値観や性格が変わって，皆同じような考え方や行動になってしまうわけではありません。高齢者は個人差の大きい多様な人で構成されている世代であり，それぞれの人の心身の状態，生活歴，価値観等によって動機の向かう方向性や大きさは違うのです。

▶▶ 目標を達成するための支援

　目標を達成したいという動機を達成動機といいます。たとえば，自宅で暮らし続けたい，機能回復して社会参加したい，というようなケアにおける支援目標の達成への取り組みには達成動機がかかわっています。目標を達成するためには，みずからの行動が必要であり，達成動機を高めることが大切です。そのためには目標の設定がまず大切です。

　達成動機を高めるためには，目標の「価値」が高いことが必要であり，支援する側の常識や押しつけではなく，本人にとって価値がある目標を共有できることが大切です。十分にコミュニケーションをとり，本人の価値観や生活の志向等を知ることが求められます。

▶▶ 自己効力感を高める

　さらに，達成動機を高めるためには，目標の価値に加えてその目標が達成できそうだという見こみである期待が重要です。価値が高い目標でも達成できないと感じてしまえば，動機が失われてしまいます。とくに，目標そのものの達成見こみよりも，目標を達成するための必要な行動ができそうかどうかということが影響を与えていると考えられています。目標を達成するための行動ができそうだという期待を自己効力感と呼びます。

　自己効力感を高めるためには，目標を達成するための行動に納得したうえで，たしかに達成できそうだという手応えを感じながら，ステップアップしつつ進んでいくことが必要です。そのために，目標を達成するための道筋がわかりやすい計画を立てること，その計画をわかりやすく説明して共有すること，計画の進行にともない，少しずつ成功や達成を感じられるように適切な評価やはげましをしながら進めていくことなどの，援助計画の活用が必要です。

3. 要介護状態と高齢者の心理

❶ 生命や安全がおびやかされることへの不安

要介護状態にともなう ADL⁶ (➡ p.289 参照) の低下により，生理的欲求や安全欲求が充足されにくい状態になります。このことは，生命や安全がおびやかされることへの不安感などにつながります。介護では，まずは生理的欲求や安全欲求の充足が重要です。

❷ 人間関係，社会的活動の縮小

要介護状態は自立的な行動を制約することが多いため，人間関係や社会的活動が縮小しやすくなります。そのため，所属・愛情の欲求が満たされにくくなります。利用者の尊厳を重視した介護では，人間関係の構築が大きな課題になります。

しかし，人間関係の欲求や志向性には個人差があります。また，「だれとでも仲よく」ということは必ずしもこの欲求を満たすとは限りません。その人が求めている人間関係について理解をしたうえで，その関係構築の支援をしていくことが求められます。

❸ 自尊心の低下

要介護状態によってさまざまな活動や参加の制約が生じます。今までできていたことができなくなること，参加できていたのに参加できなくなったことによって，自尊心が低下しやすくなります。また，社会的活動の縮小は，もともとその人が自尊心をもっていた行動の価値を変化させます。自尊心の危機は，さまざまな防衛的な行動を引き起こす原因にもなります。何でも介護したり，何でも管理したりすることは，ますます自尊心を低下させる原因になります。

❹ 自己実現の阻害

急激に要介護状態になる場合もあれば，徐々に虚弱化が進行することで要介護になる場合もあります。それぞれの背景や過程を配慮しながら，その人が何を望んでいたのかを理解することが大切です。私たちの社会では自己実現の達成が重要視されており，要介護状態となっても，その欲求を理解し，支援しつづけることが大切です。

4. 不適応状態を緩和する心理

❶ 適応機制（防衛機制）とは

　欲求が充足されない状態（欲求不満の状態）が継続すると，心理的な不適応状態が生じやすくなります。それを緩和し，心理的適応（安心，満足など）を得るためのこころのはたらきのことを適応機制（防衛機制）といいます。

　もちろん，適応機制によって真の欲求に対する満足が得られるわけではなく，場合によっては社会的に不適応な行動を引き起こす場合もあります。

　要介護状態によって欲求が充足されない状態が継続していくことは，適応機制による行動を引き起こすことがあります。そうしなければ心理的に耐えられず，そうせざるを得なかったという場合もあります。

　すべての行動が適応機制で説明できるわけではありませんが，行動の背景にある心理的理解の1つの可能性だと考えてください。高齢者の適応機制には，表4-7のようなものがあげられます。

❷ 無力感や依存心の学習

　みずからの能力を使って環境にはたらきかけても効果がない状態が続くと，自分のコントロールの範囲を越えていることが認識され，無力感（自分では何もかもどうしようもない感覚）が生じやすくなります。無力感が生じると，そのあとに自力で可能なことがあっても，あきらめてそれに取り組まない傾向があらわれます。要介護状態は，それまで可能であった日常のさまざまなことを困難にするため，無力感が生じやすく，本来できるはずのことまであきらめてしまう原因ともなります。

　また，高齢者は心身機能の低下のために依存心をもちやすくなるといわれています。要介護状態になると，なおさら依存的になりやすいことが指摘されています。しかし，高齢者はみずからの心身の状態によってのみ依存的になるのではなく，環境のなかでの本人と他者との交流の結果，依存的になることを学習しているという考え方も示されています。

　たとえば，介護の場面では，依存的な行動を指示し，それに従わせる場面がみられます（「危ないから，1人で歩かないで待っていて」）。また，自律的な行動を失敗すると，しかられるといった「罰」を与えられることもあります（「こんなに散らかして！」）。このような環境においては，要介護高齢者は自発性を抑え，依存性が高まりやすくなり，そのことによってかえって介護の負担が増してしまいます。

　このような無力感や依存心は，介護の工夫によって，できる限り防ぐ必要があります。

表 4-7 ● 適応機制（防衛機制）の種類

攻撃	物や他者に対して，感情をぶつけたり，乱暴したりする。自傷といった自分自身への攻撃に向かうこともある。
逃避	困難な状況や場面を避けたり，ほかのことに熱中して問題に向き合うことを避けたり，空想の世界に逃れたりする。
退行	過去への逃避であり，現在の問題を避けるために楽しかった過去に生きようとする。赤ん坊や子どものようにふるまって受動的で依存的な態度を示すこともある。
拒否	課題となっている事実が存在しないかのようにふるまう。障害を認めなかったり，肉親の死を認めなかったりする場合もある。
隔離	ある観念からその人がもっている感情的な意味を切り離して，客観的に取り扱うことで不安を感じないようにする。自分に関連する問題であっても評論家のように論じる。
代償	本来の目標がかなわない場合に，容易に達成できる目標を達成することで満足を得ようとする。
合理化	自分の失敗や欠点をそのまま認めず，社会的に容認されそうな理由をつけて，正当化する。
昇華	基本的な衝動などを社会的に価値の高い方法に置き換える。たとえば，性や破壊の欲求をスポーツや芸術などに表現することで満足感を得る。
同一視	自分の欲求が満たされなくても，心理的に自分に近い他人の行動をあたかも自分のことのように感じて，欲求が満たされているように感じる。
投影	自分自身がもつ不安を引き起こす衝動や考えを否認し，他者にその衝動や考えがあるかのように考える。
抑圧	過去の不快な記憶が抑制されて，楽しいこと，いいことだけを思い出す。
反動形成	自分がもっている否認すべき感情と正反対の行動をとる。好きな人に乱暴な態度をとってしまうといった例があげられる。

第3節 高齢者に多くみられる症状・疾病等

1. 高齢者に多くみられる症状・訴えとその留意点

① 痛み（腹痛）

腹部には胃腸や肝臓などの消化器系と，腎臓・膀胱・生殖器などの生殖泌尿器系という大切な器官があります。腹痛の大半は，これらの器官に関連した病気によって起こるものです（図4-3）。

腹痛の原因となる病気のうち高齢者で留意したいものは，腸閉塞（イレウス），消化性潰瘍（☞第4巻 pp.272-273）（胃潰瘍や十二指腸潰瘍），大腸腫瘍の3つです。

腸閉塞の原因もさまざまですが，進行すれば嘔吐があらわれ，緊急手術が必要になる可能性もあります。

高齢者では，消化性潰瘍による腹痛はあまり強くあらわれません。たまたま見つかった潰瘍が驚くほど大きいこともしばしばあります。手術などのストレスや鎮痛剤のような薬剤による消化性潰瘍は頻度が高く，突然吐血して発症することがあります。

血液の混じった便が排出されたり便秘がひどくなったりしてきたら，大腸の腫瘍やポリープを疑います。その場合，肛門からカメラを挿入する大腸内視鏡検査を行うことになりますが，口から挿入する上部消化管内視鏡検査に比べて，事前の処置，検査中の苦痛など負担がかかります。

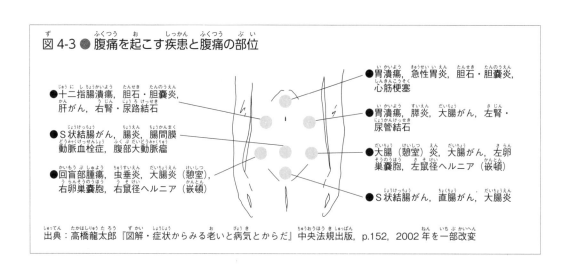

図4-3 ● 腹痛を起こす疾患と腹痛の部位

● 胃潰瘍，急性胃炎，胆石・胆嚢炎，心筋梗塞

十二指腸潰瘍，胆石・胆嚢炎，肝がん，右腎・尿路結石

● 胃潰瘍，膵炎，大腸がん，左腎・尿管結石

● S状結腸がん，腸炎，腸間膜動脈血栓症，腹部大動脈瘤

● 大腸（憩室）炎，大腸がん，左卵巣嚢胞，左鼠径ヘルニア（嵌頓）

● 回盲部腫瘍，虫垂炎，大腸炎（憩室），右卵巣嚢胞，右鼠径ヘルニア（嵌頓）

● S状結腸がん，直腸がん，大腸炎

出典：高橋龍太郎『図解・症状からみる老いと病気とからだ』中央法規出版，p.152, 2002年を一部改変

❷ 痛み（胸痛）

▶▶ 心臓や肺の血管疾患

　胸の痛みがあらわれた場合，まず疑うのは心臓や肺を流れている血管の病気です。その
なかでもっとも重要なのは，心臓に血液を送っている冠動脈の血栓で起こる心筋梗塞，心
臓から全身に血液を送っている大動脈の壁が剥がれて起こる大動脈解離，そして肺に流れ
る肺動脈の血栓症である肺梗塞（肺血栓・塞栓症）の３つです。いずれも適切な治療を早
く開始するかどうかでそのあとの経過が大きく変わってくることから，早期発見が大事な
病気です。ただし，後期高齢者では，心筋梗塞のときの胸痛があまり目立たないなど，非
典型的な場合も多いことに留意すべきです。

▶▶ 食道疾患や肋骨骨折なども念頭に

　腹腔にある胃や腸と違って，口腔につながっている食道は胸腔内にあるので，そこに起
こる疾患の症状には胸痛も含まれます。とくに，胃・食道逆流症 [7]（➡ p.289 参照）（逆流性
食道炎）では進行すると胸痛があらわれることもめずらしくありません。典型的なこの疾
患では，脊椎骨の変形による円背などが引き金となって，胃が食道のほうへ引きこまれ
（食道裂孔ヘルニアと呼びます），胃液が食道の粘膜を刺激して炎症を起こし，胸痛が出現
します。同時に胸やけをともなうことが頻繁にみられます。

　また，骨粗鬆症の頻度が高くなる女性高齢者では，脊椎骨や大腿骨の骨折などと同様
に，軽い胸部の打撲や外傷でも肋骨骨折が起こり，胸痛の原因になることがあります。ひ
びが入る程度のことが多く，1〜2 週間ほどで痛みも軽減していきますが，完全に折れた
り，複数の肋骨が折れたりすると，痛みのため呼吸も楽ではなく，入院が必要となるかも
しれません。

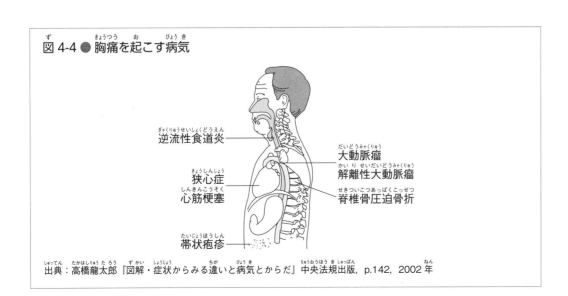

図 4-4 ● 胸痛を起こす病気

逆流性食道炎
大動脈瘤
解離性大動脈瘤
狭心症
心筋梗塞
脊椎骨圧迫骨折
帯状疱疹

出典：高橋龍太郎『図解・症状からみる違いと病気とからだ』中央法規出版, p.142, 2002 年

③ 痛み（筋肉・骨・関節）

▶▶ 関節や骨の慢性疼痛のおもな疾患

　今までなかったからだの節々の痛みが急にあらわれた場合には，外的要因による損傷（打撲，転倒など）をまず考えますが，数週間以上の時間をかけてあらわれる足腰や節々の痛みは慢性疼痛として，その原因と対策を考慮します。

　高齢者では関節や骨の疼痛[8]（→ p.290 参照）が問題になります。おもな疾患は，変形性関節症，関節リウマチ，腰背部脊椎骨の骨粗鬆症です。とくに多い症状として，腰痛や膝の関節痛があります。

▶▶ 変形性関節症

　変形性関節症（☞第 4 巻 p.265）は股関節と膝関節によくみられます。変形性股関節症は軽度の先天性股関節脱臼が年月を経て股関節の変形にいたったものが多く，変形性膝関節症は肥満によって膝に体重の負担が加わったためとされます。いずれも立ち仕事など，労働の影響も大きくみられます。

▶▶ 関節リウマチ

　関節の疾患でもっとも重要なのは関節リウマチ（☞第 4 巻 pp.264-265）です。左右の手指，手首，肘などの関節に対称性の腫脹，疼痛があらわれ，からだのほかの場所の関節にも広がっていくことが多い進行性の全身疾患です。

▶▶ 腰背部痛

　四肢の骨の骨粗鬆症（☞第 4 巻 pp.264-265）は骨折のしやすさという形であらわれます。骨粗鬆症による脊椎骨の変化としては圧迫骨折という骨の変形と，変形にともなう腰背部痛があらわれます。尻もちをついたあとに腰痛が出れば，脊椎骨のどこかに新しい圧迫骨折が起こったのではないかと疑います。きっかけがなくても圧迫骨折は発生します。

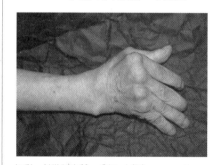

図 4-5 ● 関節リウマチにみられる手指の尺骨側への偏位

出典：高橋龍太郎『図解・症状からみる老いと病気とからだ』中央法規出版，p.92，2002 年

④ 発熱

▶▶ 頻度の高い感染症

　高齢者では，気管支炎や肺炎にかかってもあまり高熱が出ないことがあります。一方で，かなりの発熱が出現する感染症もあります。頻度の高いものとして，まず，尿路感染症があります。尿路感染症で高熱がある場合は，膀胱内で起こった細菌感染がひろがって腎臓の腎盂でも感染巣ができていると考えられるので，適切な抗生剤の投与が必須です。次に，胆道系感染症（胆嚢炎や胆管炎など）でも突然の発熱がみられます。時には急激に重症化することもあるので，もし疑われたら，腹部超音波検査やCTスキャン検査を実施することになります。褥瘡があるときには，そこでの感染から発熱することもしばしばです。これら尿路感染症，胆道系感染症，褥瘡感染のいずれも，血液内を細菌がめぐる重篤な状態である敗血症を起こすことが多く，敗血症性ショックにいたる場合もあります。

▶▶ ウイルス性感染

　細菌性感染と並んで，ウイルス性感染もめずらしくありません。代表例は，インフルエンザとノロウイルスによる胃腸炎です。インフルエンザは毎年，冬期を中心に流行する気道系の感染症で，A型，B型を中心に流行しますが，年によって流行するタイプが変化するため，それを予想してワクチン接種が行われます。インフルエンザウイルスの増殖や二次的な細菌感染によって生命の危機も起こります。

　ノロウイルス胃腸炎は，施設や病院などで集団感染を起こすこともあるウイルス性感染で，生牡蠣による食中毒として昔から知られていましたが，近年，その原因ウイルスが特定されました。集団感染を予防する対策が重要です。

▶▶ 環境変化による発熱

　臥床していることの多い要介護高齢者や，やせて低栄養状態の高齢者では，基礎代謝が低下して体温の維持機能がうまくはたらかず，室温の上昇や寝具内の暖房器具によって発熱することがあります。その重症例が熱中症で，死亡することも少なくありません。

▶▶ めまいの自覚症状

　めまいといっても，自覚症状の内容はさまざまです。立ちくらみや，目の前が真っ暗になって失神するようなめまい，目がぐるぐる回るような方向のはっきりしている回転性のめまい，そして，酩酊してからだがふらふら動揺するような不快感をともなうめまいがあります。高齢者ではいずれのめまいもみられますが，おもな原因は中年期までとは違ってきます。

▶▶ 回転性のめまい

　回転性のめまいは本人も明瞭に自覚でき，はっきり訴えることができるでしょう。高齢者では，良性発作性頭位眩暈症が頻度の高いものの1つです。ある決まった頭の位置をとると，グラグラという回転性のめまい，時には非回転性のめまいが数秒から数十秒起こります。頭の位置が変わるとめまいも消失しますが，同じ位置に戻ると再びめまいがあらわれます。

▶▶ 動揺感をともなうめまい

　動揺感をともなうめまいは，脳動脈硬化が進んだ高齢者によくみられるものです。発作的でも激しいものでもありません。数か月以上持続する慢性のめまいとしてあらわれ，聴力検査や眼振検査では異常がみられず，脳のCTスキャンでは小さな梗塞巣がいくつも認められることがあります。

　一方，**脳梗塞**[9]（➡ p.290 参照）のような脳卒中の発作直後にめまいが出現することがあります。とくに，**意識障害**[10]（➡ p.290 参照）をともなっている場合はすみやかに医療機関を受診する必要があります。

▶▶ 立ちくらみや失神をともなうめまい

　立ちくらみや失神をともなうめまいは，転倒・転落事故や骨折に直接つながるため，注意が必要です。脳は血液量が不足すると敏感に反応して，立ちくらみや失神を起こします。このようなことを起こしやすい例として，降圧剤の過量投与による低血圧，心不全による低血圧や不整脈による血流低下，そして，ADL（とくに食事後，排泄後，入浴中）にともなう一過性の低血圧があります。

⑥ 体重減少・食欲不振

▶▶ 高齢期における体重減少・食欲不振

　食事の状況を家族や職員が把握できる場合は，食欲の変化に気づくことができるでしょう。一人暮らしや高齢の夫婦世帯などでは，数か月に１回程度体重を測定する機会を設けたいものです。

　食が細くなりがちな高齢者といえども，体重が１か月で2kg以上減少したら，何らかの疾患を疑うべきです。高齢前期であれば悪性腫瘍の可能性があり，それを疑わせるようなそのほかの症状の有無を確かめます。高齢後期では食欲低下が単独であらわれることも多く，悪性腫瘍以外にうつ病やうつ状態，慢性疾患の悪化（心不全，呼吸不全，腎不全などの慢性臓器不全の増悪）などを念頭におくべきでしょう。

▶▶ 体重減少・食欲不振があらわれる消化器疾患

　体重減少や食欲不振があらわれる消化器疾患として，胃潰瘍，胆嚢がん，大腸がん（☞第４巻 pp.272-273）の頻度が高いようです。

　胃潰瘍では，突然嘔吐したり，**胃穿孔**[11]（➡ p.290 参照）によってはじめからショック状態になったりする場合もあります。

　胆道系の腫瘍が大きくなって胆汁の流れをさまたげれば黄疸があらわれますが，胆嚢の中だけにとどまる胆嚢がんの場合は，ほかの症状もとぼしく，血液検査で ALP[12]（➡ p.290 参照）の高値だけが認められたりします。同様に，大腸がんの場合も，血便以外のほかの症状はあまりみられません。

▶▶ 低栄養の原因と典型的な症状

　高齢期に食欲が低下して栄養を維持できなくなる原因としては，社会・家庭環境の変化が重要です。配偶者と死別して単身生活になったこと，親しい友人や家族との別れ，転居，退職，思いがけない入院などがきっかけで適切な栄養をとれなくなってしまうことも多くみられます。

　たとえ二世代，三世代家族で生活していても，高齢者の食事が別につくられ，淡白な嗜好に合わせるうちに栄養のバランスがくずれていることも少なくありません。

　低栄養がかなり進行した場合の典型的な症状は浮腫（むくみ）で，足関節や下腿にあらわれ，ひどくなると背面や上肢にも広がります。

❼ しびれ

▶▶ しびれの症状とあらわれ方

しびれは，痛みと同じように本人にしかわからない症状なので，急にあらわれた場合ならともかく，本人がはっきり訴えなかったり，反対に始終訴えたりすると，まわりの人は気に留めないことも多いものです。

長く座っていたり，手を枕にうたた寝していたりすると，だれでもしびれを経験します。このときに感じるしびれの原因は，神経の機能不全や血流途絶のためと考えられ，一時的か持続的かの違いがあるにしても，大半の慢性のしびれの起こり方によく似ていると考えられます。

からだの別の部位に，疼痛のようなより強い知覚刺激があると，しびれがあまり気にならないこともあります。

ほとんどのしびれは手足にあらわれますが，その理由は神経の分布の密度と関係があるようです。もっとも敏感なのは手の指先で，指全体，手のひら，腕と上がっていくにしたがって，神経の分布もまばらになります。足についても同様です。

▶▶ しびれの原因

しびれの原因としてもっとも頻度の高いのは，加齢そのものによる場合でしょう。高齢者における手足の末梢神経障害の頻度はきわめて高く，半数をはるかに超えるとする指摘もあります。急速に進行したり深刻な事態になったりすることはめったにありませんが，手先の器用さが失われたり，細かい動作がむずかしくなったりするなど，生活のなかでの不自由さに直結する可能性があります。

次に多いのが，物質代謝にかかわる疾患が進行したときにあらわれる神経障害です。そのなかでも糖尿病と慢性腎不全のときの神経障害の頻度が高く，治療も容易ではありません。

最近目立ってきたのが神経系疾患です。**頸椎症**[18] (➡ p.290 参照) や後縦靱帯骨化症 (☞第4巻 p.278) が代表的なものです。両手のしびれから始まり，進行すると手を動かすことにも影響してきます。また，脳血管障害の一症状として，運動麻痺の程度とは関係なく感覚障害が強く残ることがあります。なかなか軽減しない持続性のしびれがみられ，長期にわたって本人を悩ませます。

⑧ 浮腫（むくみ）

▶▶ 浮腫（むくみ）の症状とあらわれ方

浮腫（むくみ）があらわれる理由の１つに，血管のはたらきの弱まりがあります。立ち仕事を長くやっていた人にみられる膝下から足首にかけての浮腫や，脳卒中で半身が麻痺した人にみられる麻痺側の浮腫などがその典型です。

▶▶ 浮腫（むくみ）の原因

おもな原因は静脈にあります。静脈血はごく弱い力で重力に反して心臓に戻ってくる血液なので，足を動かさないで長く立っていたり，臥床していたりすると，下肢の筋肉収縮にともなう静脈血を心臓に押し上げる力（レッグパンピング）が弱まるため，浮腫が出現しやすくなるのです。このような浮腫が出現したときは，同時に下肢の静脈で血栓ができやすく，エコノミークラス症候群（旅行者血栓症）[14]（➡ p.290 参照）や手術後の静脈血栓症も同じメカニズムで発生します。

もう１つの浮腫の原因は，血液成分の変化によるものです。アルブミン[15]（➡ p.290 参照）という血液中のたんぱく質成分は血液に粘り気を与え，物質の移動や交換に重要な役割を果たしていますが，そのためにはアルブミン濃度が一定水準以上に保たれている必要があります。アルブミンは食事中のたんぱく質を材料として肝臓でつくられるので，食事をとる量が低下し，低栄養になると血液中の濃度も下がってきます。その結果，血管のなかにとどまっている水分を保持する力が弱まって，水分が血管と臓器のあいだのスペースにもれ出して浮腫になります。

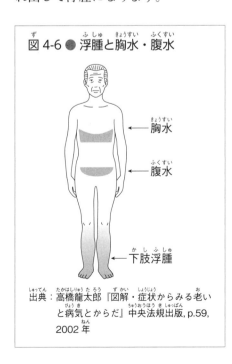

図 4-6 ● 浮腫と胸水・腹水

胸水
腹水
下肢浮腫

出典：高橋龍太郎『図解・症状からみる老いと病気とからだ』中央法規出版，p.59，2002 年

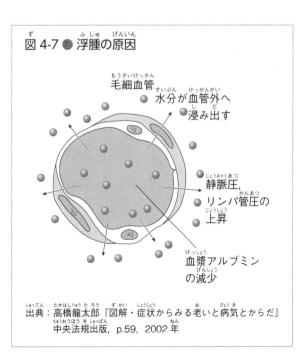

図 4-7 ● 浮腫の原因

毛細血管
水分が血管外へ浸み出す
静脈圧，リンパ管圧の上昇
血漿アルブミンの減少

出典：高橋龍太郎『図解・症状からみる老いと病気とからだ』中央法規出版，p.59，2002 年

9 咳・痰

　高齢期になると，空気中のほこりや異物を外に押し出すはたらきが弱まって，咳が出やすくなります。とくに喫煙者ではその傾向が強く，一般の人より高頻度に咳や痰が出ます。慢性の咳の原因でもっとも多いのは**閉塞性換気障害**[16]（➡ p.291 参照）といわれる病態です。病名としては慢性気管支炎，または肺気腫のことで，この2つの病気を合わせて慢性閉塞性肺疾患（COPD）（☞第4巻 pp.268-269）といいます。長年の喫煙習慣や汚れた空気の環境下で生活したために，酸素と炭酸ガスのガス交換が行われる気管支や**肺胞**[17]（➡ p.291 参照）が破壊されて，ガス交換をうまく行えなくなった状態です（図 4-8）。

　今まであまり咳のみられない高齢者に咳が出現した場合，感染症の可能性もあります。そのなかでも肺結核は忘れてはならないものです。長期間，肺の奥のほうで息をひそめていた結核菌が，体力低下に乗じて再び勢いを盛り返すことがあります。また，病院や施設など集団で生活しているところでは，湿気の多い場所に繁殖する**レジオネラ菌**[18]（➡ p.291 参照）による肺炎も重要なものです。適切な治療が遅れると，集団発生から多数の死亡者を出すことがあります。

　からだを動かすと息切れしやすくて咳が出るときには，心不全のように，心機能が低下している可能性もあります。また，消化器疾患では胃・食道逆流症（逆流性食道炎）（☞第4巻 p.272）が大切です。胃液が食道下部に逆流して食道を傷つけるもので，おもな症状は胸やけですが，同時に咳が出ることも多いのです。

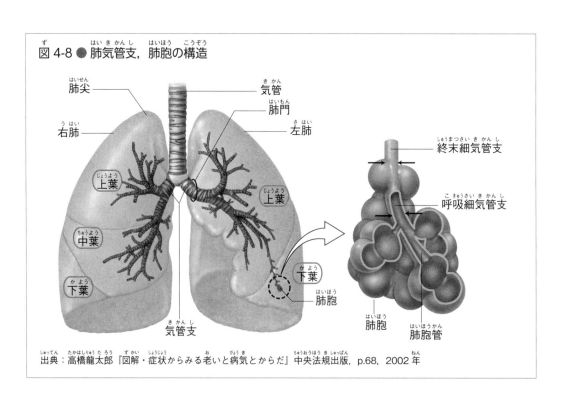

図 4-8 ● 肺気管支，肺胞の構造

肺尖
気管
肺門
右肺
左肺
上葉
上葉
中葉
終末細気管支
下葉
呼吸細気管支
肺胞
気管支
肺胞
肺胞
肺胞管

出典：高橋龍太郎『図解・症状からみる老いと病気とからだ』中央法規出版，p.68，2002 年

⑩ 息切れ・息苦しさ

▶▶ 息切れ・息苦しさと心肺機能

　息切れや息苦しさは，心臓と肺の両方のはたらきに関連した症状です。どちらも生命活動の基本をになっている器官で，心肺機能というように合わせて表現されることもありますが，その機能は異なっています。

　ポンプ作用をもつ心臓の調子が落ちて，血液をうまく押し出せない状態を心不全（☞第4巻 pp.274-275）といい，肺胞が破壊されたり，伸び縮みが悪くなったりして，老廃物の炭酸ガス（二酸化炭素）と大気中の酸素とをうまくガス交換ができない状態を呼吸不全と呼びます。

　心臓と肺はまったく異なる機能を果たしていても，そのはたらきが不調になったときには，いずれの場合も「もっと酸素を供給してほしい」とからだが要求する共通の症状が息切れや息苦しさです。自分で息切れを訴えられない場合でも，肩や胸壁の動きを観察すれば，呼吸する回数が増えていることや荒い呼吸の様子がわかるでしょう。

▶▶ 心不全と呼吸不全の原因

　心不全を引き起こす病気で多い原因は虚血性心疾患（☞第4巻 p.274）と高血圧性心疾患です。虚血性心疾患は，心臓に酸素や栄養を供給している3本の冠動脈（図4-9，右冠動脈と，左冠動脈から分かれる前下行枝と回旋枝の3本）の動脈硬化・血栓によって起こるもので，一時的な血流障害である狭心症と完全な血流遮断をきたす心筋梗塞があります。長期にわたる高血圧症の病歴がある人では，その持続的な圧力負荷によって心肥大，心機能低下をきたすことがあり，これを高血圧性心疾患といいます。

　呼吸不全の原因としてもっとも多いのは閉塞性換気障害を起こす慢性閉塞性肺疾患（COPD）です。在宅で酸素を吸入する在宅酸素療法（HOT）の主要な基礎疾患です。

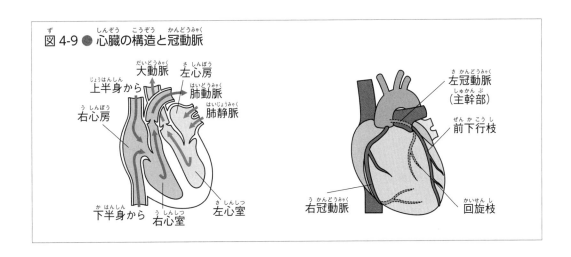

図 4-9 ● 心臓の構造と冠動脈

⑪ 掻痒感（かゆみ）

▶▶ 高齢者と掻痒感（かゆみ）

　通院している高齢者の5人に1人が何らかの皮膚症状をもっているといわれますが，そのなかでもとりわけ多いのが掻痒感（かゆみ）の訴えです。皮膚症状や皮膚疾患で生命にかかわることはほとんどないとしても，なかなかよくならない掻痒感はQOLを低くするに違いありません。

▶▶ 掻痒感（かゆみ）の原因

　掻痒感の原因には，皮膚組織で炎症が起きたり，発疹があらわれたりといった皮膚そのものに問題がある場合と，皮膚以外の要因によって皮膚症状があらわれている場合とがあります。

　皮膚そのものに問題がある場合の代表が皮膚掻痒症で，発疹などはなく，かゆみだけが強い皮膚疾患です。そのほか，**皮脂欠乏性皮膚炎**[19]（➡ p.291 参照），**接触性皮膚炎**[20]（➡ p.291 参照）や**脂漏性皮膚炎**[21]（➡ p.291 参照），かびの一種である糸状菌による白癬，ヒゼンダニによる疥癬（☞第4巻 p.281），そして湿疹や痒疹などが高齢者ではみられます。

　一方，皮膚以外の要因によって皮膚症状があらわれている場合の代表は，内臓疾患や代謝性疾患によるかゆみと，薬剤による薬疹です。内臓疾患としては腎不全や肝・胆道疾患，糖尿病のときに頑固な皮膚掻痒症がみられます。

▶▶ 皮膚の老化

　皮膚の老化には，年齢以外に日光(紫外線)にあたっている時間の長さが大きくかかわっています。屋外でする仕事に長く従事したり，過度の日光浴を習慣的に行っていたりすると，皮膚の老化はいちじるしく早まります。紫外線は色素を産生するメラニン産生細胞を刺激して皮膚がんを起こすものとして知られていますが，しわやしみを促進する要因でもあります。

図 4-10 ● 疥癬

臍周囲に広がった疥癬による発疹，丘疹。

出典：高橋龍太郎『図解・症状からみる老いと病気とからだ』中央法規出版，p.111，2002 年

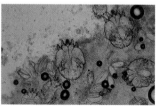

図 4-11 ● 疥癬虫と虫卵

顕微鏡による疥癬虫（ヒゼンダニ）と虫卵。

出典：高橋龍太郎『図解・症状からみる老いと病気とからだ』中央法規出版，p.111，2002 年

⑫ 不眠（睡眠障害）

▶▶ 高齢期の睡眠の特徴

　布団に入ると数分後には寝入ってしまうという高齢者もいますが，なかなか眠れないことで悩んでいる人は少なくありません。家族からみると，本人が訴えるほど寝ていないわけではないこともあるかもしれません。しかしながら，高齢期の睡眠の特徴として，深い眠りと浅い眠りのリズムがくずれてくることがわかっており，熟睡感といった眠りの質が低下している場合も多いようです（☞第4巻 p.144）。

▶▶ 高齢前期にみられる不眠

　高齢前期ではしばしば不眠（☞第4巻 p.145）になった具体的なきっかけがあります。たとえば，配偶者の死，自分の病気，家族関係での悩みなどで，このような不眠は，うつ病（気分障害）や神経症の徴候であることもあります。また，生活全体の活気がなくなり，社会的交流をしなくなったりもします。睡眠薬（☞第2巻 p.448）や抗うつ剤を服用すると効果がみられることも多いのですが，服薬を中止しにくくなる点が問題です。

▶▶ 高齢後期にみられる不眠

　高齢後期になると，最近の出来事といったきっかけよりも，慢性疾患による生活障害や，睡眠リズムそのものの変化などが不眠の背景にあると考えられます。睡眠剤により転倒や呼吸障害が起きてしまうと，本人が感じている不眠の苦痛よりも転倒などに目が向けられ，訴えは軽視される傾向にあります。閉じこもりがちの生活をしている場合，外出や社会交流の機会を増やすこと，通所サービスを利用して生活にリズムをつけることが望まれます。

▶▶ 不眠の種類

　不眠には，「なかなか寝つけない」「いったん眠っても目が覚めてしまう」「朝早く目が覚めてしまう」のようないくつかの種類がありますが，高齢になるにつれ，後2者のタイプが増えてくるようです。

　生活をともにする人から「夜寝られなくても昼寝をよくしていますよ」「寝られないといってもよく寝てましたよ」という言葉を聞くことがありますが，たとえ不眠の解消が困難であっても，熟睡感の不足という意味では本人の訴えとして受けとめるべきでしょう。

⓭ 便秘

▶▶ 高齢者と便秘

　下痢が治ったあとや忙しくて寝不足のとき，眠れないときに便が出にくい経験はだれもがもっています。あたりまえのようですが，まったく同じ理由で認知症の人や臥床していることの多い高齢者も便秘になることがあります。

　高齢者の半数が便通の問題をもち，施設利用者では7，8割にも達するといわれます。排便をいかにうまくコントロールするかということは本人や介護職を大いに悩ませるもので，ひどい苦痛をともなうこともめずらしくありません。便秘がひどくなると，腸のなかに停滞している便もかたさをまして宿便と呼ばれる状態になり，腹部のX線写真に便のかたまりの陰影が映ることもあります（図4-12）。

▶▶ 便秘の原因

　高齢者の便秘の原因は，腸の病気によるもの（**器質性便秘**⊠（➡p.291参照））よりも，腸の動きが悪いもの，排便のタイミングやプライバシーのなさといった環境によるもの（**機能性便秘**⊠（➡p.291参照））が大半を占めます。

　機能性便秘の原因として，過去に受けた腹部の手術に関連している場合と，服用している薬剤の影響による場合があります。薬剤の副作用のなかでも消化器症状はもっとも頻度の高いものです。

　高齢者でみられる器質性便秘の多くは大腸がん（☞第4巻pp.272-273）です。本人からの訴えがとぼしい場合，家族やまわりの人が異変に気づくまでわからなかったり，便に鮮血が混じって気づかれることも多いものです。成人検診で実施される便の潜血検査は，高齢者にも簡便に行える検査として有用で，もし陽性の結果が出たら，少しあいだをおいて，数回くり返してみるとよいでしょう。

図4-12 ● 便のかたまりのX線写真

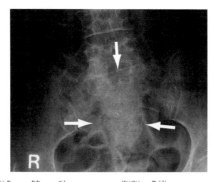

注：臥床状態が続き，腸運動が低下して大きな便のかたまりを形成（矢印）
出典：高橋龍太郎『図解・症状からみる老いと病気とからだ』中央法規出版，p.34，2002年

⑭ 下痢

▶▶ 高齢者と下痢

からだの不自由な高齢者にとって，下痢はやっかいなものの１つです。下痢が続くと，トイレに行くことを気にして外出をひかえるようになったり，食事をひかえて体力を消耗したりして，急速に活動量の低下を招くことがあります。

まず，感染症によるものであるかどうかを見きわめることが大切です。ウイルス性のものと細菌性のものがあります。程度の差はあっても，嘔吐ないし吐き気，発熱，食欲不振をともなうことがほとんどで，下痢症状だけがみられることはまれです。

▶▶ ウイルス性の下痢

ノロウイルス[24]（⇒ p.291 参照）による下痢症では，ウイルスに強力な感染力があり，まわりの人にも急速に広がるかもしれないので，疑われる場合には，予防のための手洗いや消毒を徹底するとともに，医療機関の受診を要します。

▶▶ 細菌性の下痢

細菌性の下痢症のなかで対応がむずかしいものとして，通常の抗生物質の効きにくい薬剤耐性菌による下痢症があります。メチシリン耐性黄色ブドウ球菌（MRSA）[25]（⇒ p.292 参照）が有名ですが，ほかにも何種類もの薬剤耐性菌が知られており，抗生物質治療を受けてきた入院歴のある高齢者に多くみられます。

▶▶ 感染症以外の下痢

感染症以外による下痢症としては，便秘によるものがあります。身体活動がとぼしい高齢者では，下部大腸あたりに排出されない便が宿便となって，排泄される便は消化不良の下痢であったり，便汁が排泄されたりすることもあります。また，下剤を服用している場合，服用量の加減がうまく調節できず，かえって下痢便になってしまうこともしばしば起こることです。

排便を適切にコントロールするためには，水分摂取や身体活動をできるだけ増やすことは当然ですが，排泄空間のプライバシーや排泄時の姿勢の重視，乳製品や食物繊維を多く取り入れる工夫もぜひ行いたいものです。

▶▶ 高齢者と誤嚥

　二本足で歩行ができ，食事をとるだけでなく，話をするというほかの動物にはない能力を人間は獲得しました。しかしそれにともなって，むせやすいという性質ももってしまいました。声を共鳴させるために喉の奥に空間ができたこと，そして，からだを地面に対し垂直にして食べるために，ほかの動物に比べて，食物が気道系（喉頭から気管，気管支）に入りこみやすいのです。とくに，喉頭蓋という気管への誤嚥（☞第2巻p.396）を防ぐふたの開閉が悪くなると，その危険性は高まります。

▶▶ 誤嚥予防としての口腔ケア

　食事中に咳きこんだり，むせたりする高齢者では，誤嚥，窒息の危険性があるので，口腔ケアを行うこと，飲みこみやすいように食材の調理を工夫することが大切です。
　口腔ケア（☞第2巻pp.318-319）の基本は，食後のブラッシングやデンタルフロスによって**食物残渣**㉖（➡p.292参照）を取り除くこと，口腔清掃によって歯垢の付着をできるだけ少なくすることです。これによって細菌を含んだ唾，痰，歯垢などを睡眠中に誤嚥するために起こる不顕性肺炎を予防することができ，また，口腔の清涼感から食欲増進にもよい効果を発揮するといわれています。

▶▶ 誤嚥予防のための調理の工夫

　嚥下しやすい献立としては，マッシュ状のものや茶碗蒸し・卵豆腐などがあります。水はむせやすいですが，コンソメスープやポタージュスープ，牛乳などとろみがあるものは，栄養もとりやすく，比較的むせることも少ないようです。また，1回の摂取量が少なすぎてもむせやすいことがあり，大き目のスプーンなど，その人に合った適当量を観察しながら介助することが大切です。

図 4-13 ● ビデオ嚥下造影写真

気管と食道の分岐部に
造影剤がかたまっている

気管のほうに造影剤が
誤嚥されている

出典：高橋龍太郎『図解・症状からみる老いと病気とからだ』中央法規出版，p.73，2002年

⑯ 出血

▶▶ 出血の種類

　私たちのからだのはたらきを支える酸素と栄養素は，血液によって運搬されているので，血管は全身をくまなく張りめぐらされており，外部からの傷害や内部の病気によって血管から出血が起こります。口から血が出る喀血（血痰）や吐血，便に血が混じる下血や血便，尿に血が混じる血尿があります。

▶▶ 喀血

　以前，肺結核が国民病といわれたころ，喀血は肺結核のもっとも一般的な症状でした。喀血は気管支など気道系組織からの出血であり，吐血とは違って吐き気や食物残渣の嘔吐などをともなうことはなく，咳きこんだとき咳といっしょに出ることが多いものです。気管支の炎症など慢性の肺疾患があると突然喀血することがあります。血痰（痰に血が混じる）がある場合は，出血が少量であっても肺がんなどによることがあり，要注意です。

▶▶ 吐血

　消化器疾患に起因する吐血は，頻度が高いものです。一般の人が吐血に出会うと驚いてしまうものですが，実際の出血量は数十 cc 程度です。出血が続いていれば，早めに出血源を確かめることが必要です。真っ赤な新鮮血を吐くときには，動脈から出血している可能性があり，緊急の処置をしなければなりません。

▶▶ 下血

　排泄動作が自立している高齢者の下血は，本人が訴えない限り見過ごされやすいものです。胃や十二指腸など，上部消化管からの出血では，出血している場所から排泄されるまでにかかる時間と出血量によって，便全体が黒っぽくなったり，タール便と呼ばれる黒いドロッとしたコールタール状の便になったりします。

▶▶ 血便・血尿

　大腸ポリープや大腸がんでは，腫瘍がある程度大きくなると，便に血液が混じって血便として排出されます。初期には微量な血液を検出する便の潜血反応検査をしないと異常はわかりませんが，そのうち便に新鮮な血液が付着したり，血液と混じり合った便が排泄されたりします。血尿も，ある程度の出血量にならないと肉眼ではわからず，尿の潜血反応検査で検出されます。この検査は高齢女性ではしばしば陽性になり，すぐに病気というわけではありませんが，慢性の膀胱炎や膀胱がんのこともあります。

▶▶ 熱中症

　熱中症になる人のおよそ半数は高齢者で，特別な活動中ではなく部屋の中で発見される場合がもっとも多くみられます。野外でのスポーツ活動や屋外作業，道路や田畑での仕事の最中に発生することもめずらしくなく，暑い日，とくに急に暑くなってからだがまだ慣れていないころは年齢を問わず注意が必要です。熱中症とは，日射病や熱射病と呼ばれるものと同じ状態で，生命にとって危険なほど体温が上昇して高体温症になっていることがその本態です。

▶▶ 熱中症の発生

　人間は，体温を一定の範囲内に維持して生命活動を営む恒温動物ですから，体温が異常に上がったり下がったりすると生命の危機に瀕することになります。一方，熱中症のような体温上昇に対して敏感に反応する器官が脳です。脳内の温度が上がると，その程度によって軽い意識障害から死にいたる可能性が出てくるので，発汗によって熱を体外に逃がし体温の維持をはかります。しかしながら，汗をかいて体内の水分が失われているにもかかわらず，不足分がおぎなわれないと，発汗では対応できず体温は上昇しはじめます。その過程で適切な対応が行われないと重篤な状況におちいるのです。

▶▶ 熱中症の重症度

　熱中症の重症度は，症状や意識障害の程度によって3段階に区分されます（表4-8）。軽症例では，大量の発汗，めまいや立ちくらみ，筋肉の痛みなどがあらわれます。意識が清明といえない状態であれば危険が差し迫っているかもしれません。病状は急激に変化することがあるので医療機関に搬送する必要があります。体温が高く（通常38℃以上），けいれんなどがあれば一刻の猶予なく救急外来への搬送を要請します。

▶▶ 熱中症を起こしやすい原因

　高齢者が熱中症を起こしやすい身体面の原因は，発汗機能と口渇感覚の低下にあると考えられます。あまり水分をとらないようであれば家族や介護職が飲水をうながす必要があります。また，風通しの悪い室内ではからだに熱がこもりやすく，湿度が高いときはとくに注意します。一般に熱中症は，気温がもっとも高くなる時期の少し前，暑くなり始めのころに多発する傾向があります。これは，からだがまだ暑さに慣れておらず順応力が不十分なためと思われます。

　暑い日には外出をひかえたり，活動を早朝や夕方に変えるのがよいでしょう。熱帯夜には，室内で寝ていても発症する可能性が十分あります。窓からの直射日光の熱をさえぎる

ブラインドやカーテン，遮熱に効果がある窓用シートなども予防によいでしょう。また，そのような対応をしたとしても，高温の日やその夜は扇風機やエアコンによる室温管理が必要です。こまめに水分を補給するのも大切なことです。

表 4-8 ● 熱中症の重症度

段階	重症度	症状	対応
Ⅰ度	軽症，現場での応急処置で対応	めまい，生あくび，立ちくらみ，大量の発汗，筋肉痛や筋肉の硬直（こむら返り），意識障害を認めない	涼しい場所で安静，からだを冷やす，水分・塩分補給
Ⅱ度	中等症，基本的に病院へ搬送	頭痛，気分の不快，吐き気，嘔吐，倦怠感，虚脱感，意識状態はややぼんやりする	現場でⅠ度の対応をしつつ医療機関へ搬送
Ⅲ度	重症，入院して集中治療が必要	明らかな意識障害，けいれん発作，手足の運動障害，高体温（体表面が熱い）	救急搬送，集中治療

出典：日本救急医学会「熱中症診療ガイドライン2015」p.7，2015年をもとに筆者作成

⑱ 貧血

▶▶ 貧血

　貧血とは，血液中の赤血球量が減少し，血が薄い状態のことです。たとえば，人ごみのなかでくらくらして気分が悪くなったり，立ち上がろうとしてふらふらしたりするのは，貧血の症状のなかの脳貧血のことをいいます。これは，脳を流れる血液量が足りずに一過性の脳血流障害を起こした状態です。その原因は，若年層では自律神経のバランスの乱れ，中年以降では，脳に血液を送る心臓拍出量の減少（重症の心不全や40心拍／分以下の徐脈など）と血液中の赤血球量が減少した場合とがあります。貧血の症状としては，脳貧血以外に，倦怠感，息切れ・動悸などがよくみられます。

▶▶ 貧血の原因

　血が薄くなる原因の1つは，からだのどこからか出血が続いて血液が失われ，造血が追いつかない場合です。その多くは胃腸など消化管からの潰瘍やがんです。また，腎臓機能が中程度以上低下すると，腎臓でつくられているエリスロポエチンという造血ホルモンの分泌が不足して貧血になります。胃をすべて摘出した人のなかには，造血作用のあるビタミンB_{12}が足りなくて貧血になる人がいます。高齢者のなかには，骨髄の造血機能がおとろえて，赤血球ばかりでなく白血球，血小板も低下する骨髄異形成症候群も時々みられます。また，食事をとっていても，内容のかたよりが長く続くと体内の鉄分量が不足して貧血になることもあります。

表4-9 ● 貧血の種類と原因

種類	原因	対応
鉄欠乏性貧血	消化管からの出血や食事からの鉄分摂取不足	原因疾患治療，鉄剤投与
腎性貧血	エリスロポエチン不足	エリスロポエチン投与
悪性貧血	胃全摘（ビタミンB_{12}不足）	ビタミンB_{12}投与
骨髄異形成症候群	骨髄の病的機能低下	血液内科での精査・治療

⑲ 脱水症

▶▶ 脱水症

　私たちのからだの中の水分は3か所に分布しています。1つ目は全身を流れている血液中の水分です。2つ目はからだの臓器を構成している細胞の中にある水分です。3つ目は，細胞と細胞のあいだや組織と組織のあいだに分布する水分で，これが異常に増えると浮腫となってあらわれます。

　脱水症とはからだ全体の水分量が減少した状態をさします。細胞の中の水分量が減るとエネルギーをうまく利用できなくなり，とくに，脳細胞では脳機能低下を起こし，意識障害から昏睡にいたる致命的な結果となります。

　飲水量が少なかったり下痢などで水分が失われると脱水状態になります。乾燥による唾液の減少，口腔内や皮膚のかさつきは大事なサインです。また，尿量，尿回数の減少や尿の色が濃くなっている点にも注意が必要です。進行すると，血圧が下がったりふらつきや失神が起きたりします。筋肉のけいれんや意識障害がみられるのは生命の危機が迫っているときなので緊急の医療処置が必要です。

▶▶ 脱水症予防のための対応

　活動量が落ちている高齢者では，水分を欲せず，自分で積極的に水分をおぎなう習慣がなくなっています。とくに，認知機能のおとろえがあって判断力が低下している場合は介護職が適度な補給を心がけなければなりません。あまり水分をとらない高齢者には，1回に提供する量を少なめにして食事のときや就寝前などこまめに回数を増やし，麦茶やスポーツドリンク，スイカなどの果物といったいろいろな補給源を利用します。

2. 介護を要する高齢者によくみられる病気・病態

❶ 生活習慣病

▶▶ 成人病から生活習慣病へ

　以前，中高年期に罹患者（➡ p.292 参照）が増加し，心身の障害や死亡と密接な関係を示す疾患群を「成人病」と呼んでいました。近年，それらの疾患の多くが日常生活の様式や習慣がもととなって発病することがわかってきました。そこで成人病に代わって，生活習慣病という名称で呼ばれることになりました。

▶▶ 生活習慣病に含まれる疾患

　生活習慣病に含まれる疾患としては，運動・活動状態や食生活と密接な関連のある糖尿病，高血圧症，脂質異常症（高脂血症），痛風（高尿酸血症），アルコール性肝炎などが代表的なものです。また，これらの疾患が引き金となって発症するといわれている脳血管疾患や冠動脈疾患（狭心症や心筋梗塞），閉塞性動脈硬化症など動脈硬化性の血管病や，肺がん，大腸がんなどの悪性新生物も生活習慣病の範疇に入れられています。

▶▶ 生活習慣病の対策

　厚生労働省から生活習慣病対策を中心として考え方や指針が示されていますが，どの疾患を含み，どの疾患を除外するかというような厳密な定義や基準はありません。

　現在は，食事や運動，禁煙，適度なアルコール摂取ばかりでなく，適度な休息や睡眠も重要であるとされており，一人ひとりの生活スタイルに合った対策が求められます。

▶▶ 3 大生活習慣病

　生活習慣病のなかでも，がん（悪性新生物），心疾患（心臓病），脳血管疾患（脳血管障害，脳卒中）は日本での死因の上位を占めている病気で，さまざまな生活習慣の乱れや，その結果起こるほかの生活習慣病が引き金になっている場合が少なくありません。そこで，健康維持にとって重要なこれら 3 つの病気を 3 大生活習慣病と呼ぶことがあります。

　3 大生活習慣病の背景にある生活習慣の乱れはさまざまですが，ほかの生活習慣病と同様に，不適切な食生活・運動不足・過度の飲酒・喫煙・ストレスなどが大きくかかわっています。これらの生活習慣の乱れに加え，加齢や遺伝的要因が重なり合って，病気の発症につながっていると考えられています。

表 4-10 ● 介護を要する高齢者によくみられる病気・病態 （その1 生活習慣病）

病名	特徴	介護職が知っておくべき点
脳血管疾患（脳血管障害，脳卒中）	脳組織に栄養と酸素を送る脳血管の血栓や出血による破綻状態で，脳梗塞，脳出血，くも膜下出血に区別される。	中程度以上の発作では症状や観察から判断できるが，軽い脳梗塞は確定診断がむずかしいので，CTやMRIなどで検査を行う。
心筋梗塞	心臓の栄養血管を「冠動脈」といい，その動脈に起こった血栓症のことである。冠動脈は左右に分岐，左はさらに2本に分岐し，計3本である。	前胸部の胸痛がなく，圧迫感や不快感，あるいは胸部症状がまったくなくて，心不全やショック状態となって気づかれることがある。
高血圧症	安静時に複数回測定した血圧が，いずれも 120 ／ 80mmHg 未満である場合を正常血圧，常にどちらかが 140 ／ 90mmHg 以上の場合を高血圧とする。	加齢にともない収縮期（最高）血圧が上昇し，拡張期（最低）血圧との差，脈圧が大きくなる。4，5種類の降圧剤のなかから組み合わせて使う。
糖尿病	主要な栄養素であるブドウ糖をうまく代謝できず，血液中のブドウ糖レベル（血糖値）が上昇して，慢性の合併症を起こす。	糖尿病による自覚的な症状はほとんど出現しない。空腹時血糖値や，随時，またはブドウ糖負荷後血糖値，HbA1c の値で診断する。
脂質異常症（高脂（質）血症）	高コレステロール，高 LDL コレステロール，低 HDL コレステロール，高トリグリセリド（中性脂肪）のいずれかの異常をいう。	要介護状態の高齢者について，治療するほうが有益であるかどうか明らかではない。栄養の低下とともに脂質レベルも正常化する。
閉塞性動脈硬化症	動脈硬化は，脳，心臓など主要臓器ばかりでなく，大動脈や中小動脈でも進展し，とくに下肢に流れる動脈が閉塞しかかった状態をいう。	歩くと下肢の痛みが出現し，休むと軽減する間欠性跛行が典型的な症状である。左右の下肢の色調差や冷たさの差をみる。

表 4-11 ● 介護時のチェックポイント （その1 生活習慣病）

- 3大生活習慣病にかかわりの深い症状（食欲の変化，息切れ，体重変化，四肢の運動・感覚障害）はないか
- 食事や運動，喫煙，飲酒の習慣で極端なものはないか
- 血液検査や身体計測の健康診断で注意すべきと指摘されている点はないか
- 長期間服用したり，過去に服用していた薬にはどんなものがあるか

▶▶ 骨格のはたらき

　からだを支えつつ倒れないように運動するために，筋肉，骨，関節などがはたらいています。

　からだの外観の基本を形づくっている骨格（☞第4巻p.76）は，骨，靭帯，腱，軟骨，関節からつくられています。骨格についている筋肉を骨格筋（☞第4巻p.77）といい，歩行や姿勢の維持，手を使った動作など運動全般に用いられています。

　骨格はからだを支持しているだけでなく，内臓器官の保護の役割もになっています。

▶▶ 骨粗鬆症と関節リウマチ

　全身をおかす筋肉の疾患は比較的めずらしいので，運動系の疾患はおもに骨と関節の疾患です。代表的なものとして骨粗鬆症と関節リウマチがあります。

　骨粗鬆症は，骨形成と骨吸収のバランスがくずれて骨吸収に傾いた状態が続いたために骨質がもろくなる疾患で，大腿骨骨折など，さまざまな骨折が起こりやすくなります。

　関節リウマチは，加齢にともなう関節面の変形とは異なり，滑膜や軟骨なども含めて炎症が広がって起こる疾患で，近年，治療法がいちじるしい進歩を遂げています。

▶▶ 骨折

　骨折の原因として注意しなければならないのが転倒です。社会活動の機会が少なくなってくる後期高齢期では，転倒へのおそれから外出をひかえたり，社会交流が減少したりして，閉じこもりが起こり，運動機能をさらに低下させることがあります。そのため，転倒の予防法や運動機能向上のプログラムを活用することが望まれます。

図 4-14 ● 変形性膝関節症（右膝）の代表的な X 線写真

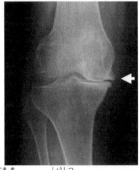

軟骨の摩耗によって，関節内側の隙間はほぼ消失しています（矢印）。また，骨のとげ（骨棘）も生じています。

表 4-12 ● 介護を要する高齢者によくみられる病気・病態（その 2 運動系の病気）

病名	特徴	介護職が知っておくべき点
骨粗鬆症	栄養的要因（カルシウムやビタミンD摂取不足）と身体的要因（運動不足），疾患（腎・肝慢性疾患）などが複合的に関与して進行する。	適度な日光浴と歩行のように体重をかけるような運動，乳製品や脂肪を含む食品の摂取とともに転倒の予防に努める。
大腿骨頸部骨折	ほとんどが骨粗鬆症のある高齢者が転倒したことによって起こる。倒れたときに大腿部の側面を打つと骨折の危険性はいちじるしく高まる。	若年者のスポーツや事故にともなう骨折と違って痛みの訴えも強くなく，はっきりわからないことがある。骨折した下肢は外側を向く。
転倒	原因として，筋力・バランス力の低下や視聴覚のおとろえ，床面や室温などの住宅環境に加え，転倒が高頻度で起こる疾患がある。	同じ動作や行動でも，時間帯，室温，その日の体調，ほかに気になっていることの有無によって危険性は大きく変わる。
変形性関節症	加齢にともなって関節の変形が起こり，可動性が損なわれて関節面の接触による運動時痛が強まってくるもので，膝関節と股関節に多い。	気温や湿度など気候や，1日のなかでも症状が変化する。体重増加や下肢の筋力低下によって痛みは悪化しやすい。
変形性頸椎症	脊髄をおおっている椎骨やまわりの軟骨が，加齢にともなう変形やすり減りによって脊髄を圧迫するため，両上肢のしびれ，運動制限があらわれる。	症状が進行してきたら脊髄を圧迫している変形した骨を除いたり，スペースをひろげる手術が必要である。転倒して，項部（うなじ）を強く打ったりしないようにする。
腰部脊柱管狭窄症	頻度の高い原因は，脊椎骨の加齢変化によって骨が変形し，長く歩いたりすると中心を走る脊髄を圧迫して痛みが出るものである。	おもな症状は，腰痛・下肢痛・下肢しびれ感などで重篤な場合は少ないが，痛みが強ければ整形外科で手術を必要とする。
関節リウマチ	組織を自己破壊する物質が産生される自己免疫性疾患の1つであり，左右の手指や膝などの関節痛，腫脹から関節の変形に進行する。	朝の手のこわばり，運動時関節痛から始まり，進行すると，関節，軟骨，骨まで障害され，生活全般に影響を受ける。

表 4-13 ● 介護時のチェックポイント（その 2 運動系の病気）

・身長の急激な短縮はないか
・屋外での運動不足や食事の嗜好のかたよりはないか
・腰背部痛，関節痛，四肢末梢のしびれはないか
・今までみられなかった歩行中の障害（安定性，歩き方の変化，速度の変化，体幹の傾きなど）

　はないか

加齢にともなう視覚や聴覚変化はよく知られていますが，年齢の影響以外に，まだよくわかっていないほかの要因も関与しているようです。

▶▶ 老視

水晶体のレンズ機能がおとろえて，近くの物を見るときに焦点が合わなくなる老視（老眼）は，人種や生活環境の差を問わず，50歳前後から普遍的に出現するものです（図4-15）。老眼鏡によって矯正が可能であることもあり，一般に病気に含まれませんが，目を使う仕事をしている場合は不便な加齢現象です。

▶▶ 白内障

水晶体の白濁によって視力低下をきたす白内障の進行には，遺伝，紫外線，糖尿病などの要因が関与しているとされます。最近は手術法の進歩によって，日帰りなどでも治療が可能となっています。

▶▶ 黄斑変性症

以前はめずらしかった黄斑変性症の増加にはいちじるしいものがあります。物を見たときに焦点を結ぶ網膜上の部位が黄斑部なので，ここでの病変のひろがりは視力に大きな影響を及ぼします。これといった明確な原因は明らかになっていません。高齢者の増加だけでは説明できませんが，失明の原因として上位に上がってきています。

▶▶ 聴力や触覚の低下

聴力の低下は，頻度が高く，高音域から聞こえにくくなるという特徴があります。最近，雑音をカットしたりする補聴器が開発され，利便性が向上しています。

触覚の低下は，高齢者に高い頻度でみられるものですが，しびれなどがはっきりあらわれる場合は比較的少なく，無症状で経過します。そのため，生活への影響はよくわかっていません。

図 4-15 ● 正常，老視，近視，遠視における遠近調節

正常　　　　　　老視：水晶体の弾　　　近視：眼球が前後　　　遠視：眼球が前後
　　　　　　　　力が低下し，　　　　　方向に長す　　　　　方向に短く
　　　　　　　　十分に屈折　　　　　　ぎて，網膜　　　　　焦点が合わ
　　　　　　　　できなくな　　　　　　上で焦点が　　　　　ない
　　　　　　　　る　　　　　　　　　　合わなくな
　　　　　　　　　　　　　　　　　　　る

出典：高橋龍太郎『図解・症状からみる老いと病気とからだ』中央法規出版，p.45，2002 年

表 4-14 ● 介護を要する高齢者によくみられる病気・病態（その3 知覚系の病気）

病名	特徴	介護職が知っておくべき点
白内障	物を見るときに焦点を合わせるレンズの役割をもつ水晶体が，紫外線などの影響で白濁し，徐々に視力が低下する。	視力が極度に低下して視神経が萎縮する前に水晶体の白濁を除去し，人工的な眼内レンズを入れ，視力を回復させる。
緑内障	眼球内に含まれている液体がつくる圧力（眼圧）が，液体の出入バランスの不調で上昇し，視神経を圧迫して視野や視力が悪化する。	初期には眼圧の上昇による頭痛や眼の痛みが主症状である。視野狭窄が唯一の症状である正常眼圧緑内障が増加している。
黄斑変性症	物を見るときに像を結ぶ網膜上の場所を「黄斑部」といい，原因は不明であるが，この黄斑部の細胞壊死，変性によって視力が低下する。	現在，先進国を中心としてこの疾患による失明者が増加しているが，原因も有効な治療法もまだ確立していない。
加齢性難聴	鼓膜の奥の内耳にある「蝸牛」と呼ばれる小器官に，「コルチ器」という聞こえのセンサーがあり，この「コルチ器」の有毛細胞の脱落や変性による。	有毛細胞の変化は，高音をとらえる蝸牛の入り口付近から進むので，聴力低下は高音から低音へと徐々に広がる。

表 4-15 ● 介護時のチェックポイント（その3 知覚系の病気）

- ・かすみがかかったように見えていないか
- ・今まで見えていた範囲が見えにくくなっていないか
- ・急激な視力低下はないか
- ・音や声の聴きにくさに変化はみられないか

④ 呼吸器の病気

▶▶ 慢性閉塞性肺疾患（COPD）

　喫煙による健康への影響は，肺がんや食道がんなど，悪性腫瘍の発生リスクの高さが注目されます。さらに，気管支から肺胞にいたる酸素と二酸化炭素の交換の場そのものへの影響によって呼吸機能が悪化することは，ほぼ確実だと考えられています。

　肺の末梢組織が破壊されると，最終的には肺気腫，または，慢性気管支炎といった慢性の肺疾患に進行します。これら2つの疾患を合わせて，慢性閉塞性肺疾患（COPD）と呼び，在宅酸素療法（HOT）（図4-16）の主要な基礎疾患です。

▶▶ 息切れ，呼吸困難

　一般に高齢期には，酸素と二酸化炭素のガス交換に使われる実質的な肺組織量が減少するとともに，外気に排出されることなく肺内にとどまる残気量[20]（➡ p.292 参照）が増加します。これに喫煙習慣や喘息などが加わると運動時の効率的な呼吸がむずかしくなり，息切れ（☞第4巻 p.251）や呼吸困難（表4-16）が出やすくなります。

▶▶ 肺結核の後遺症

　過去にかかった肺結核[21]（➡ p.292 参照）の後遺症や，それに対する手術のために肺活量が落ちていることもあります。慢性の肺疾患や肺結核の後遺症をもつ場合は，結核を含むさまざまな呼吸器感染症にかかる頻度が高く，主要な直接死因になります。そのため，早期に適切な診断をして，その感染症に合った抗生剤を選択する工夫が必要になります。

図4-16 ● 在宅酸素療法（HOT）

家の中では酸素濃縮器　　　　外出時には酸素ボンベ

▶▶ 肺がん

肺がんは，乳がんなどとともに増加しています。がん細胞のタイプごとに化学療法や手術法が開発されていますが，完治がむずかしいことも多く，早期発見が鍵をにぎります。

表4-16 ● 呼吸困難の分類

第1度	激しい運動以外では息切れを感じない。
第2度	ゆるやかな上り坂で息切れを感じる。
第3度	息切れのため普通の人と同じ速度では歩けない。
第4度	休み休みでないと歩けない。
第5度	戸外に出ることや，身のまわりのことをするのに息切れがする。

出典：高橋龍太郎『図解・症状からみる老いと病気とからだ』中央法規出版，p.112，2002年を一部改変

表4-17 ● 介護を要する高齢者によくみられる病気・病態（その4 呼吸器の病気）

病名	特徴	介護職が知っておくべき点
慢性閉塞性肺疾患（COPD）・呼吸不全	喫煙などのため長期間肺の細胞に負荷がかかって破壊され，二酸化炭素と酸素の交換がうまくできない。重症の場合，「呼吸不全」と呼ぶ。	全身への酸素の供給不足に対して，簡便な酸素の生成装置が発達したため酸素吸入が容易になり，外出の範囲も広がっている。
肺がん	近年急増している悪性腫瘍である。喫煙が主因といわれているが，環境汚染など複合的な要因が関与している。	頻度が高いけれどもはっきりした症状が出にくいので，空咳が続くときや年1回程度の定期的なレントゲン検査，ときにはCTで調べる。

表4-18 ● 介護時のチェックポイント（その4 呼吸器の病気）

- 喫煙者では，喫煙指数（1日の喫煙本数×喫煙年数）が600を超えていないか
- 息切れがある場合，どの程度の活動で息が切れるか
- 明らかな発熱をともなわない咳が続くか
- 定期的な胸部レントゲン検査を受けているか

▶▶ 慢性腎疾患のおもな原因

体液を絶え間なくろ過して，老廃物以外の大部分を再度吸収し，体液量や酸とアルカリの平衡を維持している腎臓は，とても大切な臓器です。

以前は，細菌感染症をきっかけに発症した急性腎炎が徐々に進行して慢性腎炎となるのが慢性腎疾患のおもな原因でした。現在は，生活習慣病に起因するものへと大きく様変わりしました。とくに長い時間をかけて進行する糖尿病に合併した糖尿病性腎症は，慢性腎不全のもっとも多い原因です。

▶▶ 慢性腎不全と人工透析

慢性腎不全になると，貧血や食欲低下，骨量の低下などから尿毒症へと進行し，放置すると死にいたります。このような場合，人工透析か腎移植が必要になります。

人工透析には2種類あり，動脈と静脈をつないだ血管を利用して血液を体外に導き，人工透析器で透析する血液透析（☞第4巻p.456）と，腹腔内に透析液を入れ，一定の時間後に腹膜によってこし出された老廃物を含む透析液を排出する腹膜透析（☞第4巻p.456）があります。

一方，手術法は確立されているにもかかわらず，提供システムが未熟であるために，腎移植（☞第4巻p.456）はあまり進んでいない状況にあります。

表4-19 ● 慢性腎不全の治療

① 高カロリー，低たんぱく，減塩，低カリウム食
② 必須アミノ酸補給
③ 1日尿量1,500～2,000mlの確保
④ 高血圧の治療
⑤ 循環血液量の是正：減少時の水，電解質補給，過剰時にはループ利尿薬
⑥ 高カリウム血症：カリウム排泄薬投与
⑦ 高リン血症の治療：アルミゲル投与
⑧ 代謝性アシドーシスの治療：重曹の投与
⑨ 高尿酸血症の治療：尿酸合成阻害薬，尿酸排泄促進薬
⑩ 貧血：エリスロポエチンの投与
⑪ 透析療法：上記の保存的療法では尿毒症の増強が避けられない場合。検査所見の目安：血清クレアチニン8mg/dl以上，クレアチニンクリアランス10ml/分以下。からだへの負担の少ない腹膜透析も普及しつつある。

出典：高橋龍太郎『図解・症状からみる老いと病気とからだ』中央法規出版，p.61，2002年を一部改変

▶▶ 生殖器の疾患

生殖器の疾患では，男性の前立腺肥大症，女性の膣炎や子宮脱（☞第4巻p.282）が多くみられます。

尿路感染症は男女ともに高い頻度でみられますが，とくに女性では，症状のない無症候性感染もめずらしくなく，腎盂炎から敗血症を招くことがあります。男性でも後期高齢期になると，膀胱機能のおとろえから残尿があらわれ，前立腺肥大症による尿の排出障害が合併すると尿路感染の頻度は高くなります。そのため，急な発熱時には注意が必要です。

表4-20 ● 介護を要する高齢者によくみられる病気・病態（その5 腎・泌尿器の病気）

病名	特徴	介護職が知っておくべき点
前立腺がん	男性にある前立腺の外側部分（外腺）に発生するがんで，高齢になるときわめて頻度が高くなり，近年急増している悪性腫瘍である。	簡便な血液検査で診断可能であり，治療ではホルモン療法の進歩によってがんの進行を防ぐことができるが死者数も増加している。
尿失禁	膀胱の収縮は自分の意思でコントロールできず，加齢にともなって機能低下をきたしやすいことが背景にあり，いくつかのタイプがある。	発生原因によって治療法やケア方法が異なるが，使い勝手のよいパッドなどの介護用品，トイレまでの動線の工夫は大切である。
慢性腎不全・慢性腎疾患	原因としては，糖尿病，高血圧，急性腎炎の慢性化が大半を占める。治療としては食事療法や適切な運動，水分制限などを基本とする。	腎機能の悪化が中程度進行してきた段階では，血液透析や腹膜透析の導入も考慮する。生活の質を維持できる過ごし方を探る。
膣炎	女性の外陰部は排泄物による汚染や加齢にともなう免疫力の低下などで感染の危険が高く，とくに膣の炎症の頻度は高い。	閉経後の女性ホルモン減少による膣の自浄作用低下が背景にある場合はホルモン製剤が使われる。細菌の種類によっては抗生剤を使う。

表4-21 ● 介護時のチェックポイント（その5 腎・泌尿器の病気）

・排尿障害（頻尿，尿失禁，排尿困難）の症状はないか
・（男性では）PSAの血液検査（前立腺がん）を受けたことがあるか
・（女性では）陰部のかゆみや痛み，下着の汚れはないか
・尿検査の異常はないか

▶▶ 高齢者の消化機能

栄養を体内に取りこむために必須である消化機能は，高齢になっても比較的維持されるといわれます。ただし，唾液量の減少，食べ物の胃通過時間の延長，**蠕動運動**[30]（➡ p.292参照）の遅延などは，空腹感のとぼしさや食欲の低下に関係しているものと思われます。

▶▶ 消化性潰瘍

暴飲暴食やストレスなどに起因する消化性潰瘍は，中年期までは十二指腸にできることが多く，みぞおち付近の痛みをともなうものです。しかし，高齢期になると症状はとぼしく，また胃潰瘍が圧倒的に多くなります。内視鏡検査を実施したら巨大な潰瘍ができていたなどということもめずらしくありません。

多くの人が退職していることもあって，引き金となるストレスの内容も異なり，死別や転居など多様です。原因として多いのが薬剤性の胃潰瘍で，消炎鎮痛剤によるものが最多です。

▶▶ 胃・食道逆流症（逆流性食道炎）

脊柱の変形などで食道と胃の位置がずれ，胃液が食道を傷つけて起こる胃・食道逆流症（逆流性食道炎）も頻度が高いものです。これは，胃液が食道へ逆流し，食道の粘膜に炎症が起こる病気です。嘔吐のほか，胸やけがあらわれるのが特徴です。

▶▶ 肝硬変

長い時間をかけて進行した肝硬変も高齢期に発症することがあり，ほとんど症状がみられないまま経過することで知られています。

▶▶ 胃がん，大腸がん

徐々に減少してきたとはいえ，胃がんもめずらしい疾患ではなく，増加傾向にある大腸がんとともに，代表的な消化器系の悪性腫瘍です。日本での胃がん，大腸がんの死亡数は，肺がん同様，多くみられます。

早期の大腸がんであれば，目立った自覚症状はありません。進行していくと，がんからの出血による血便や便通異常がみられ，さらに進んでくると貧血，体重減少などの症状が出てきます。また，腸閉塞を起こすこともあります。

▶▶ 肝炎

肝臓の病気において，日本人に一般的なものとしては，肝炎ウイルスの感染が原因で起こるウイルス性肝炎があります。

60歳以上では，A型肝炎ウイルスに対する抗体の保有率が90％を超え，また，B型肝炎ウイルスに対する抗体の陽性率は40％を超え，感染の機会も少ないため，高齢者では，A型肝炎やB型肝炎の発生頻度は高くありません。

一方，C型肝炎は，高齢者でも多く認められます。

急性肝炎の病期は，前駆期，黄疸期，回復期に分かれますが，高齢者の場合，黄疸が初発症状であることがまれではありません。高齢者では黄疸の程度が強く，黄疸の期間が長引く傾向があります。慢性化しやすく，また劇症化すると致死率が高くなります。

表4-22 ● 介護を要する高齢者によくみられる病気・病態（その6 消化器の病気）

病名	特徴	介護職が知っておくべき点
消化性潰瘍（胃・十二指腸潰瘍）	胃炎・胃潰瘍の原因としてピロリ菌感染が注目されている。高齢者では急性疾患のストレスにともなう広範囲の出血性胃潰瘍が多い。	緊急手術を必要とする大量の吐血など，まれな例を除けば，点滴，ないし経口薬によって完治する。
胃がん	近年減少している悪性腫瘍であるが，今なお発生率は高い。新しい内視鏡の発達によって検査も受けやすくなっている。	胃の痛みから診断されることは少なく，不快感やもたれ感など消化器症状が続いたら検査をすすめる。手術療法が基本である。
大腸がん	近年急増している悪性腫瘍である。がんの発生部位も肛門近くの直腸ばかりでなく，大腸全体にみられる。	便に血がつく，便通異常がひどくなるといった症状で気づくか，年1回程度の定期的な便潜血検査が発見のきっかけとなる。
慢性肝炎・肝硬変	肝炎ウイルスの発見と治療法の開発によって今後は減少していくと思われるが，当分はB型肝炎，C型肝炎の慢性化がみられる。	慢性肝炎・肝硬変に進行していてもはっきりとした症状がないことも多い。肝機能・栄養検査値の異常や出血しやすさがみられる。

表4-23 ● 介護時のチェックポイント（その6 消化器の病気）

・便が黒かったり血液が混じったりしていないか
・食事摂取量や体重の変化はみられないか
・最近，便通の変化（便秘や下痢・軟便の出現，排便回数の変化）はないか
・消炎鎮痛剤を過量に服用していないか

▶▶ 心臓のはたらき

活動を支えるエネルギーを絶えずつくり出すためには，全身にくまなく酸素を供給する必要があります。そのはたらきは心臓がになっています。心臓は酸素を含んだ動脈血を休まず送り出していますが，この心臓のはたらきがうまくいっているかどうかをあらわす指標が心拍出量です。通常，1分間あたり何 l の血液が心臓から送り出されるかという単位であらわされ，減少すると日常の動作や活動に支障が出ます。また，個人差が大きいものの，この心拍出量は高齢になると，徐々に低下していきます。

▶▶ 心不全

高血圧によって心臓が肥大したり，冠動脈疾患によって動脈の血流が不足したりすると，心機能の低下が一挙に進み，心臓が収縮して血液を拍出する力が弱まり，息切れ，動悸，呼吸の苦しさがあらわれます。このような状態を心不全と呼びます。

呼吸困難のような強い症状は，薬物療法，酸素療法，水分の制限によって軽減がはかられますが，慢性化すると，活動量，運動機能量の低下は避けられません。

心不全は，さまざまな心臓の病気が原因で心臓の機能が悪くなり，息切れや倦怠感，下肢のむくみなどの症状を呈する症候群で，100万〜200万人の患者がいるといわれています。心不全は高齢者に多く，死亡率も高い病気で，しばしば入院が必要となります。

心不全の原因としては，虚血性心疾患（狭心症，心筋梗塞）がもっとも多いです。また，高血圧，弁膜症，心筋症，先天性心疾患など，あらゆる心疾患の最後には心不全となるため，利用者が何らかの心疾患をもっているかという情報は重要です。

また，心不全の誘因には，感染，食塩過剰摂取，虚血，不整脈，貧血，薬物関連などがあります。後期高齢者では感染，貧血が多くみられます。

肺炎による呼吸困難は，心不全を悪化させ，貧血は入院の誘因となるだけでなく，貧血があると心不全の予後は悪くなります。

心不全の症状はとくに自覚がないことも多く，精神症状や不穏，活動性の低下であらわれることもあるので，利用者の息が荒くなった，元気がなくなった，動くと顔色が悪くなるなどのちょっとした変化に注意する必要があります。

▶▶ 不整脈

加齢とともに増える不整脈としては，心房細動や洞不全症候群といった病気があります。

とくにこわい不整脈の症状としては，急に失神状態になる（アダムス・ストークス症候群），脈拍が減り（毎分40未満），強い息切れを感じるなどがあります。

一般的には，すでに何らかの心疾患が指摘されている場合に起こることが多いのですが，心筋梗塞の発作などにともなって，突然起こってくることもあります。

そのほかには，突然，動悸が始まり，脈拍数が毎分150以上になる，脈拍がバラバラでしかも速く打つなどがあります。

表 4-24 ● 介護を要する高齢者によくみられる病気・病態（その7 循環器の病気）

病名	特徴	介護職が知っておくべき点
心不全	血液を全身の臓器に送り出す心臓のポンプ作用が低下している状態で，心筋梗塞や心臓弁膜症が進行して起こることが多い。	軽症のときは歩行や運動，活動時に息切れや動悸が出現するが，重症になると安静でも息苦しくなり，水分制限や半座位が必要になる。
不整脈	心臓の拍動をコントロールする刺激伝導系の細胞の障害によって規則的な拍動が妨げられて起こる。徐脈性と頻脈性などに区別される。	脈拍数が普通である場合は様子をみてよい。頻脈性のときは動悸や胸部圧迫感などの症状が出る。徐脈性では失神することがある。

表 4-25 ● 介護時のチェックポイント（その7 循環器の病気）

- 心疾患の症状（息切れ，呼吸困難，むくみ，動悸など）はみられないか
- 急なめまいや意識喪失発作はないか
- 安静時にも動悸が続くことはないか
- 定期的に血圧や脈拍数を調べているか

⑧ 脳・神経，精神の病気 ∷∷

▶▶ 脳血管疾患

　脳に栄養を補給している動脈の障害によって，補給先の大脳や小脳，脳幹部など，脳組織の機能低下をきたした状態を脳血管疾患といいます。

　起こり方から３つに区別され，血栓によって血流が滞った状態を脳梗塞，動脈が破綻して出血を起こした状態を脳（内）出血，脳の外の動脈にできたコブ（脳動脈瘤）が破れた状態をくも膜下出血といいます。

　発症とともに片麻痺や感覚障害，失語，構音障害，失調などの症状があらわれ，後遺症として残ることも多くみられます。

▶▶ パーキンソン病

　原因が血管ではなく，特定の部位の神経細胞の変性壊死がきっかけになる脳神経疾患を，まとめて神経変性疾患と呼ぶことがあります。その代表がパーキンソン病です。歩行がゆっくりとなり，細かい動作をうまく行えなかったり，手指がふるえたりします（図4-17，図4-18）。中脳の黒質の神経細胞の変化によるもので，ドーパミンと呼ばれる物質が不足するため薬剤によっておぎなう治療を行います。

▶▶ 認知症，うつ病

　認知症や脳血管疾患などは，CTスキャンの画像上の病変によって，症状や病態を説明することが可能な場合があります。しかし，人間の精神のはたらきは，個人の経験や教育，環境など，多くの要因の影響を受けています。そのため，うつ病や神経症のような精神疾患の診断は，画像検査によって得られる情報が少なく，病歴や病状の評価にもとづいて行われます。

図 4-17 ● パーキンソン病の症状

安静時のふるえ
（振戦）

仮面様顔貌

歩行・動作が遅く拙劣

出典：高橋龍太郎『図解・症状からみる老いと病気とからだ』中央法規出版，p.12，2002 年を一部改変

さらに，認知症（☞第4巻p.335）も精神疾患の1つであり，画像の評価に加え，同様の考え方が有用です。

図 4-18 ● パーキンソン病の人の歩行

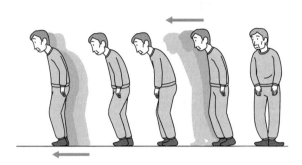

パーキンソン病の人の歩行にはいくつかの特徴がある。

姿勢が前屈して歩幅のせまい歩き方であり，歩きはじめるのに苦労するが，歩き出すと止まりにくくつんのめる，平坦な道より障害物があったほうがスムーズに歩ける，などである。

多発性の脳梗塞があったり，転倒を避けるため注意深く歩く高齢者では類似した歩行になることがある。

出典：高橋龍太郎『図解・症状からみる老いと病気とからだ』中央法規出版，p.11，2002年を一部改変

表 4-26 ● 介護を要する高齢者によくみられる病気・病態（その8 脳・神経，精神の病気）

病名	特徴	介護職が知っておくべき点
パーキンソン病	動作や活動が緩慢になって，歩行のスピードや活動性がおとろえるとともに，安静時，手指にふるえが認められる。	歩行や動作が遅くなり加齢のためととらえがちであるが，手指のふるえをともない，転倒しやすくなる点に注意する。
認知症	もの忘れといった認知機能の低下によって社会生活で支障をきたす。アルツハイマー型認知症，血管性認知症，レビー小体型認知症等がある。	記憶がおとろえていく不安や困難をかかえている高齢者の状況を理解しつつ，互いの生活を安定させる介護サービスの利用をはかる。
うつ病・うつ状態	抑うつ状態にあるだけでなく，頭痛や食欲不振などの身体症状，認知機能のおとろえといったほかの疾患に間違われやすい症状を示す。	高齢者の自殺の原因としてもっとも重要な疾患であり，若年者と比べて症状が非定型的であり，気づかれにくいことがある。

表 4-27 ● 介護時のチェックポイント（その8 脳・神経，精神の病気）

・手足の麻痺やしびれなどはないか
・歩行の変化（速度やリズム，歩行中の傾きなど）はみられないか
・短期記憶の低下や会話における同じ内容のくり返しはみられないか
・抑うつ，焦燥感，過度の身体症状の訴えがみられないか

　介護保険制度において，40歳以上65歳未満の第2号被保険者が要介護認定を受けるためには，要介護状態等の原因である身体上または精神上の障害が，介護保険法施行令で定める16の疾病（特定疾病）によることが要件とされています。

表 4-28 ● 介護保険の特定疾病

がん（がん末期：医師が一般に認められている医学的知見にもとづき回復の見こみがない状態にいたったと判断したものに限る）	悪性新生物であると診断され，かつ治癒を目的とした治療に反応せず，進行性かつ治癒困難な状態にあるものが対象となる。治癒困難な状態とは，おおむね余命が6か月間程度であると判断される場合を指す。
関節リウマチ	全身の多くの関節に炎症が起こり，疼痛，変形，機能障害があらわれる。30～50歳代に多く発症し，女性に多い。原因は不明であり，根治療法はない。
筋萎縮性側索硬化症（ALS）	脊髄と脳の運動神経細胞が減少していくことにより，進行性に全身の筋力が低下，筋肉が萎縮していく疾患。四肢筋力低下や構音障害・嚥下障害などで発症し，発病後3～5年の経過で呼吸筋力が低下し，死亡ないし人工呼吸器が必要な状態となる。原因不明でおもな治療法は対症療法である。
後縦靱帯骨化症	脊椎の背側にある後縦靱帯が骨化し増大する結果，脊髄の入っている脊柱管がせまくなり，脊髄や神経根が圧迫されて，知覚障害や運動障害等の神経障害を引き起こす病気。原因は不明である。
骨折をともなう骨粗鬆症	骨に含まれるカルシウムなどの量（骨量）は，若年期をピークに年齢とともに減っていく。そして骨量が減少すると，骨のなかの構造が壊れ，骨は非常にもろい状態になり，折れやすくなる。とくに更年期以降の女性において目立つ。
初老期における認知症	診断基準としては，記憶障害が必須で，さらに失語，失行，失認，遂行機能の障害のいずれかを合併する場合に該当する（この診断基準はアルツハイマー型認知症のものだが，認知症には前頭側頭型認知症（ピック病）などのほかの認知症もある）。なお，外傷や中毒疾患，全身疾患によるもの，一時的な認知機能障害などは除く。
進行性核上性麻痺，大脳皮質基底核変性症およびパーキンソン病	これらはパーキンソン症状（振戦，筋強剛，動作緩慢など）があらわれる疾患群で，認知症がみられることもある。

脊髄小脳変性症 （せきずいしょうのうへんせいしょう）	運動失調（歩行時ふらつき，手がうまく使えない，しゃべるときに舌がもつれるなどの症状）が徐々に進行し，悪化する神経変性疾患の総称。遺伝性のもの以外は原因不明で，根治療法はなく，対症療法やリハビリテーションが行われる。
脊柱管狭窄症 （せきちゅうかんきょうさくしょう）	脊髄が入っている脊柱管がせまくなることにより，四肢・体幹の痛み，しびれ，筋力低下，間欠性跛行（数十～数百mで歩行困難となり，立ち止まってしばらく休むと回復する），排尿・排便障害を起こす。症状は悪化・軽快をくり返し，次第に悪化して歩行困難となる。転倒などの軽微な外傷により，症状が急激に悪化し，重篤な四肢麻痺になることがある。
早老症 （そうろうしょう）	早期に老化が始まり，寿命が短縮するまれな疾患で，各疾患の原因となる遺伝子異常が見つかっている。
多系統萎縮症 （たけいとういしゅくしょう）	多系統萎縮症とは，オリーブ橋小脳萎縮症，線条体黒質変性症，シャイ・ドレーガー症候群という3つの疾患の総称。中年期以降の発症で，小脳性運動失調症（起立や歩行が不安定になるなど），パーキンソン症状（筋強剛，動作緩慢など），自律神経症状（強い立ちくらみなど）のいずれかを初発症状とし，経過とともにそれ以外の症状も明らかになる。進行例では，睡眠時に激しいいびきや無呼吸がみられることが多く，まれに突然死を起こすことがあり注意が必要である。
糖尿病性神経障害，糖尿病性腎症および糖尿病性網膜症 （とうにょうびょうせいしんけいしょうがい，とうにょうびょうせいじんしょうおよびとうにょうびょうせいもうまくしょう）	糖尿病のおもな合併症として，神経障害，腎症，網膜症がある。糖尿病があり，しびれ感や筋力低下，起立性低血圧，神経伝導検査異常などを認めるときに糖尿病性神経障害と診断される。糖尿病性腎症は人工透析を導入する原因疾患としてもっとも多い。糖尿病性網膜症は進行すると失明にいたり，失明の主要原因となっている。
脳血管疾患 （のうけっかんしっかん）	脳梗塞，脳出血，くも膜下出血が主要疾患。急性発症し，片麻痺，言語障害，認知機能障害等が残ることが多く，長期間のリハビリテーションを必要とすることがある。
閉塞性動脈硬化症 （へいそくせいどうみゃくこうかしょう）	動脈硬化症は全身疾患だが，とくに閉塞性動脈硬化症は，腹部から下肢の動脈硬化のために血液の流れが悪くなり，血行障害を起こした状態である。冷感（足が冷たい感じ），しびれ感だけでなく，間欠性跛行，安静時痛，潰瘍，壊死がみられる場合が該当する。
慢性閉塞性肺疾患（COPD） （まんせいへいそくせいはいしっかん）	慢性気管支炎と肺気腫の2つを総称して慢性閉塞性肺疾患（COPD）と呼ぶ。進行すると，在宅酸素療法が必要となることがある。気管支や肺に障害が生じ，肺への空気の通りが悪くなり，呼吸がしにくくなる。慢性気管支炎では咳や痰が増加するなどの症状があらわれる。肺気腫では，息切れ，息苦しさなどを感じるようになる。
両側の膝関節または股関節にいちじるしい変形をともなう変形性関節症 （りょうがわのしつかんせつまたはこかんせつにいちじるしいへんけいをともなうへんけいせいかんせつしょう）	変形性関節症は，軟骨・骨の病変がみられ，痛みや歩行障害を生じる病気。体重がかかる膝関節と股関節に起こりやすく，介護保険の特定疾病では，両側の膝関節や股関節にX線所見上，いちじるしい変形をともない，疼痛や歩行障害がある場合に該当する。

▶▶ 細菌感染症

代表的な細菌感染症として，排尿機能の低下などによる膀胱炎や腎盂炎といった尿路感染症，外部から吸いこまれる細菌などを食いとめる力が低下したために起こる肺炎などの呼吸器感染症，胆汁の流れや胆嚢収縮の弱まりによる胆管炎などの胆道感染症，そして，これらの感染に続発する**敗血症**[51]（➡ p.292 参照）があります。

▶▶ ウイルス感染症

ウイルス感染症では，インフルエンザウイルスやノロウイルスによる集団感染は，いったん発生すると高齢者では死亡にいたることも多く，施設や医療機関に重大な支障を生むので，対策を講じて予防に努めるべきです。

慢性疾患をもつ高齢者や要介護高齢者は，社会的な交流や接触も限られています。そのため，とくにウイルス感染症については，家族や介護職が感染症を媒介する場合が大半であることを忘れてはなりません。

▶▶ 結核

結核は，低栄養の人や高齢者においては，終息した感染症と考えるべきではありません。原因がわからない発熱，咳や痰が続くときには念頭におくべきものです。

▶▶ 新しい感染症

結核の治療薬が開発されて死亡者が激減したのち，多くの細菌感染症が新しい抗生剤で治癒可能となった1970年代の終わり，感染症は医学の対象とならなくなっていくのではないかという考えもありました。

しかしながらその直後，まったく新しい感染症として後天性免疫不全症候群（エイズ）（☞第4巻 p.460）があらわれ，急速に患者数が増えていきました。

また，撲滅可能と思われた細菌感染症も，薬剤が効かない薬剤耐性の細菌が次々あらわれて，感染症治療の事態は複雑になりました。

ウイルスについても重症急性呼吸器症候群（SARS）や新型インフルエンザなど，解決すべき課題が山積しています。

高齢者では，免疫を担当するリンパ球の減少や免疫応答の弱まりから，感染症にかかる危険性が高まります。実際に起こりやすい感染症では，その臓器や器官の加齢変化という要因も関与しています。

表 4-29 ● 介護を要する高齢者によくみられる病気・病態 （その 9 感染症）

病名	特徴	介護職が知っておくべき点
肺炎	もっとも多い感染症で，直接死因のトップを占める。肺炎球菌など一般細菌によるものと飲食物や唾液の誤嚥によるものとがある。	37℃前後，またはそれ以上の発熱とともに呼吸数の増加がみられる。食欲低下，息苦しさ，肩で呼吸などの症状に注意する。
結核	現在の高齢者では，若いころ一度感染したときにつくられた結核巣が栄養や免疫力の低下によって再燃する場合が多い。	微熱程度の発熱や軽い咳がみられることもあるが，症状はあまり出ない。診断は，X線検査だけでは不十分で，痰の検査によって行う。
インフルエンザ	ウイルス感染症の代表的なもので，どの年代の人でも，高熱，全身倦怠感，関節痛などが出現する。年によって流行のタイプが変化する。	インフルエンザワクチンによって感染予防や重症化予防ができ，発症後48時間以内であれば治療が効果的となる。
尿路感染症	解剖学的構造上，女性は膀胱から尿道までの尿路が汚染されやすく，大腸菌などによる感染を起こす。慢性化しやすい。	高齢者では頻尿や排尿時痛がなく，無症状のことが多い。膀胱炎，腎盂炎から敗血症に進展し，突然の発熱で発症することがある。
胆嚢炎・胆管炎	高齢期にも消化器系感染症として頻度が高く，外科手術が必要になることがある。敗血症に進展すると重症である。	腹痛や悪心・嘔吐，発熱がみられたら第1に考え，血液検査，超音波検査を実施すると診断は容易である。通常抗生剤がよく効く。
疥癬	ヒゼンダニの成虫，虫卵が寄生，拡大することによる皮膚感染症の1つである。ほこりやちり，ふけなどに混じって感染が広がる。	腹部や股・陰部，手指のあいだなど皮膚のやわらかいところに激しいかゆみと発疹が出る。ただし，要介護高齢者では皮膚の反応が弱く，通常かゆみは強くない。
敗血症	細菌が血流にのって全身をまわっている状態で，感染症の最重症状態である。尿路感染，胆道感染，褥瘡感染にともなって起きやすい。	細菌が産出する毒素などによって血圧低下をともなうショック状態におちいりやすく，もし敗血症が疑われたら入院治療は必須である。

表 4-30 ● 介護時のチェックポイント （その 9 感染症）

- 日ごろの体温よりも明らかに高い発熱はみられないか
- 呼吸数が増加していないか
- 同居者や日常的に接する人に感染症の人はいないか
- 発熱がみられた場合，ほかにどのような症状があるか

▶▶ 萎縮性膣炎（老人性膣炎）

　刺激に敏感な粘膜がおおっている膣の炎症は膣炎と呼ばれます。若年・中年の女性では，性交を介して原虫の一種トリコモナスが感染して起こるトリコモナス膣炎や，真菌の一種であるカンジダの感染からカンジダ膣炎がみられますが，高齢女性では萎縮性膣炎（老人性膣炎）と呼ばれる疾患が大多数を占めます。

　萎縮性膣炎の原因は，閉経後の女性ホルモンの欠乏によって膣組織の萎縮が起こるためで，ほかの膣炎と同じように，外陰部がひりひりしたり痛みを感じたり，下着が汚れたりする症状がみられます。治療としては，感染が明らかであれば抗生剤の投与も考慮されますが，おもには不足している女性ホルモンの膣錠や貼付剤によって治療されます。また，女性ホルモンは副作用が少なくないため，最近は女性ホルモン以外の治療薬も生まれました。

▶▶ 子宮脱・骨盤臓器脱

　骨盤内の臓器（子宮，膀胱，直腸など）を支えている骨盤底筋群がたるむと，これらの臓器が膣の中に下垂してきて，膣壁とともに脱出してしまう状態を骨盤臓器脱といいます。子宮脱が典型で，脱出してくる臓器によって，膀胱瘤，直腸瘤などと呼ばれます（図4-19）。多産や難産，巨大児出産を経験した高齢女性，下腹部に力の入る慢性的な咳をしている人や便秘の人に起こりやすいといわれています。

　症状は子宮の下垂の程度で異なり，下垂が軽度の場合は下腹部や外陰部の不快感，圧迫感，腰痛などがみられます。下垂が進行すると，子宮が常に膣外に脱出している状態になり，排尿障害や排便障害，強い不快感，出血がみられます。治療法としては，リング状のペッサリーを膣内に挿入するペッサリー療法，あるいは体外に逸脱している子宮などの臓器をもとの位置に戻す外科手術があります。また，予防には便秘や肥満の改善をはかったり，骨盤底筋を強化する骨盤底筋体操などが有効であるといわれています。

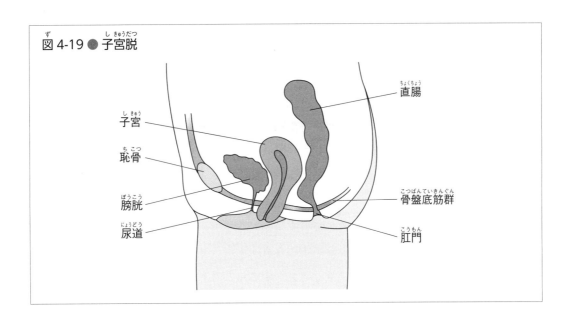

図4-19 ● 子宮脱

直腸
子宮
恥骨
膀胱
尿道
骨盤底筋群
肛門

表4-31 ● 介護を要する高齢者によくみられる病気・病態（その10 婦人科系の病気）

病名	特徴	介護職が知っておくべき点
萎縮性膣炎	閉経後に女性ホルモンの分泌がとぼしくなった高齢女性でしばしばみられる。進行した場合は，副作用の少ない治療薬を使う。	尿・便に混じった下着の汚染，出血の有無。外陰部の痛みの訴え。
子宮脱・骨盤臓器脱	脱出してきた子宮などの臓器が常に体外に出ていれば，見て判断できる。	腰痛や排尿・排便障害がともなっていれば，何らかの対応が必要となる可能性が高い。

表4-32 ● 介護時のチェックポイント（その10 婦人科系の病気）

・下着に尿・便以外の分泌物や出血はないか
・下腹部や外陰部の痛みはないか
・下着の交換のときに臓器の脱出がみられないか
・立位時や活動時に外陰部周囲の違和感を訴えていないか

▶▶ 歯周病

　歯周病とは，以前，歯槽膿漏といわれ，歯そのものではなく，歯を支える歯肉や歯槽骨の炎症によって歯もおかされる疾患です。歯のブラッシングが適切に行われていないと歯垢（プラーク）と呼ばれる細菌の塊が歯と歯肉との境に付着し，炎症がひろがると歯周ポケットという隙間をつくり，そこでさらに細菌が増殖します。この歯垢はカルシウムやリン酸と結合して歯石を形成します。歯垢や歯石，歯周ポケットは細菌感染のもととなって歯肉炎を起こしたり歯槽骨を破壊して骨成分の吸収を促進し，歯周病となるのです。歯周病が進行すると最終的には歯の脱落をまねきます。

　歯周病の予防には，適切な歯のブラッシングがもっとも有効ですが，喫煙者や糖尿病の人では一般の人よりも数倍歯周病にかかりやすいといわれていますので，より注意が必要です。歯周病にかかっても，かなり進行するまで症状はとぼしいので，定期的に歯科医を受診することも大切です。日本では成人の3分の2以上が歯周病に罹患しているという統計があり，悪化を防いでいく必要があります（図4-20）。歯周病の細菌感染は，肺炎の原因になるとともに，脳梗塞などの疾患との関連も指摘されています。

▶▶ う蝕（虫歯）

　一般に虫歯と呼ばれているう蝕とは，口腔内の常在菌（ストレプトコッカス・ミュータンスなど）が摂取された糖分をもとに酸を産生し，この物質が歯の表面のエナメル質を溶かして発生する疾患です。歯周病とともに歯の脱落の主要原因です。歯が生えそろう小児期に多くみられますが，最近高齢者でも残存歯が増加してきたためう蝕が増えています。

　予防には，食事後の歯のブラッシングの励行と，糖分，とくに砂糖や果物，菓子類をとりすぎないことが基本になります。また，口腔体操や水分摂取などをして唾液分泌をうながすことも予防として大切です。

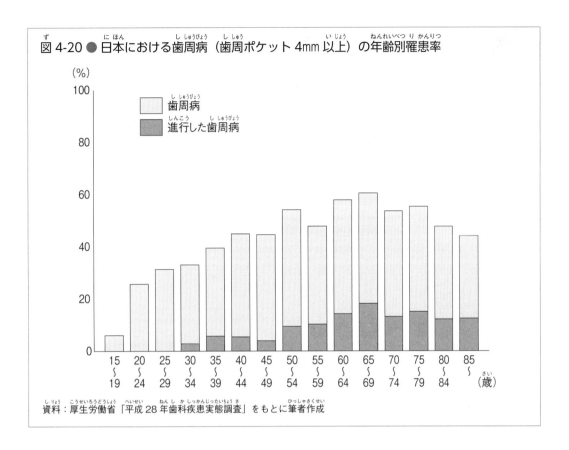

図 4-20 ● 日本における歯周病（歯周ポケット 4mm 以上）の年齢別罹患率

資料：厚生労働省「平成 28 年歯科疾患実態調査」をもとに筆者作成

表 4-33 ● 介護を要する高齢者によくみられる病気・病態（その 11　口腔・歯科系の病気）

病名	特徴	介護職が知っておくべき点
歯周病	部分義歯など歯の周囲からの出血，歯の動揺。	歯肉を傷つけないよう注意しながら食後の歯のブラッシング。出血や歯の動揺にも注意。
う蝕	高齢者のう蝕の発見には定期的な歯科検診が効果的。	歯肉を傷つけないよう注意しながら食後の歯のブラッシング。

表 4-34 ● 介護時のチェックポイント（その 11　口腔・歯科系の病気）

・歯の周囲からの出血や歯の動揺はみられないか
・義歯周囲のブラッシングはとくによく観察しているか
・歯科検診をいつ受けたか
・かたよった食習慣になっていないか

学習のポイント 重要事項を確認しよう！

第1節 **人間の成長・発達**

■発達の定義

● 発達とは，年齢を重ねるなかで心身に生じる変化と定義されます。 → p.222

● 一般的に，加齢にともなって生じる身体的・生理的変化（身長や体重のように量的に増加する現象）を成長といい，成長が一定水準に到達することを成熟といいます。 → p.222

■発達段階と発達課題

● 発達の過程において，発達現象や特徴を示す区切り（区分）を発達段階と呼びます。 → p.225

● 現在では，人間は一生涯発達しつづけるという生涯発達の考え方をもとに，誕生から死にいたるまでの過程をいくつかに区分して，各段階における発達の特徴を理解する方法が広く支持されています。 → p.225

● 発達課題とは，それぞれの発達段階において達成することが期待される課題をいいます。 → p.227

第2節 **老年期の発達・成熟と心理**

■老年期の定義

● 人は法律などに規定されて高齢者となるばかりでなく，生物学的な身体機能の変化や，心理学的な変化も経験しながら，老年期という人生のなかの1つの段階に到達します。老年期という発達段階は，心身の老化と社会的な役割の喪失への適応が課題となる段階であるといえるでしょう。 → p.233

■老年期の心理的課題と適応

● 老年期における家庭内での役割の変化や，退職に代表される社会的な役割の喪失は，高齢者の存在感や生きがいの変化・喪失にもつながるといわれています。 → p.234

■要介護状態と高齢者の心理

● 要介護状態にともなう ADL の低下により，生理的欲求や安全欲求が充足されにくい状態になります。 → p.239

● 要介護状態は自立的な行動を制約することが多いため，人間関係や社会的

活動が縮小しやすくなります。　　　　　　　　　　→ p.239

■不適応状態を緩和する心理 ─────────────

●欲求が充足されない状態（欲求不満の状態）が継続すると，心理的な不適
応状態が生じやすくなります。それを緩和し，心理的適応（安心，満足な
ど）を得るためのこころのはたらきのことを適応機制（防衛機制）といい
ます。　　　　　　　　　　　　　　　　　　　　　→ p.240

●無力感や依存心は，介護の工夫によって，できる限り防ぐ必要がありま
す。　　　　　　　　　　　　　　　　　　　　　　→ p.240

第3節　高齢者に多くみられる症状・疾病等

■高齢者に多くみられる症状・訴えとその留意点 ─────────

●腹痛の原因となる病気のうち高齢者で留意したいものは，腸閉塞（イレウ
ス），消化性潰瘍（胃潰瘍や十二指腸潰瘍），大腸腫瘍の3つです。　→ p.242

●胸の痛みがあらわれた場合，まず疑うのは心臓や肺を流れている血管の病
気です。そのなかでもっとも重要なのは，心筋梗塞，大動脈解離，肺梗塞
（肺血栓・塞栓症）の3つです。　　　　　　　　　　→ p.243

●高齢者では関節や骨の疼痛が問題になります。とくに多い症状として，腰
痛や膝の関節痛があります。　　　　　　　　　　　　→ p.244

●体重減少や食欲不振があらわれる消化器疾患として，胃潰瘍，胆嚢がん，
大腸がんの頻度が高いようです。　　　　　　　　　　→ p.247

●浮腫（むくみ）があらわれる理由の1つに，血管のはたらきの弱まりが
あります。　　　　　　　　　　　　　　　　　　　→ p.249

●慢性の咳の原因でもっとも多いのは閉塞性換気障害といわれる病態です。
病名としては慢性気管支炎，または肺気腫のことで，この2つの病気を
合わせて慢性閉塞性肺疾患（COPD）といいます。　　→ p.250

●心不全を引き起こす病気で多い原因は虚血性心疾患と高血圧性心疾患で
す。　　　　　　　　　　　　　　　　　　　　　　→ p.251

●呼吸不全の原因としてもっとも多いのは閉塞性換気障害を起こす慢性閉塞
性肺疾患（COPD）です。在宅で酸素を吸入する在宅酸素療法（HOT）
の主要な基礎疾患です。　　　　　　　　　　　　　→ p.251

●高齢者が熱中症を起こしやすい身体面の原因は，発汗機能と口渇感覚の低
下にあると考えられます。　　　　　　　　　　　　→ p.258

●飲水量が少なかったり下痢などで水分が失われると脱水状態になります。
乾燥による唾液の減少，口腔内や皮膚のかさつきは大事なサインです。ま
た，尿量，尿回数の減少や尿の色が濃くなっている点にも注意が必要で

す。 → p.261

■介護を要する高齢者によくみられる病気・病態 ────────────

● 生活習慣病に含まれる疾患としては，運動・活動状態や食生活と密接な関連のある糖尿病，高血圧症，脂質異常症（高脂血症），痛風（高尿酸血症），アルコール性肝炎などが代表的なものです。 → p.262

● 生活習慣病のなかでも，がん（悪性新生物），心疾患（心臓病），脳血管疾患（脳血管障害，脳卒中）は日本での死因の上位を占めている病気です。 → p.262

● 介護保険制度において，40歳以上65歳未満の第2号被保険者が要介護認定を受けるためには，要介護状態等の原因である身体上または精神上の障害が，介護保険法施行令で定める16の疾病（特定疾病）によることが要件とされています。 → p.278

① 刷りこみ現象（インプリンティング）

すりこみげんしょう（いんぷりんてぃんぐ）
➡ p.222 参照

動物の生活史のある時期に，特定の物事が
ごく短時間で覚えこまれ，それが長時間持
続する学習現象の一種。

② アイデンティティ

あいでんてぃてぃ
➡ p.230 参照

アメリカの精神分析学者エリクソンが提唱
した概念で，自己同一性などと訳される。
アイデンティティとは，社会生活のなか
で，ある個人が変化・成長しながらも基本
的には同一で連続しているという感覚，つ
まり，自分は自分であり真の自分は不変で
あるとする感覚を意味する。

③ ステレオタイプ

すてれおたいぷ
➡ p.232 参照

ある集団の成員全般に対する認知・信念な
どのこと。実際にはどんな集団でも個人差
があり，そのステレオタイプが全員にあて
はまることはないが，ステレオタイプが集
団の全員にあてはまると考えがちである。

④ 世界保健機関（WHO）

せかいほけんきかん（ダブリューエイチオー）
➡ p.232 参照

国際連合の専門機関の1つ。世界中の人々
が最高水準の健康を維持することを目的
に，感染症対策，衛生統計，基準づくり，
研究開発などを行っている。

⑤ 健康寿命

けんこうじゅみょう
➡ p.233 参照

健康状態で生活することが期待される平均
期間のこと。日本では，健康寿命延伸プラ
ンとして，2040 年までに健康寿命を 3 歳
延伸させ，75 歳以上とすることをめざし
ている。

⑥ ADL

エーディーエル
➡ p.239 参照

Activities of Daily Living の略。「日常生
活動作」「日常生活活動」などと訳される。
人間が毎日の生活を送るための基本的動作
群のことで，食事，更衣，整容，排泄，入
浴，移乗，移動などがある。

⑦ 胃・食道逆流症

い・しょくどうぎゃくりゅうしょう
➡ p.243 参照

以前からなじみのある別名を逆流性食道炎

という。胃と食道は胃の噴門部で隔てられているが，加齢とともにこの境目が胸郭のなかにずれこんだり，噴門の閉鎖がゆるんだりして，胃液による食道炎を起こした状態のこと。

8 疼痛

とうつう
➡ p.244 参照

ずきずきする痛み。うずき。

9 脳梗塞

のうこうそく
➡ p.246 参照

脳血栓や脳塞栓などによる脳血流障害により，脳細胞が壊死におちいった状態のこと。

10 意識障害

いしきしょうがい
➡ p.246 参照

対象の知覚や認知，周囲への注意，思考や判断，物事に対する反応などの精神活動の障害された状態をいう。一般に，自分が今どこにいてどんな状態かわからず，あとになってもその間の記憶が存在しない。

11 胃穿孔

いせんこう
➡ p.247 参照

胃に発生した潰瘍病変が大きく深くなって胃壁を破ってしまった状態をいう。胃液などが腹腔内に散布されるので，腹膜炎，腸閉塞を起こす。

12 ALP

エーエルピー
➡ p.247 参照

エネルギー代謝にかかわる酵素の1つ。多くは胆道から出ているため，肝臓や胆道などの細胞が障害を受けると細胞外に出てくるため，血液中のALPの数値が高くなる。

13 頸椎症

けいついしょう
➡ p.248 参照

頸椎という骨の変形によって，そこを通る神経の束である脊髄を圧迫して神経障害を引き起こすもので，正確には頸椎症性脊髄症（頸椎が原因で起こる脊髄の障害）という。

14 エコノミークラス症候群（旅行者血栓症）

えこのみーくらすしょうこうぐん
（りょこうしゃけっせんしょう）
➡ p.249 参照

航空機のせまいエコノミークラス席などで長時間座り続けることで起こる下肢や骨盤内の深部静脈血栓症に続いて発症した肺動脈の血栓塞栓症（肺梗塞ともいう）のこと。旅行者血栓症ともいう。

15 アルブミン

あるぶみん
➡ p.249 参照

血液中や筋肉中に広く分布し，細胞のはたらきを助ける機能をもつたんぱく質成分。1日に約12gがおもに肝臓でつくられており，所定の役目を果たしたあとは再び肝臓で分解される。

16 閉塞性換気障害

へいそくせいかんきしょうがい
➡ p.250 参照

肺のおもな役割は酸素と炭酸ガスのガス交換，すなわち換気にあるが，換気の障害をきたすもののうち，呼気を吐き出せないタイプをいう。

17 肺胞

はいほう
➡ p.250 参照

肺の末端で小型の風船のようにふくらんだり縮んだりして，酸素と炭酸ガスのガス交換のはたらきをになっているところをいう。

18 レジオネラ菌

れじおねらきん
➡ p.250 参照

自然界の土壌や淡水に生息し，日常的に接する可能性は高いが，健康な成人が発症することは少ないといわれている。しかし，免疫力の弱い新生児や高齢者，病人などが感染すると，咳や発熱，悪寒などの症状があらわれることがある。風呂や冷却塔水からの感染も多く報告されている。

19 皮脂欠乏性皮膚炎

ひしけつぼうせいひふえん
➡ p.252 参照

皮膚組織の脂肪と水分が不足して，表皮が乾いてかさかさとした状態になり，かゆみや発赤をともなった疾患をいう。

20 接触性皮膚炎

せっしょくせいひふえん
➡ p.252 参照

異物との接触で刺激を受けるために起こる皮膚組織のかぶれで，おむつ，装飾品などの金属，植物，洗剤によるものが多い。

21 脂漏性皮膚炎

しろうせいひふえん
➡ p.252 参照

頭部や顔面にふけ，落屑が増え，紅斑をともなういわゆるふけ症で，不規則な生活やアルコールで悪化する。

22 器質性便秘

きしつせいべんぴ
➡ p.254 参照

大腸などの病気が原因で，大腸が部分的にせまくなるなど，便が通過しにくい状態により起こる便秘。血液が混じる場合などに疑われる。

23 機能性便秘

きのうせいべんぴ
➡ p.254 参照

大腸の運動機能や反射の異常による便秘。その原因により弛緩性便秘，けいれん性便秘，直腸性便秘などに分類される。

24 ノロウイルス

のろういるす
➡ p.255 参照

感染性胃腸炎の原因となるウイルスの1つ。感染すると激しい腹痛とともに嘔吐や下痢の症状を引き起こす。糞便や嘔吐物を

通じて経口感染する。

㉕ メチシリン耐性黄色ブドウ球菌（MRSA）

めちしりんたいせいおうしょくぶどうきゅうきん
（エムアールエスエー）
➡ p.255 参照

耐性を獲得し，通常は有効なメチシリンという抗生物質が効かなくなった黄色ブドウ球菌。院内感染の原因ともなり，抵抗力の弱い手術後の患者や高齢者，未熟児などが感染しやすい。

㉖ 食物残渣

しょくもつざんさ
➡ p.256 参照

口腔内に残された食べ物のかすのこと。

㉗ 罹患者

りかんしゃ
➡ p.262 参照

病気にかかっている人のこと。

㉘ 残気量

ざんきりょう
➡ p.268 参照

肺機能の目安の1つで，肺から空気を吐き出したあとも肺に残っている気体の量のこと。

㉙ 肺結核

はいけっかく
➡ p.268 参照

結核菌で起こる感染症を結核というが，そのうち肺に感染し発病したもの。結核は，初期感染のほとんどすべてが肺に起こる。

㉚ 蠕動運動

ぜんどううんどう
➡ p.272 参照

消化管などの管状の臓器が，その内容物を波状に送る基本的な運動形式のこと。

㉛ 敗血症

はいけつしょう
➡ p.280 参照

からだのどこかに細菌による疾病があり，ここから細菌が血液の流れのなかに入って増殖し，その産生した毒素によって中毒症状を起こしたり，細菌が血液の循環によって全身に広がったりして，二次的にいろいろな臓器に感染を起こす重い疾病。

第**5**章

にんちしょう　きそてきりかい
認知症の基礎的理解
にんちしょう　りかい
（認知症の理解I）

だいせつ　　　にんちしょう　　　　りねん　してん
第1節 認知症ケアの理念と視点

だいせつ　　　にんちしょう　　　せいかつしょうがい　しんり　こうどう　とくちょう
第2節 認知症による生活障害，心理・行動の特徴

だいせつ　　　にんちしょう　ひと　かぞく　　　　　　　　しえん　きほん
第3節 認知症の人や家族へのかかわり・支援の基本

とうたつもくひょう
【到達目標】

にんちしょう　　　とりくみ　けいか　ふ　　　こんにちてき　にんちしょう　　　りねん　りかい
● 認知症ケアの取組の経過を踏まえ，今日的な認知症ケアの理念を理解して
いる。
にんちしょう　　　せいかつじょう　しょうがい　しんり　こうどう　とくちょう　りかい
● 認知症による生活上の障害，心理・行動の特徴を理解している。
にんちしょう　ひと　　　かぞく　たい　かか　かた　しえん　きほん　りかい
● 認知症の人やその家族に対する関わり方・支援の基本を理解している。

認知症ケアの理念と視点

月

日

1. 認知症ケアを取り巻く状況

❶ 認知症ケアのこれまでと現状

　認知症ケアの歴史には，いくつかの転機があります。最初の転機は，認知症が病気として認められたときでした。それ以前は，老化と考えられることも多く，「呆け」とも呼ばれていました。どう対応したらよいのかわからないときには，社会や地域から排除されることもありました。認知症が病気と診断されることで，原因がわかり家族は一時的には安心することができました。しかし，治らない病気であることを告げられるだけで，これといった支援もなく，絶望するだけでした。

　この段階では，医療が認知症ケアの中心になりました。しかし，徘徊や妄想といったBPSD（行動・心理症状）の説明が中心で，本人の立場からケアを考えることはほとんどありませんでした。その結果，認知症の人はますます不安を感じたり混乱するようになり，ケアもむずかしくなっていきました。

　特別養護老人ホームなどの高齢者施設では，最初は集団行動ができないことを理由に認知症の人を受け入れていませんでしたが，入居者のなかに認知症になる人が出てきて，施設でも認知症ケアの必要性に迫られました。施設のなかは，認知症の人が食べてしまったり隠したりするということで物を置かずどんどん殺風景になり，生活感がなくなっていきました。認知症の人の行動に対するさまざまな試みが行われましたが，認知症の人の行動だけに着目し，内面の心理を考えたものではありませんでした。

　認知症の人の立場に立ってケアをするために，小規模ケアを考え出したのが次の転機です。小規模ケアは，単に小集団ということではなく，一人ひとりに寄り添う個別ケアであり，そして，私たちが人間関係のなかで暮らしていることを前提としたケアです。認知症を病気としてよりも，障害としてとらえ，認知症による生活障害，関係障害に目を向けるケアを行うようになりました。このようなケアの場として，在宅支援を多機能的に行う宅老所，認知症対応型通所介護，グループホームなどが生まれました。さらに，高齢者施設でも，**ユニットケア**■（➡ p.328 参照）が広く実践されるようになり，その人を中心としたケアやパーソン・センタード・ケアも実践されるようになりました。しかし，認知症ケアのこのような段階的な発展は，前の段階を残しながら拡大的に発展してきたものであり，以前の古いケアがあることも現状です。

❷ 認知症ケアのこれから

　これまでの認知症の人の支援は，寄り添ったケアをすることで共感的に理解できることを学んできましたが，今では認知症の人たちが，認知症の経験を直接教えてくれる時代になりました。診断される前の日常生活での違和感や混乱，診断後のくやしい気持ちや絶望感，適切な支援を受けることの喜びや，差別や疎外感などの内面の意識をわかりやすく伝えてくれています。また，どのようにかかわってもらいたいのかということも具体的に教えてもらえるようになりました。さらには，認知症の人たちが，「自分たちのことを自分たち抜きでは決めないでほしい」ということを明言し，政策に反映されるようにもなりました。

　近年，個別支援を中心としたパーソン・センタード・ケアが広まってきていますが，今後重要なことは，全体的な視点，統合的な視点をもって，認知症の人といっしょに，社会全体で認知症ケアを発展させていくことです。そこでの介護職の役割はますます重要になります。施設においても，在宅においても，認知症の人が社会の一員として，地域社会とのかかわりを継続でき，地域社会のなかで生きがいを感じられるように支援していくことが大切です。これは介護職にとって負担の大きいことに思うかもしれませんが，今や地域には認知症に理解のある人たちが多くいます。その人たちと協働することで，これまでむずかしいと思われていたことを実現できるようになります。介護職自身が，仲間をつくり，地域とつながっていき，パーソン・センタード・ケアやその人を中心としたケアを，認知症の人と介護職の関係のなかだけではなく，認知症の人を中心としたさまざまな人間関係のなかで考えていくことが大切です。

　在宅の場合でいえば，介護サービスが必要になっても，本人と地域住民との日常のつながりを切らないように，住民といっしょに本人を支えていく支援が大切です。施設で暮らす場合でも，地域とのつながりが切れないようにするために，これまで通っていた地域のサロンに参加する支援などが考えられます。このことによって介護職は地域での本人の生活を知り，住民にとっては認知症について理解する機会にもなります。

　一人ひとりの認知症の人との多様なつながりが，多くの人の意識を変えていきます。そして，それに合った評価やしくみや制度へ展開していくことで，社会全体のケアになっていきます。近年，認知症が社会に与える影響の大きさが認識され，医療の分野，制度施策はもとより，司法，商業，金融，地域福祉など，従来では直接関係がないと思われていた分野でも認知症ケアに関心がもたれています。このような視点からみても，認知症ケアが介護の場面に限られるものではなく，社会全体におけるケアになっているといえます。認知症が絶望の象徴であった時代から，認知症ケアが希望の光を見いだす時代になりましたが，何よりも社会の一員としての認知症の当事者との地域づくりは，ますますやりがいのある取り組みになるといえます。

2. 認知症ケアの理念

❶ その人を中心としたケア

▶▶ その人らしくあり続けるための支援

　その人を中心としたケアとは，その人らしくあり続けるための支援です。しかし，「その人らしい」とはどういうことでしょうか。なぜ認知症ケアでは，その人らしさ（☞第2巻p.62）が大切にされるのでしょうか。

　私たちはだれしも，1人の人間として尊重されることを望んでいます。もし子どものように扱われたり，無視されたり，自分の望まないことを押しつけられたり，もの扱いされたりしたとしたらどんな気持ちになるでしょうか。悲しくなったり，怒りの感情がこみ上げてきたりすることもあるでしょう。このようなことが続けば，最悪の場合，すべての努力をあきらめてしまい，自分の殻に閉じこもり，人間として生きていく意欲さえ失われてしまうかもしれません。このような気持ちは認知症をかかえていても変わることはありません。

▶▶ 尊厳の保持

　その人らしい生き方とは，何よりも人間らしい生き方です。このことはだれもが望むことであり，お互いに尊重しなければならないことです。これは認知症ケアの大前提であり，認知症ケアはそれを実現するためにあるのです。

　認知症が進行すると人間らしい生き方はできないとか，本人もそのことを理解することはできないと考えられることもまだ少なくありません。認知症の人が人間らしい生き方をできるかどうかは，介護職やまわりの人たちがどれだけ認知症の人の尊厳を保っているかにかかっています。

　また，介護職やまわりの人たちが認知症の人の言葉や行動を理解できないとき，本人も理解できていないと決めつけていることが多いのです。そしてこれらは，認知症という障害そのものによって引き起こされるよりも，介護職やまわりの人たちのかかわりが不適切なために起こることが多いのです。その結果，認知症の人は，認知症という障害に加え，不適切なケアという障害も負うことになります。

❷ その人らしくあり続けるための支援を実現する

▶▶ 介護職の視点の変化

　認知症がよく理解されていないときには、「時間とともに認知症の症状は悪化し、これまでの自立した生活は困難になって、介護職のできることは、本人の安全と身体的ニーズを満たすことぐらいしかない」と考えられてきました。認知症の研究もその病気の解明が中心で、認知症の人にどのような支援ができるのか、どのような支援が望ましいのかという研究は非常に限られたものでした。

　しかし、日々認知症の人をケアしている家族や介護職は、新しい考えをもつようになりました。それは、「認知症という病気になったと考えるよりも、認知症をかかえながらどのようにその人らしく暮らしていくことができるのか」を考えることでした。

　これは、認知症の人や家族、介護職にとって、"あきらめ"から"希望"への大きな方向転換を意味していました。認知症の人の気持ちを知り、その人の立場に立つことで、認知症をかかえていてもできることがたくさんあることがわかったからです。

　このことは、介護職の視点が、認知症という病気から、認知症のあるその人へと移り変わったことを意味します。

▶▶ 認知症ケアを取り巻く古い考え方の見直し

　もし認知症の症状の緩和や改善だけがケアの目的ならば、人ではなくて、認知症を中心に考えていることになります。うまくいかないことが続くと、「認知症が進行したので、これ以上できることはないだろう」と、介護職があきらめてしまうかもしれません。

　介護職が希望を失うことは、認知症の人や家族も希望を失うことにつながります。介護職として大切なのは、その人らしい生活を続ける支援をあきらめないことです。

　たしかに、特定の介護職がすべてを負担するようなケアのやり方では、1人の認知症の人を支えることさえむずかしいでしょう。しかし、家族、地域の人、ほかの介護職や専門職と協力していくことができれば、ともに生きていくよい方法を見つけることができ、これまで無理だと思われてきたことにも道が開かれるものです。しかも、認知症の人にも、この協力関係に参加できる力があることを発見することがあるのです。

　しかし、すべての人たちがそのことを理解し、認知症ケアを評価しているとは限りません。問題は、新しい考え方がむずかしいのではなく、古い考え方を見直すことがむずかしいのです。したがって、認知症の人とともに暮らしていく支援が可能なことを共有していくことが大切です。

3. 認知症ケアの視点

❶ 問題視するのではなく，人として接する ::

▶▶ 自由を保障する

医療では「病気を明らかにすること」が期待されますが，介護では「障害をかかえていても，その人らしく暮らせる可能性を明らかにすること」が期待されます。問題に対処することばかりがケアの中心になると，その人自身が問題であるとみられることも起こります。そうなると，本人を抑制したり行動をコントロールしたりすることがケアだと考えられるようになります。

その人を中心としたケアとは，本人にできる限りの自由を保障することです。そのためには，その人をよく知らなければなりません。これまでどのような生活を送ってきたのか，どのような仕事をしてきたのか，さまざまな困難をどのように乗り越えてきたのか，何を大切にしてきたのか，どのような好みがあるのかなど，その人を理解するために知るべきことがたくさんあります。

▶▶ 物語に参加する

人はそれぞれ独自の人生の物語を生きています。たとえ本人が忘れてしまうことがあったとしても，ほかの人たちが忘れない限り，その物語は生きているのです。認知症になったからといって，その物語が消えてしまうわけではないのです。

認知症の人にかかわるということは，その物語に参加することですが，その物語を勝手に書き換えることではありません。本人が自分の物語を生き続けられるよう支援していくことが，自由を保障していくことなのです。このことにやりがいを見いだすとき，介護職の物語も豊かになっていきます。その人を中心としたケアでは，認知症の人だけではなく，介護職やまわりの人たちのその人らしさも大切にすることになるのです。

▶▶ 共感的に受け入れる

認知症の人とコミュニケーションをはかるときに大切なことは，本人が考え，思っている「現実」を否定するのではなく，それを認めて，共感的に受け入れることです。どちらの「現実」が正しいかではなく，さまざまな「現実」があることを認め，相手の立場に立って考えることです。

人は自分が認められ受け入れられたと感じるとき，充実感や自信をもつことができますが，認知症をかかえていても同じです。このとき，ともに時間を共有し，寄り添うことが何よりも重要になります。

❷ できないことではなく，できることをみて支援する ::::::::::::::::::::::::::::::::::::

▶▶ 寄り添って，平等な関係を築く

　寄り添うとは，認知症の人を共感的に受け入れ，そのかたわらにいることです。これは介護の技術ではなく，介護職の姿勢ということができるでしょう。「支援する―支援される」という関係ではなく，平等な関係を築くことなのです。

　しかし，介護職は知らず知らずのうちに，急かしていたり，その場しのぎの言い訳を言ったり，本人がしはじめたことを中断させたりすることで，認知症の人本人ができること，したいことをうばってしまうことがあります。

　むろん，これは悪意から起こることではなく，介護職が忙しすぎたり，疲れていたり，必要なサポートを受けていなかったり，あるいは認知症ケアについて十分な研修を受けていなかったりするときに起こりやすいのです。

　だからといって正当化できることではありません。このようなときには，介護職は認知症の人の尊厳を侵害していることに気づかなければなりません。介護職が意識することで，尊厳の侵害をなくしていくことができます。

▶▶ 本人のもっている力や本人の思いに気づく

　介護職が本人はできないと思っていたこと，したくないだろうと思っていたことが，何かの機会に間違っていたことがわかることもあります。これは介護職にとって発見であったり，驚きであったりします。介護職は援助関係のなかで一面的にしかみていなかったことを知るのですが，こういうときこそ，本人のもっている力や本人の思いに気づくことがあるのです。

　これは予期できない偶然の出来事である場合が多いのですが，それを見逃さないためには介護職の力量を必要とします。

　できることをみて支援するということは，介護職にとって創造的な取り組みです。それは技術的な問題解決ではなく，認知症の人を中心にそのほかの人たちと協力して，認知症という困難を乗り越えていく物語をつくっていくようなものです。

認知症による生活障害，心理・行動の特徴

1.「人」と「生活」の理解

　介護の目的の1つに，個別ケアによりQOL[2]（➡ p.328 参照）（生活の質）の向上をめざすことがあります。そのため，「人」と「生活」を支える手段として，これらを正しく理解することは，介護職にとって重要なことです。しかし，一口に「人」と「生活」を理解するといっても，個別性が高く，わかりにくいことが数多くあります。

❶「人」の理解

　「人」を理解する際に，生物学的側面[3]（➡ p.328 参照），心理学的側面[4]（➡ p.328 参照），社会学的側面[5]（➡ p.328 参照），実存的側面[6]（➡ p.328 参照），の4つの側面から理解することを考えてみます。これら4つの側面がお互いに関係し合いながら総体として活動するものが，「人」ということになります。

❷「生活」の理解

　「生活」を理解する際，「食事」「入浴」「排泄」「整容」などを単に生活行為ととらえるのではなく，次の2つの側面でとらえることが大切です。
　1つは，一人ひとりの1日の過ごし方から四季を通した1年の過ごし方，さらに，人生の永きにわたる「過去・現在・未来」につながる時間軸にそった活動の側面です。どのように過ごしてきたか，生きてきた時間の連続性が「生活」といってもよいでしょう。
　もう1つは，住居・物品・金銭などの物理的環境，家庭・学校・職場・地域社会などの社会的環境，家族・知人・同僚などの人的環境など，環境の影響を受けた活動の側面です。これは，どこで，どのように過ごしてきたかという，周囲の環境との関係性が「生活」といってもよいでしょう。
　似ているようで一人ひとり違った生活をする主体としての「人」は，多様なニーズをもち，個別の支援を必要とします。そのため，アセスメントや関係づくり，コミュニケーションなどを通じて「人」と「生活」を理解することが重要になります。

2. 認知症ケアはなぜ「人」と「生活」に焦点をあてる必要があるのか

❶ 認知機能の障害が生活に及ぼす影響

▶▶ 認知機能の障害と生活

　認知症は，脳神経疾患による認知機能の障害がおもな要因です。そのため，いったん獲得された経験や知識，人格や社会性が徐々に失われ続け，これまで築いてきた人間関係や社会資源とのつながりが途切れ，生活に大きな影響を及ぼします。

　たとえば，記憶障害により，先ほどまで何をしていたのかを思い出すことができず，脈絡のない途切れ途切れの行動になります。そのため，ある人は抑うつ的になり，ある人は不安と混乱状態におちいります。

　また，見当識障害が起きることにより，時間や場所がわからずに，早朝と夕方を取り違え夕方に仕事の準備を始めたり，外出しても自分がどこにいるのかわからず迷子になったりすることがあります。

　このように，それまでとくに問題なく自力で行ってきたことが認知機能の障害により困難になり，他者の支援を受けなければ自立した生活ができなくなります。

▶▶ パーソン・センタード・ケアとは

　認知症の人が自立した生活を継続するためには，認知機能の障害（一般的には，中核症状と呼ばれる）と「人」の両面を理解した支援が重要になります。

　認知症ケアの理念であるパーソン・センタード・ケアは，1990年代にイギリスのブラッドフォード大学の心理学者キットウッド（Kitwood,T.）により提唱されました。

　これまで認知症は治療不可能な脳神経疾患により人格が保たれないため，おもに医療によって管理されることが望ましいと考えられてきました。しかし，キットウッドは，「人」の側面に着目し，100人が100通りの人生をもつように，かかわり方によって認知症の症状は変化するため，不治の病とあきらめるのではなく，認知症の人に前向きにかかわることでケアの可能性が広がると主張しています。

　つまり，視点を「認知症」という疾患におき「受け身な人」ととらえるのではなく，「人」の側面に重点をおき「前向きな人」というとらえ方に変えることをさしています。その結果，介護職が勝手にあきらめたり，仕方ないと考えたりするのではなく，認知症のどの段階でも，だれであっても「人」や「生活」に焦点をあてて，よりよく生きることを支えることができるとしています。

❷ 生活とは，残された能力をいかすこと

▶▶ 不適切な環境やかかわりが残された能力に及ぼす影響

　認知症が進行するのは，原因疾患があるためです。認知症は，失われる能力が増えて，残されている能力が減っていくという特徴をもっています。しかしそれは，時間に比例して変化するものではなく，また，どの段階でも，残された能力をいかしながら生活することができない状況に直面すると，せっかく残っている能力も，失われた能力同様に活用することはできなくなります。

　したがって，認知機能の障害が常に生活に悪影響を及ぼしているのではなく，物理的な環境や人とのかかわりが，認知機能に悪影響を及ぼしているとも考えられます。認知症の症状は，適切でない環境やかかわりによって，いわばつくられた障害ということもできます。

▶▶ 能力を見きわめるための「人」と「生活」の視点

　環境と能力の関係は，その人のもっている能力をいかす環境をどのようにつくるのか，ということになりますが，この能力を見きわめるためには，「人」と「生活」からの視点が必要になります。つまり，認知症という病気による認知機能の障害が，環境への不適応を起こしているおもな要因にはなりますが，そのほか「人」と「生活」から介護のヒントを見いだすということです。

　「私にとってわからない環境におかれたとき，混乱します。しかしそれは，私にとってふつうの行為です」と，認知症の人が自分自身の体験から語っています。混乱している認知症の人の行動を，私たちは「問題行動」と整理してしまいますが，それが認知症の人にとって「わからないから助けて！」というメッセージだとしたら，その行動を「混乱＝問題」ではなく，「混乱＝ SOS」ととらえることが大切です。

▶▶ 認知症の人の行動（サイン）の意味

　身体の痛みや空腹，便秘，寝不足などの身体状況の変化や，うるさい環境，暑さ，ひどいにおいなど，感覚に影響する環境のなかにおかれていると，それが不安やさみしさ，悲しみ，心配などの気持ちにさせます。私たちが「なんでこんなことをするのかな」と不思議に思う行動を，単に病気の症状としてとらえるのではなく，環境やその他の要因とのかけ合わせによるサインとみることが大切です。

　また，認知機能が行動や周囲に影響を及ぼしているとき，その行動（サイン）をみる介護職にとって「よい行動，悪い行動」と評価するのではなく，本人にとってよい状態なのか，悪い状態なのかに焦点を切り替えて考えるようにします。1つひとつのサインは，その人にとって意味のある行動と考え，その意味を探ることが認知症ケアの第一歩になります。

3. 認知症の中核症状

❶ 中核症状の理解

認知症の人は「何もわからなくなる」わけではありません。病気の進行にともなってあらわれる中核症状と BPSD（行動・心理症状）[7]（➡ p.328 参照）をしっかりと把握することで，目の前の認知症の人をよりよく理解することができます。

❷ 代表的な中核症状

▶▶ 記憶障害

だれでも年をとれば記憶力の低下はあるものですが，年相応のもの忘れの場合は認知症ではなく，だれにでもある生理的健忘です。認知症の記憶障害は明らかに病気の結果としてものを忘れていく状態のことです（図 5-1）。記憶には，表 5-1 のような 3 つの力がありますが，認知症により 3 つとも弱くなっていきます。

記憶は最近のものから過去にさかのぼって忘れるようになります。認知症が軽度であれば最近の出来事は忘れますが，過去の出来事はよく覚えています。前日に通所介護（デイサービス）の仲間といっしょに出かけた公園の名前は忘れても，苦労した時代の隣近所の

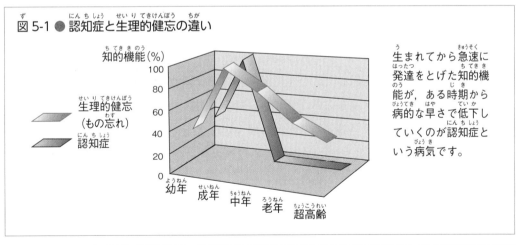

図 5-1 ● 認知症と生理的健忘の違い

知的機能（%）
100
80
60
40
20
0

生理的健忘
（もの忘れ）

認知症

幼年　成年　中年　老年　超高齢

生まれてから急速に発達をとげた知的機能が，ある時期から病的な早さで低下していくのが認知症という病気です。

表 5-1 ● 人間の記憶がもつ 3 つの力

① 記銘力（新しいことをおぼえこむ力）
② 保持力（おぼえたことを記憶のなかにとどめておく力）
③ 想起力（あらためて過去の記憶を呼び起こす力）

人の名前は忘れていないことなどは，現場でよくみられます。しかし，過去の忘れられないはずの出来事を忘れていれば認知症は確実に進行しているといえます。

▶▶ 見当識障害

時間と場所を把握する力を見当識といいます。この力の低下が見当識障害（失見当）です。日付変更線を越えて海外旅行をした翌朝に，一瞬だけ朝か夜かわからなくなることを経験した人がいるかもしれません。旅行による環境の激変がある状況では，たとえ病気がなくても，人間のリズムは一瞬混乱するものです。認知症の人は病気のために，より大きな混乱があり，昼夜のわからない状態が起こりやすくなります。

▶▶ 失語・失行・失認

失語とは，言葉を話すことにかかわる器官，たとえば唇や舌，口の筋肉など，それぞれはまったく正常であるにもかかわらず，言葉を話そうとすると話せない状態をさします。この状態は，脳の中で言葉を話すことにかかわっている部分が機能しなくなっているのです。

失行は，手足の機能は保たれているのに，脳の運動野に障害があって行為ができないことをさします。服を着ることができない，携帯電話を持ち上げることができないなど，行為ができない状態です。

失認は，目や視神経などに問題がないにもかかわらず，目の前で見ていることを脳が認識できない場合をさします。脳で物を見ているのは後頭葉のはたらきですから，その部分に変化が起きると「見えているのに見えない」という失認が起きます。

▶▶ 計算力の低下

認知症の人は，数字が関係したことを把握する力や計算力の低下が初期の段階から目立ちます。ほかの症状が表面化していなくても，数字に関係することでは混乱が起きていることも多いため，初期症状を理解するためには大切なポイントです。安い物を買うにもかかわらず，いつも1000円札を出している人を見た場合には，計算力が低下している場合があるので，注意して見守りましょう。

▶▶ 判断力の低下

記憶力が悪くなり，見当識も低下してくるにつれて，その人には物事を判断する力の低下がみられるようになります。判断が必要なときに頭の中が真っ白になり，どうすればよいのかわからなくなる経験はだれにもあることだと思いますが，認知症になると，見当識と同様に，判断力も一般的な程度を超えて低下します。

4. BPSD（行動・心理症状）

❶ BPSDのなかの行動症状 ::

▶▶ 徘徊，帰宅行動

自宅から外出して帰り道がわからなくなり，町内を歩き回ることなどが起きます。

徘徊は夕刻から激しくなることが多く，施設でも帰宅行動が目立つようになります。

帰宅行動は自宅にいても生じます。その人の自宅や自室にいても，そこが自分の家であり自分の居場所であることがわからず，以前に住んでいたところに行っても，やはり「家に帰る」との訴えをくり返します。近年，徘徊という言葉がもつマイナスイメージを変えようとする試みが各地で行われています。認知症の人の人権に配慮しながら用語を使うよう心がけることが必要です。

▶▶ 攻撃的な言動，介助への抵抗

認知症の夫のからだをふこうとした妻が近づいたときに，認知症の夫が「からだをふく」ということを理解できないとすると，「だれか知らない人がやってくるが，何をするんだろう」と疑い，恐怖感をもちます。そうとは知らずに，妻が夫に近寄ると，夫は恐怖を避けるため，妻に拳をふり上げて（他者からみると）攻撃的な言動をとるかもしれません。夫のからだをふこうとして，突然殴られたら妻も困惑することでしょう。

介助への抵抗も，同じようなメカニズムで起こります。認知症の人に対して「介助をしている」と思っていることが，実は本人にとって攻撃であるかのように感じられた場合，本人は介助に対して抵抗します。しかし，このような行動はいつまでも続くわけではありません。認知症が進行するにしたがってあらわれないようになっていきます。

▶▶ 昼夜逆転

認知症という病気自体には，意識障害（混濁）はありません。私たちが，寝起きでぼんやりしているときに何かを質問されても答えられないように，意識障害があると的確な返事はできないものです。のちに記す「せん妄」（☞第4巻 p.309）は軽く意識が混濁した状態です。

認知症では，意識障害（混濁）がなくても，知的水準の低下がみられます。BPSDのなかの行動症状のうちでもっとも介助が大変なものの1つに，昼夜逆転があります。

朝から夕刻までは，目を覚ましているつもりでも何となく意識が軽度に混濁した状態で過ごし，夕刻以降は逆に活発になり，場合によっては興奮状態になるような昼夜逆転がみられると，介護する人の負担は急激に増大します。

▶▶ 不潔行為

不潔行為と呼ばれる行動について，その言葉だけを聞いて「認知症になると，不潔なことをしたくなる」と解釈してはなりません。

認知症の中核症状が進み，BPSDが表面化してくるにつれて，認知症の人には，とっさに起こったことをどう解釈してよいかわからないだけではなく，より困惑して短絡的な処理をしようとする傾向が出てきます。

たとえば，中等度のアルツハイマー型認知症の人が街を歩いていて，自分のお尻のあたりが気持ち悪いことに気づくと，とっさの反応でそこに手をやり，手に便がついてしまいますが，手洗いに行って洗い流せばよいことが理解できません。目の前にいる人に近づいて手をなすりつけてしまうこともあります。

▶▶ 収集癖

収集癖には，さまざまなケースが考えられます。散歩のたびに，近所の家々で栽培している花を手折って帰る場合や，スーパーに行けばほかの物をまったく買わず，なぜか同じ調味料の小びんを買って帰るため，自宅には何十本とそのびんが並んでいる場合などがあります。

このような行為が起きる状態では，すでに中核症状もある程度進行しているため，物を買う，もしくは集めて帰った直後には自分の行為を忘れていて，何ごともなかったかのように収集をくり返します。

▶▶ 異食行為

食べられない物を口に入れる，あるいは食べてしまうことを異食といいます。

目につく物を何でも口にもっていく傾向にありますが，本人は何も本気で「食べたい」と思っているわけではありません。「目につくもの＝口に運ぶ行動」に結びついているだけだと考えてください。側頭葉の変化にともなって出やすい症状です。

▶▶ 失禁

脳の変化により，これまでコントロールされてきた排尿，排便のメカニズムがうまくはたらかなくなると，失禁が始まります。人によっては尿意，便意が感じられたあと，トイレに行くのに間に合わなくなることから始まる場合もあります。

認知症の場合は，脳の全般的な変化から排尿や排便の感覚がにぶくなる人もいるため，注意するだけでは解決しないことも増えてきます。本人には失禁した場合の不快感が少なく，周囲の人が気づくこともあります。そのような場合には，本人は強く責められても何についてしかられているのかがわからず，とまどいや混乱が激しくなることがあります。

❷ BPSD のなかの心理（精神）症状 ::

▶▶ 不安感・心気状態

　初期の認知症の人の精神症状としてとくに注意しなければならないのが，不安感と焦燥感，抑うつ気分です。不安や気分の沈みなどは，それぞれが独立した病気（不安障害，うつ病）としても存在しますが，その一方で，認知症の初期の BPSD としても認められるため，注意していなければ間違えてしまいます。

　急に起こる胸のドキドキ（動悸）がとてつもない恐怖となって，その後，外出できなくなることもあります。このような状況をパニック発作といい，若い人に多くみられる不安障害ですが，これと似た症状が認知症の初期に出てくる場合があります。

　また，実際にはからだのどこにも悪いところがないにもかかわらず，自分のからだのある部分にこだわって具合の悪さを心配することを心気状態といいます。この状態が続いたあとに，認知症が表面化してくることもあります。「自分のからだに何か悪い病気があるに違いない」と主張して，いくつもの医療機関の受診をくり返す人もいます。

▶▶ 強迫症状

　認知症の不安感でもとくに強迫の症状が出る人もいます。なかには洗浄強迫といって，自分の手が汚いと感じ，洗い続けないと気がすまない状態になり，本人にとってとてもつらい状況が続きます。確認強迫といって，鍵を自分の家のドアにかけたことの確認をくり返さないと気が治まらない人もいます。

▶▶ 抑うつ状態と無気力状態

　初期の認知症が始まる前に，いくどにもわたり気分の沈みをくり返すことがあります。典型的なうつ病であれば 3 か月ほどのあいだ，不眠や食欲の低下があり，自分の部屋にこもって窓のカーテンを閉めたままで 1 日中過ごすといったイメージがありますが，認知症になる前の抑うつ状態はそのようなものではありません。気分が滅入る時期を数か月から数年過ごしたあとに，あるときふと，気分が改善することがあります。

　急速に抑うつ状態が改善したことを素直に喜んでいたところ，気分の沈みが改善するのとは逆に，もの忘れが激しくなる例があります。そのような場合，BPSD が先に出て，のちに中核症状としての記憶障害がそれを追い越して出現したと考えられます。また，「何もする気にならない」といった無気力状態が出る場合もあります。抑うつ状態では自分を責めて「悪いのは私だ」と自責的になるのに対し，無気力状態はやる気のなさが前面に出ます。

▶▶ 幻覚

　幻覚とは，現実にはないことを見たり聞いたりすることをいいます。しかも一瞬の錯覚ではなく，一定の時間の経過のなかで，「あり得ないこと」の体験は継続します。

　いないはずの人が見えることを幻視，聞こえるはずがない声を聞くことを幻聴といいますが，認知症の人自身にとっては，まさに事実として体験しているのですから，本人はあたりまえの反応としてその声に応え，そこに見える人に声をかけます。その体験を頭から否定すると，認知症の人は深く傷つきます。しかし，こちらがその病的体験を無条件に受け入れてしまうと，今度はそのような病的体験が本人の頭から離れなくなるので，注意が必要です。

▶▶ 妄想

　周囲からみると明らかにあり得ないようなことでも，自分が直感的に感じるのが妄想です。認知症の妄想の場合，「お金がない」「だれかが部屋に入ってきた」「食事に毒が入っている」などの被害感が出てくる場合があります。

　その反面，みずからの感情はかなりの程度までしっかりしていると考えられます。人間の感情には喜怒哀楽がありますが，「周囲から攻撃されているのではないか」といった精神的な症状が出てくる状態であれば，喜と楽の感情はあらわれにくくなり，むしろ怒と哀の感情が表面化しやすくなります。

　高齢者の場合にも，統合失調症に似たような被害感が出ることがあります。この場合は「高齢者の幻覚妄想状態」と呼びます。認知症と異なり，知的能力は保たれることが特徴です。

▶▶ 睡眠障害

　認知症にともなう脳の萎縮があると，睡眠は乱れ，認知症の悪化につながりやすくなります。代表的な睡眠障害として，入眠障害，中途覚醒，早朝覚醒があります。

　これらのうち，中途覚醒と早朝覚醒はうつ病などの病気にともなう不眠の場合にも出やすいので，注意が必要です。とくにBPSDとして，初期に抑うつ気分が表面化しているときには，中途覚醒と早朝覚醒が混在したような形で不眠が表面化します。

表5-2 ● BPSDと見分けるべき疾患

不安障害	
心気障害	見分けるポイント
強迫性障害	いずれの場合も，時間の経過を見ながら認知症の
うつ病（抑うつ状態）	中核症状の有無を見きわめること
幻覚・妄想状態	

5. 意識障害の理解

❶ 認知症と意識障害

　認知症ケアでもっとも重視しなければならないのが，意識障害（混濁）です。認知症と意識障害は，本来まったく別のものですが，多くの場合で合併するために，BPSDをみていくうえで，常に注意が必要になります。

❷ せん妄

　意識障害の最たるものがせん妄です。せん妄になると，軽度に意識が混濁し，しっかりと状況を把握することができません。しかし，この状態は，あくまでも軽い意識の混濁があるだけなので，一見すると目を開けてしっかりと答えているようにみえて，実はその人の頭の中はぼんやりとしています。

　せん妄は，認知症だけで起こる状態ではありません。表5-3のような場合にも，せん妄の発症がみられます。言い換えれば，せん妄はその人の生物学的－心理的－社会的背景が変化することによって発症します。よく耳にするのは，アルコール依存の人が入院して酒を断った場合に，アルコール離脱性せん妄として，小さな人間などが見える幻視をともなうことがあります。

　せん妄は，ぼんやりしている間に，ゴソゴソと一晩中ベッドで動き回るものの，それほど激しい動きにはならない低活動性せん妄と，夕刻以降に急激に運動性が高まり，大声を出して暴れるのに，本人はそのときのことをまったくおぼえていない場合もある高活動性せん妄に分けて考えると，介助の際の対応がしやすくなります。

　いずれも，認知症とは別に起こるものがある一方，中等度以上の認知症からはあわせて起こることが多くあります。症状の特徴として，何の症状もないときとせん妄が始まったときとでは，まるで電灯のスイッチをオン・オフするかのように，状態が刻々と変化することがあります。

　せん妄は認知症自体とは異なり，数日から数週間で改善させることができます。

表5-3 ● せん妄が発症するケースの例

① 体液の電解質バランスが乱れた場合
② 高熱や脱水になった場合
③ 不眠になった場合
④ その人の社会的背景が急激に変化した場合

6. 生活障害の理解

❶ 生活障害のとらえ方

▶▶ 生活障害とは

　認知症の人の特徴的な状況として記憶障害などの中核症状やBPSDが注目されますが，認知機能障害に関連して，生活するうえで今までできていたことができなくなる生活障害と呼ばれる状況も同時に起こります。生活障害は，認知症の人の生活の質をいちじるしく低下させるだけでなく，家族や介護職の介護負担も増大させます。図5-2で示したように，生活障害は認知機能障害である記憶障害，実行機能障害，見当識障害に関係して引き起こされます。

▶▶ 在宅・施設でみられる生活障害

　在宅の認知症の人では，記憶障害，実行機能障害，見当識障害などのためにIADL[8]（➡ p.329参照）が遂行できなく，自動車の運転，電話，調理器具などの使用が徐々にできなくなります。これにより運転ができなくなった認知症の人の交通手段などの生活支援の問題や，ガスコンロ等の不適切な使用による火事の危険や冷暖房器具の操作ができないことによる熱中症の危険が考えられます。認知症の人の生活障害は，工程が複雑で難易度の高いものから始まり，徐々にできることが断片的になっていきますが，現状と同様の生活を行うためには，生活障害をおぎなうための支援が必要となります。現在も維持している能力をアセスメントし，その能力でできる生活とそれを支えるための支援を考えることが重要です。

　施設入所している中等度から重度の認知症の人では，ADL[9]（➡ p.329参照）における食

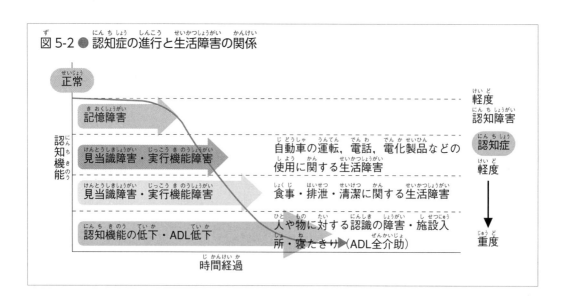

図 5-2 ● 認知症の進行と生活障害の関係

事，移動，整容，トイレ動作の生活障害がみられます。これは実行機能障害が影響しており，目標に向かって徐々に手順どおりにできなくなり，身体の麻痺などの障害はないのに一人で日常生活を送るのがむずかしくなります。中等度認知症の人では身体機能の影響を受けることが少ないので，動作をいっしょに行ったり，説明することでできる場合もあります。重度認知症の人ではADLの低下をともなうために介助が必要になります。身体の障害がない場合は，できる部分を引き出しながら支援することで生活障害も軽減します。

❷ おもな生活障害

▶▶ 身のまわりの障害

　在宅の認知症の人の生活障害は，内服薬の管理，食事の準備，買い物，電化製品の使用方法などでみられるようになります。内服薬の管理では，具体的には医師に処方の一包化を頼んだり，家族や他職種と協力して適切な服薬支援や服薬カレンダーなどを用いて配薬方法を工夫するなどの支援を行います。電化製品の使用では，周囲の人がいっしょに行ったり，具体的な方法を伝えることでできるようにもなります。食事の準備もいっしょに行いながら細かく確認したり，買い物をするときも紙に書き，次はどこへ行って何を買うのかを確認しながら行うと混乱は少なく，買い物ができるようになります。

▶▶ 生活行為の障害

　重度の認知症の人になると，排泄，食事，入浴など多くの生活行為が障害されるようになります。

　食事では，食事ということがわからない，食事動作を途中で中断するなどがあります。排泄では，トイレに行くことを拒むなどがあります。入浴では，入浴をいやがるなどがあります。コミュニケーション障害などもあるために介護職が説明してもうまく伝わっていないこともあります。一方的にこれらの日常生活の支援を行うのではなく，これから行う支援の目的を伝えたり，本人の意思を確認する必要があります。たとえば，食事では何度か声をかけて口に運んだり，食べる動作に集中できるように音や声かけを少なくしたりします。排泄では，行動から排泄パターンを読み取り，誘導します。入浴では，手浴などから徐々にお風呂に入る爽快感を感じてもらう，無理に入浴せず清拭のケアを行うなどといった，本人が好む生活の価値観や本来の生活習慣にできるだけ近い方法で支援するとよいでしょう。

　本人の意思を大切にして，本人が安心できるコミュニケーションを行い，具体的な動作を説明しながらいっしょに行ったり，できない部分のみの介助を行うことで，維持している能力を発揮して生活できるようにします。認知症の進行にともないBPSDと呼ばれる症状が生活障害を悪化させることもあるため，認知症の人の維持された能力と心理的なニーズが満たされるように支援していくことが重要です。

認知症の人や家族へのかかわり・支援の基本

第3節

1. 認知症の人にかかわる際の前提

① 認知症の人にかかわる前に

▶▶ より鋭敏になっている部分もある

　認知症の人への基本的なかかわり方は，特別なことではありません。今は認知症になっていても，それまでは普通の社会生活を送ってきた人々ですから，私たちが社会生活のなかで人間関係を円滑にするために気をつけることと同じです。

　認知症になったからといって，すべての能力が損なわれているわけではありません。ある人は記憶障害が強いけれども計算能力は残っていたり，ある人は記憶障害はあまり強くないけれど言葉の理解ができなかったりと，人によって認知機能の障害もさまざまです。

　介護職として配慮しなければいけないのは，認知症になったために，より鋭敏になっている部分もあるということです。

▶▶ まわりのちょっとした支援で乗り越えることができる

　たとえ重度の認知症でも，ほとんどの人はまわりの動きをじっと観察しています。そして，できるだけその場にあわせた適切な行動をとりたいと思っているのです。実際，認知機能の障害があるために，場面にあわせた適切な行動がなかなかとれないことが多くなりますが，まわりのちょっとした支援で乗り越えることができるのです。

　認知症の人への対応のなかで大切にしなければならないのは，まずは，介護職としての自分の姿勢や態度などを確認することです。これは自己覚知[10]（➡ p.329 参照）ということですが，そのなかでチェックすべき重要なポイントを検討して，認知症ケアに必要な事柄を考えてみます。

❷ あらかじめ確認しておくこと

▶▶ 自分自身の特徴を知る

人はそれぞれ，自分なりの考え方や受けとり方，行動パターンがあります。白黒つけなければ落ち着かない人，なかなか自分では決められない人，常に自分の意見をはっきり言う人，まわりの人の意見に従う人，前向きな人，自信がなくて否定的な人などさまざまです。

そこで，自分の特徴を把握しておきましょう。自分の特徴や傾向を知ったうえで，他者とのかかわり方を調整していく必要があります。

そうすれば，異なる特徴をもつ人々とうまくあわせていくことができ，信頼されるようになります。

▶▶ 自分の気持ちを確認する

認知症の人は，言葉の意味を理解しなくても，表情や印象などでこちらの気持ちを感じとります。あなたの今日の気持ちはどのようなものですか？　自分の気持ちをじっとみつめてみましょう。

あなたがイライラしていれば相手も落ち着かなくなります。相手の反応の起点は，あなたの気持ちなのです。あなたの気持ちが自然に相手に伝わって，あなたの機嫌が悪いときは相手も機嫌が悪く，よいときは相手もよくなります。

自分の気持ちを確認したら，努めておだやかなこころで臨みましょう。おだやかなこころをもてば，自然と表情や行動もおだやかになります。

▶▶ 自分の心身の状態を確認する

おだやかなこころをもつために必要なものは，健康なからだです。こころとからだは密接に関係しています。健やかな心身になるように自己管理しましょう。

仕事の前日に夜遅くまで遊んでいたために，眠くてだるいまま仕事に来てしまったと仮定してみてください。自分の体調がすぐれないときには自分のことで精いっぱいで，相手のことを考える余裕がなくなります。また，プライベートな問題で悩んでいるときも集中力がなくなります。

専門職ですから，自分の健康管理（☞第2巻p.110）は必須です。

▶▶ 自分の表情を確認する

「自分の顔は自分だけのものではない」と意識しましょう。あなたが自分の顔を鏡で見るのは多くても1日に数回でしょう。しかし，あなたの顔は他人からずっと見られているのです。

顔は，感情をあらわしています。休みの計画を立てているときは楽しそうな表情，仕事に追われてあせっていたら厳しい表情をしているでしょう。あなたの顔はあなたの気持ちの発信源なのです。

一番大切なのは，こころを落ち着けて，相手を安心させて楽しくさせるような表情を意図的につくるということです。それには笑顔が一番です。笑顔は楽しい気持ちを伝えます。そして，笑顔はあなたからほかの人に伝わります。意識的に笑顔をつくってください。

事例1　表情から察する

二人暮らしの夫婦。夫がアルツハイマー型認知症になり，妻ははじめての介護に疲れていました。日常生活のなかで夫ができないことが増えてくるので，妻は1日中そばで見守りながら介護していました。また，できるだけ行動を禁止したり怒ったりしないように，気を張りつめていました。

ある日のこと，妻は，学生時代の友達から電話がきて，懐かしい話に楽しく笑いながらおしゃべりをしていました。すると，横にいた夫が「そうだよ，その顔だよ」とポツリと言ったそうです。妻は「自分では怒らないようにと気をつけていたのですが，気持ちのうえでは次は何をされるのかとハラハラしながら見ているし，おかしなことをしたらイライラしていたのでしょうね。言葉では怒らないようにと思っていても表情には出ていたのですね。笑顔がいちばんだと教えられました」と話していました。

▶▶ 相手のプライドを傷つけない

認知症の人は，自分ができなくなっていることに気づいています。それは，本人の言葉を聞きとっていると「私はこんなにできなくなった」というように，自分が以前と違うことに本人がいちばんとまどっていることを示しています。

そのような状態のときに，行動が不適切だったと本人を責めたら，その人のプライドを傷つけてしまうでしょう。すると，認知症の人は自分を守ろうとして暴力的になったり，反対に閉じこもってしまったりします。だれもが自分の尊厳（☞第1巻 p.3）を守りたいと思っています。お互いを尊重したかかわり方が大切です。

▶▶ 相手の話に耳を傾ける

認知症の人の言っていることに耳を傾けて聴くことが大切です。耳を傾けているときにはこころが動きます。「また同じ話をしている」と思ったら，聴こうとする姿勢は出てこないでしょう。「こんなに忙しいときに，また話しはじめて」と思っては，傾聴（☞第2巻p.138）はできません。その人を受け入れようと思ったときに，はじめて耳を傾けられるのです。

▶▶ 相手をそのまま受け入れる

相手をそのまま受け入れることを受容（☞第2巻p.147）といいます。受容の気持ちとは，その人のおだやかな部分も，混乱している部分もすべてを受け入れることです。これは，わが子を受け入れる母親の愛情に似ていると思います。そこまで他者を受け入れることはむずかしいと思いますか？　介護職は，それを仕事とする尊いものなのです。

▶▶ 非審判的態度をとる

認知症の人は他者のこころの動きを鋭敏に読みとります。そのため，介護職は非審判的態度（☞第2巻p.147）をとりましょう。「あなたは人の食事に手を出しました。それは悪いことです」などと介護職が判断して，他人の食事に手を出すことを禁止したとします。そのとき，相手が興奮して怒ってしまったとします。これは，介護職が審判したということが，認知症の人を傷つけ興奮させてしまった結果といえるでしょう。

本人には本人なりの理由があるのです。認知症のため，やってよいことと悪いことの区別がつかなくなっているだけで，おいしそうなものがほしくなるのは本人にとっては当然なことだったかもしれません。介護職による一方的な判断は，認知症の人の言動に大きな影響を与えます。

▶▶ 相手の価値観を尊重する

認知症の人はそれぞれ，これまでの人生のなかでつくりあげてきた価値観をもっています。介護職は，その人が大切にしている生活スタイルやこだわりなどを最大限に尊重しましょう。

「その人らしさ」という言葉は，その人のこれまでの生活を守ることで，価値観を尊重し，ひいては積極的に人権を守ることを意味しています。

2. 実際のかかわり方の基本

❶ 相手の気持ちを読みとる ::

▶▶ 相手の気持ちを読みとることの意味

認知症の人とのかかわりでは，相手の気持ちを読みとることが大切です。

相手の気持ちを読みとることができる人は，交渉能力も高くなります。「今は機嫌がよさそうだから，ここまで話そう」「今暗い表情だけど何かあったのかな，複雑な話はあとにしよう」など，相手の気持ちを読みとって行動を変えているのです。

気持ちを読みとるには，相手の表情に注意を払うことです。介護の現場では表情の変化には日常的に気がついているはずなので，決してむずかしいことではないと思います。

▶▶ 相手の気持ちの読みとりと介護の方向性

認知症ケアでも，相手のそのときの気持ちを読みとることによって，介護の方向性が変わることがあります。

たとえば，おむつに便をしていても，触られることがいやな雰囲気があったら，無理に交換するのはよい介護ではありません。もし，清潔保持のために3人がかりで押さえつけてでも交換しようとすると，何をされるかわからないという恐怖心と介護職に対する不信感が本人には刷りこまれてしまうでしょう。それは，次に介護をするときにも残っていて，再度抵抗を引き起こすことになります。

そこで，本人に不安を与えない介護方法をみんなで検討しましょう。まず，トイレに誘導できるか試してみます。トイレに誘導するときに，あらかじめ清拭用のおしぼりと着替えを準備してから声をかけましょう。「便が出ているからトイレに行きましょう」と声をかけると羞恥心が出てしまいます。「食事の前にトイレに行きましょう」や「新しいズボンに替えましょう」，「午後から出かけるので着替えましょう」など，便失禁にふれないように言葉を選びます。トイレ誘導ができないときは，入浴に誘うことで，羞恥心を刺激することなく衣服を脱ぐことができます。また，足浴に誘い足を洗う際にズボンが濡れたから交換しましょうなどと工夫することでおむつ交換ができます。

❷ 本人の行動をさまたげない ::

　認知症ケアで重要なことは，「本人は何か思いがあって行動している」ということを理解することです。そばからみているとうろうろと歩きまわっている行動も，本人には何か目的があるのです。その思いと目的を理解して共有することが重要です。

　認知症の人の思いと目的を知るには，本人が行動しているときに何を話しているのか，その言葉を聴くことから始まります。

　認知症の人は，認知症がかなり進んでも「おいしい」「お腹がすいた」「トイレはどこ」「帰らなければいけないんです」など，簡単な気持ちをあらわす言葉をいろいろ話しています。そのとき，介護職が本人の気持ちを聴こうともせずに，無理やりやめさせようとすると，興奮してしまうことがあります。本人にとって必要な行動を止められるため，怒りが出てくるのです。ですから，本人の気持ちに寄り添って介護を組み立てましょう。

　本人の気持ちが読み取れないときのために，家族から本人の好きな話や得意なこと，こだわりなど，いろいろな情報を聞いておきましょう。

事例2　「帰りたい」という行動の理由

　夕方になると帰りたいと訴える人が施設内ではよくみられますが，その理由は人によってさまざまです。「どこに帰りたいのですか」とたずねると，ある人は，仕事をしていた場所を答えました。家族に確認すると，「仕事一筋の人で，やり残した仕事があると思っているのでしょう。几帳面な性格で，きちんと片づけないと終わらない人だったので，今仕事への思いが出てきて，早く帰って仕事をすませようと思っているのかもしれません」という貴重な情報が得られました。

　重要な仕事があると思っているのならば，無理やり引き止めようとすると怒るのはあたりまえです。そこで，本人がいちばん信頼している仕事仲間の名前を出して，「代わりにやってくれるそうです」という状況を説明することで落ち着いてもらうことにしました。

　帰りたいという行動1つにしても，「子どものご飯をつくる」「家にだれもいないと困るから，自分は留守番をする」など，理由はさまざまです。本人が何をしたいと思っているかは，本人に聞く以外にはわかりません。

本人の思いを聞き出すためには，上手に質問を組み立てることが大切です。本人の言葉にとらわれすぎると，次の事例のように，どのように質問を続けたらよいのかわからなくなることがあります。

事例3　言葉にとらわれて，思いに近づけなかったケース

Ａさん　早く帰らなければ……。

介護職　どこへ帰るのですか？

Ａさん　急いでるんだよ！

介護職　もう遅いから明日にしましょう。

Ａさん　何言ってるんだ！

事例4　本人の思いを共有したケース

Ａさん　早く帰らなければ……。

介護職　どこへ帰るのですか？

Ａさん　急いでるんだよ！

介護職　急いで行きたいのですね。どんな用事ですか？

Ａさん　お金のことだよ。

介護職　そうですか。大事なことですから，まずご家族に連絡をとってみますね。ここで，お待ちいただけますか。

Ａさん　わかったよ。

本人に質問をすることは，質問と同時に「あなたに関心をもっています。そして，あなたのお手伝いをしたいのです」という気持ちも伝えることにもなります。この気持ちがつながると信頼関係が構築され，その後の介護がうまくいきます。

❹ 感謝の気持ちを伝える ::

　できるだけ機会を見つけては，認知症の人に感謝の気持ちを伝えましょう。

　人は感謝されることに非常に喜びを感じます。どんな小さなことでも感謝すれば，認知症の人の気持ちはおだやかで豊かになります。

　介護職は，日ごろから認知症の人ができなくなっていることを見つけて介護することを意識していますが，上手なところや，できている行動をほめることが少ないようです。

　ほめて感謝することは，本人のプライドを満足させる行動を増やしていくことと同じです。できることはできるだけやってもらい，そのときにすぐに感謝しましょう。

事例5　デイサービスでの出来事

　Bさんは認知症があるので，家事は長男の妻がすべて行うようになっていました。家でもデイサービスでも，あまり話をすることなく，沈んだ様子でした。

　ある日，デイサービスで，「お彼岸なので，おはぎをつくりましょう」と皆であんこを丸めていたら，「昔は濡れた布巾であんこを包んで，形を整えていたのよ」と，手なれた様子でつくってくれました。

　そのとき，若い職員が「すごいですね。生活の知恵ですね。教えてくれてありがとうございます。皆さんもこうしてつくっていらしたのですか」と言うととてもうれしそうで，まわりの人も昔話に花が咲きました。いつも静かなBさんも，楽しそうに話の中心になっていました。

　介護の現場で大切なことは，利用者の尊厳を守ることです。認知症の人に対しては，本人のプライドを大切にして，本人の気持ちに寄り添ったかかわり方が必要です。

3. 家族への支援

❶ 家族介護者の心理過程と葛藤

▶▶ 家族の心理状況の段階的変化

　介護を必要とする認知症の人に対し，それぞれ異なるかかわり方や支援計画を立てることと同じように，家族介護者に対してもそれぞれ異なるかかわり方が求められます。ひとくくりに家族介護者としてとらえるのではなく，1人の人として，心理状態や今の家庭状況によく耳を傾け，いっしょに考えていく姿勢が必要です。そのための1つの指標が，心理過程のステージ理論です。ここで紹介するプロセスには，当然個人差があります。このプロセスの各段階で何らかの支援が不足すると，家族介護者は社会的に孤立し疲弊をしてしまいます。そこで，介護職は専門家として相談に乗り，その心理状態に社会資源がつながるような支援をすることが求められます。

▶▶ 「とまどい・ショック・否認」

　認知症かもしれないという疑いや違和感をおぼえはじめる段階です。頻繁に起こる記憶の障害や不可解な行動を目にしたとき「まさか」という思いと同時に，正常な部分を見つけようとします。不安に思い医療機関に相談や受診をしに行くと，認知症を告知され大きなショックを受けます。一時的なもので治るかもしれないという希望は絶たれ，その事実を受けとめきれず疑い，混乱します。多くの家族介護者はこれまでに経験をしていないことなので，将来が見えずとまどいます。自身の気持ちを受け入れる際には，介護者同士のピア・サポート（同様の経験や体験を共有する人同士による支え合い）が有効です。具体的には家族会のような集まりに参加し，実際に同じ思いをもって生活している人と話をしたり，将来の経過や有効なサービスの使い方等を聞くことで精神的な安定につながります。

図 5-3 ● 家族の心理状況の段階的変化

「適応・受容」

「あきらめ・割り切り」

「混乱・怒り・防衛」

「とまどい・ショック・否認」

先の見えない長い階段で家族介護者は，時に立ち止まったり，戻ったりします

▶▶ 「混乱・怒り・防衛」

　生活のなかでさまざまな理解しがたい出来事が頻繁に起こり混乱し，今の状況に怒りさえおぼえはじめる時期です。この怒りは，認知症の人の言動に対する怒りや憤りと同時に，怒ってしまったという後悔と人に話せないという孤独感も生じさせます。また，徐々に目が離せない状況になり，家族介護者のこれまでの生活の流れを変えたり仕事を制限したりしなくてはならなくなる時期です。家族介護者にとって不可解な言動は，家庭内で生じることが多いことから，親戚や周囲の人からは「まだ大丈夫そうね」と言われ，理解してもらえなかったりします。認知症とわかっていてもつらくあたってしまい，そのたび，後悔し身体的・精神的に疲弊し反省をくり返すこともあります。家族，周囲の人が認知症について理解するための情報提供や話し合いの場面をつくっていくことが大切です。

▶▶ 「あきらめ・割り切り」

　今の状況を受け入れると同時に，周囲の助けに限界を感じてあきらめ，介護者として生きていこうといった割り切りも生まれる時期です。徐々に「私にしかこの介護はできない」「私が最後まで面倒をみなければだれもこの人をみてくれない」という介護への依存傾向が出現することがあります。また，孤立したり，人と接触を避け，家庭で密室化になることによる抑うつ傾向もみられはじめます。家族介護者の心身健康に注意を払い，休息時間を設けることも大切です。

▶▶ 「適応・受容」

　家族介護者自身で生活のリズムを調整したり，上手に介護サービスを活用して介護をすることで，自己の成長や新たな価値観を見いだす時期です。また，できること，できないことの見定めや，認知症の人のQOL（生活の質）の向上のために何が必要かを分析的に受け入れることができる時期でもあります。しかし，本質的には介護の負担は変わっていないため，認知症の人の症状や家族介護者の環境や健康状況によって，再び混乱することもあります。

▶▶ 家族の葛藤を支える

　認知症ケアは，診断の直後から家庭生活に変化と選択を迫られます。具体的には，「だれが」「どこで」「どのように」介護生活をするのかということです。だれがおもにみるのか，仕事をしている場合，仕事はどうするかという選択があります。介護者としての生活を選択した場合，趣味や外出をひかえなければならないのかという不安もあります。家族介護者は，介護が始まった段階から「Yes」or「No」の選択に迫られ，葛藤から疲弊していきます。この選択の際に，認知症の人も家族ももっともQOLが高くなる選択を家族とともに考え，支援することが，介護職による家族支援の基本姿勢として求められます。

❷ 認知症の人を介護する家族へのレスパイトケア

▶▶ レスパイトケアとは

　レスパイトケアとは，自宅で介護をする家族に，一時的な休息や息抜きを行う支援のことです。家族が生活の一部として長期にわたり介護を継続するためには，家族がこころもからだも健康でなければなりません。在宅の介護者の状況を見ると，2019（令和元）年の調査では，65歳以上の高齢者が高齢者を介護する老老介護の世帯は，全体の半数を占めています。身体的な負担も重く，自分自身の健康状態の悩みも増え，精神的にも経済的にも負担が大きくのしかかります。介護の負担感は，急に重くなるのではなくさまざまなことが少しずつ蓄積していきます。そのことから，長期間にわたる介護生活を継続するためには，レスパイトケアが行われることが大切です。レスパイトケアが行われることで，介護職とのかかわりも増え，介護にかかわる助言を受ける機会も増加します。

▶▶ 介護保険サービスにおけるレスパイトケア

(1) 認知症対応型通所介護（認知症デイサービス）

　日中の時間に利用ができるために，家族は家事や自分の時間をつくる助けになります。また，通常のデイサービスとの違いは，認知症と診断された人のみが利用できることです。通常のデイサービスより小規模で12人が定員となっています。小規模であることは認知症の人にとって混乱が少なく，安心する環境で過ごすために大切です。

(2) 通所介護（デイサービス）

　日中の時間の介護者の一時的な休息に役立ちます。どの地域にも多くあり，特別養護老人ホームや短期入所生活介護（ショートステイ）等との併設が多いので，利用しやすいサービスです。日中の活動性を高めることで生活リズムが回復することも期待できます。一方，認知症ではない利用者とのトラブルが生じることもあるので，本人や家族からこれまでの生活や趣味について事前にアセスメントし，その人に合う通所介護を利用することが必要です。

(3) 小規模多機能型居宅介護

　「通い（デイサービス）」「訪問（ホームヘルプサービス）」「泊まり（ショートステイ）」のすべてのサービスを一体的に組み合わせて利用できるために，家族の都合にあわせて利用することができるサービスの1つです。24時間の在宅生活を見守られているという安心感も得ることができ，精神的なケアとしても効果が期待できます。

(4) 短期入所生活介護・短期入所療養介護（ショートステイ）

　まとまった期間利用することが可能で，食事，入浴，排泄の介護やレクリエーション，相談支援なども行われるためにレスパイトケアとして大きな効果があります。しかし認知症の人にとって環境が急に変わることは混乱をきたし，せん妄や妄想などの精神

症状が起こることがあります。これをリロケーションダメージといいます。利用の際には，本人の自宅での生活や排泄のリズム，食事量などをよく把握し，できるだけこれまでの生活を継続することが大切です。また，自宅に帰ってからも混乱することがあるので注意しましょう。

▶▶ 介護保険サービス以外のレスパイトケア

(1) 家族会

同じ境遇にある家族同士の語り合いの場は，家族のこころのよりどころになり，心理的な休息につながります。家族会は全国的な組織である「認知症の人と家族の会」が開催するものや，市町村が地域支援事業のなかで開催する家族介護支援事業での介護者交流会等があります。いずれにしても，同じ境遇の人が，同じ立場で，「支援する－される」という関係ではなく，対等で水平な関係でありお互いから学ぶ姿勢をもつことから始まります。お互いが今感じていること，悩んでいること，やりたいこと等を話すことで自分自身と向き合う機会になります。また，ほかの参加者からはげましをもらい，お互いが支えになったりすることをめざしています。家族会には，専門職が入ることもありますが，指導などは行わず，あくまで，情報提供や司会進行の役割です。このようなプロセスを経て，疲弊した気持ちを回復していくことをめざします。

(2) 介護者教室

認知症ケアは，がんばりすぎて疲弊してしまうことが多くあります。そのなかで介護者教室は，認知症の知識や介護方法を学ぶことで客観的に自分の介護を見つめ直す機会になります。開催は，地域支援事業として市町村が行う場合や，特定非営利活動法人（NPO法人）や介護サービス事業所等で独自に行う場合などさまざまです。内容は，認知症の症状や対応の工夫，食事介助，健康管理，排泄介助やおむつの使い方，移乗の方法，介護保険制度や費用など，介護をするうえで知っておくべき内容についての講話や実技などが中心です。

(3) 認知症カフェ

認知症カフェは，実際のカフェや公民館など地域のなかのオープンな場所で認知症の人，家族や友人，地域住民，専門職が語り合う場所です。認知症の人も家族もいっしょに気兼ねなく利用することができます。この活動によって認知症があっても過ごしやすく理解のある地域づくりがなされ，本人や介護をする家族の，地域でのストレスが軽減し介護生活がしやすくなることが期待されています。認知症カフェは介護保険サービスではないので，そこで出会う専門職とも分けへだてなく本音で話ができることも魅力の1つです。また，対象は高齢者だけではなく，さまざまな世代の人が自由に出入りすることができ間口が広くなっています。介護職なども運営スタッフや来場者として参加することができます。

▶▶ 入所施設での家族支援

　家族支援は，在宅介護をしている家族だけでなく，施設入所をしてからも行われなければなりません。入所をしても家族の一員です。入所にあたって自分の家族を他人にまかせてしまっているという罪責感を感じる家族も少なくありません。どのように生活しているか，健康でいるか等の不安感をもつ家族もいます。本人も，入所後は環境になじめずしばらく落ち着かなかったり，これまでにない症状があらわれたりすることがあります。介護職は，家族から自宅での生活の様子や本人の好みや趣味等を詳しく聞く機会を設けましょう。その機会をつくることで施設でも変わらない支援を考えてくれるという家族の安心感につながり，信頼関係にもつながります。それにより，本人にとってよい介護計画や支援につながるヒントも得られることがあります。また，家族が面会に訪れたときにもあいさつだけではなく，日常生活の様子，家族が不安なことはないかなど，コミュニケーションをとることを心がけます。

▶▶ 居宅系サービスでの家族支援

　訪問系サービスや通所系サービスの職員は，家族の負担感をやわらげる役割もあります。家族とかかわる機会が多く，そのつど観察し声かけを積極的に行うことが望まれます。家族は，申し訳ないという気持ちも多くあり，要望を言いがたく遠慮している場合もあります。表情や様子から，今困っていることはないか，何か不安なことはないかを察し，声をかけるようにします。家族の体調や睡眠時間，健康についてさりげなく聞きとり，サービスの提案や相談が必要であれば，介護支援専門員（ケアマネジャー）や相談支援専門員につなげることを伝えます。

　在宅介護がうまくいっている，ていねいに行えているなど評価することも介護職の役割です。「わたしを見てくれている人がいる」と感じることで介護を続けるはげみにもなり，孤立感も軽減していきます。また，通所介護（デイサービス）等で家族が見ていないときの様子を伝えることも家族の安心と気づきにつながります。自宅では何もしなかった人が通所介護では明るく楽しそうに過ごしていることもあります。家族は，通所介護に行っているときも，どうしているか不安が頭から離れないことがあるので，こうしたことを伝えると，不安が軽減し介護サービスを利用してよかったと思える気持ちになります。

④ 家族への情報提供と助言の方法 :::

▶▶ 理想論だけを述べない

「認知症になっても心は生きています」ということを伝えても，「あなたには何もわからない」と思われてしまうことがあります。「問題行動という言葉はやめましょう，本人にとっては問題ではないのです」と言うのも同じように感じられてしまうことがあります。家族が知りたいのは，理想ではなくどのように今の状況を回避すればよいのかという現実的な生活の工夫なのです。家族にとっては，生活をおびやかす問題行動なのかもしれません。その際は，まずは十分に話を聞くことが重要です。何に困っていてどんな気持ちなのかについて耳を傾けましょう。そして，すぐに助言をするのではなく，家族が望ましい生活をするためにどうしていくことがよいのかを考えましょう。もしかしたら，買い物に行く時間や友達に会う時間がほしいのかもしれません。こうした要望をかなえるためにどうしたらよいのかをいっしょに考えたうえで，対応方法について助言するようにします。

▶▶ あいまいな概念を使わない

「その人らしさが大切です」「パーソン・センタード・ケアが基本です」「説得より納得」等のあいまいな概念での説明は避けましょう。家族は，具体的な助言を聞きたいのです。たとえば「何度も時間を聞いてきてイライラする」という悩みに対して，「怒ってはだめです。その人の気持ちになってみましょう」では具体性がありません。まずは，家族の気持ちを受けとめ，「怒りたくなる気持ち」を理解し，そのうえで，いくつかのアイデアを出していきます。たとえば，時計を目の前に置く，もっと大きな時計に変える，またはできるだけ本人の目の前に行って伝える，それでもだめなときは３回までしっかり答えて，そのあとは別の話題にするなど，具体的で実用的な，試すことができる助言を心がけます。概念的な話ではなく，今の話をするようにしましょう。

▶▶ 家族が助かったと感じる言葉

言葉は，同じ言葉でもだれに言われたかによって感じ方が異なります。2012（平成24）年に認知症介護研究・研修仙台センターが行った調査で，認知症の人を介護する家族838人に「専門職から言われて嬉しかった言葉」を聞いたアンケートでは，家族への「体調への気遣い」や「介護者への気遣い」が嬉しいと感じる人が多いという結果でした。サービスを利用する認知症の人への声かけや体調の心配はあるものの，家族の体調を聞いてくれることがないと感じているからこそ，体調を気づかった声かけを嬉しいと思うのかもしれません。家族介護者が健康でいなくては，在宅介護は成り立ちません。家族介護者が健康であれば，介護職の助言や情報提供ももっと活用できることでしょう。介護職と家族が協力し合うことが，よりよい介護につながる近道なのかもしれません。

学習のポイント 重要事項を確認しよう！

第**1**節 ▶ **認知症ケアの理念と視点**

■認知症ケアを取り巻く状況 ────────────
- ●施設においても，在宅においても，認知症の人が社会の一員として，地域社会とのかかわりを継続でき，地域社会のなかで生きがいを感じられるように支援していくことが大切です。 → p.295

■認知症ケアの理念 ────────────
- ●認知症の人が人間らしい生き方をできるかどうかは，介護職やまわりの人たちがどれだけ認知症の人の尊厳を保っているかにかかっています。 → p.296

■認知症ケアの視点 ────────────
- ●その人を中心としたケアとは，本人にできる限りの自由を保障することです。 → p.298
- ●認知症の人にかかわるということは，その人独自の人生の物語に参加することですが，その物語を勝手に書き換えることではありません。 → p.298
- ●認知症の人とコミュニケーションをはかるときに大切なことは，本人が考え，思っている「現実」を否定するのではなく，それを認めて，共感的に受け入れることです。 → p.298

第**2**節 ▶ **認知症による生活障害，心理・行動の特徴**

■認知症ケアはなぜ「人」と「生活」に焦点をあてる必要があるのか ────
- ●認知症の人が自立した生活を継続するためには，認知機能の障害（一般的には，中核症状と呼ばれる）と「人」の両面を理解した支援が重要になります。 → p.301

■認知症の中核症状 ────────────
- ●病気の進行にともなってあらわれる中核症状と BPSD（行動・心理症状）をしっかりと把握することで，目の前の認知症の人をよりよく理解することができます。 → p.303

■BPSD（行動・心理症状） ────────────
- ●初期の認知症の人の精神症状としてとくに注意しなければならないのが，不安感と焦燥感，抑うつ気分です。 → p.307

■意識障害の理解

●認知症ケアでもっとも重視しなければならないのが，意識障害（混濁）です。認知症と意識障害は，本来まったく別のものですが，多くの場合で合併するために，BPSD をみていくうえで，常に注意が必要になります。 → p.309

■生活障害の理解

●認知機能障害に関連して，生活するうえで今までできていたことができなくなる生活障害と呼ばれる状況も同時に起こります。生活障害は認知機能障害である記憶障害，実行機能障害，見当識障害に関係して引き起こされます。 → p.310

第3節 **認知症の人や家族へのかかわり・支援の基本**

■認知症の人にかかわる際の前提

●介護職は自分の特徴や傾向を知ったうえで，他者とのかかわり方を調整していく必要があります。 → p.313

●介護職は認知症の人の言っていることに耳を傾けて聴くことが大切です。 → p.315

●介護職は認知症の人のおだやかな部分も，混乱している部分もすべてを受け入れることが大切です。 → p.315

●介護職は認知症の人に対して非審判的態度をとることが大切です。 → p.315

●介護職は認知症の人が大切にしている生活スタイルやこだわりなどを最大限に尊重することが大切です。 → p.315

■実際のかかわり方の基本

●認知症の人とのかかわりでは，相手の気持ちを読みとることが大切です。 → p.316

■家族への支援

●ひとくくりに家族介護者としてとらえるのではなく，1 人の人として，心理状態や今の家庭状況によく耳を傾け，いっしょに考えていく姿勢が必要です。 → p.320

●認知症の人も家族ももっとも QOL が高くなる選択を家族とともに考え，支援することが，介護職による家族支援の基本姿勢として求められます。 → p.321

●レスパイトケアとは，自宅で介護をする家族に，一時的な休息や息抜きを行う支援のことです。レスパイトケアが行われることで，介護職とのかかわりも増え，介護にかかわる助言を受ける機会も増加します。 → p.322

●介護職は家族に対して具体的で実用的な，試すことができる助言を心がけます。 → p.325

1 ユニットケア

ゆにっとけあ
➡ p.294 参照

特別養護老人ホームなどにおいて，居室を
いくつかのグループに分けて1つの生活単
位とし，少人数の家庭的な雰囲気のなかで
行うケアのこと。ユニットごとに食堂や談
話スペースなどを設け，また職員の勤務形
態もユニットごとに組むなど，施設のなか
で居宅に近い居住環境をつくり出し，利用
者一人ひとりの個別性を尊重したケアを行
う試みといえる。

2 QOL

キューオーエル
➡ p.300 参照

Quality of Life の略。「生活の質」「人生の
質」「生命の質」などと訳される。一般的
な考えは，生活者の満足感・安定感・幸福
感を規定している諸要因の質のこと。諸要
因の一方に生活者自身の意識構造，もう一
方に生活の場の諸環境があると考えられ
る。

3 生物学的側面

せいぶつがくてきそくめん
➡ p.300 参照

身体機能や能力，疾病や障害，老化などを
通じて生物として人をとらえる側面。

4 心理学的側面

しんりがくてきそくめん
➡ p.300 参照

認知，知性，感情，性格，対処行動などの
精神活動を通じて人をとらえる側面。

5 社会学的側面

しゃかいがくてきそくめん
➡ p.300 参照

人間関係や社会関係に加えて，政治，経
済，文化，風習，歴史，教育などの社会的
つながりや活動を通じて人をとらえる側
面。

6 実存的側面

じつぞんてきそくめん
➡ p.300 参照

価値観，人生観，死生観，宗教観など，経
験によって得られた物事に対する考え方の
基準を通じて人をとらえる側面。

7 BPSD（行動・心理症状）

ビーピーエスディー（こうどう・しんりしょうじょう）
➡ p.303 参照

従来，認知症の「周辺症状」と呼ばれてい
たものが，最近では BPSD（Behavioral
and Psychological Symptoms of Dementia）
と表現されることが増えた。以前は認知症
の初期症状としては中核症状だけがあり，
周辺症状はないと考えられていたが，実は

初期の段階でも，不安感や気分の沈みなどの心理面の障害があらわれることがわかった。そこで，BPSD という言葉により，認知症の初期から行動面・心理面の変化があらわれることを理解し，より本人の気持ちに寄り添ったケアをめざすようになった。

8 IADL

アイエーディーエル
➡ p.310 参照

Instrumental Activities of Daily Living の略。「手段的日常生活動作」と訳される。ADL が食事，入浴，排泄などの日常生活の基本動作であるのに対し，IADL は，バスに乗って買い物に行く，電話をかける，食事のしたくをするなどのように，より広義かつ ADL で使用する動作を応用した動作（ADL より複雑な動作）をさす。

9 ADL

エーディーエル
➡ p.310 参照

Activities of Daily Living の略。「日常生活動作」「日常生活活動」などと訳される。人間が毎日の生活を送るための基本的動作群のことで，食事，更衣，整容，排泄，入浴，移乗，移動などがある。

10 自己覚知

じこかくち
➡ p.312 参照

介護職がみずからの能力，性格，個性を知り，感情や態度を意識的にコントロールすること。

第6章

認知症の医学的理解と支援の実際

（認知症の理解Ⅱ）

第**1**節 医学的側面からみた認知症の理解

第**2**節 認知症の人への支援の実際

【到達目標】

- 代表的な認知症（若年性認知症を含む）の原因疾患，症状，障害，認知症の進行による変化，検査や治療等についての医学的知識を理解している。
- 認知症の人の生活歴，疾患，家族・社会関係，居住環境等についてアセスメントし，本人主体の理念に基づいた支援ができる。
- 地域におけるサポート体制を理解し，支援に活用できる。

医学的側面からみた認知症の理解

1. 認知症とは

❶ 脳の機能と認知症

▶▶ 脳の構造と機能

　脳は脊髄とともに中枢神経を構成していて，生命維持のほかにヒトでは感情や思考・判断，運動の制御，さまざまな神経活動をつかさどる部位です。ヒトの脳は出生時では400g 程度ですが，成人では1200 〜 1500gになり，男性のほうがやや重くなっています。脳の細胞数は生後1，2か月まで増加し，その後はほとんど増加しませんが，成長・発達の過程で脳細胞が大きくなり，細胞間のネットワークが増大するために脳が重くなります。神経細胞は細胞核のある細胞体，他の細胞からの入力を受ける樹状突起，他の細胞に出力する軸索の3つの構造をもちます（図6-1）。神経伝達物質をやりとりする軸索終末と樹状突起の微小な間隙をシナプスといいますが，脳では神経細胞がシナプスを介して情報伝達の複雑なネットワークを構成しています。

　脳は大脳，小脳，脳幹からなります。鳥類・哺乳類で大脳が発達し，霊長類では大脳新皮質（大脳の外側を構成する部位）がより拡大し，ヒトでもっとも発達しています。ヒトの脳全体で神経細胞は約1000億個あるといわれ，そのうち大脳の神経細胞は約140億個

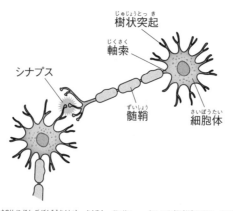

図 6-1 ● 神経細胞の基本構造

樹状突起

軸索

シナプス

髄鞘

細胞体

出典：M・H・ビアーズ，福島雅典日本語版総監修・監訳，日経BP社医療情報開発・日経メディカル編『メルクマニュアル医学百科最新家庭版』日経BP社，p.435，2004年

です。

　大脳は脳で一番大きな部分で，左右の半球に分かれていて，感覚や運動情報を処理して意識や高次の知的機能をつかさどる部分です。大脳の表面は内部に折りこまれる構造（脳溝）をしているために，多数のしわがあるように見えます。大脳は前頭葉，側頭葉，後頭葉，頭頂葉に分かれており，それぞれ役割が異なります。

　前頭葉はヒトでもっとも発達した部位であり，脳全体の約40％を占めています。前頭葉の前方部の前頭前野は総合的な思考や判断，感情や衝動のコントロールを行っています。前頭葉の後方部は動作のコントロールも行っており，左前頭葉が右半身，右前頭葉が左半身の動きを調節しています。

　側頭葉は記憶や言語をつかさどっています。側頭葉の内側には海馬があり，短期記憶にかかわっています。また，側頭葉には感覚性言語野（ウェルニッケ野）という言語をつかさどる部分があり，言葉の理解にかかわっています。ウェルニッケ野は多くの場合，左側頭葉に位置します。

　後頭葉には視覚野があり，視覚情報の処理や記憶形成にかかわっています。

　頭頂葉は感覚情報の解釈や数字とそれらに関係する知識，道具の操作などに関する機能をもっています。また，位置や大きさ，傾きや動きの把握などの空間的な認知とその記憶にかかわっています。

　小脳は脳幹の背側にあり，大脳と同じように左右の半球に分かれています。さまざまな運動の協調や，姿勢やバランスを保つはたらきがあります。

　脳幹は延髄，橋，中脳，間脳からなり，脊髄と大脳を接続するはたらきのほかに，意識と覚醒レベルの調節，呼吸や循環，嚥下，自律神経などの重要な身体機能の調節，生命維持にかかわるはたらきをしています。

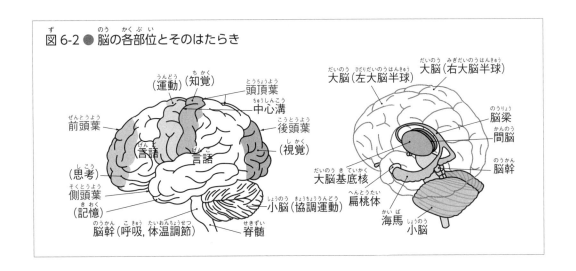

図 6-2 ● 脳の各部位とそのはたらき

▶▶ 認知症の脳

認知症ではさまざまな原因により神経細胞死または細胞が変性してしまうことで脳が機能低下を起こし，障害を受けた部位によりそれぞれ異なる症状が出現します。進行したアルツハイマー型認知症では脳萎縮が進行した結果，脳重量が1000g未満となることもあります。

側頭葉の海馬が変性すると記憶障害が出現し，新しいことを記憶しておくことがむずかしくなります（近時記憶の障害）。また言語野の障害では言語の意味理解や記憶が障害されます。前頭前野の障害では思考や判断の障害が起こり，感情や衝動のコントロールがうまくできなくなります。このように認知症の原因により障害される部位が異なると，症状も異なります。

② 老化と脳の変化

▶▶ 神経細胞の老化

神経細胞は生後3か月以降増加せず，毎日10万個の細胞減少が起こっているといわれています。脳重量は20〜40歳がピークであり，50歳ごろから脳萎縮が始まって減少していきます。加齢による変化では前頭葉・側頭葉の萎縮が強くみられますが，生理的変化では神経細胞数が減少しても，樹状突起が成長してネットワークが構築されて脳機能は維持されます。

高齢になると，アミロイドβたんぱくという異常たんぱくが凝集し，老人斑という細胞のごみのようなものが出現します。また，タウたんぱくが変性（リン酸化）して凝集し，神経細胞に神経原線維変化と呼ばれる構造が出現します。健常な脳ではこれらの変化は脳の一部，側頭葉の海馬などの一定の範囲におさまります。アミロイドβたんぱくやリン酸化したタウたんぱくがいちじるしく出現して，脳の広範囲に拡大して神経細胞を破壊するのが病的な変化で，アルツハイマー型認知症です。また，タウたんぱくの異常は前頭側頭葉変性症などにも関連しています。

▶▶ 血管系の老化

脳では神経細胞が複雑なネットワークを構成していますが，神経細胞が正常にはたらくためには酸素と栄養を供給する十分な血液循環が必要です。高血圧症，脂質異常症，糖尿病，肥満などのメタボリックシンドローム（内臓脂肪症候群）[1]（➡ p.388 参照）は動脈硬化の原因となります。動脈硬化が起こると脳の細い血管系にコレステロールが沈着して血管がせまくなり，血液循環が悪くなります。その結果，神経細胞に酸素・栄養が十分に供給されず，脳の老化が促進されます。脳血管系の老化は血管性認知症の原因となる脳梗塞や脳出血を起こすばかりでなく，アルツハイマー型認知症のリスクとなります。

❸ 認知症とは何か

▶▶ 認知機能とは

　ヒトは生活のなかで多くの情報を受けとりながら過去の経験や記憶，関連する知識を利用して状況を判断し，行動を決定しています。物事を正しく理解・判断して適切に実行するために必要な知的機能を認知機能といいます。

　調理を例にあげます。空腹を感じたときには何かを食べようと考えます。何を食べるかを考えるときには空腹の度合いや体調，最近何を食べたか，栄養面での問題はないか，手間や費用などについて考えるでしょう。そのときの買い物や調理の手間に対する意欲も影響します。調理は必要があれば買い物をして材料をそろえ，計画的に手順を考えながら味や量を調整しなければなりません。このように，ヒトは多くのことを考え，記憶，計画や手順の実行（遂行機能），計算などをしながら判断，行動をしているのです。

▶▶ 認知症とは

　認知症とは，一度正常に発達した認知機能が障害されたために，職業上，日常生活上の支障をきたした状態です。意識障害がないこと，ほかの精神疾患や身体疾患が原因でないことが条件になります。認知機能障害の原因が先天性，あるいは発育段階で起こったために，正常な発達ができなかった場合は知的障害（☞第4巻 p.462）といわれます。

　認知機能障害が認められても日常生活が自立している状態はMCI（軽度認知機能障害）といわれます。MCIは正常の老化でもみられるほか，アルツハイマー型認知症やほかの認知症のごく初期のこともあります。MCIは認知症への進行リスクが高いとされていますが，最近ではMCI期にさまざまな介入をすることにより，認知症への進行を抑制できる可能性があるといわれています。

　認知症では，先の調理をする場面で，記憶障害があると昨日の献立を思い出せずに，同じ物を食べてしまうことがあります。認知機能障害のために材料を買いに行っても必要な物を思い出せない，必要以上に買ってしまう，支払いがうまくできない，ということもあります。また遂行機能や注意機能の障害で調理の計画や準備，手順，行為がうまくいかずにイメージした料理を完成させることができず，おいしい食事を食べられない場合があります。

　このように，認知症になると認知機能障害のために生活に必要な行為が1人でうまくできない生活機能障害が起こります。

▶▶ 認知症の統計

　2012（平成24）年に日本の認知症高齢者は462万人，老年人口の15％であるとの報告がなされました。加齢とともに認知症の有病率は増加し，70歳代では10％前後，80歳代

では30％，90歳代では60％以上となります。団塊の世代が後期高齢者となる2025年には認知症者が700万人を超え，老年人口の20％になると推測されました（2025年問題）。

日本の高齢化は進行し，認知症に大きな影響を与えるとされる糖尿病患者数も増加しており，今後も認知症有病者の増加が推定されていますが，糖尿病の増加を抑制することで認知症有病者数の増加も抑制できるといわれています。

認知症の原因にはさまざまな疾患があります。厚生労働省の2013（平成25）年の資料ではアルツハイマー型認知症がもっとも多く，血管性認知症が続きます（図6-4）。

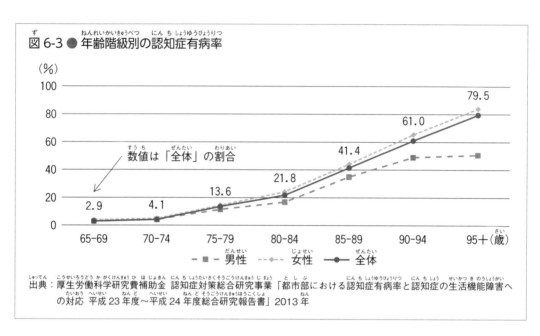

図6-3 ● 年齢階級別の認知症有病率

（％）

数値は「全体」の割合

2.9　4.1　13.6　21.8　41.4　61.0　79.5

65-69　70-74　75-79　80-84　85-89　90-94　95＋（歳）

― ■ ― 男性　--- ◆ --- 女性　―●― 全体

出典：厚生労働科学研究費補助金 認知症対策総合研究事業「都市部における認知症有病率と認知症の生活機能障害への対応 平成23年度〜平成24年度総合研究報告書」2013年

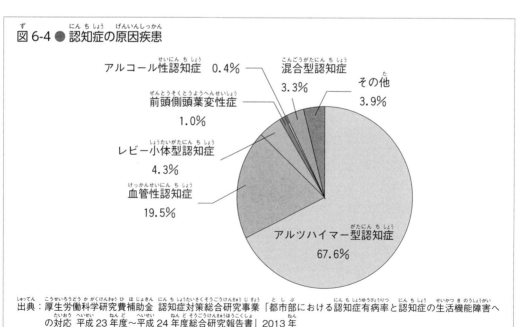

図6-4 ● 認知症の原因疾患

アルコール性認知症　0.4％

混合型認知症 3.3％

その他 3.9％

前頭側頭葉変性症 1.0％

レビー小体型認知症 4.3％

血管性認知症 19.5％

アルツハイマー型認知症 67.6％

出典：厚生労働科学研究費補助金 認知症対策総合研究事業「都市部における認知症有病率と認知症の生活機能障害への対応 平成23年度〜平成24年度総合研究報告書」2013年

❹ 認知症ともの忘れの違い

▶▶ 記憶について

　記憶は①記銘（物事をおぼえこむ），②保持（記銘した情報をとどめおく），③想起（保持している情報を思い出す）という過程を経て，不要な情報は忘却されます。必要とされた情報は消去されずに遠隔記憶として長期間にわたって貯蔵されます。

　健康な人が経験するもの忘れは，想起がスムーズにできない状態であり，情報はしっかりと保持・貯蔵されていますから，何らかのきっかけがあれば思い出すことができ，呈示されればそのことを想起することができます（再認）。また，体験の一部を思い出せないことはあっても，体験のすべてを忘れることはありません。

▶▶ 認知症の記憶障害

　海馬の機能低下が起こると，記銘と保持の機能が低下し，新しい情報をおぼえておくことがむずかしくなります。そのため，きっかけがあっても思い出せず，再認ができず，自身の記憶にないことを「なかったこと」と否定するようになります。たとえば旅行をしたことそのものを思い出せないというように，体験のすべてを想起することができなくなりますが，これをエピソード記憶の障害といいます。一方で認知症になる以前の出来事については遠隔記憶として貯蔵されているために想起することが可能です。

　私たちは過去から現在，未来が連続して存在し，その線上に生きています。認知症では記憶障害のために過去，現在，未来の出来事をつなぐことができずに，目の前の「現在」の体験のみに生きていることになります。点と点がつながらない状態は不安な気分を引き起こし，過去の記憶（遠隔記憶）と現在を混同させ，混乱を招きます。

　認知症の初期には記憶障害の自覚がある場合もありますが，多くは自覚が薄れていき，もの忘れをしていることがわからなくなります。記憶にないことは「なかったこと」になるため，周囲からの助言や忠告，訂正を理解できなくなり，反発することも多くなります。これが認知症介護における困難の一因となっています。

　認知症の人は事実と異なる話をすることがあります。これを「取りつくろい」といい，記憶にないことについて記憶にあるものを組み合わせて自動的に話すという特性です。介護者はとぼけているのではないか，都合のいいことばかり言う，などと言いますが，認知症では「本当にすっかり忘れて思い出すことができない」ということを周囲が理解することが重要です。

▶▶ せん妄

　せん妄とは，一過性の意識障害により脳機能が混乱した状態であり，幻覚や見当識障害，多動や興奮が出現した状態をいいます。せん妄の発症には3つの因子が関与しています（表6-1）。高齢，認知症が準備因子となるため，認知症ではせん妄を起こしやすいといえます。

　肺炎などで入院してせん妄を発症すると，夜中に眠れずに大声をあげて，点滴を自己抜去したり，ベッドから起き上がって歩き回り，スタッフが声をかけても話がかみ合わずに興奮することがあります。このような状態のために認知症の症状，または認知症の増悪ととらえられることがありますが，意識障害をともなう状態は認知症とは異なり，せん妄です。急性―亜急性の発症，意識障害を認めることが認知症との大きな違いです（表6-2）。

表6-1 ● せん妄の3因子

準備因子 （せん妄のなりやすさ）	高齢，認知症，脳血管障害，せん妄の既往など
誘発因子 （せん妄発症を促進）	環境（入院・明度・騒音），睡眠（不眠・昼夜逆転），身体（疼痛，便秘，発熱）など
直接因子 （せん妄発症の引き金）	炎症，低酸素，脱水，貧血，電解質異常，薬剤，手術など

表6-2 ● 認知症とせん妄の違い

	認知症	せん妄
発症	緩徐	急性，夜間に多い
持続時間	持続的	数日から1週間
思考	貧弱	緩慢／性急，錯乱
認知機能	記憶障害が多い	注意障害が目立つ

▶▶ せん妄への対応

せん妄の発症には何らかのきっかけ（因子）があるため，その確認と対応が必要です。準備因子は対応が困難であるため，誘発因子・直接因子の評価と対応が重要となります。たとえば肺炎で入院した認知症の人がせん妄を発症した場合には，しっかりと肺炎を治して早期に退院すること。せん妄予防には生活リズムの安定，入院中であっても生活感を保つことが有効です。せん妄を発症しているときには強い不安や混乱のなかにいるため，ゆったりと接すること，本人が安心できるようなかかわりが大切です。

▶▶ うつ病

うつ病は気分の障害を引き起こす精神疾患で，高齢者にも多くみられます。気分が落ちこんで悲しくなり，興味や関心，意欲が低下します。食欲の低下や睡眠障害，不安や焦燥感がみられ，時には生きていても仕方ないという希死念慮が出現します。高齢者のうつ病では抑うつ感よりも不安・焦燥が目立ち，食欲低下，不眠のほか，頭重感やめまい・ふらつき，嘔気や動悸，痛みや倦怠感などの身体症状の訴えが多いことが特徴です。

さらに思考力の低下，注意・集中力の低下が起こると，考えることがむずかしくなり，認知機能検査の得点が低下して認知症のようにみえることがあります。このような状態は仮性認知症と呼ばれていますが，うつ病の治療をすると思考機能が改善します。

▶▶ うつ病への対応

うつ病の治療は，休養と抗うつ薬治療が原則です。抗うつ薬は効果発現までに1～2週間かかることがありますが，十分量で十分期間治療することで改善が期待できます。

うつ病は，自覚があり苦痛が大きいことが特徴です。やらなければならない自身の役割を果たせないことに対する焦りも強くみられます。治療も数週間以上かかるので，なかなか改善しないことに不安を感じて，苛立つ人もいます。

うつ病の人に対して周囲は話を聞くことが大切です。自分のつらい思いを人が聞いてくれるだけでずいぶん楽になります。話を聞くときには意見をせず，聞き入れることが重要です（傾聴）。本人なりにがんばっているのにうまくいかないのがうつ病なので，「がんばって」などのはげましは禁句とされます。「つらいのですね」などの共感と「大丈夫」といった安心を与える声かけ，支えが大切です。

うつ病が重症になると希死念慮が出現して「死にたい」と訴えることがあります。周囲は驚いてしまいますが，「なぜ？」「自殺はダメ！」ではなく，まず「死にたいほどつらいのですね」と寄り添うことが重要です。あなたのことを心配していると伝え，日常のあいさつなどのコミュニケーションを保つようにしてください。希死念慮がある場合には精神科での治療が必要になるので，「死にたい」と言われた場合は，1人でかかえずに同僚や職場に相談しましょう。

2. 認知症の診断

① 診断の過程 ::

▶▶ 認知症の診断基準

　認知症の定義は，①明らかな認知機能障害があること，②生活の自立が阻害されている
こと，③ほかの精神疾患やせん妄ではないことです。かつては記憶障害が条件とされまし
たが，最近の診断基準（DSM-5）では記憶障害が必須ではなくなっています。

表 6-3 ● DSM-5 における認知症（神経認知障害）の診断基準

① 1つ以上の認知領域（複雑性注意，遂行機能，学習・記憶，言語，知覚－運動，社会的認
　知）における有意な認知の低下
② 認知欠損が生活を阻害する
③ せん妄，ほかの精神疾患ではない

▶▶ 診断の手順

　認知症の診断では，①認知症か否かの判断の後に，②原因は何かを調べていきます。
　認知症か否かの判断では，症状の変化を確認して診断基準と照合します。本人との面接
も重要ですが，事実を思い出せないことも多いため，同居する家族や介護にかかわる人か
らも生活の様子を聞きとります。記憶障害などの認知機能障害の変化とあわせて，生活の
自立度の変化を時系列にそって確認します。また，歩行障害などの運動機能についても情
報が必要です。本人・家族などが認知症についての知識をもって，日ごろから意識をして
変化に気づいたときに，すみやかに医療職などに相談することが早期診断のポイントで
す。
　認知機能障害の確認にはMMSE（ミニメンタルステートテスト），改訂長谷川式簡易知
能評価スケール（HDS-R）などのスクリーニング検査が用いられます。10 ～ 15 分で簡
単に実施でき，記憶障害を中心とした障害を発見するのに役立ちます。

▶▶ 認知機能のスクリーニング検査

(1) MMSE

　国際的に広く使用されているアメリカのフォルスタイン（Folstein, M.F.）が開発し
た検査です。11 項目の質問があり，記憶障害のほかに失行などを確認することができ
ます。30 点満点で 23 点以下は認知症の疑いが高いとされています。

(2) 改訂長谷川式簡易知能評価スケール

日本人の長谷川和夫が開発した検査で，長谷川式認知症スケールまたは HDS-R と略して呼ばれています。9 項目からなり MMSE と比較して記憶障害の検出に優れています。30 点満点で 20 点以下は認知症の疑いが高いとされます。

(3) スクリーニング検査の注意点

体調や環境などが影響する場合があるので，確認が必要です。この検査のみでは認知症か否かの判断はできません。また総得点が基準を超えても正常ではない可能性があることも注意する点です。記憶に関する項目で失点が目立つ場合には，総得点が基準を超えていても記憶障害がないかを生活の様子から確認して，より精密な神経心理学的検査を検討します。誤答した質問の確認が重要で，また検査中の様子（集中力や答え方など）も本人の様子を知るために重要なポイントになります。

❷ 認知症の原因疾患の診断（鑑別診断）

認知症の原因疾患は非常に多く，脳内疾患がほとんどをしめますが，内分泌疾患，代謝性疾患，血液疾患，中毒性疾患などの全身性疾患も原因となる場合があります。なかには適切な治療で認知症の治癒が望めるものもあるため，早期の正しい診断が重要です。

認知症の鑑別診断には，まず病歴の確認が重要です。本人のみでなく家族や介護者から症状の変化を聞きとり，細かく確認することによって，特徴的な症状や経過から原因疾患を類推することができます。

補助診断として血液検査，心電図，脳波，頭部画像検査を行います。全身性疾患が原因になっている可能性を確認し，頭部画像検査では脳内疾患の原因を調べます。

頭部画像検査には脳の形をみる検査（CT・MRI）と機能をみる検査（脳血流 SPECT）などがあります。原因疾患にはそれぞれ特徴的な所見があり，より正確な診断が可能となっています。慢性硬膜下血腫や特発性正常圧水頭症などの治療可能な認知症の鑑別のために，一度は CT または MRI を実施することが重要です。

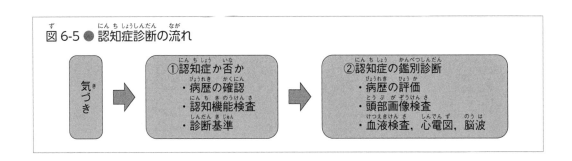

図 6-5 ● 認知症診断の流れ

気づき → ①認知症か否か
・病歴の確認
・認知機能検査
・診断基準 → ②認知症の鑑別診断
・病歴の評価
・頭部画像検査
・血液検査，心電図，脳波

❸ 認知症の重症度の評価

認知症の診断では，認知機能検査の点数が注目されますが，認知機能障害は認知症の症状の一部であり，認知症の重症度は認知機能のみでは測れません。認知症の重症度の評価には日常生活の確認が重要です。生活機能評価は観察によって行われるために本人の負担が少なく，言語障害や知覚・聴覚などの障害があるために認知機能検査がむずかしくても可能です。ただし，生活の評価のためには日常生活を十分に知っていることが必要であり，情報提供者が認知症を意識して本人を観察していることも重要なポイントになります。

▶▶ CDR

CDR（Clinical Dementia Rating）は，認知機能や生活機能などに関する 6 項目についての観察式の重症度評価尺度で，国際的に広く使われています。健康（CDR0），認知症

表 6-4 ● CDR

	健康 （CDR0）	認知症の疑い （CDR0.5）	軽度認知症 （CDR1）	中等度認知症 （CDR2）	高度認知症 （CDR3）
記憶	記憶障害なし。若干のもの忘れ。	一貫した軽いもの忘れ。部分的に思い出せる良性健忘。	中等度記憶障害。近時記憶障害。日常生活に支障。	重度記憶障害。高度に学習した記憶は保持。新しいものはすぐ忘れる。	重度記憶障害。断片的記憶のみ残存。
見当識	見当識障害なし。	見当識障害なし。	時間に関する見当識障害。時に地誌的失見当あり。	常に時間の失見当。時に場所の失見当。	人物の見当識のみ保たれる。
判断力・問題解決	適切な判断力，問題解決。	問題解決能力の障害が疑われる。	複雑な問題解決に関する中等度障害。社会的判断力は保持。	重度の問題解決の障害。社会的判断力の障害。	問題解決不能。判断不能。
社会適応	仕事や買い物，社会的グループでの自立した機能。	左記での軽度障害。	左記の中でいくつかの自立困難。一見正常。	家庭外活動は自立困難。付き添いがあれば可能。	家庭外活動は自立困難。付き添いがあっても困難。
家庭状況・興味・関心	生活，趣味，知的関心が保持されている。	同左。若干の障害あり。	軽度の家庭生活の障害，複雑な家事の障害，高度の趣味・関心の喪失。	単純な家事手伝いのみ可能。限定された関心。	家庭内での意味ある生活活動困難。
介護状況	セルフケア完全。	同左。	時に奨励が必要。	着衣，衛生管理など身の回りのことに援助が必要。	日常生活に十分な介護が必要。しばしば失禁。

の疑い（CDR0.5），軽度認知症（CDR1），中等度認知症（CDR2），高度認知症（CDR3）の5段階に分類されます。

▶▶FAST

FAST（Functional Assessment Staging of Alzheimer's Disease）はアルツハイマー型認知症の病期ステージを生活機能から分類した観察式の評価尺度です。典型的なアルツハイマー型認知症では，FASTのように病状が進行します。FASTによりアルツハイマー型認知症の重症度を知ることで，今後の進行に予測がつき必要な介護を事前に検討することも可能になります。また，早期に失禁や歩行障害が出現したときなど，FASTと異なる症状がみられた場合に，ほかの原因について考えるきっかけにもなります。

表6-5 ● FASTの分類

ステージ		特徴
1	正常	認知機能正常
2	年齢相応	物の置き忘れなど，主観的困難
3	境界状態	同僚に気づかれる仕事上の障害，新しい場所への旅行が困難
4	軽度のアルツハイマー型認知症	夕食に客を招く段取り，家計の管理，買い物などが困難
5	中等度のアルツハイマー型認知症	衣類の選択が困難，着替えや入浴にうながしが必要
6	やや高度のアルツハイマー型認知症	a）不適切な更衣
		b）入浴に介助を要する
		c）トイレを1人で使えない
		d）尿失禁
		e）便失禁
7	高度のアルツハイマー型認知症	a）話せる言葉が5〜6語に減少
		b）話せる語彙が1つとなる
		c）歩行能力の喪失
		d）座位保持不能
		e）笑う能力の喪失
		f）寝たきり

▶▶認知症高齢者の日常生活自立度判定基準

認知症高齢者の日常生活自立度判定基準は，厚生労働省が示した基準であり，要介護度認定の際に使用されています。

表6-6 ● 認知症高齢者の日常生活自立度判定基準

ランク	判定基準	見られる症状・行動の例	判定にあたっての留意事項
Ⅰ	何らかの認知症を有するが，日常生活は家庭内および社会的にほぼ自立している。		在宅生活が基本であり，一人暮らしも可能である。相談，指導等を実施することにより，症状の改善や進行の阻止をはかる。
Ⅱ	日常生活に支障を来すような症状・行動や意思疎通の困難さが多少見られても，誰かが注意していれば自立できる。		在宅生活が基本であるが，一人暮らしは困難な場合もあるので，日中の居宅サービスを利用することにより，在宅生活の支援と症状の改善および進行の阻止をはかる。
Ⅱa	家庭外で上記Ⅱの状態が見られる。	たびたび道に迷うとか，買物や事務，金銭管理などそれまでできたことにミスが目立つ等	
Ⅱb	家庭内でも上記Ⅱの状態が見られる。	服薬管理ができない，電話の応対や訪問者との対応など1人で留守番ができない等	
Ⅲ	日常生活に支障を来すような症状・行動や意思疎通の困難さがときどき見られ，介護を必要とする。		日常生活に支障を来すような症状・行動や意思疎通の困難さがランクⅡより重度となり，介護が必要となる状態である。「ときどき」とはどのくらいの頻度をさすかについては，症状・行動の種類等により異なるので一概には決められないが，一時も目を離せない状態ではない。在宅生活が基本であるが，一人暮らしは困難であるので，夜間の利用も含めた居宅サービスを利用し，これらのサービスを組み合わせることによる在宅での対応をはかる。
Ⅲa	日中を中心として上記Ⅲの状態が見られる。	着替え，食事，排便・排尿が上手にできない・時間がかかる やたらに物を口に入れる，物を拾い集める，徘徊，失禁，大声・奇声を上げる，火の不始末，不潔行為，性的異常行為等	
Ⅲb	夜間を中心として上記Ⅲの状態が見られる。	ランクⅢaに同じ	
Ⅳ	日常生活に支障を来すような症状・行動や意思疎通の困難さが頻繁に見られ，常に介護を必要とする。	ランクⅢに同じ	常に目を離すことができない状態である。症状・行動はランクⅢと同じであるが，頻度の違いにより区分される。家族の介護力等の在宅基盤の強弱により居宅サービスを利用しながら在宅生活を続けるか，または特別養護老人ホーム・老人保健施設等の施設サービスを利用するかを選択する。施設サービスを選択する場合には，施設の特徴をふまえた選択を行う。
M	いちじるしい精神症状や周辺症状あるいは重篤な身体疾患が見られ，専門医療を必要とする。	せん妄，妄想，興奮，自傷・他害等の精神症状や精神症状に起因する問題行動が継続する状態等	ランクⅠ～Ⅳと判定されていた高齢者が，精神科病院や認知症専門棟を有する老人保健施設等での治療が必要となったり，重篤な身体疾患が見られ老人病院等での治療が必要となった状態である。専門医療機関を受診するようすすめる必要がある。

3. 認知症の原因疾患とその病態

❶ アルツハイマー型認知症

▶▶ 病態

　進行性の記憶障害と妄想を主症状として初老期に発症し，病理解剖では老人斑と神経原線維変化を認める認知症として，ドイツの精神科医アルツハイマー（Alzheimer, A.）が報告しました。その後研究が進み，アミロイドβたんぱく，リン酸化タウたんぱくが関与することがわかっています。

　画像検査では海馬に目立つびまん性の大脳萎縮，脳血流 SPECT では頭頂側頭葉・後部帯状回・楔前部の血流低下が特徴です。保険適用外ですが，脳内のアミロイドβを画像で確認できるアミロイド PET，タウ沈着の有無をみるタウ PET という検査もあります。

▶▶ 症状

（1）記憶障害

　アルツハイマー型認知症では，記憶障害が初発・必発の症状です。エピソード記憶の障害によって，日常生活に支障がみられるようになります。記憶障害のために物のありかがわからず，自分でしまった物も見つけられなくなります。自分の物が見つからないことが増えることで，誰かが盗ったのではないかと家族や周囲の人を犯人扱いすることがみられます（もの盗られ妄想）。

　特に初期には，思い出せないという自覚があることも多く，自分がおかしいのではないか，会話についていけない，何か大切なことを忘れているのではないかという不安が起こり，自分の変化を感じて抑うつ的となることもみられます。また，周囲に自分の記憶力低下を知られたくないという気持ちが起こり，社会的交流が減少し，周囲の指摘に過剰に反応して怒り出すことも認められるようになります。

（2）遂行機能障害

　何かをしようと考えたときには，そのための準備，手順などを計画して，状況を確認しながら，よりよい結果が得られるように適切に修正をしながら手順を実行します。この一連の段取りを遂行機能といい，前頭葉の重要な機能です。認知症では段取りの障害が起こり，たとえば料理を作ろうと思ってもその材料の準備や調理手順がうまく実行できません。ただ，初期からすべての行為ができなくなるわけではありません。1つひとつの段階が自立している場合には，周囲が段階の橋渡しや適切なサポートをすることで本人が料理を完成させることもできます。

(3) 判断の障害

　人は常に状況を確認しながら自分の行動を決定するために思考・判断をしており，認知症でも同様です。まず目の前の状況について，それに関する最近の情報と過去の経験・記憶などを参照しながら判断，意思決定をして，目的を達成するために遂行機能を用いて手順を進めていきます。認知症になると，目の前の状況は把握できても近時記憶の障害のために関連する最近の情報を想起できません。代わって過去の記憶や自己の習慣などから状況へ対応しようとします。たとえば主婦であった人が認知症になり，炊事が困難となった場合，家族が食事の支度をするようになっても，夕暮れになると本人が買い物に行って夕食の支度をしようとすることがあります。いざ食事の支度にとりかかっても遂行機能障害のためにうまく料理ができません。周囲からみると現実にそぐわないちぐはぐな行動に思えますが，本人なりの理由に基づく判断があります。

(4) 見当識障害

　今の時間や場所，目の前の人に関する認識を見当識 [2]（➡ p.388 参照）といいます。アルツハイマー型認知症では時間→場所→人物の順で見当識が障害されていきます。時間の見当識が障害されると今日の日付や曜日がわからなくなり，たとえば今日ゴミを出してよいのかがわからなくなります。場所の見当識が障害されると，今自分がいる場所が定かでなくなり，外出して迷子になります。症状が進行すると人物の見当識障害が出現し，目の前の人が誰かわからなくなります。

▶▶ 経過

　アルツハイマー型認知症は発症時期がはっきりせず，加齢によるもの忘れと思っていたものが徐々に進行して日常生活に支障をきたすようになります。初期には記憶障害，遂行機能障害などによって日常生活の比較的複雑な行為（家事や金銭管理など）に支障をきたしますが，中等度になると失行が出現して道具の使用が困難，家事は不可能となり，更衣などに支障をきたします。さらに進行すると更衣・入浴・排泄などのセルフケア全般に介助が必要となり，目の前のものがわからないなどの失認も目立つようになります。後期では言語機能障害，運動機能障害をきたし無言・無動となります（FAST 参照）。BPSD も病期により傾向があります。初期には不安・抑うつやもの盗られ妄想が多く，中等度では徘徊や興奮が目立つようになります。

　病気の進行にともない，必要な介護や対応を工夫する必要があります。8 ～ 12 年とされる平均余命ですが，適切な介護と生活の工夫で延長も期待できます。

❷ 血管性認知症

▶▶ 病態

　血管性認知症は脳梗塞，脳出血，脳動脈硬化などの脳血管障害[3]（➡ p.388 参照）による認知症です。かつては認知症の原因で最多とされていましたが，脳血管障害のリスクとなる生活習慣病のコントロールが良好となり，脳梗塞や脳出血による脳卒中が減少したことで，最近の報告では認知症の原因としての割合は 10 ～ 20％となっています。

　画像検査では原因となる脳血管障害の所見が認められます。

▶▶ 症状

　脳血管障害と関連した麻痺などの運動症状や高次脳機能障害などの局所症状が出現して認知症をきたします。原因となる脳血管障害によって多発性梗塞，重要な領域の単発梗塞，多発性ラクナ梗塞，広範な白質病変，脳出血などに分類されます。

　血管性認知症では，障害部位によっては記憶障害が目立たないことがあります。遂行機能障害，注意障害が目立つことが多く，自発性の低下，不安・抑うつ，感情失禁，せん妄がみられやすいことが特徴です。障害されていない部位の脳機能は保たれるため，まだら認知症ともいわれます。

▶▶ 経過

（1）　階段状の経過

　脳梗塞や脳出血を原因とした血管性認知症では，脳血管障害を発症するたびに急激な症状の変化がみられますが，急性期を過ぎると症状は安定し，進行は目立たなくなりま

図 6-6 ● 階段状の経過と緩徐進行性の経過

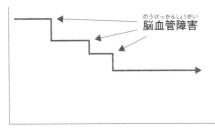

脳血管障害

[階段状の経過]

脳血管障害を契機とした機能低下。
症状は脳血管障害の部位と程度による。次の脳血管障害まで機能低下の進行は目立たない。

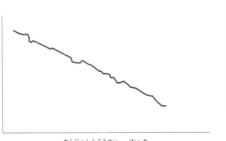

[緩徐進行性の経過]

白質の動脈硬化を原因とする機能低下。
急激な症状変化はとぼしく，緩徐な進行がみられる。

す。脳卒中の部位に応じた麻痺や言語障害などの局所症状をともないます。脳卒中の減少や治療の進歩にともない，階段状の経過を示す血管性認知症は減少傾向にあります。

(2) 緩徐進行性の経過

　　白質の動脈硬化を原因とした血管性認知症では，症状は緩徐に進行します。徐々に出現し，局所症状はとぼしいのが特徴です。緩徐に進行して高度の認知機能障害に至る場合には，臨床経過からアルツハイマー型認知症と区別することが困難になります。

▶▶ アルツハイマー型認知症との鑑別

　　先述したように，アルツハイマー型認知症は，記憶障害に始まり，緩徐に進行しながらFASTで示されるような比較的一様の経過をたどることが特徴です。一方，血管性認知症は，脳卒中による階段状の変化，動脈硬化による緩徐進行性の経過をたどりますが，脳血管障害の部位により症状の出現はさまざまであり，局所症状をともなうことが多いのが特徴です。緩徐進行型の初期には頭痛や頭重，耳鳴り，肩こり，めまい，ふらつき，しびれ，もの忘れなど神経衰弱様の自覚症状がみられやすく，特に頭痛・頭重，めまい，もの忘れは多くみられます。両者の特徴を表6-7に示しますが，アルツハイマー型認知症の約半数に脳血管障害をともなうことが知られており，その鑑別には症状と画像所見の確認が重要です。

表6-7 ● アルツハイマー型認知症と血管性認知症の違い

アルツハイマー型認知症		血管性認知症
70歳以上の発症が多い	発症年齢	50歳以上に多い
女性に多い	性差	男性に多い
神経細胞の障害	原因	脳血管の障害
緩徐進行 徐々に全般性知能低下	経過	階段状または緩徐進行 障害部位による「まだら」
記憶障害	初期症状	頭痛，めまい，もの忘れ
もの盗られ妄想，取りつくろい	みられやすい症状	感情失禁，抑うつ，せん妄

図 6-7 ● おもな認知症の画像所見

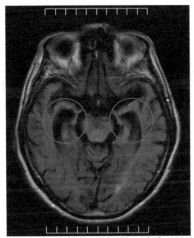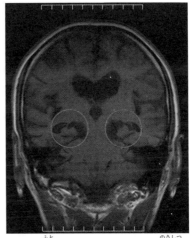

・びまん性萎縮：全体的に脳溝が開いている（やや太くなっていること），脳室も
　　　　　　　　軽度拡大している
・海馬領域の萎縮：○で囲んだ部分の黒い部分（隙間）が大きくなっている

❸ レビー小体型認知症

▶▶ 病態

　パーキンソン病の病理変化としてのレビー小体が大脳皮質にも存在する認知症があることを，日本の精神科医である小阪憲司が発見しました。厚生労働省の資料では，認知症の原因の4.3％となっていますが，実際には10〜20％と考えられています。またレビー小体型認知症にアルツハイマー型認知症の所見を合併していることも多いといわれています。

　画像検査ではびまん性の大脳萎縮が認められ，脳血流SPECTでの基底核のドパミントランスポーターの機能低下，後頭葉の血流低下などが特徴です。

▶▶ 症状

　レビー小体型認知症では初期に記憶障害が目立たないことがあります。特徴的な症状として，①認知機能の動揺，②具体的な幻視，③レム睡眠行動障害，④パーキンソン症状があります。

　①認知機能の動揺によって注意力・覚醒レベルの変動が大きく，日によってADL[4]（➡p.388参照）も大きく変化することがあります。②幻視は具体的，色彩豊かであることが特徴です。幻視とは何もないところに何かが見えることですが，実際にあるものを見間違える錯視もレビー小体型認知症では多く認められます。周囲の人には何も見えませんが，幻視，錯視とも本人はしっかり見えていると感じています。本人の訴えを否定せずに，周囲

が理解をもって対応することが重要になります。③人はレム睡眠で夢をみているときには身体が弛緩して発声や体動ができない状態になっています。しかし，夢をみながら叫んだり，身体を動かす症状をレム睡眠行動障害といい，認知機能障害を認める前から出現することがあります。激しい体動でけがをすることもあり，注意が必要です。④パーキンソン症状では動作緩慢，表情がとぼしくなる（仮面様顔貌），歩行障害（すくみ足，前傾，小刻み歩行，突進歩行），手のふるえ（振戦），嚥下障害などがみられます。レビー小体型認知症では多彩な症状がみられ，便秘や発汗，血圧・脈拍の変動などの自律神経症状，精神症状では不安・抑うつの合併が多いといわれます。

▶▶ 経過

　パーキンソン症状と関連した転倒による骨折，嚥下障害による誤嚥性肺炎の合併などが予後に影響するため，十分な医療・介護が重要です。

④ 前頭側頭葉変性症

▶▶ 病態

　大脳の前頭葉や側頭葉を中心に神経変性をきたすために人格変化や行動障害，失語症，認知機能障害，運動障害などが緩徐に進行する神経変性疾患です。複数の疾患を含み，65歳未満の発症が多いのが特徴です。

　画像検査では各疾患の障害部位に応じて前頭葉・側頭葉に限局的な強い大脳萎縮を認め，脳血流SPECTでは同部位の血流低下を認めます。

▶▶ 症状

　障害部位により，(1)行動障害型，(2)言語障害型に大別されます。

(1) 行動障害型

　前頭葉の変性・機能障害によって，人格変化といわれる症状がみられます。自発性が低下して無関心となりますが，一方で衝動のコントロールや社会通念が欠如するために周囲をかまわない自己本位な言動（わが道を行く行動）や社会ルールを無視した行動（万引きなど）が出現します。同じことをくり返す常同性，決まったスケジュールでの強迫的行動（時刻表的生活）などの症状がみられ，食事をとらずに甘い物ばかり食べるようになるなど食行動・嗜好の変化，偏食がみられることもあります。

(2) 言語障害型

　側頭葉の変性・機能障害により言語機能障害が起こりますが，障害部位によって意味記憶障害型と進行性非流暢性失語型に分けられます。意味記憶障害とは言葉の意味などの知識が利用できなくなる状態です。「鉛筆を取ってください」とお願いすると「鉛筆

とは何ですか？」と答えが返ってきます。我々が当たり前のように使っている物の名前などの意味がわからなくなるため，コミュニケーションに困難が生じます。進行性非流暢性失語では発語がスムーズでなくなり，文法・語法の誤りなどがみられます。本人は「うまく話せない」と自覚しており，周囲の理解と対応が重要です。

　前頭側頭葉変性症では初期には記憶障害が目立たないことが多く，見当識障害をともなわず，通い慣れた道では迷子になりづらいという特徴があります。行動障害型は特異な言動から精神疾患と診断されてしまうことがあります。

▶▶ 経過

　比較的緩徐な進行を示すことが多いですが，進行すると運動機能障害が出現し寝たきりになります。

❺ クロイツフェルト・ヤコブ病

▶▶ 病態

　クロイツフェルト（Creutzfeldt, H.G.）とヤコブ（Jacob, A.M.）によって報告された急速に進行する認知症の原因疾患です。異常プリオンたんぱくの中枢神経への沈着が原因とされ（プリオン病），大脳から脊髄に至るまで海綿状の空胞をつくって機能障害を引き起こします。50〜60歳代にみられることが多く，症状発現から死亡までは1〜2年です。
　画像検査では大脳萎縮が認められ，MRIで大脳皮質・視床・線条体などに異常信号を認めます。

▶▶ 症状と経過

　初期にはめまい，倦怠感，視覚異常，抑うつ，記憶障害など非特異的症状がみられます。その後，認知症が急速に進行して言語機能障害のために疎通困難となり，筋肉がビクッとなる不随意運動（ミオクローヌス）が出現し，運動機能障害が急速に進行して歩行困難，寝たきりとなります。幻覚や妄想，興奮などの精神症状も多くみられます。そして無言無動状態になり，全身の硬直・拘縮が出現し，全身衰弱，呼吸不全，肺炎などで死亡します。現在有効な治療法はありません。

❻ 治療で回復する認知症 ∷∷∷∷∷∷∷∷∷∷∷∷∷∷∷∷∷∷∷∷∷∷∷∷∷∷∷∷∷∷∷∷

認知症の原因は❶～❹で大部分を占めています。現在の医学では治療による回復は困難ですが，適切な治療により回復可能な認知症もあるので，正しい診断と対応が重要です。

▶▶ 慎性硬膜下血腫

(1) 病態と症状

脳は軟膜，くも膜，硬膜という3枚の膜で包まれていて，いちばん外側の硬膜の下にできた血腫を硬膜下血腫といいます。慢性硬膜下血腫は，転倒などの際に頭部を打撲したことが原因で起こりますが，一時的な打撲痛のほかに症状はなく，このときには画像検査でも異常はみられません。ところが，硬膜の血管などが破れて少量の出血が持続して血腫となり，脳を圧迫すると神経細胞の障害を引き起こし，麻痺や失禁，認知機能障害などが出現します。脳梗塞の予防のために抗血小板薬などを内服していると慢性硬膜下血腫のリスクが高くなります。画像検査をすると硬膜下に三日月状の血腫があり，大脳を圧迫している様子が確認できます。

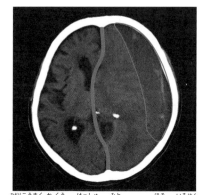

図 6-8 ● 慢性硬膜下血腫の画像所見

左硬膜下腔に血腫を認める：細い色線で囲んだ部分
左大脳は血腫により圧排され，正中偏位（Midline shift）が認められる：太い色線

(2) 経過

慢性硬膜下血腫は，頭部打撲などの原因の2週間から3か月程度後になって症状が出現して気づかれることが多い疾患です。ぼんやりする，つじつまの合わないことをする，歩き方が不安定になって転倒するなど，日常での変化がみられます。

慢性硬膜下血腫は生命にかかわることは少ないですが，認知機能障害や尿失禁，運動麻痺による歩行障害や寝たきりを誘発しやすい疾患です。画像検査ですぐに見つかり，脳神経外科で血腫を取り除く手術をすると症状が改善します。

▶▶ 特発性正常圧水頭症

(1) 病態と症状

人間の脳は髄液で満たされた中にあり，髄液は産生・吸収・循環によってバランスが保たれています。特に誘因なくこのバランスがくずれてしまい，頭蓋内に髄液がたまってしまうのが特発性正常圧水頭症です。

特発性正常圧水頭症では，①認知機能障害，②歩行障害，③尿失禁がおもな症状ですが，認知機能障害ではぼーっとすることが増える，反応が遅くなるなどの注意機能の障害が多くみられます。歩行障害は足を開いた不安定な小刻み歩行（開脚歩行）が特徴的です。また，尿意はあるのですが，我慢ができずに失禁をしてしまうこともあります。

頭部の CT や MRI では脳室の拡大などの特徴的な所見が認められ，症状とあわせて診断が可能です。また，試験的に腰椎から髄液を抜くことにより症状の改善をみる検査（タップテスト）が行われます。

(2) 経過

特発性正常圧水頭症では，初期から尿失禁・歩行障害が出現します。脳室に過剰にたまった髄液を外に流す，シャント術という手術を行うことで,脳機能・症状が改善します。

▶▶ ビタミン欠乏による認知機能障害

(1) 病態と症状，経過

ビタミンは生存・生育に必須の体内合成ができない物質ですが，食事から摂取できない，胃切除などにより吸収ができないなどの理由により慢性的なビタミン不足状態となると，欠乏症となります。特にビタミン B 群欠乏は認知機能障害の原因となることが知られています。ビタミン B_1 が欠乏すると健忘をきたすことがあり，ビタミン B_{12} が欠乏すると貧血や神経症状，認知機能障害が出現することがあります。

ビタミン欠乏は血液検査により確認ができます。欠乏にいたった原因の確認と対応，ビタミン摂取により治療します。

▶▶ 甲状腺ホルモン機能低下による認知機能障害

(1) 病態と症状，経過

甲状腺ホルモンは全身の代謝にかかわるホルモンですが，橋本病などによりホルモン不足が生じるとさまざまな症状が出現します。むくみや脈拍の減少，疲れやすさなど身体の症状のほか，活気がない，やる気がないという精神症状，記憶や思考が困難となる認知機能障害が出現することもあります。

甲状腺ホルモンはビタミン B 群と同様に血液検査で確認ができ，認知症の原因診断の際には必須の検査です。ホルモン異常の原因の確認と治療を進めていきます。

▶▶ 糖尿病による認知機能障害

糖尿病は脳血管障害の大きなリスクですが，最近ではアルツハイマー型認知症のリスクになることや，血糖のコントロールが悪いことが認知機能に影響を与えることが知られてきました。記憶障害よりも注意障害が目立つとされ，適切な糖尿病治療による血糖コントロールにより症状が改善することが期待できます。

　65歳未満で発症した認知症を若年性認知症と呼んでいます。人口10万人当たり50.9人，全国で4万人弱の患者がいると推定されています。以前は若年性認知症では血管性認知症が約40％で最多，アルツハイマー型認知症は約25％でしたが，2020（令和2）年の報告ではアルツハイマー型認知症が52.6％で最多，血管性認知症は17.1％とされています。また，高齢者では1％程度とまれな前頭側頭葉変性症は若年性認知症では9.4％と高頻度となることが特徴です（図6-9）。また，高齢発症の認知症と比較して遺伝的な要因の関連が多く，症状の進行が速い傾向があるといわれます。

　若年性認知症では本人の多くが現役世代であり，仕事がうまくできない，子育てや家事がむずかしくなったなどの変化がみられ，就労や経済的な問題，家庭機能などへの影響が大きく，幅広い支援が必要となります。しかし，症状への気づきの遅れや受診までの時間がかかること，診断のむずかしさによる不適切な診断により対応が遅れてしまうことも少なくありません。年齢的に認知症を疑うことができず，また本人・家族とも受容ができないなどの側面があり，心理的サポートも必要となります。

　厚生労働省の認知症施策においても若年性認知症対策の充実をうたい，各都道府県に若年性認知症支援コーディネーター❺（→ p.388参照）の配置や若年性認知症コールセンターの設置を進めていますが，介護支援体制や就労支援については不足しているのが現状です。若年性認知症の介護者は同年代で現役世代の配偶者か，親世代が多いですが，未成年の子どもが介護をになう必要に迫られる（ヤングケアラー）こともあり，公的サービスでのサポートが重要となります。しかし，介護保険サービスは高齢者がおもな対象であるため，若年性認知症の人はなじみにくいのが現実です。また，仕事をしていた場合には，認知症を発症しても職場・社会の理解と協力により就労の継続が可能となると，経済面だけでなく本人の生きがいを支えることができると考えられます。若年性認知症については社会でもまだ認知が十分でなく，今後も周知啓発の継続が大切となります。

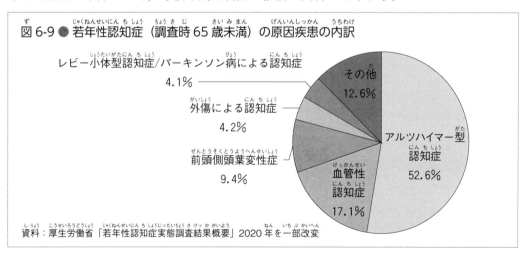

図6-9 ● 若年性認知症（調査時65歳未満）の原因疾患の内訳

レビー小体型認知症/パーキンソン病による認知症
4.1%

外傷による認知症
4.2%

前頭側頭葉変性症
9.4%

その他
12.6%

アルツハイマー型認知症
52.6%

血管性認知症
17.1%

資料：厚生労働省「若年性認知症実態調査結果概要」2020年を一部改変

4. 認知症の治療と予防

❶ 認知症の治療

▶▶ 認知症の治療とは

　認知症の大部分は現在の医学では治すことができません。では，なぜ治療をするのでしょうか。多くの認知症は時間とともに認知機能障害・生活機能障害が進行し，本人の機能低下は周囲の介護負担の増大につながります。また，症状の急激な変化や行動・心理症状（BPSD）などで本人・介護者の生活が不安定となることも少なくありません。認知症の治療とは症状の安定と進行を抑制して本人・介護者の生活を維持することであり，住み慣れた地域・家庭での生活を継続できることが目標となります。

　認知症の治療で重要なことは，健康・体調の管理です。肺炎などで入院してしまった，骨折で動けなくなってしまったといったことをきっかけに認知症が急激に進行する場合があります。そのような事態にならないためには日々の健康管理が大切で，そのためには食事や内服の管理，必要な病気の治療継続が重要です。しかし，認知症になると日々の生活行為が困難になるため，周囲のサポートが必要となります。

　また，脳機能を維持するためには生活のなかで適切な刺激があることが必要です。脳も使わないと衰えますので，活発な生活を送ることが望ましいと考えられています。日常的には自宅に閉じこもらずに外出をする，適度な運動，趣味などの楽しみのほか，他人との交流が重要です。周囲とのかかわり（社会的交流）を保つことは脳機能を維持するだけでなく，孤立を防ぎ，気分の安定にも有効とされます。ただし，認知症になると自発性が低下して活動性が低下しがちになるので，周囲のかかわりにより本人の生活機能・刺激を維持する工夫が必要となります。介護保険サービスの利用も有効です。

▶▶ 認知症の非薬物療法

　非薬物療法とは薬物を用いずに，本人の生活のなかでのはたらきかけ，活動により治療効果を期待する療法です。認知機能に焦点を当てたものとしてリアリティ・オリエンテーションや認知トレーニングが，認知機能以外に焦点を当てたものとして音楽療法や回想法，運動療法が行われています（表6-8）。

表6-8 ● おもな認知症の非薬物療法

リアリティ・オリエンテーション	本人に対して正しい日時や場所，人物の情報をくり返し伝えることで現実の認識，見当識を高めようとするアプローチ。認知機能改善の可能性があるとされる。
認知トレーニング	記憶，注意，問題解決などの領域に焦点をあてたプログラムで，個人療法と集団療法がある。認知機能改善の可能性があるとされる。
音楽療法	音楽を聴く，歌う，楽器を演奏する，リズム運動などの方法がある。不安や抑うつ，行動障害に効果がある可能性があるとされる。
回想法	高齢者の過去の人生の歴史に焦点をあてて，ライフヒストリーを聞き手が受容的，共感的，支持的に傾聴することを通じて，こころを支えることを目的とする。気分の安定，幸福感の増大，認知機能改善の可能性があるとされる。
運動療法	有酸素運動，筋力強化訓練，平衡感覚訓練などがあり，複数を組み合わせたプログラムを作成して，週2回〜毎日，20〜75分で設定されることが多い。ADL改善，認知機能改善の可能性があるとされる。

▶▶ アルツハイマー型認知症の薬物治療

人の学習・記憶に必要なアセチルコリンという神経伝達物質があります。アルツハイマー型認知症では記憶障害がおもな症状ですが，脳内ではアセチルコリンの減少が起こっていることがわかりました。そこで，アセチルコリンを間接的に増やす作用をもつ薬剤（コリンエステラーゼ阻害薬）が開発されました。日本でも1999（平成11）年にはドネペジル，2011（平成23）年にはガランタミン，リバスチグミンが認可されて使われるようになりました。

また，アルツハイマー型認知症ではグルタミン酸という神経伝達物質が過剰であり，そのために神経伝達がうまくいかないことが考えられています。そこで，グルタミン酸の過剰な神経伝達を調整する薬剤（NMDA受容体拮抗薬）としてメマンチンが開発され，2011（平成23）年から日本でも使われています。

このように現在4種類のアルツハイマー型認知症治療薬がありますが，原因治療薬ではないので，アルツハイマー型認知症を治すことはできません。重症度に応じて使用できる薬剤が医療保険で定められており，それぞれの薬剤の効果として認知機能障害や生活機能障害の進行を抑制することが期待できますが，その期間は6〜12か月程度です。現在の薬ではアルツハイマー病の神経脳細胞死を止めることができないため，治療をしていても1〜2年くらい経過すると症状の進行がみられます。しかし，症状の進行を1年でも先送りできるということは，本人だけでなく，介護者の生活を保つうえでも重要な意味をもつ効果となります。

治療薬には副作用の可能性があり，治療開始時や薬の増量時に多くみられます。それぞれの薬剤の服用方法や副作用を確認しながら，安全に治療を継続することが重要です。

表6-9 ● 抗認知症薬の作用等

薬理作用	薬剤名	軽	中	高	服用法	副作用	
コリンエステラーゼ阻害	ドネペジル	○	○	○	1日1回内服	嘔気・食欲低下	徐脈・心ブロック
	ガランタミン	○	○		1日2回内服		
	リバスチグミン	○	○		1日1回貼付	発赤・かゆみ	
NMDA受容体拮抗	メマンチン		○	○	1日1回内服	眠気・めまい・便秘	

軽度：もの忘れが出現，仕事や家事が困難
中等度：家事ができない，着替えや入浴が完全にできない
高度：着替えや入浴，排泄などの自立困難

▶▶BPSD（行動・心理症状）の治療

　認知症ではBPSD（行動・心理症状）と呼ばれる症状が出現することがあります。BPSDは本人の苦痛も大きく，介護や医療においても対応するべき課題となっています。

　BPSDがなぜ起こるのか，その理由を考えることが大切です。妄想や興奮，徘徊などさまざまな症状がありますが，それらすべてが本人の認知機能障害，生活機能障害，心理状態や環境などを背景とした理由のある言動であると理解して対応することが重要です。

　認知機能障害がある人も日常生活のさまざまな場面において，本人の意志にもとづいて行動をします。目的を達成するためには認知機能や運動機能を必要としますが，認知症では記憶障害などの認知機能障害のために適切な判断や行為が困難となります。そのため自分の意志・目的を達成することができず，認知症の人は日常的に不満足を感じ，自分に対する自信喪失や不安感があり，この心理状態がBPSDの背景と考えられます。

　BPSDの対応の原則は非薬物的アプローチです。同じ人であっても時・場所・相手によって症状が変動するのがBPSDの特徴です。BPSDに対してはケアや環境などが大きな影響を与えていると考えられます。ケアや環境のよしあしによりBPSDの様子は大きく変わります。そのため，症状の出現する状況や変化（悪化・改善）する状況を評価，対応することがBPSD治療の第一歩となります。

　非薬物的アプローチによっても改善が得られない場合，または症状が重くて緊急の対応を要する場合には薬物療法が検討されます。妄想や興奮には抗精神病薬，不安や抑うつには抗うつ薬の効果が期待されます。不眠に対しては安易に睡眠薬を使用せずに非薬物療法・睡眠衛生指導が大切です。いずれの薬物治療についても過鎮静や転倒，誤嚥などの副作用には十分注意が必要で，薬による2次的なトラブルは避けなくてはなりません。

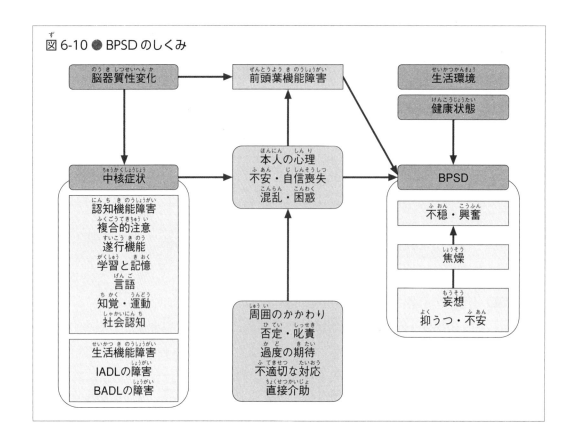

図6-10 ● BPSDのしくみ

脳器質性変化 → 前頭葉機能障害

生活環境

健康状態

中核症状 →

本人の心理
不安・自信喪失
混乱・困惑
→ BPSD

認知機能障害
複合的注意
遂行機能
学習と記憶
言語
知覚・運動
社会認知

生活機能障害
IADLの障害
BADLの障害

周囲のかかわり
否定・叱責
過度の期待
不適切な対応
直接介助

不穏・興奮

焦燥

妄想
抑うつ・不安

❷ 認知症の予防

▶▶ 認知症の危険因子

　ある条件をもった人が疾患にかかる率が高い場合，その条件をその疾患の危険因子（リスク因子）といいます。血管性認知症では加齢の影響はありますが，もっとも重要な危険因子は中高年以降の高血圧です。そのほかに脂質異常症や糖尿病，肥満，喫煙，メタボリックシンドロームなども危険因子です。アルツハイマー型認知症では加齢が最大の危険因子であり，性別（女性）もリスクとされます。以前は高血圧や糖尿病，メタボリックシンドロームなどによる動脈硬化は血管性認知症のリスクとされていましたが，最近ではアルツハイマー型認知症のリスクにもなることがわかってきました。

▶▶ 認知症の予防

　2017年にイギリスのランセット誌に認知症のリスクと予防に関するレポートが発表されました。表6-10の9つのリスクへの対応・治療により，認知症の3分の1が予防できる可能性があるとされています。

表6-10 ● ランセット委員会のレポートによる9つのリスク

若年期	15歳までの教育
中年期	高血圧，肥満，難聴
老年期	うつ病，糖尿病，不活発，喫煙，社会的孤立

　2019年にはWHO（世界保健機関）が認知症・認知機能障害の予防ガイドラインを発表しました。生活習慣病のコントロールのほか，運動や食習慣，社会的交流などの重要性が書かれています。

表6-11 ● 認知機能低下・認知症のリスク低減においてWHOガイドラインで推奨される項目

身体活動による介入	禁煙による介入
栄養的介入	アルコール使用障害への介入
認知的介入	社会活動
体重管理	高血圧の管理
糖尿病の管理	脂質異常症の管理
うつ病への対応	難聴の管理

▶▶ 認知症予防で大切なこと

　2019（令和元）年に厚生労働省が公表した「認知症施策推進大綱」のなかで「予防」という言葉が用いられています。ここでの予防は「認知症にならない」ことではなく，「認知症になるのを遅らせる」「認知症になっても進行を緩やかにする」という意味になります。認知症予防について多くの研究が行われていますが，現在のところ完全な予防は不可能です。さまざまな努力をしても，認知症になってしまう可能性が十分にあることを前提に，同じく「認知症施策推進大綱」でうたわれている「共生」のための1人ひとりの意識づけ，地域づくりが重要です。

第2節 認知症の人への支援の実際

1. 認知症のアセスメント

❶ 認知症ケアの進め方

▶▶ 介護職による思考の整理

　介護職による一連の介護過程のなかでも，認知症の人の場合は，事実からアセスメントにつなげる前段階として，介護職による思考の整理が重要になります（図6-11）。つまり，「困った人」への対応を考えるのではなく，「困っている人」への支援と考え方を変える必要があります。認知症の人とのかかわりを通じて得られた声なき声を拾うことで，あらかじめ知ることのできなかった情報が広がり，より個別ケアに近づけることが可能になるからです。

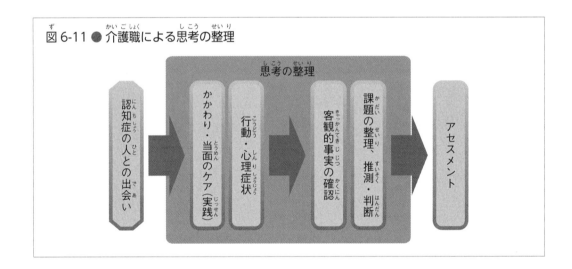

図 6-11 ● 介護職による思考の整理

思考の整理

認知症の人との出会い → かかわり・当面のケア（実践）・行動・心理症状 → 客観的事実の確認 → 課題の整理、推測・判断 → アセスメント

▶▶ 認知症の人の行動や言葉の背景

　認知症の人は，認知機能の障害により，自分の力だけでは環境をうまく調整することが困難になります。そのため，環境から受ける影響により心身に対する負担感や不快感，不安感が起こります。そうした感覚を解消するための行動が，周囲の人たちからみると「問題行動」ととらえられ，問題行動への対応が認知症ケアだと誤解されています。

　しかし，認知症の人の行動や言葉の背景にはさまざまな原因があります。つまり，認知症の人の行動は，何らかのメッセージやサインとみることができるのです。

たとえば，ある認知症の人に「記憶障害があるため，大切なことを忘れてしまうことに不安感やあせりをかかえ，周囲にくり返し同じことを聞く」という行動が起こったとします。その背景には，認知症による記憶障害のほかにも，①几帳面な性格，②思い出す手がかりになる人的・物理的環境がないことで，もの忘れに対するフォローができないこと，などが考えられます。

　また，大切なものがなくなると，だれかが持っていったのだと言う，いわゆるもの盗られ妄想では，①大切なものが見つからないさびしさ，②何をどのように探してよいのかわからない不安，などの心理的負担を起こす記憶障害のほかにも，③物を大切にしてきた価値観やそれをつくってきた生活歴，④自分の非を認めない勝ち気で負けず嫌いな性格などの影響があるかもしれません。

▶▶ 認知症の人の行動や言葉の背景を読み解く

　認知症ケアでは，介護職の評価尺度により，認知症の人の行動を単に問題や症状ととらえる（評価的理解）のではなく，行動の背景を推測することで行動の意味をとらえ（分析的理解），認知症の人が自分の心配事や気がかりなことを解決しようとしていると理解すること（共感的理解）が重要です（図6-12）。

　認知症の人の行動や言葉の背景は，環境要因と欲求の2つの側面で考えることができます。そして，介護過程にそって認知症の人をアセスメントする際には，①介護職本位の視点から認知症の人本位の視点に切り替えること，②事実にもとづいて行動や言葉の背景にある要因と欲求を読み解いていくことが重要です。なかでも①のことを評価的理解から共感的理解へのリフレーミング（視点を替える）と呼んでいます。

　しかし，こうして読み解いた内容はあくまでも介護職の推測や解釈であるため，事実にもとづいた情報によって裏づけられなければなりません。それがアセスメントの意義です。

図 6-12 ● 認知症を理解するための 3 つのステップ

評価的理解

認知症の人の行動や発言に惑わされ表面的に「好き・嫌い・苦手・得意・いい人・悪い人」と理解してしまう。

↓

分析的理解

本人の立場に立って「行動・言葉」の「意味をつける」。そのために，「なぜ？」「どうして？」と疑問を抱く。そしてそのわけを探る。

↓

共感的理解

分析の結果，「言葉や行動の意味」がわかり，本人の気持ちが自分の中で共感できる。「なるほど・そうだったのか・もっともだな」と…。

出典：認知症介護研究・研修東京センター

❷ 行動の背景を読み解く

　認知症の人を理解するためには，認知症の人の行動や表情，言葉など，その時々の状況を事実としてとらえることが大切になります。そのため，「徘徊をくり返す」「帰宅願望がある」「入浴を拒否する」といったことを列記するのではなく，どのような状況で歩いていたのか，どのような言葉で帰宅を訴えていたのかなど，その時々の状況がわかるように記録をし，それにもとづいて事実をとらえます。

　また，認知症の人は，「認知症の状態を引き起こす5つの要因」と「認知症の人の周囲にある要因」の変化が影響し合い，行動や発語にいたると考えます（図6-13）。

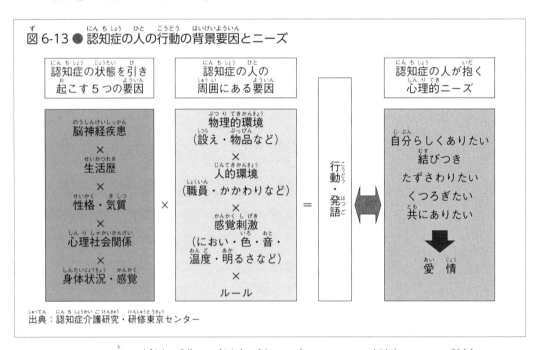

図6-13 ● 認知症の人の行動の背景要因とニーズ

出典：認知症介護研究・研修東京センター

　つまり，それぞれの要因が互いに影響を及ぼし合うなかで，環境にうまく適応しようとがんばっている姿が，認知症の人の行動と考えることができます。しかし，認知機能の障害があるため，変化する環境にうまくなじむことができず，不安感や負担感をかかえて混乱しているのです。

　そのため，認知症ケアでは，①本人が望むことを理解すること，②不安感や負担感をつくる環境を少なくして，認知症の人がもつ能力をうまく環境に適応できるように支援することが大切です。たとえば，なじみのない場所で，体調不良を感じながら思うように過ごすことのできない状況であれば，介護職が体調不良に気づかいながらかかわることで，不安感や負担感を軽減することができます。

　行動を起こしている背景にはどのような影響があるか，その認知症の人の行動や言葉の背景を読み解いていくツール（道具）として，**ひもときシート**[6]（➡ p.388参照）などを活用することができます。

362

アセスメントとは，認知症の人に起きているさまざまな状況を理解するための，必要な情報収集と情報の整理です。

ひもときシートでは，認知症の状態を引き起こす要因や外的環境の変化など，さまざまな影響を8つの側面からとらえていますが，それらの側面を参考にすれば表6-12のようにアセスメントの視点をまとめることができます。

表6-12 ● 認知症の人のアセスメントの視点

① 病気や薬の副作用による影響
② 身体的痛みや身体の不調などによる影響
③ 精神的苦痛や性格などの心理的背景による影響
④ 音や光，寒暖などの五感への刺激や苦痛の影響
⑤ 周囲の人のかかわり方や態度による影響
⑥ 住まいなどの物的環境により生じる居心地の悪さや影響
⑦ 要望や障害程度，能力の発揮とアクティビティ（活動）とのずれによる影響
⑧ 生活歴，習慣，なじみのある暮らし方と現状とのずれ，本人のもつ価値観やこだわりによる影響　など

具体的なアセスメントの方法は，①記録を見直し，その行動の前後の状況がどのようなものだったかを把握する，②家族や身近な人への聞き取りを行う，③これまでの過ごし方と現在の過ごし方の様子を比較する，④薬の副作用や効用について，既往症に関する情報を整理する，⑤毎日のバイタルチェック表により心身機能の変化を確認する，⑥エコマップ[7]（➡ p.389参照）やジェノグラム[8]（➡ p.389参照）を活用することなどがあります。

情報には，数量化できるもの（体温，血圧，水分量，排便の回数，食事量など）と数量化できないもの（家族・職員からの聞き取り，ふだんの様子，生活歴にまつわる過去のエピソードなど）があります。

また，必要な情報を収集するための適切なツールを活用することも大切になります。たとえば，**認知症の人のためのケアマネジメントセンター方式**[9]（➡ p.389参照）も適切な情報収集ツールとして参考にできます。

2. 中核症状へのかかわり方の実際

① 中核症状に対するアセスメントの視点

認知症には，大きく分けて，中核症状とBPSD（行動・心理症状）[10]（➡ p.389 参照）という２つの症状があります。

中核症状は，すべての認知症の人にみられる症状です。中核症状とは，たとえると「指を切ったらズキズキ痛む」というような直接的な症状です。脳の細胞が死ぬ，脳の動きが低下することによって起こる，記憶障害，見当識障害，理解・判断力の低下，遂行機能障害，言語障害（失語），失行・失認などの認知機能の障害をいいます。

BPSD（行動・心理症状）は，中核症状に本来の性格や取り巻く環境などが影響して引き起こされる２次的な症状です。上記の例で考えると「指を切って，化膿して膿が出た」というような，すべての人にみられる訳ではない症状といえます。

▶▶ 記憶障害に対するアセスメントの視点

認知症の人にみられる代表的な症状の１つが記憶障害です。自分の体験した出来事や過去についての記憶が抜け落ちてしまう障害のことをいいます。最近のことから，だんだんと忘れていくという特徴があります。体験自体が抜け落ちてしまうので，「食事を食べたのに，食べていないと言う」「同じことを何度も聞いてくる」という症状があらわれます。記憶障害の程度も人それぞれです。日によって，ばらつきもあります。アセスメントを行う際のポイントとして，どの程度の記憶保持力があるのかを知ることが必要となります。５分程度前のことであればおぼえていることができるのか，数秒前のことがおぼえていられないのかによって，支援の方法が変わってきます。また，記憶障害は大きく分けて，①短期記憶障害，②長期記憶障害，③エピソード記憶障害，④手続記憶障害，⑤意味記憶障害があります。それぞれ症状が異なってくるため，どの記憶に障害があるのかも大きなポイントとなります。

▶▶ 見当識障害に対するアセスメントの視点

見当識障害とは，自分がおかれている状況，たとえば年月日，時間，季節，場所，人物などの状況を正しく認識できない障害のことです。私たちは普段，さまざまな場面で見当をつけて生活をしています。たとえば，研修に参加する際，研修会場に遅刻することなく到着するために，このくらいの時間に家を出て，この道を通って行けば研修に間に合うだろうという見当をつけて行動をしています。見当識障害によって，自分がおかれている状況を正確に判断できないということは，日常の生活に大変な困難を生じるおそれがあり

ます。環境が変わったときに，とりわけ強くあらわれることが多いです。アルツハイマー型認知症の人は記憶が障害されているため，混乱や不安はいっそう大きなものになります。レビー小体型認知症の人は記憶障害より，見当識障害が目立つことがあります。時間や季節がわからなくなると，遅刻をする，外出の準備ができなくなる，季節にあった服装を選ぶことができないなどの症状がみられます。場所がわからなくなると，自分のいる場所がどこかわからない，自宅内でもトイレの場所がわからないなどの症状がみられます。人がわからなくなると，家族や，目の前の人がだれかわからないという症状がみられます。症状は，時間，場所，人物の順で進んでいきます。アセスメントを行う際には，何に対する見当が立てられないのかが大きなポイントとなります。

▶▶ 遂行機能障害に対するアセスメントの視点

遂行機能障害は，目的を果たすための，①計画を立てる，②計画を実行する，③効率よく行う，ということがむずかしくなる障害です。具体的な例としては，テレビやエアコンのリモコンが使えなくなったり，料理の手順がわからずつくれなくなり，市販の同じ惣菜ばかりが食卓に並んだり，洗い物をしても洗剤を使わず汚れが落ちないというような状態になることもあります。遂行機能障害のアセスメントのポイントは，すべてできなくなるわけではないということです。計画や順序だった行動は困難になりますが，1つひとつの作業はできることが多いものです。料理でたとえるのであれば，料理という一連の流れのなかで，どの部分ができて，どこに支援が必要なのかをきちんとアセスメントすることが大切になります。

▶▶ アセスメントに必要な認知症の人を知るための視点

アセスメントは情報収集と分析です。本人のことを知るために，多くの情報を得ることが必要です。アセスメントを行う際，もっとも大切なことは，本人の視点で行うということです。介護職目線で行われたアセスメントには，本人の意思は反映されません。どの部分に生きづらさを感じているのか，その人らしい生活を阻んでいるのはどの部分なのか，何をサポートすればその人らしい生活ができるのかを知る必要があります。

またアセスメントでは，本人の「できないこと」ばかりに着目してしまう傾向があります。「できること」をきちんと知り，できる力をどう活かすかということも，アセスメントの視点で大変重要なことです。ADL表をうめることだけがアセスメントではないのです。

❷ 介護職としてのかかわり

▶▶ 記憶障害のある人へのかかわり方

記憶障害は，本人に自覚はありません。しかし，忘れていくことへの不安な気持ちは残っています。記憶が薄れていくことへの不安や焦りから，混乱し怒りの感情をあらわすこともあります。たとえば食事をした事実があったとしても，本人の世界からはその事実は存在しないことになります。「食事をしていない」という本人の言葉を，「食事をしましたよ」と訂正することは，本人からしてみれば，自分の言動を否定されたという感覚になります。まず，本人の訴えを受けとめ，安心してもらうことが大切です。それ以外にも，物の置き場所を固定する，日にちや時間をわかりやすくするなど，環境を整えることが大切です。新しいことが発生する場合は，言葉だけでなく絵を使う，メモを貼るなど，本人のおぼえやすい方法を探します。

▶▶ 見当識障害のある人へのかかわり方

場所がわからずトイレの失敗をしたり，家族がわからず「あなたはどなた」というような発言をする場合もあります。障害による症状ということを理解し，対応することが大切です。見当識障害のある人には，環境の整備もとても重要です。時間の見当識障害がある場合は，時間の確認ができるよう，本人に合った時計を近くに置くなどの工夫をします。また，「今日は10時に出かけるので，準備をしましょう」など時間を意識し，行動をうながすような言葉を心がけます。季節の見当識障害がある場合は，季節感を味わえる食事にしたり，着替えを行う際に，「今は春だから，この服はどうですか」と声をかけたりするなどの工夫をします。場所の見当識障害がある場合，本人の目線の高さに「トイレ」等の表示をするなど，わかりやすい環境を整えましょう。いっしょにトイレに何度も行き，そこがトイレであることを，くり返し伝えることも効果的です。

また，見当識障害のある人には24時間リアリティ・オリエンテーションがとくに効果的です。リアリティ・オリエンテーションでは，個々の見当識障害の状況に応じて見当識を補い，現実意識を深めて症状の改善につなげていきます。日常的な会話のなかで，「12時だから，お昼の時間ですね」等，時間・場所・季節・天気などを自然な形で伝えます。そのほかに，少人数のグループに分けて行うクラスルーム・オリエンテーションがあります。

▶▶ 遂行機能障害のある人へのかかわり方

段取りがつけられないだけのため，介護職はどこの部分ができないのかを見きわめ，できる部分は本人にしてもらうことで達成感につながり意欲も向上します。抽象的な表現は避け，具体的に示します。また，動作ごとに説明するとより安心するでしょう。

3. BPSD（行動・心理症状）へのかかわり方の実際

❶ BPSD に対するアセスメントの視点

　BPSD は認知症のすべての人にあらわれる症状ではありません。何らかの不適切な外的刺激や，体調不良等の内的刺激によって引き起こされます。BPSD は，徘徊や攻撃的行為のように行動にあらわれる行動症状と，幻覚や幻視のような心理症状とに分類されています。代表的な症状として，帰宅願望・徘徊・介護拒否等があげられます。アセスメントする際の視点の根幹は，介護職の視点から，本人の視点へと切り替えることです。本人視点のアセスメントを行うために，生活歴や職業，嗜好，性格等を把握し，本人を深く掘り下げて知ることは必須であるといえます。人の行動には，生活歴や性格，職業等の要素が反映されることが多くあります。また，人の行動には必ず動機と背景が存在します。認知症の人の行動においても同様です。ここでは代表的な BPSD に関するアセスメントのポイントをあげます。

▶▶ 帰宅願望に対するアセスメントの視点

　帰宅願望は「家に帰りたい」と訴えたり，実際に家を出て行ってしまう症状です。自宅以外での場所で欲求が出ることもありますが，自宅にいても帰宅を訴える場合もあります。帰宅願望は夕方にみられることが多いです。認知症の人にとっては症状の出やすい時間帯といわれており，「夕暮れ症候群」と呼ばれています。大前提として，中核症状である見当識障害や記憶障害が要因となっています。今いる場所がわからなかったり，なぜそこにいるのか理由がわからないなど，本人はとても不安な状況であることを理解する必要があります。本人にとって慣れない場所はもちろんですが，住み慣れた場所であっても，物の置き場が変わっているだけで混乱してしまうこともあります。また，おなかがすいた・トイレに行きたい・体調が悪いなどの欲求から，「家に帰りたい」との思いがわく場合もあります。体調が悪いのか，記憶が子育てをしていたころに戻っているのかなど，本人の不安がどこにあるのかを考える視点が大切になります。

▶▶ 介護拒否に対するアセスメントの視点

　介護拒否といっても，その内容はさまざまです。お風呂に入らない・薬を飲まない・着替えをいやがるなどがあげられます。介護職の視点からすると，「とても困った」「介護しづらい」などといった症状であると思います。しかし，何の理由もなく拒否をすることはありません。本人にとって「いや」な理由が必ずあります。

　認知症の人に限らず，人に頼らなければならないという思い，迷惑をかけてしまってい

る悲しみ，自信の喪失などをしっかりと受けとめつつ，何がいやなのか，言動の奥に隠された理由をしっかり聞き，本人の思いにそった介護を考えることが大切です。

▶▶ 徘徊に対するアセスメントの視点

　中核症状である見当識障害や記憶障害の影響による，不安等の気持ちから歩きまわる行為です。しかし，ただうろうろとしているのではなく，何かの目的や動機をもとに行われています。客観的には目的不明に見えても，本人にとっては切実な行動であるということを理解しましょう。本人に「どうしたいのか」をたずねることが最大のヒントになります。

　また，記憶が昔にさかのぼっていることもあり，仕事に行く時間に職場に行こうとしていたり，子どもを迎えに行く時間であるということもあったりするので，本人がどのような生活を送ってきたのか，生活歴をきちんと知ることが大切です。

▶▶ アセスメントに必要な視点

　中核症状だけでは，BPSD は出現しません。中核症状に身体不調・ストレス・不適切な環境・不安感・不快感・不適切なケアなど2次要因が作用して起こると考えられています。介護職も含めた環境が本人にとって不快なものでないか，身体状況に変化はないか，脱水，便秘は大丈夫か，本人が何か伝えようとしているのではないか等，本人の行動や言葉に耳を傾け，その言動にどのような意味があるのか，「どうしてだろう」「なぜ」をくり返し考えることが大切です。

　「認知症だから仕方ないよね」などと認知症を中心に考えるのではなく，「何を訴えているのだろう」というように，本人を中心として支援を行います。言動ばかりに目を向けるのではなく，その人の内的世界を理解する姿勢が大切です。

❷ 介護職としてのかかわり ::

▶▶ 帰宅願望のある人へのかかわり方

　「帰りたい」という欲求があれば，その気持ちを否定せず，気持ちを受けとめることが大切です。「帰れませんよ」などと否定的な言葉はひかえましょう。そして，本人の気持ちを聞きとるなど理由を探ってみてください。時間がきたら帰宅できるような場合は，「○○時になったら帰れます」等，時計などを使い目安を提示したりします。視覚からの情報は，情報の約8割を占めるともいわれています。本人は不安な気持ちでいっぱいなので，そのつど不安な気持ちを解消することも必要です。また，居心地の悪さから帰宅願望の欲求につながることもあるので，今の環境が本人にとって居心地のよい場所となっているのか，本人の居場所となるように環境への配慮も大切になります。

▶▶ 介護拒否のある人へのかかわり方

　本人にとっての拒否する理由が必ずあるため，その理由をしっかりと聞き，何が理由なのかを考えて介護を行うことが大切です。また，介護職から次に何をされるのか理解できず，恐怖を感じ拒否している場合もあります。入浴介助の場合，羞恥心から拒否する場合が多くあります。また，生活習慣から昼間に入浴することがなかった（デイサービスでの入浴等）という場合もあります。食事をとらない場合なども，生活習慣が関与していることもありますが，体調が悪く食欲がない，口内炎がある，義歯が合わないなど身体の不調が関与している場合もあります。さまざまな視点から「なぜ」を考えることが大切です。

▶▶ 徘徊のある人へのかかわり方

　認知症の人が目的もなく歩きまわることはなく，必ず理由があります。多くの場合は何かを探しているケースになります。最初は目的があっても，途中でその目的を忘れてしまうこともあります。しかし，本人にとって目的ある行動ですので強制的に止めるようなことをしてはいけません。実際に徘徊が起こったら，本人に理由をたずねるようにしましょう。多くの場合は何かを探しているケースであると述べましたが，トイレ等の場所を探している場合もあるので，「トイレ」「部屋」の表示など，わかりやすい環境の整備もとても大切です。

▶▶ その人らしく生活を送れているのかをふり返る

　認知症の人は，何もわからないわけではなく，症状が重度になっても感情は残っています。本当に困っているのは，本人です。中核症状である記憶障害や見当識障害等により，生活のしづらさをかかえています。しかし，たとえ認知症であってもすべての人にBPSDが出現するわけではありません。その人が安心できる環境であれば，認知症であっても，その人らしく生活を送ることができます。そのためにも，その人にとって適切な環境が提供されているか，健康状態は良好か，1人の人として尊厳ある介護が行われているか，介護職はこまめに立ちどまり，ふり返ることが必要なのです。

4. 環境の整備

❶ 環境づくりの重要性 ::

▶▶ 認知症と環境

　認知症の人にとって環境はとても重要な要素です。環境のあり方次第では，認知症という病は治せなくてもその症状を落ち着かせ，その人らしい暮らしを支えることや，その人の自立を高めることも十分可能です。認知症の人を支える一要素としての環境を意識し，適切に整えていくことはとても大切です。

　認知症は脳の病です。脳はその人そのものです。その人の人格や背負ってきた人生や記憶，そして時間のすべてをきざみこむ尊いものです。だからこそ認知症ケアはむずかしくも，深く尊いのです。認知症によってつくり出される表層的な症状だけ見ていても，認知症の人を理解し，また支えることはできません。その人の歩んできた歴史とそこにきざまれた「記憶」に向き合い，その人がおかれてきた（そして今，おかれている）状況や環境を的確に把握し，理解することから認知症ケアは始まります。

▶▶ 環境と向き合う力

　ここでいう「環境」はさまざまな要素や意味を含みます。その人がおかれている状況や物理的な環境，その人のまわりにいる人とのかかわり，介護サービスのあり方，そして過去から現在，未来までの時間。これらすべてが認知症の人に影響を与える要素であることを意識しましょう。しかし，これは特別なことではありません。私たち自身の生活や日常を考えれば容易に理解できることです。それらの要素が適切に，またふさわしくあることで，自分らしくいることができますし，ストレスなく心地よく，安定した生活を送ることができます。私たちは，それら環境要素のなかに身をおき，バランスを保ちながら生活しています。私たちは，環境要素に向き合い，折り合いをつけて生きていく力をもっています。しかし，それがむずかしくなるのが認知症です。だからこそ，認知症の人の環境のあり方はより慎重に考えなくてはなりません。

▶▶ 物理的な環境の重要性

　認知症ケアにおいては，その人を取り巻く物理的な環境が非常に重要になります。見方を変えれば，どれほど身体的な介護を充実させても，その物理的な環境が整っていなければ十分な対応ができないということを意味しています。

　認知症ケアのなかでの物理的な側面からの環境づくりは，介護と同様に大切な支援の一要素であるという意識をもち，適切な環境づくりに努めるようにしましょう。

❷ 環境づくりの実際

▶▶ 自宅での環境づくり

　自宅ではその人の暮らしの状況や環境の保持が比較的容易なため，その人の暮らしの形を尊重した環境づくりが求められます。家のなかでの動きには習慣化されたことや，その人なりの意味をもつものが少なくありません。その人にとっての生活の全体像を的確に把握・理解したうえで，そこにある秩序を乱さない配慮も必要です。また，地域のなかでその人の生活をとらえ，支えていくしくみづくりも不可欠です。住み慣れた地域では，見慣れた景色や風景，その地域のお店や施設などが道標となって次の行動を導き，また自分の居場所の目印ともなります。当然，認知症になってから知らない地域に住めば，思うようにはいかず，なじむことがむずかしい状況が生まれます。だからこそ住み慣れた地域で暮らすことを大切にし，認知症の人を地域で支え合う意識を育てていくことが重要です。

▶▶ 施設での環境づくり

　認知症の人にとって自宅以外の場所に移ることは大きな困難をともないます。しかし，1人家で刺激のないなかで暮らしている状況や，家族介護のもとお互いにストレスをかかえながら過ごす状況がある場合には環境を変えることで，その人のQOL（生活の質）を高めることにもつながります。以下が，環境づくりのポイントになります。

(1)　わかりやすい環境

　「わかりやすい環境」と「単純で単調な環境」とは異なります。本来"あるべきところ"に部屋やもの，空間のしつらえがないような環境では認知症の人は混乱します。逆にその環境が"あるべき"姿をもち，ふさわしい雰囲気を備えていれば，それをきっかけにして生活が展開されます。家庭的で親しみやすい環境と言い換えることもできます。

(2)　五感に訴えかける環境

　記憶を頼りにした生活や行動が困難になるため，五感によるはたらきかけが重要になります。五感が記憶に訴えかけ，生活や行為を導くこともあります。五感に対して積極的にはたらきかける環境づくりをすることで，大きな効果を生み出す可能性もあります。

(3)　自立心・自尊心・個性を高める環境

　認知症になっても自立心や自尊心，個性は残ります。それらを奪うような環境づくりは避けなければなりません。自分にあった生活が実現できるような選択性のある環境づくりや，個性をいかした生活が送れるような環境づくりが必要です。

(4)　「暮らし」のための環境

　普通で自然な「暮らし」ができる環境づくりが求められます。なじみのない非日常的な環境とならないように，その人らしく暮らせるような細やかな配慮と温かみのある環境づくりが大切です。

5.認知症ケアにおけるチームアプローチ_{にんちしょう}

❶ 本人や家族はチームの一員である_{ほんにん　かぞく　　　　　　　　　　いちいん}

　家族だけでは認知症の人をサポートできなくなってくると，専門職のかかわりが必要と_{かぞく　　　　にんちしょう　ひと　　　　　　　　　　　　　　　　　　　　　　　せんもんしょく　　　　　　　　　ひつよう}なってきます。認知症ケアにかかわる多職種の人たちが，支援目標を統一してかかわって_{にんちしょう　　　　　　　　　たしょくしゅ　ひと　　　　　しえんもくひょう　とういつ}いくためには，チームでアプローチすることが必要です。本人や家族も，そのチームの一_{ひつよう　　ほんにん　かぞく　　　　　　　　　いち}員となり役割をになっていくと考えてみましょう。すべてサービスでおぎなうことが必要_{いん　　　やくわり　　　　　　　　　　　かんが　　　　　　　　　　　　　　　　　　　　　　　　　　　　　　　ひつよう}なのではありません。本人や家族が認知症とうまくつきあっていくお手伝いがチームの役_{ほんにん　かぞく　にんちしょう　　　　　　　　　　　　　　てつだ　　　　　　　　　　やく}割です。_{わり}

❷ 権利擁護の視点をチームでもつ_{けんりようご　　　してん}

　認知症の人自身に希望を聞くことが基本ですが，うまく自分の気持ちを言葉にできず，_{にんちしょう　ひとじしん　きぼう　き　　　　　きほん　　　　　　　　　　　じぶん　きも　　　ことば}自分にとって不利益になることを支援者に伝えてしまうことがあります。たとえば，夫に_{じぶん　　　ふりえき　　　　　　　　しえんしゃ　つた　　　　　　　　　　　　　　　　　　　　　　　おっと}支えてほしいのに，「出ていって」と言ったり，訪問介護（ホームヘルプサービス）の人_{ささ　　　　　　　　　で　　　　　　　い　　　　　ほうもんかいご　　　　　　　　　　　　　　　ひと}に助けてほしいのに「自分でできます」と言ったりしてしまうことがあります。要介護認_{たす　　　　　　　　　じぶん　　　　　　　　　い　　　　　　　　　　　　　　　　　　　　　ようかいごにん}定の申請さえ本人が希望しない場合もあります。_{てい　しんせい　　ほんにん　きぼう　　　ばあい}

　そんなときに，チームで本人にとって必要なサポートとは何かを考えていくことが必要_{ほんにん　　　　ひつよう　　　　　　　　　なに　かんが　　　　　　　　ひつよう}になります。1人のチーム員が必要と思ってもそれは必要ないかもしれません。家族や後_{ひとり　　いん　ひつよう　おも　　　　　　　ひつよう　　　　　　　　　　かぞく　こう}見人の意見を尊重することは重要ですが，できるだけ本人が望んでいることをチームで想_{けんにん　いけん　そんちょう　　　　　　じゅうよう　　　　　　　　　　ほんにん　のぞ　　　　　　　　　　　　そう}像し，試していき（モニタリングし），本人が望む生活に近づけていくことが重要になり_{ぞう　ため　　　　　　　　　　　　　　　　ほんにん　のぞ　せいかつ　ちか　　　　　　　　　じゅうよう}ます。本人が表現できるように環境を整えていったり，時にチームが，本人の代弁者にな_{ほんにん　ひょうげん　　　　　　かんきょう　ととの　　　　　　とき　　　　　　　ほんにん　だいべんしゃ}り，本人の望む生活を支援することも必要になります。_{ほんにん　のぞ　せいかつ　しえん　　　　　ひつよう}

❸ 生活の継続性を支える_{せいかつ　けいぞくせい　ささ}

　認知症により本人だけでは，生活のなかで続けていたことが継続されないことがありま_{にんちしょう　　　　ほんにん　　　　　せいかつ　　　　つづ　　　　　　　　　けいぞく}す。たとえば，日曜日ごとに通っていた教会に行けなくなり，ずっと続けていた信仰が途_{にちようび　　　かよ　　　　　　きょうかい　い　　　　　　　　　　　　つづ　　　　　　しんこう　と}絶えてしまったり，好きだったものを買いにいけなくなり食べられなくなったりしていな_{だ　　　　　　　　　　この　　　　　　　　　か　　　　　　　　　　　　　た}いでしょうか。本人がどのようなことを信条とし，何を選択してきたのか，その人の生活_{ほんにん　　　　　　　　　　しんじょう　　　　なに　せんたく　　　　　　　　　　ひと　せいかつ}してきた習慣や好みを知って継続できるようにしていけると，BPSDとされていた言動_{しゅうかん　この　し　けいぞく　　　　　　　　　　　　　　　　　　　　　げんどう}に意味があることに気づくことができます。_{いみ　　　　　　　き}

　また，ショートステイや入所などの居所の変化により地域での暮らしが分断されてしま_{にゅうしょ　　　きょしょ　へんか　　　　ちいき　　　く　　　　　ぶんだん}

うことがあります。このような場合も，在宅でかかわっていたサービス提供者や地域の人から，その人の暮らしぶりを聞いて，本人がどのように生きてきた人なのか想像してみると本人が求めていることがわかるときがあります。現在かかわっている人だけでなく，過去にかかわってきた人たちもチームのメンバーなのです。家族は，現在の支援に過去の暮らしぶりが影響しているとは思っていない場合もあるので，どこで生まれたのか，どんな仕事をしていたのか，何を大切にしてきたのか等，教えてもらうようにしましょう。

❹ 本人の言動の原因や背景を考える

　介護する人にとってはBPSDとしか見えない行動も，本人にとっては意味のある行動です。行動の動機や目的が本人にはあってもうまく表現できなかったり，最後まで作業が到達できなくて，まわりで見ている人にはその意味がわからないと，介護者にとっての困りごととしか見えない場合があります。

　そこで，チームのなかで，本人はこんなときこう言っていた，過去にこんな仕事をしていたなどの情報を集め，そのシーンを回顧しながら，本人なりの意味を考えていくことが重要となります。

　また，その言動には中核症状としての記憶障害や失認，失行，失語などが影響を与えているかもしれません。介護の方法や薬なども影響しているかもしれません。それらの影響を考慮しながら，本人の言動の意味をチームで考えてみましょう。

❺ スーパービジョンを受ける

　本人の言動がチームで話をしてもわからないときは，認知症の人のためのケアマネジメントセンター方式(以下，センター方式)やひもときシートを使ってみましょう。センター方式は，すべてのシートを1から始めるのではなく，心身の情報についてのシートからはじめてみましょう。複数の介護職で，本人の言葉を思い浮かべるだけでも，本人なりの理由を知ることにつながります。また，家族にも書いてもらいやすいシートです。

　これらのシートをより有効に活用するために，スーパービジョン[11]（→ p.389 参照）を受けたり事例検討をするとよいでしょう。チームアプローチが行きづまったときに，上司や指導者からアドバイスを受けるスーパービジョンがあれば，チームに新しい視点が生まれ，チームを育てていくことにつながります。事例検討によって，違う視点を共有し，本人を中心に考えていくということを具体的に実践する習慣をチームにつくることができます。

6. 認知症の人へのさまざまなアプローチ

❶ ユマニチュード

　認知症の人が増加するなかで，施設で生活する人も増加しています。また，施設で介護をになう専門職として多くの介護職が必要とされるようになり，認知症ケアはますます重要なものとなっています。認知症ケアの実践についてはさまざまなアプローチが研究・開発されています。それらを理解することにより，よりよい認知症ケアについて考えることが大切です。

▶▶ ユマニチュードとは

　ユマニチュードとは，フランス語で「人間らしさ」をあらわす言葉がもとになっていて，フランス人のジネスト（Gineste, Y.）とマレスコッティ（Marescotti, R.）の２人によって開発されたケアの哲学・技法です。「人とは何か」「ケアする人とは何か」という哲学と実際のケア技法が示されています。

　ユマニチュードは「基本の４つの柱」と「５つのステップ」によるケアを行うことによって，ケアを受ける人に「人間である」という意識・尊厳を回復してもらうことを目標としています。ユマニチュードは単なるテクニックではありません。認知症の人を人間として，大切に思うという気持ちをもって実践することがとても重要です。

　ユマニチュードの実践によって，人として当たり前の尊厳が守られている安心感が増大して本人の感情がおだやかになります。介護職にとってはケアの負担軽減，燃え尽き症候群が減少する，介護職の満足度向上などの効果が期待できます。

▶▶ 基本の４つの柱

（1）　見つめる

　ケアする側が「私の目を見てください」と声をかけて，「視線をつかみにいく」ことが基本です。真正面から同じ高さに視線を合わせる，後ろからは声をかけないなどの意識が大切になります。

（2）　話しかける

　認知症のために会話がスムーズでない場合など，ケアする側がコミュニケーションをおろそかにすると“ケア”を“処置”としてとらえられるかもしれません。ユマニチュードではゆっくりとおだやかに話しかけ，返答がない場合にはオートフィードバックという技法を用います。

　オートフィードバックとは今起こっていること，ケアの内容を言語で伝えることで

す。やさしく話しかけ続けることで本人の安心感やポジティブな感覚をサポートします。

(3) 触れる

　ケアの場面では身体に触れる機会が多くなりますが，ユマニチュードでは「広くやさしくゆっくり」触れることが重要とされています。たとえば，移動を介助する場合に手首をつかまれたら恐怖感をいだき，自分の意思にそぐわない対応であると感じやすくなるでしょう。腕を支える場合には手のひらで下から支えて，つかまないという意識・実践が大切になります。認知症では「快」「不快」の情動が重要で，本人に「快」を感じてもらうためのケアが大切です。

(4) 立つ

　認知症になると活動性の低下，また加齢による身体機能の低下もあり，立って歩くことが減り，徐々に座って過ごす，寝て過ごすことが増えてしまいます。移動をしない生活，寝てばかりの生活では立体的な感覚や認識の機会が減少します。五感から得られる情報は限られたものとなってしまい，空間のなかでの自分自身の存在の認識も薄れてしまいます。

　本人の身体機能や残存能力を評価したうえで，ユマニチュードでは「立つこと」を支援していきます。たとえば，着替えなどの日常生活動作のなかでも少しずつ立位の機会を増やしていきます。寝ている時間が長い人に対しては，まずは座る時間を増やすこと，徐々に立つ時間をつくることを継続していくようにします。

▶▶ 5つのステップ

(1) 出会いの準備

　ケアに際しての出会いの準備です。来訪を伝えるために，部屋にいる場合にはノックをして返答を待ち，返事がない場合には3秒待って再度ノックします。ノックにより人が来たという認識ができるとともに，受けいれるかどうかの選択をしてもらうこともできます。

(2) ケアの準備

　まずしっかりと相手を見つめたうえで，「あなたに会いに来た」と声をかけて関係を築きます。そのあとでポジティブな言葉でケアに関する提案をして，同意を確認します。3分以内に同意が得られない場合には，その場でのケアはあきらめます。本人の意思を尊重して，ケアする側の都合によって無理強いしてはいけません。

(3) 知覚の連結

　ユマニチュードの基本の柱の「見つめる」「話しかける」「触れる」のうち2つ以上を用いて「あなたを大切に思っている」というメッセージを継続的に伝えます。安心と心地よさを感じてもらうために，相手の五感に伝わるものすべてがポジティブなものとな

るようにかかわることが大切です。

(4)　感情の固定

　　ケアが終わった際に，その経験をポジティブな感情記憶として残せるようなかかわりです。「気持ちよかったですね」などポジティブな言葉かけや，ケアに協力してくれたことに対してのお礼を伝えます。認知症であっても感情記憶は残りやすいといわれます。日々の生活のなかでのケアについてポジティブな感情記憶が残ることは，次からのケアがスムーズになることが期待できます。

(5)　再会の約束

　　ケアが終わったら「また会いたいですね，また来ます」など再会を約束します。認知症の場合，言葉のやりとりは忘れてしまうことが多いですが，ポジティブな感情のやりとりはイメージとして残ることが期待できます。また，次回の約束をメモなどに残しておくことで「また心地よい時間が過ごせる」といった未来へ向けてのポジティブな感情が保てることも期待できます。

❷ バリデーション

　バリデーションとは「承認」という意味があり，認知症の人とのコミュニケーション方法です。認知症の人が尊厳を保ち，ひきこもらないようにとアメリカのファイル（Feil, N.）により提案されました。認知症でも保たれる感情に焦点をあて，尊厳と傾聴，共感をもってかかわることが基本です。本人が感情表出できること，人生の未解決課題への奮闘を支援することが目標です。バリデーションにより社会適性とコントロールの向上，怒り・不安の減少，現実に対する意識の向上，自尊心の高まりなどが期待できます。

　また，ケアする側にとってもコミュニケーション技術を意識することにより円滑な関係を保つことができ，理解・受容がすすみ，自分の仕事に自信がもてるようになるなどプラスの効果が期待できます。

▶▶ バリデーションの基本的態度

(1) 傾聴する

　ただ話を聞くのではなく，本人の訴えたいことをくみとりながら，耳を傾けて聞くことが大切です。

(2) 共感する

　本人が感じていることについて，同じように感じることを伝えることで，本人の感情を受け入れていることを伝えます。

(3) 受容する・評価しない

　本人の言動をそのまま受け入れ，否定や評価はしないようにします。「怒らないで」などと感情を制御しようとしないことも大切です。

(4) 誘導しない

　本人のペースにあわせることが大切で，介護職からの誘導や強制をしないことが重要です。

(5) うそをつかない，ごまかさない

　本人の訴えに対してうそやごまかしでその場をやり過ごそうとしてはいけません。本人の訴えや感情に向き合うことが信頼関係の基本となります。

▶▶ バリデーションの基本のテクニック

バリデーションには，表6-13のような基本のテクニックがあります。

表6-13 ● バリデーションの基本テクニック

センタリング	ケアする側自身が気持ちを落ち着かせて，認知症の人の気持ちを感じ取れるようにする。
オープンクエスチョン	「はい」「いいえ」を求めるクローズドクエスチョンではなく，本人が自由に話せる声かけ（オープンクエスチョン）を用いることで，本人の考えを具体的に知ることができる。
リフレージング	本人の言葉を否定するのではなく，ケアする側がくり返すことで「自分の言葉を聞いてくれている」という安心を感じることができる。
極端な表現を使う	本人の言葉に対して，極端なたとえ・表現を用いて返答することで，本人が自分の気持ちを表現しやすくなる。たとえば痛みを訴える場合には「これまでの人生で一番痛いですか？」と質問することで，本人が具体的に表現をしやすくなる。
反対のことを想像する	本人のネガティブな訴えに対して，その反対の状況である場合のことについて話をすすめると，本人が安心できる状況を見つけることができる場合がある。「物を盗られる」という訴えに対しては「盗られていない物は何ですか？」と話しかけることですべてが盗られてはいないという安心感が得られる。
レミニシング	過去の思い出話をすることで，現在かかえる問題の解決方法が見つかる場合がある。
あいまいな表現を使う	本人の訴えがあやふやな場合，何を言ったのかを突きつめるのではなく，あいまいな表現でコミュニケーションを続ける。
好きな感覚に注目する	本人の好きな感覚に注目してコミュニケーションをとることで，気持ちが落ち着くことが期待できる。
アイコンタクト	親しみをこめたアイコンタクトを送り，やさしく見つめることで本人が「自分が認められている」と感じることができる。
はっきりとしたやさしい声	聞きとりやすいようにゆっくりと，やさしくはっきりと本人に語りかける。
タッチング	会話のなかでの適切なタッチングにより，本人が周囲とのつながりや安心を感じることができる。ただし，本人がいやがる場合にはほかの方法を検討する。
音楽を使う	音楽は多くの人に親しみのあるものである。ケアに音楽を取りこむことにより円滑なコミュニケーションをとることができる。
ミラーリング	本人の言動をまねることにより，心理学的に好感を得られる場合がある。また，介護職として本人の気持ちを想像できるようになるきっかけにもなる。
満たされない人間的欲求と行動を結びつける	認知症の人の言動についての意味を考える。満たされない欲求と関連がないかということを考えて対応する。

❸ 認知症ケアマッピング

認知症ケアの基本的考えとしてパーソン・センタード・ケア（☞第4巻 p.301）があります。認知症の人を1人の人間として尊重し，その人の視点や立場に立って理解しながらケアを行うという考え方で，認知症の人の言動を理解してケアをするうえでは，「認知症の人の心理的ニーズ」を理解することがとても大切になります。そのためには本人を人として理解する必要があり，①脳の障害，②健康状態，③生活歴，④性格，⑤社会心理を十分に知る必要があります。

パーソン・センタード・ケアを実践するために開発されたツールが認知症ケアマッピング（Dementia Care Mapping：DCM）です。認知症の人を6時間以上観察し，5分ごとに本人の状態を記録していきます。その結果を確認・評価してケアの改善方法を介護職間で話し合います。ケアマッピングにより，施設で暮らす認知症の人のQOLと影響を及ぼすケアの質を評価することができ，認知症の人がよりよく暮らしていけるようにケアプランの作成，人材育成，職場の改善などにつなげることが可能となります。

▶▶ 認知症ケアマッピングの方法

(1) ブリーフィング

パーソン・センタード・ケアの理解や事前説明，現実にケアで困難を感じている点などの確認を行います。

(2) マッピング

① 本人が何をしているかを記録します。目の前の行動について本人の立場になって意味をとらえ，より高い潜在力を示す行動として記録します。

② 本人の様子から感情面と集中の度合いを評価します。「きわめてよい」から「きわめて悪い」までの6段階で記録をします。介護職から見て危険と思われる行為であっても，本人が満足そう，楽しそうで集中していればプラスの評価となります。

③ 介護職が本人を高めるかかわりをしていたか，低めるかかわりをしていたかを記録します。これはかかわった介護職を非難する目的ではなく，かかわりによる本人の変化を探るために大切な評価となります。

(3) フィードバック

マッピングによって得られたデータを介護職間で共有して，本人の行動パターンと，それに影響を与えるケアを把握します。そして，本人のためのよりよいケアについて介護職間で共通意識をもつために話し合いをします。

(4) ケアの実践

マッピング，フィードバックによって作成されたケアプランを実践します。一定期間の実践ののち，あらためてマッピングをすることで本人の状態を確認でき，ケアの改善効果や新たな課題を見つけることができます。

7. 地域生活の支援

❶ 公的サービスと地域資源の共同

認知症の人や家族を支えるためには，介護保険や医療保険などにもとづいた公的サービスだけでなく，地域を基盤とする資源の創造・共有が求められています。また，認知症の本人や家族も単なる支援される対象ではなく，それぞれのもつ力が出せるようにするという視点も重要です。

事例1　Aさん（72歳，女性），知的障害のある息子（40歳）の二人暮らし

　Aさんは5年前に夫を亡くしてから認知症の症状が出はじめ，最近は薬を飲み忘れることが多くなった。訪問看護によって服薬管理を，訪問介護によって料理づくりを手伝ってもらっていたが，転倒して骨折し入院となった。入院をきっかけに，息子への障害福祉サービスによる居宅介護が始まり，息子が料理をつくれるようにヘルパーがサポートした。

　また，家のまわりの草刈りができていなかったり，ごみが捨てられていなかったため，隣人がごみを捨て，地域の助け合いを目的に活動しているNPOの人達が草刈りを行った。

　Aさんが退院してくると，息子はAさんの薬の管理や，ヘルパーとともに食事をつくるなど積極的にAさんの世話をするようになった。Aさんは，退院後は長距離が歩けなくなったが，NPOの人たちに買い物を手伝ってもらい，自分で選んで買い物ができるようになった。このように，公的サービス以外で，近所の人や地域のNPOが支援していくことによって，新しい生活が行えるようになった。

　Aさんの例のように，入院をきっかけに，それまでAさんが支えていた家族の生活が困難になったり，家やそのまわりを片づけられなくなる場合もあります。そこで，公的サービスを使いながら，サービスにない支援を地域住民の助け合いなど，地域資源を活用していくことも必要になります。また，支援される側であった息子が，障害福祉サービスのヘルパーなどの支援のもとで，Aさんの支援者となるということもあります。

❷ 地域を基盤とするサポート体制 ::

　地域を基盤とするサポート体制は，大きく地縁型と都市型に分けられます。

▶▶ 地縁型の場合

> **事例2　Bさん（男性・85歳）が地縁により役割を取りもどす**
>
> 　Bさんは80歳まで，地域の祭りの世話役をしていた。みずからもお囃子に参加して祭りを楽しみにしてきたが，昨年の祭りには出かけていこうとしなかった。もの忘れが出てきてからふさぎがちで，自分から何もしようとしなくなり，家族や地域の人は心配していた。民生委員で昔からの知人が，地域の高齢者サロンで体操をしようと誘いだしたところ，出かけるようになった。高齢者サロンでは，昔なじみの人とも交流ができ，七夕に使う紙縒りづくりを頼まれ，若い人にはできない紙縒りを綺麗につくれたことでほめられ自信を取りもどし，少しずつ笑顔が増えた。昔働いていた保育所から，七夕の笹とりを頼まれ，久しぶりにのこぎりを使って笹を切り出し，子どもたちや保育士に感謝された。自宅で孫を相手にお囃子の練習もはじめ，地域の祭りに今年は行こうと意欲的になった。

　昔からの地縁が残っている地域では，高齢になっても地域の祭りや行事に活躍の場が残っている場合が多くあります。しかし，認知症が出てくると，そういう場にも出にくくなり，自宅に閉じこもりがちとなります。

　このような場合，従来の活躍の場に出ていくのではなく，健康体操などを行う地域のサロンなど参加しやすい場所から誘いだすことが有効な場合があります。まず，保健師や認知症サポーターなど，認知症に理解のある人のサポートがある場所で何かできることを見つけ自信をもってもらいます。徐々に以前していたことができるように，家族の協力も得て試していく等の取り組みが求められます。

▶▶ **都市型の場合**

> ### 事例3　60歳のときに若年性認知症の診断を受けたCさん（65歳，男性）
>
> 　Cさんの妻は，Cさんの認知症の進行を遅らせるためにも介護保険の通所介護（デイサービス）を利用したいと思ったが，高齢の女性が多く，また活動性が少ないところも多く，夫に合わないと思い利用しなかった。男性の利用者が多く，若年性や初期の認知症の人を対象とした通所介護を見つけ利用するようになり，Cさんの昔と変わらない笑顔が見られるようになった。通所介護では廃校になった小学校の掃除を地域の人と行ったり，地域の人が通所介護に来てくれるように歌声喫茶を実施したりするなかでも，積極的に役割をこなしている。妻は，地域の喫茶店主にも病気のことを話し，Cさんのサポートをしてもらえるようにお願いし，1人でも店に出かけられるようにしている。

　都市部では，地縁が少なくなってきており，高齢者だけの世帯や単身世帯が増えています。介護保険サービスは，数としては充実しており，認知症の診断も早くなっている一方で，若年性認知症や初期の認知症の人へのサービスは少なく，認知症のステージに合ったサービスを新しくつくっていくことが望まれます。

　また，介護保険サービスのなかでも地域とのつながりをもち，認知症の人が地域に出てボランティア活動をすることや，地域の人をボランティアとして受けいれることなども考案していく視点も重要です。認知症の人本人や家族が，近所の商店に認知症であることを話し利用を続けることで，本人や家族もこれまでの生活が継続できます。これらのことを通して認知症の人のもっている力を地域の人たちが見ることができることが，何よりも認知症の啓発になります。

　地縁型，都市型いずれにしても，地域包括支援センターや社会福祉協議会，認知症地域支援推進員などが，地域のニーズをくみとり，本人・家族，公的サービス，地域の人・地域活動を結びつけられるようなコーディネートをすることが重要となります。また，地域資源として認知症サポーターの活躍できる場所を高齢者サロンや通所介護などにつくっていくことが望まれます。

2015（平成27）年には，認知症施策推進総合戦略（新オレンジプラン）が発表され，7つの柱が示されました。また，2019（令和元）年6月18日には，認知症施策推進大綱が認知症施策推進関係閣僚会議においてとりまとめられました（表6-14）。これは，認知症になっても住み慣れた地域で自分らしく暮らし続けられる「共生」をめざし，「認知症バリアフリー」の取り組みを進めていくとともに，「共生」の基盤のもと，通いの場の拡大など「予防」の取り組みを進めていこうとするものです。

また，認知症の人やその家族が「いつ」「どこで」「どのような」医療や介護サービスが受けられるのか，認知症の人の状態に応じた流れをまとめた認知症ケアパスが，多くの市町村では作成されています。

表6-14 ● 認知症施策推進大綱の5つの柱

① 普及啓発・本人発信支援
② 予防
③ 医療・ケア・介護サービス・介護者への支援
④ 認知症バリアフリーの推進・若年性認知症の人への支援・社会参加支援
⑤ 研究開発・産業促進・国際展開

認知症の人や家族の視点の重視

①～⑤の施策は，認知症の人やその家族の意見をふまえ，立案および推進する。

▶▶ 認知症の本人からの発信を

新オレンジプランのなかで「認知症の人やその家族の視点の重視」が7つの柱に盛りこまれ，日本認知症本人ワーキンググループ（JDWG）が認知症の人たちにより立ちあげられました。認知症施策推進大綱のなかにも，認知症の人本人からの発信の機会が増えるよう，地域で暮らす本人とともに普及啓発に取り組むとしています。JDWGは，2018（平成30）年11月に認知症とともに生きる希望宣言（表6-15）を表明しました。

2005（平成17）年から認知症サポーター養成講座が開始され，認知症サポーター[12]（→ p.389参照）は2022（令和4）年6月30日現在，1300万人以上が養成されています。認知症サポーター講座の講師役を認知症の人が務めることもめずらしくなくなってきています。

認知症の人本人が，自身の希望や必要としていること等を本人同士で語り合う「本人ミーティング」の取り組みも各地で行われるようになってきており，本人の視点を認知症施策の企画・立案や評価に反映することも求められてきています。

表6-15 ● 認知症とともに生きる希望宣言
――一足先に認知症になった私たちからすべての人たちへ

1. 自分自身がとらわれている常識の殻を破り，前を向いて生きていきます。
2. 自分の力を活かして，大切にしたい暮らしを続け，社会の一員として，楽しみながらチャレンジしていきます。
3. 私たち本人同士が，出会い，つながり，生きる力をわき立たせ，元気に暮らしていきます。
4. 自分の思いや希望を伝えながら，味方になってくれる人たちを，身近なまちで見つけ，一緒に歩んでいきます。
5. 認知症とともに生きている体験や工夫を活かし，暮らしやすいわがまちを，一緒につくっていきます。

▶▶ 初期段階の認知症の人のニーズ把握や生きがい支援

　認知症の人が必要と感じていることについて実態調査を実施することが提案されています。認知症の初期の段階では，診断を受けても必ずしも，介護が必要な状態にあるわけではありません。この時期を診断後の空白期間として，本人が求める今後の生活に対するさまざまなサポートが求められています。認知症と診断を受けた前後で，本人の状態が急に変わるわけではありません。しかし，本人や家族は気持ちが落ちこみ，能力を過小評価しがちになります。できることまでまわりの人がやりすぎてしまったり，本人自身もいろいろなことに不安になりできなくなることが増えてしまいます。この「空白期間」に本人や家族に適切なサポートを行うことによって，不安をとりのぞき，できることや生きがいとなることを増やしていくことができます。認知症の人が，生きがいと感じられる取り組みや居場所づくりを推進することが求められています。

　診断後に本人や家族が，認知症やこれからの生き方について学ぶ場や相談・ピアカウンセリングの場が必要です。そこで，正しい知識を知ることや，仲間と出会い1人ではないと知ることは大きな力になります。

　また，定期的に集まり，作業などを行うなかで，仕事や地域活動，趣味活動に再挑戦できる人もいます。そのためには，サポートする側に本人の能力の評価や，必要な支援機関と連携できる知識が必要となります。

図6-14 ● 初期段階の認知症の人の生きがい支援，居場所づくり

大阪で実施している作業グループは認知症の本人ミーティング，製品づくり，販売を通して，再就職の可能性を見きわめ障害者職業センターや，病院などと連携している。

<ruby>第1節<rt>だいせつ</rt></ruby> <ruby>医学的側面<rt>いがくてきそくめん</rt></ruby>からみた<ruby>認知症<rt>にんちしょう</rt></ruby>の<ruby>理解<rt>りかい</rt></ruby>

■<ruby>認知症<rt>にんちしょう</rt></ruby>とは

- <ruby>認知症<rt>にんちしょう</rt></ruby>とは，<ruby>一度正常<rt>いちどせいじょう</rt></ruby>に<ruby>発達<rt>はったつ</rt></ruby>した<ruby>認知機能<rt>にんちきのう</rt></ruby>が<ruby>障害<rt>しょうがい</rt></ruby>されたために，<ruby>職業上<rt>しょくぎょうじょう</rt></ruby>，<ruby>日常生活上<rt>にちじょうせいかつじょう</rt></ruby>の<ruby>支障<rt>ししょう</rt></ruby>をきたした<ruby>状態<rt>じょうたい</rt></ruby>をいいます。 → p.335
- <ruby>加齢<rt>かれい</rt></ruby>とともに<ruby>認知症<rt>にんちしょう</rt></ruby>の<ruby>有病率<rt>ゆうびょうりつ</rt></ruby>は<ruby>増加<rt>ぞうか</rt></ruby>します。 → p.335
- <ruby>海馬<rt>かいば</rt></ruby>の<ruby>機能低下<rt>きのうていか</rt></ruby>が<ruby>起<rt>お</rt></ruby>こると，<ruby>記銘<rt>きめい</rt></ruby>と<ruby>保持<rt>ほじ</rt></ruby>の<ruby>機能<rt>きのう</rt></ruby>が<ruby>低下<rt>ていか</rt></ruby>し，<ruby>新<rt>あたら</rt></ruby>しい<ruby>情報<rt>じょうほう</rt></ruby>をおぼえておくことがむずかしくなります。そのため，きっかけがあっても<ruby>思<rt>おも</rt></ruby>い<ruby>出<rt>だ</rt></ruby>せず，<ruby>再認<rt>さいにん</rt></ruby>ができず，<ruby>自身<rt>じしん</rt></ruby>の<ruby>記憶<rt>きおく</rt></ruby>にないことを「なかったこと」と<ruby>否定<rt>ひてい</rt></ruby>するようになります。 → p.337
- <ruby>認知症<rt>にんちしょう</rt></ruby>の<ruby>人<rt>ひと</rt></ruby>は「<ruby>本当<rt>ほんとう</rt></ruby>にすっかり<ruby>忘<rt>わす</rt></ruby>れて<ruby>思<rt>おも</rt></ruby>い<ruby>出<rt>だ</rt></ruby>すことができない」ということを<ruby>周囲<rt>しゅうい</rt></ruby>が<ruby>理解<rt>りかい</rt></ruby>することが<ruby>重要<rt>じゅうよう</rt></ruby>です。 → p.337
- せん<ruby>妄<rt>もう</rt></ruby>とは，<ruby>一過性<rt>いっかせい</rt></ruby>の<ruby>意識障害<rt>いしきしょうがい</rt></ruby>により<ruby>脳機能<rt>のうきのう</rt></ruby>が<ruby>混乱<rt>こんらん</rt></ruby>した<ruby>状態<rt>じょうたい</rt></ruby>であり，<ruby>幻覚<rt>げんかく</rt></ruby>や<ruby>見当識障害<rt>けんとうしきしょうがい</rt></ruby>，<ruby>多動<rt>たどう</rt></ruby>や<ruby>興奮<rt>こうふん</rt></ruby>が<ruby>出現<rt>しゅつげん</rt></ruby>した<ruby>状態<rt>じょうたい</rt></ruby>をいいます。 → p.338

■<ruby>認知症<rt>にんちしょう</rt></ruby>の<ruby>診断<rt>しんだん</rt></ruby>

- MMSE，HDS-R などの<ruby>認知機能<rt>にんちきのう</rt></ruby>のスクリーニング<ruby>検査<rt>けんさ</rt></ruby>には，<ruby>体調<rt>たいちょう</rt></ruby>や<ruby>環境<rt>かんきょう</rt></ruby>などが<ruby>影響<rt>えいきょう</rt></ruby>する<ruby>場合<rt>ばあい</rt></ruby>があるので，この<ruby>検査<rt>けんさ</rt></ruby>のみでは<ruby>認知症<rt>にんちしょう</rt></ruby>か<ruby>否<rt>いな</rt></ruby>かの<ruby>判断<rt>はんだん</rt></ruby>はできません。 → p.341

■<ruby>認知症<rt>にんちしょう</rt></ruby>の<ruby>原因疾患<rt>げんいんしっかん</rt></ruby>とその<ruby>病態<rt>びょうたい</rt></ruby>

- アルツハイマー<ruby>型認知症<rt>がたにんちしょう</rt></ruby>は<ruby>発症時期<rt>はっしょうじき</rt></ruby>がはっきりせず，<ruby>加齢<rt>かれい</rt></ruby>によるもの<ruby>忘<rt>わす</rt></ruby>れと<ruby>思<rt>おも</rt></ruby>っていたものが<ruby>徐々<rt>じょじょ</rt></ruby>に<ruby>進行<rt>しんこう</rt></ruby>して<ruby>日常生活<rt>にちじょうせいかつ</rt></ruby>に<ruby>支障<rt>ししょう</rt></ruby>をきたすようになります。 → p.346
- <ruby>脳血管性認知症<rt>のうけっかんせいにんちしょう</rt></ruby>は<ruby>脳梗塞<rt>のうこうそく</rt></ruby>，<ruby>脳出血<rt>のうしゅっけつ</rt></ruby>，<ruby>脳動脈硬化<rt>のうどうみゃくこうか</rt></ruby>などの<ruby>脳血管障害<rt>のうけっかんしょうがい</rt></ruby>による<ruby>認知症<rt>にんちしょう</rt></ruby>です。 → p.347
- レビー<ruby>小体型認知症<rt>しょうたいがたにんちしょう</rt></ruby>の<ruby>特徴的<rt>とくちょうてき</rt></ruby>な<ruby>症状<rt>しょうじょう</rt></ruby>として，①<ruby>認知機能<rt>にんちきのう</rt></ruby>の<ruby>動揺<rt>どうよう</rt></ruby>，②<ruby>具体的<rt>ぐたいてき</rt></ruby>な<ruby>幻視<rt>げんし</rt></ruby>，③レム<ruby>睡眠行動障害<rt>すいみんこうどうしょうがい</rt></ruby>，④パーキンソン<ruby>症状<rt>しょうじょう</rt></ruby>があります。 → p.349
- 65<ruby>歳未満<rt>さいみまん</rt></ruby>で<ruby>発症<rt>はっしょう</rt></ruby>した<ruby>認知症<rt>にんちしょう</rt></ruby>を<ruby>若年性認知症<rt>じゃくねんせいにんちしょう</rt></ruby>と<ruby>呼<rt>よ</rt></ruby>んでいます。<ruby>高齢発症<rt>こうれいはっしょう</rt></ruby>の<ruby>認知症<rt>にんちしょう</rt></ruby>と<ruby>比較<rt>ひかく</rt></ruby>して<ruby>若年性認知症<rt>じゃくねんせいにんちしょう</rt></ruby>では<ruby>遺伝的<rt>いでんてき</rt></ruby>な<ruby>要因<rt>よういん</rt></ruby>の<ruby>関連<rt>かんれん</rt></ruby>が<ruby>多<rt>おお</rt></ruby>く，<ruby>症状<rt>しょうじょう</rt></ruby>の<ruby>進行<rt>しんこう</rt></ruby>が<ruby>速<rt>はや</rt></ruby>い<ruby>傾向<rt>けいこう</rt></ruby>があるといわれます。 → p.354

■<ruby>認知症<rt>にんちしょう</rt></ruby>の<ruby>治療<rt>ちりょう</rt></ruby>と<ruby>予防<rt>よぼう</rt></ruby>

- <ruby>認知症<rt>にんちしょう</rt></ruby>の<ruby>治療<rt>ちりょう</rt></ruby>とは<ruby>症状<rt>しょうじょう</rt></ruby>の<ruby>安定<rt>あんてい</rt></ruby>と<ruby>進行<rt>しんこう</rt></ruby>を<ruby>抑制<rt>よくせい</rt></ruby>して<ruby>本人<rt>ほんにん</rt></ruby>・<ruby>介護者<rt>かいごしゃ</rt></ruby>の<ruby>生活<rt>せいかつ</rt></ruby>を<ruby>維持<rt>いじ</rt></ruby>

することであり，住み慣れた地域・家庭での生活を継続できることが目標となります。 → p.355

●BPSD に対してはケアや環境などが大きな影響を与えていると考えられます。そのため，症状の出現する状況や変化（悪化・改善）する状況を評価，対応することが BPSD 治療の第一歩となります。 → p.357

 第2節 認知症の人への支援の実際

■認知症のアセスメント

●認知症ケアでは，介護職の評価尺度により，認知症の人の行動を単に問題や症状ととらえる（評価的理解）のではなく，行動の背景を推測することで行動の意味をとらえ（分析的理解），認知症の人が自分の心配事や気がかりなことを解決しようとしていると理解すること（共感的理解）が重要です。 → p.361

■中核症状へのかかわり方の実際

●認知症の人は記憶が薄れていくことへの不安や焦りから，混乱し怒りの感情をあらわすこともあります。本人の訴えを受けとめ，安心してもらうことが大切です。 → p.366

■BPSD（行動・心理症状）へのかかわり方の実際

●安心できる環境であれば，認知症であっても，その人らしく生活を送ることができます。適切な環境が提供されているか，健康状態は良好か，1 人の人として尊厳ある介護が行われているか，介護職はこまめに立ちどまり，ふり返ることが必要です。 → p.369

■環境の整備

●環境には，その人がおかれている状況や物理的な環境，その人のまわりにいる人とのかかわり，介護サービスのあり方，そして過去から現在，未来までの時間などがあり，これらすべてが認知症の人に影響を与える要素になります。 → p.370

■認知症ケアにおけるチームアプローチ

●認知症ケアにかかわる多職種の人たちが，支援目標を統一してかかわっていくためには，チームでアプローチすることが必要です。 → p.372

■地域生活の支援

●認知症の人や家族を支えるためには，介護保険や医療保険などにもとづいた公的サービスだけでなく，地域を基盤とする資源の創造・共有が求められています。また，認知症の本人や家族も単なる支援される対象ではなく，それぞれのもつ力が出せるようにするという視点も重要です。 → p.380

① メタボリックシンドローム（内臓脂肪症候群）

めたぼりっくしんどろーむ（ないぞうしぼうしょうこうぐん）
➡ p.334 参照

内臓の周囲についた脂肪が蓄積されて，生活習慣病になりやすくなっている状態のこと。メタボリックシンドロームの人は狭心症，心筋梗塞，脳卒中を発症しやすいとされ，予防と改善が課題になっている。その予防と改善を目的に行われるのが特定健診である。

② 見当識

けんとうしき
➡ p.346 参照

自分が今，どんな状況にいるかという認識。自分と家族の関係や自分がだれかという人間的関係の認識，今が何月何日なのかという時間的関係の認識，今自分がどこにいるのかという地理的関係の認識などをいう。

③ 脳血管障害

のうけっかんしょうがい
➡ p.347 参照

血管不全による脳障害で，多くは突発的に発症し，脳障害の部位，程度によりさまざまな神経症状を呈する。脳血管の閉塞で虚血が続けば脳梗塞の過程が進み，脳の軟化が起こる。また，出血により，脳実質内に血腫をつくるものを脳出血，くも膜下腔に出血するものをくも膜下出血という。

④ ADL

エーディーエル
➡ p.349 参照

Activities of Daily Living の略。「日常生活動作」「日常生活活動」などと訳される。人間が毎日の生活を送るための基本的動作群のことで，食事，更衣，整容，排泄，入浴，移乗，移動などがある。

⑤ 若年性認知症支援コーディネーター

じゃくねんせいにんちしょうしえんこーでぃねーたー
➡ p.354 参照

認知症施策推進総合戦略（新オレンジプラン）では，都道府県ごとに若年性認知症の人やその家族からの相談窓口を設置することになっており，そこに配置されるもの。おもな役割として，若年性認知症の人やその家族，職場からの電話などによる相談窓口，適切な専門医療へのアクセスと継続の支援，利用できる制度やサービスの情報提供，関係機関との連絡調整などがある。

⑥ ひもときシート

ひもときしーと
➡ p.362 参照

認知症介護研究・研修東京センターで開発したツール。パーソン・センタード・ケアを基本につくられており，課題や問題と

思っていることを，援助者中心の思考から本人中心の思考に転換していく。思考の整理や考え方をチームで共有するための教材として活用可能である。

7 エコマップ

えこまっぷ
➡ p.363 参照

利用者と家族やさまざまな社会資源との関係を，地図のようにシステム的・図式的に描き出したもの。利用者を取り巻く人間関係や社会関係が明確に把握できるという利点がある。

8 ジェノグラム

じぇのぐらむ
➡ p.363 参照

利用者を中心とした家族関係や，原則として三世代をさかのぼる世代関係を1つの図にあらわしたもの。家族の全体像をつかみ，そのかかえる問題を整理したり，だれにどうはたらきかけたらよいかなど，支援のあり方を検討するために役立つ。

9 認知症の人のためのケアマネジメントセンター方式

にんちしょうのひとのためのけあまねじめんとせんたーほうしき
➡ p.363 参照

認知症の人が最期まで尊厳のある生活を送れるように支援するため，利用者本位のケアを普及するための教育的な効果と，地域のサービス提供者の協働・連携の促進をねらいとして開発された，認知症の人の側に立ったケアマネジメントモデル。

10 BPSD（行動・心理症状）

ビーピーエスディー（こうどう・しんりしょうじょう）
➡ p.364 参照

従来，認知症の「周辺症状」と呼ばれていたものが，最近ではBPSD（Behavioral and Psychological Symptoms of Dementia）と表現されることが増えた。以前は認知症の初期症状としては中核症状だけがあり，周辺症状はないと考えられていたが，実は初期の段階でも，不安感や気分の沈みなどの心理面の障害があらわれることがわかった。そこで，BPSDという言葉により，認知症の初期から行動面・心理面の変化があらわれることを理解し，より本人の気持ちに寄り添ったケアをめざすようになった。

11 スーパービジョン

すーぱーびじょん
➡ p.373 参照

熟練した指導者であるスーパーバイザーが，スーパーバイジー（スーパービジョンを受ける側の専門職）から，日ごろ担当している事例の内容や援助方法について報告を受け，それにもとづきスーパーバイジーに適切な援助指導を行うこと。

12 認知症サポーター

にんちしょうさぽーたー
➡ p.383 参照

認知症について正しく理解し，認知症の人や家族を支援することを目的に，「地域ケア政策ネットワーク全国キャラバンメイト連絡協議会」が実施する認知症サポーター養成講座を受講・修了した人の名称。

障害の基礎的理解

（障害の理解Ⅰ）

第**1**節 障害者福祉の理念

第**2**節 障害による生活障害，心理・行動の特徴

第**3**節 障害のある人や家族へのかかわり・支援の基本

【到達目標】

- 障害の概念の変遷や障害者福祉の歴史を踏まえ，今日的な障害者福祉の理念を理解している。
- 障害（身体・知的・精神・発達障害・難病等）による生活上の障害，心理・行動の特徴を理解している。
- 障害のある人やその家族に対する関わり方・支援の基本を理解している。

第 1 節

障害者福祉の理念

月

日

1.「障害」のとらえ方

❶ 医学モデルと社会モデルの概念

　ここでは，**国際生活機能分類（ICF）** [1] （➡ p.438 参照）の誕生の背景となった医学モデルと社会モデルの2つの対比的な考え方を取り上げます。

　ICF によれば，医学モデルは，障害を個人の問題としてとらえ，病気・外傷などを原因として直接的に生じるものであり，専門職による個別的な治療という形で医療などの援助を必要とするもの，としています。

　これに対して，社会モデルは，障害を社会への完全な統合の問題としてみて，その多くが社会的環境によってつくり出されたものであるとしています。

　もともと，ICF の制定以前から，「障害に対する見方」に関しては，社会モデルと，個人に障害の主たる要因があるという見方の個人モデルとを対比しながら，その特徴を整理する考え方がありました。このような整理は，「障害」をめぐる社会的な差別や権利保障，政治的な取り組みのあり方に関しての見方を広げる点できわめて重要です。

　2006 年に国連総会で成立し，2014（平成 26）年には日本政府が批准した障害者の権利に関する条約の第1条で，障害の考え方についてふれています。そこでは，「障害者には，長期的な身体的，精神的，知的又は感覚的な機能障害であって，様々な障壁との相互作用により他の者との平等を基礎として社会に完全かつ効果的に参加することを妨げ得るものを有する者を含む」（政府公定訳）としています。この内容は，障壁となる環境との相互作用により障害が生み出されていることと，他の者との平等からみて社会への参加がさまたげられている状態を障害として考えており，この点で「社会モデル」の考えを強く意識したものとなっています。

　ICF に関しては，医学モデルと社会モデルの2つの対立するモデルの統合にもとづいているとされています。医学モデルから社会モデルへの転換としてとらえるのではなく，2つのモデルの統合としてとらえることが重要です。言い換えれば，医学モデルと社会モデルとの概念的な対立を超えた両者の考え方の対話の道をひらいた，と考えることもできます。

❷ 障害者の定義

社会モデルを意識した障害者基本法の定義，障害名・疾患名を列記した医学モデルの考え方を含む身体障害者福祉法，精神保健福祉法，発達障害者支援法の定義など，法制度によって基本となる考え方が異なっていることを理解する必要があります。

▶▶ 障害者基本法の定義

障害者基本法では，「身体障害，知的障害，精神障害（発達障害を含む。）その他の心身の機能の障害（以下「障害」と総称する。）がある者であって，障害及び社会的障壁により継続的に日常生活又は社会生活に相当な制限を受ける状態にあるものをいう」とされています。この定義は，障害と環境との相互作用をかなり意識したもので，障害者の権利に関する条約と ICF の障害の考え方をふまえたものです。

▶▶ 身体障害者福祉法の定義

身体障害者福祉法における身体障害者の定義は，「身体上の障害がある 18 歳以上の者であって，都道府県知事から身体障害者手帳の交付を受けたものをいう」とされ，障害の特性と機能障害を中心に規定しています。

▶▶ 知的障害者福祉法の定義

知的障害者福祉法では知的障害の定義はなされていません。このため実際は，厚生省（当時）の通知「療育手帳制度について」（昭和 48 年 9 月 27 日厚生省発児第 156 号）で示された考え方（重度を A，それ以外を B とする）が代用されています。

▶▶ 精神保健福祉法の定義

精神保健及び精神障害者福祉に関する法律（精神保健福祉法）における精神障害者の定義は，「統合失調症，精神作用物質による急性中毒又はその依存症，知的障害その他の精神疾患を有する者をいう」とされ，病名を列記する形をとっています。

▶▶ 発達障害者支援法の定義

発達障害者支援法における定義では，「自閉症，アスペルガー症候群その他の広汎性発達障害，学習障害，注意欠陥多動性障害その他これに類する脳機能の障害であってその症状が通常低年齢において発現するもの」を発達障害としています。2016（平成 28）年には障害者基本法の改正をふまえて一部改正が行われ，「発達障害がある者であって発達障害及び社会的障壁により日常生活又は社会生活に制限を受けるもの」が発達障害者の定義とされました。

2. 国際障害分類と国際生活機能分類

1 国際障害分類とは

「障害」を概念として整理しようとする最初の国際的な試みとして，**世界保健機関（WHO）** [2] （➡ p.438 参照）の国際障害分類（ICIDH）[3] （➡ p.438 参照）（1980 年）が重要です（図 7-1）。

ICIDH の目的は，障害に関する統計データの整備，それを用いた研究，障害者支援のための実践，障害福祉政策の立案とその評価，市民の障害に関する理解と啓発，とされています。

ここで提案された障害の 3 つの次元は，「機能障害」「能力障害」「社会的不利」です。

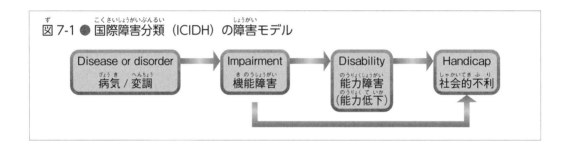

図 7-1 ● 国際障害分類（ICIDH）の障害モデル

2 国際生活機能分類とは

▶▶ ICF の目的

その後，2001 年に，ICIDH に代わるものとして国際生活機能分類（ICF）が WHO により正式に決定され，日本語訳は 2002（平成 14）年に公表されました。

ICF の目的は，「健康状況と健康関連状況」の研究のための科学的基盤の提供，「健康状況と健康関連状況」を表現するための共通言語の確立です。

具体的には，ICF では，環境因子と個人因子をより重視した形で，「心身機能・身体構造」「活動」「参加」という 3 つの次元を提案し，それらが相互に影響し合うモデルが提案されています（図 7-2）。

なお，ICF は，中立的な用語を使用し，否定的な用語は使用しないことを原則としています。そのため，ICIDH の「病気／変調」に該当する部分が「健康状況と健康関連状況」という表現になっています。

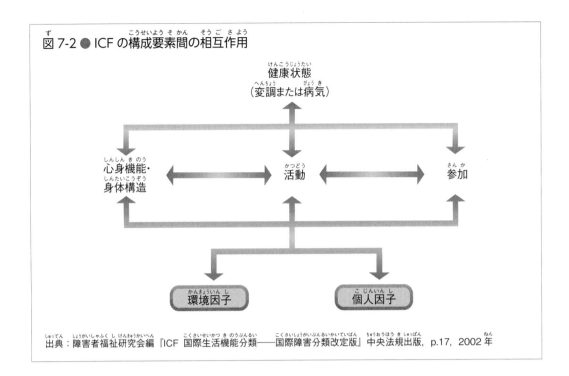

図 7-2 ● ICF の構成要素間の相互作用

健康状態
（変調または病気）

心身機能・
身体構造　　　　　活動　　　　　　参加

環境因子　　　　　個人因子

出典：障害者福祉研究会編『ICF 国際生活機能分類──国際障害分類改定版』中央法規出版, p.17, 2002 年

▶▶ICF における「心身機能・身体構造」の考え方

　ICIDH における「機能障害」と ICF の「心身機能・身体構造」を対比すると，表 7-1 のようになります。

　ICF では最初に否定的な意味が含まれない「心身機能・身体構造」を定義し，次に，そこから生じる「機能障害」と明確に分けて定義している点が特徴的です。

表 7-1 ●「機能障害」と「心身機能・身体構造」の対比

・ICIDH における「機能障害」
機能障害＝心理的，生理的または解剖学的な構造，機能の何らかの喪失または異常
・ICF における「心身機能・身体構造」
①心身機能＝身体系の生理的機能（心理的機能を含む）
②身体構造＝器官・肢体とその構成部分などの，身体の解剖学的部分
③機能障害＝いちじるしい変異や喪失などといった，心身機能または身体構造上の問題

▶▶ICF における「活動」の考え方

ICIDH における「能力障害」と ICF の「活動」を対比すると，表7-2 のようになります。

ここでも ICF は，最初に否定的な意味が含まれない「活動」を定義し，次に，そこから生じる「活動制限」とを明確に分けて定義しています。

表7-2 ●「能力障害」と「活動」の対比

- ICIDH における「能力障害」
  能力障害＝人間として正常とみなされる方法や範囲で活動していく能力の（機能障害に起因する）何らかの制限や欠如
- ICF における「活動」
  ①活　　動＝課題や行為の個人による遂行のこと
  ②活動制限＝個人が活動を行うときに生じるむずかしさのこと

▶▶ICF における「参加」の考え方

ICIDH における「社会的不利」と ICF の「参加」を対比すると，表7-3 のようになります。

先と同様に，ICF は否定的な意味が含まれない「参加」を定義し，次に，そこから生じる「参加制約」とを分けて定義しています。

表7-3 ●「社会的不利」と「参加」の対比

- ICIDH における「社会的不利」
  社会的不利＝機能障害や能力障害の結果として，その個人に生じた不利益であって，その個人にとって（年齢，性別，社会文化的因子からみて）正常な役割を果たすことが制限されたりさまたげられたりすること
- ICF における「参加」
  ①参　　加＝生活・人生場面へのかかわりのこと
  ②参加制約＝個人が何らかの生活・人生場面にかかわるときに経験するむずかしさのこと

このような，それぞれの用語の定義の違いという特徴に加えて，ICF のもっとも大きな特徴は，環境因子，個人因子によって，機能障害が生じたり，活動の制限が生じたり，社会参加の制約が生じたりすることが示されているところにあります。

❸「国際障害分類」から「国際生活機能分類」への変化

　さまざまな要因が相互に影響し合って,「機能障害」「活動制限」「参加制約」が発生するという考え方をする ICF のほうが, ICIDH に比べてより複雑なモデルになっています。

　それでは,なぜ20年の経過で,より複雑なモデルになったのでしょうか。この大きな理由としては,この20年間の障害者福祉にかかわる思想と支援の考え方の変化といった社会的な流れが大きく影響していると考えられます。

　とくに,1981年の**国際障害者年**[4](➡ p.438参照)以降,障害者運動による当事者主体,エンパワメント(☞第4巻 p.401),自己選択と自己決定といった考え方が支援の中心的な位置を占めるようになってきました。

　このような思想と支援の考え方の変化のなかで, ICIDH よりも,さらに,環境,社会参加,環境と個人との相互作用を重視した障害に関するモデルの必要性が高まってきたことが ICF を生み出してきた背景として考えられます。

3. 障害者福祉の基本理念

❶ ノーマライゼーション

▶▶ ノーマライゼーションの2つの大きな流れ

　ノーマライゼーションは，歴史的には，北欧で生まれた考えと，アメリカで生まれた考えの2つの大きな流れが，徐々に1つの方向になっていったと理解することができます。

　2つの大きなノーマライゼーションの流れとは，バンク - ミケルセン（Bank-Mikkelsen, N.E.）[5]（➡ p.438参照）やニィリエ（Nirje, B.）[6]（➡ p.438参照）などが提唱した流れと，ヴォルフェンスベルガー（Wolfensberger, W.）[7]（➡ p.439参照）の流れです。

　いずれの考え方も，障害者自身よりも，むしろ障害者のおかれている生活条件や生活環境といった，社会環境の現状やあり方に焦点をあてて問題をとらえようとする考え方です。

　今日では障害者福祉施策の基礎となる思想として広く受け入れられている考え方ですが，ノーマライゼーションが提唱された時代とその背景からみると，この思想はこれまでの価値観（入所施設を中心に知的障害者を援助していた時代の価値観）を根本的に変える社会的変革に結びつく急進的な思想であることが理解できます。

▶▶ バンク - ミケルセン，ニィリエのノーマライゼーション論

　バンク - ミケルセンの考え方に一貫していることは，障害者を市民生活に適応するためにノーマルに教育するのではなく，逆に，障害者の生活条件をノーマルにしていく環境を提供することです。

　また，ニィリエは，ノーマルな社会生活の条件をノーマライゼーションの8つの原理にまとめています。

▶▶ ヴォルフェンスベルガーのノーマライゼーション論

　ヴォルフェンスベルガーは，「障害者を社会から逸脱している人として考え，逸脱としてとらえる社会意識のあり方」を問題視しました。障害者を逸脱者としてとらえることは社会から価値を低められた人としてみなすことであり，いかにその価値を高めていくか，社会的な役割を実現していくかにノーマライゼーションの意味を見いだしています。

　したがって，障害者の社会的役割の実現をノーマライゼーションに代わる考えとして重視しました。

❷ リハビリテーション

▶▶ リハビリテーションとは

　リハビリテーションという言葉を聞けば，一般的には高齢者の歩行能力を回復させたり，障害者の ADL[8]（➡ p.439 参照）を回復させたりする機能訓練と理解されています。しかし，中世では「身分，地位，資格の回復や破門の取り消し」という意味に用いられ，近代に入って，公民権の回復，名誉の回復などの意味に使われるようになってきました。

　リハビリテーションを医療の分野の言葉として定着させるうえで，決定的に重要な役割を果たしたのは，戦傷者に対する疾病・障害管理や社会復帰活動です。その後，リハビリテーションの対象者は，戦傷者が減少し，代わって，高齢者などの疾病による障害者，視覚・聴覚などの感覚機能障害者，精神障害者などへと広がりました。また，1960 年代のノーマライゼーション思想の展開，1970 年代の自立生活運動の展開によって，障害者の人権，自己決定権をリハビリテーションによる援助においても意識する状況が生じてきました。

▶▶ リハビリテーションの定義

　1969 年，世界保健機関（WHO）は，「リハビリテーションとは，医学的，社会的，教育的，職業的手段を組み合わせ，かつ，相互に調整して，訓練あるいは再訓練することによって，障害者の機能的能力を可能な最高レベルに達せしめることである」と定義しました。

　つまり，障害のある人の機能を可能な限り最高レベルまで回復させるために，各分野の連携をはかりながら，訓練あるいは再訓練を行うことを指しています。

　この WHO の定義によって，リハビリテーションは，理論的に，医学的リハビリテーション，社会的リハビリテーション，教育的リハビリテーション，職業的リハビリテーションの専門的な分野に明確に分類されました。

　その後，1982 年に，国際連合は，障害者に関する世界行動計画のなかでリハビリテーションを定義しています。その定義は，「リハビリテーションとは，身体的，精神的，かつまた社会的にもっとも適した機能水準の達成を可能とすることによって，各個人がみずからの人生を変革していくための手段を提供していくことをめざし，かつ，時間を限定したプロセスである」としています。

　この定義は，現在，国際的な共通認識にいたっているので，もっとも新しいリハビリテーションの定義といえます。この定義の特徴は，障害のある人みずからがもっとも適した機能水準を決定する自己決定の原理が盛りこまれていることです。そのため，専門家は支援する立場として援助や支援を行うとともに，情報を提供します。

▶▶ インクルーシブな教育

インクルージョンは，まず教育分野を中心に注目されました。教育分野で強調されたインクルーシブな教育（Inclusive Education）とは，特別なニーズのあるあらゆる子ども（障害児を含む）に，必要な支援が提供されることを意味しています。

たとえば，外国からの移民が多いオーストラリアなどでは，母国語の通訳をつけるなどの配慮をして，ともに学ぶ場を保障することも行われています。障害児だけでなくさまざまな人種，虐待を受けた子どもまで，特別なニーズをもつあらゆる子どもに必要な支援が提供されることが前提です。そして，地域の学校に包みこまれ，ともに学ぶという教育が進展していきます。

1994 年，国際連合教育科学文化機関（UNESCO）[9]（➡ p.439 参照）がサラマンカ宣言を採択し，「すべての者への教育を（Education for All）」という方針を打ち出したことにより，この考え方が世界に広まっていきます。障害児だけでなく，人種・文化的なマイノリティ（少数派）なども含め，「特別なニーズをもつ子ども」ととらえることが提唱されました。日本でも 1990 年代には，フィリピンやイランからの労働者が増えてきたこともあり，障害のある子も外国籍の子も，すべての子どもを包みこむ教育という視点から，「インクルーシブな教育」という言葉が注目されはじめます。

▶▶ 障害者福祉とソーシャル・インクルージョン

日本では，1997（平成 9）年からの社会福祉基礎構造改革において，「措置から契約へ」が強調されるなかで，厚生労働省はソーシャル・インクルージョン[10]（➡ p.439 参照）（Social Inclusion）という言葉に注目します。高齢者や障害者，ホームレスや外国籍の人など，あらゆる人が包みこまれて生きる地域のあり方を提言したのです。

そのような流れを受けて，教育のみならず，就労，地域生活など障害者にかかわる広範囲の領域で，インクルージョンが強調されています。とくに，2006 年に国際連合で採択された「障害者の権利に関する条約」では，第 19 条で示されるインクルージョン（「包容」と訳されている）が中心的な理念になりました。この条約では，障害者を社会や環境に適応させるのではなく，社会や環境が障害者の多様性に合わせていく「社会モデル」の障害者観を強調し，政策の柱としての「多様性の尊重」が提唱されています。

2022 年 9 月，日本における条約の実施状況について，国際連合による勧告が出されました。日本のさまざまな課題が指摘されたなかで，強く改善を求められたことが 2 つあります。1 つが，障害児だけを分離する教育ではなく，ともに学ぶインクルーシブ教育の推進です。もう 1 つは，入所施設や精神科病院からの地域移行，すなわち，ともに生きるインクルージョンの実現です。この 2 つは，障害分野の重要なテーマとなっています。

❹ エンパワメント

▶▶ エンパワメントとは

エンパワメントとは，問題をかかえた人自身が自己決定（意思決定），問題解決能力をつけていくという考え方です。

障害者福祉におけるエンパワメントでは，病気や障害への対応を中心とした「医学モデル」にもとづいて利用者（障害者）の病理や弱さの側面を強調する考え方から，病気や障害をかかえつつも利用者（障害者）の健康や強さ（ストレングス）の側面を重視する強さ志向の視点の強調という援助視点への転換としてとらえることが大切です。

障害者福祉の支援実践では，ともすれば，過度のサービス提供によって，サービス利用者である障害者の自己決定や問題解決の力をうばい，障害者の本来もっている力をうばってしまうことがあります。このことを克服するために，障害者自身のエンパワメントを促進していく考えを重視して支援を行うことはとても重要です。ただし現実には，知的障害や精神障害などによってみずからの意志を明確にし，主張していく力が弱い障害者もいます。これには，自立した生活（自己決定のできる生活）を支える支援者（エンパワメントを支援する支援者）のあり方が重要です。

▶▶ エンパワメントの広まり

エンパワメントは，ソーシャルワークの実践のなかでもっていた機能である利用者（障害者）の生活と環境との調整や権利擁護（アドボカシー）といった方法が，セルフヘルプ（自助・自立）運動，ピアサポート（相互支援）活動，ソーシャルアクション（社会改革）活動という，障害者にかかわる社会運動の影響を受けたことで生まれたと考えられたりしています。そのことから，エンパワメントとソーシャルワークは強く結びついているといわれています。さらに，エンパワメントは，ソーシャルワークという専門的な支援方法を越えて，サービス利用者を中心にすえる利用者中心の考えをより推進していく思想で大きな力を発揮することになりました。エンパワメントがその思想で強調したこととしては，これまで差別されてきた障害者や少数民族などのマイノリティが力をつけることによって，権利獲得・権利主張主体（セルフアドボカシー）となることをあげることができます。

▶▶ 自立とエンパワメント

これまで障害者運動のなかで強調されてきた「自立」の概念とエンパワメントとの結びつきは強いものがあります。自立は，障害者の自己決定権と選択権が最大限に尊重されていることとしてとらえると，「自立生活」とは，障害者の自己決定にもとづいた生活の主体的な営みとして考えることができます。そして，その主体的な営みを生活のさまざまな側面に応じて支援していくことを自立生活支援ということができます。

4. 障害の法的定義

日本での障害者に関する法的定義は，障害福祉サービスの利用，障害基礎年金の受給資格，障害者雇用の対象など，関係法律の目的によってそれぞれ異なっています。ここでは，障害福祉サービスの利用に関係する法律の定義をみてみましょう。

▶▶ 障害者基本法

障害者基本法は，わが国の障害者福祉の憲法ともいわれる性格をもっており，障害者に関係する法律の基本となっています。

この法律の定義の特徴は，人がおかれている環境によって社会的障壁があり，生活しにくくなっている状態を規定しているところです（表7-4）。階段があって目的としているレストランまで行けない車いす利用者，偏見により就労の機会をいかせない障害者等が考えられます。環境とは，障害者を取り巻くすべての物理的，心理的，制度的なものを含んでいます。この法律の障害者の定義では，具体的な障害や社会的障壁を規定していません。

表 7-4 ● 障害者基本法の障害者の定義（抜粋）

一　障害者　身体障害，知的障害，精神障害（発達障害を含む。）その他の心身の機能の障害（以下「障害」と総称する。）がある者であって，障害及び社会的障壁により継続的に日常生活又は社会生活に相当な制限を受ける状態にあるものをいう。
二　社会的障壁　障害がある者にとって日常生活又は社会生活を営む上で障壁となるような社会における事物，制度，慣行，観念その他一切のものをいう。

▶▶ 障害者総合支援法

障害者の日常生活及び社会生活を総合的に支援するための法律（障害者総合支援法）は，おもに自立支援のサービス体系を規定しています。この法律にもとづいて，障害者は，自立訓練，居宅介護，短期入所等の障害福祉サービスを利用することができます。この法律の障害者の定義は第4条に規定されています（表7-5）。

障害者総合支援法の障害児および障害者の定義は，身体障害者福祉法などの関係法律を根拠としています。したがって，関係法律の具体的な障害児および障害者の定義を調べないと障害者総合支援法の障害児および障害者の定義を理解することはできません。なお，「治療方法が確立していない疾病その他の特殊の疾病」とは，難病等をさしています。

表 7-5 ● 障害者総合支援法の障害者の定義（抜粋）

この法律において「障害者」とは，身体障害者福祉法第 4 条に規定する身体障害者，知的障害者福祉法にいう知的障害者のうち 18 歳以上である者及び精神保健及び精神障害者福祉に関する法律第 5 条（※ 1）に規定する精神障害者（発達障害者支援法第 2 条第 2 項に規定する発達障害者を含み，知的障害者福祉法にいう知的障害者を除く。以下「精神障害者」という。）のうち 18 歳以上である者並びに治療方法が確立していない疾病その他の特殊の疾病であって政令で定めるものによる障害の程度が厚生労働大臣（※ 2）が定める程度である者であって 18 歳以上であるものをいう。

下線部分は，法改正により下記のように変更される（2023（令和 5）年 4 月 1 日施行予定）。
※ 1：第 5 条第 1 項に変更。
　 2：主務大臣に変更。

▶▶ 身体障害者福祉法

　身体障害者福祉法は，第 4 条で身体障害者について定義しています（表 7-6）。

　身体障害者福祉法は，身体障害があり，身体障害者手帳を所持していることを身体障害者の要件として規定しています。具体的には身体障害者福祉法の別表（☞第 1 巻 p.271）にかかげる身体障害について，障害の種類と障害の程度が示されています。この別表によれば，身体障害は，視覚障害，聴覚または平衡機能の障害，音声機能・言語機能または咀嚼機能の障害，肢体不自由，心臓機能障害，腎臓機能障害，呼吸器機能障害，膀胱または直腸の機能障害，小腸機能障害，ヒト免疫不全ウイルスによる免疫機能障害，肝臓機能障害の種類に該当し，障害の状態が永続していることとされています。障害の程度に関しては，機能障害の程度を障害の範囲として示しています。

　したがって，身体障害者が障害者総合支援法の障害福祉サービスを利用する場合，身体障害者手帳を所持していることが必要になってきます。精神障害者や知的障害者等が手帳を所持していなくても障害福祉サービスを利用できることと異なる点です。

　この法律の身体障害者の定義の特徴は，機能障害をベースとして障害をとらえていることです。ICF（☞第 4 巻 p.394）が，機能障害，活動制限，参加制約の次元と個人因子と環境因子の背景要因との相互作用によって障害をとらえようとする考え方とは異なっています。

表 7-6 ● 身体障害者の定義（抜粋）

　「身体障害者」とは，別表に掲げる身体上の障害がある 18 歳以上の者であって，都道府県知事から身体障害者手帳の交付を受けたものをいう。

▶▶ 知的障害者福祉法

知的障害者福祉法では，知的障害を定義していません。厚生労働省の知的障害の定義に関する厚生事務次官通知の「療育手帳制度について」（昭和 48 年 9 月 27 日発児第 156 号）において，「児童相談所又は知的障害者更生相談所において知的障害があると判定された者」となっています。その障害の程度は，18 歳以上の場合，日常生活において常時介護を要する程度のものを重度の A 区分とし，A 区分以外の程度のものを B 区分としています。一般的に「知的機能」は，標準化された知能検査による知能指数がおおむね 70 までの者，「日常生活能力」は，自立機能，運動機能，意思交換，探索操作，移動，生活文化，職業等について総合的に判定することとされています。

▶▶ 精神保健福祉法

精神保健及び精神障害者福祉に関する法律（精神保健福祉法）は，第 5 条において精神障害者を定義しています（表 7-7）。

表 7-7 ● 精神障害者の定義（抜粋）

> この法律で「精神障害者」とは，統合失調症，精神作用物質による急性中毒又はその依存症，知的障害その他の精神疾患を有する者をいう。

この法律の定義では，知的障害も精神障害に含まれていますが，福祉の分野では知的障害者の福祉に関しては知的障害者福祉法によって規定されています。知的障害の定義は知的障害者福祉法には定義されておらず，この定義がそのまま使われるのは精神医療の分野に限られています。精神保健福祉法において，精神障害者保健福祉手帳[1]（➡ p.439 参照）に示される障害等級は 1 級から 3 級まであります（表 7-8）。

これらの精神障害の定義の特徴は，機能障害と活動制限を考慮した障害のとらえ方であり，環境因子を考慮していないことです。

表 7-8 ● 精神障害者保健福祉手帳の障害等級

障害等級	障害の状態
1 級	日常生活の用を弁ずることを不能ならしめる程度のもの
2 級	日常生活が著しい制限を受けるか，又は日常生活に著しい制限を加えることを必要とする程度のもの
3 級	日常生活若しくは社会生活が制限を受けるか，又は日常生活若しくは社会生活に制限を加えることを必要とする程度のもの

▶▶ 高次脳機能障害の定義

　高次脳機能障害は，法律上の定義がありません。2001（平成13）年に始まった高次脳機能障害支援モデル事業（2005（平成17）年度終了）を通じて高次脳機能障害の行政的な診断基準が示されました。高次脳機能障害は，器質性精神障害として精神障害者保健福祉手帳の対象になっています。高次脳機能障害の主たる症状は，記憶障害，注意障害，遂行機能障害，社会的行動障害などの認知障害であり，脳の器質的な病変があるかあるいは確認できるものに限定されています。

▶▶ 発達障害者支援法

　発達障害者支援法は，第2条において，発達障害を定義しています（表7-9）。

表7-9 ● 発達障害の定義（抜粋）

　この法律において，「発達障害」とは，自閉症，アスペルガー症候群その他の広汎性発達障害，学習障害，注意欠陥多動性障害その他これに類する脳機能の障害であってその症状が通常低年齢において発現するものとして政令で定めるものをいう。

　この定義において，政令で定めるものとは，具体的には，脳機能の障害であってその症状が通常低年齢で発現するもののうち，言語の障害，協調運動の障害その他の心理的発達の障害ならびに行動および情緒の障害（自閉症，アスペルガー症候群，その他の広汎性発達障害，学習障害，注意欠陥多動性障害，言語の障害，協調運動の障害を除く）を指しています。

　この法律の特徴は，機能障害によって障害を定義しているところです。

▶▶ 難病患者等の定義

　障害者総合支援法は，2013（平成25）年に障害者の範囲を見直し，治療方法が確立していない疾病その他の特殊な疾病がある者，いわゆる難病患者等を法の対象としました。2021（令和3）年11月1日現在，366疾病が規定されています。

　一方，国の医療費助成の対象となる指定難病は，難病の患者に対する医療等に関する法律（難病医療法）では，①発病の機構が明らかでなく，②治療方法が確立していない，③希少な疾患であって，④長期の療養を必要とするもの，⑤患者数が本邦において一定の人数（人口のおおむね0.1％程度）に達しないこと，⑥客観的な診断基準（またはそれに準ずるもの）が定まっていること，との条件をすべて満たすものと定義され，2021（令和3）年11月1日からは338疾病がその対象となっています。

障害による生活障害，心理・行動の特徴

1. 身体障害による生活上の障害と心理・行動の特徴

① 視覚障害

▶▶ 中途視覚障害のある人の心理的理解

中途視覚障害[12]（➡ p.439 参照）のある人の多くは，精神的に大きな打撃を受けます。介護にあたっては，中途視覚障害のある人がどのような心理的プロセスの段階かを把握する必要があります。その心理的プロセスは，リハビリテーション・プログラムの観点から，表7-10 のように大きく 5 つの時期に分けられます。

表 7-10 ● 中途視覚障害のある人の心理的プロセス

① 失明恐怖の時期
眼の症状が治るかどうか，このまま失明してしまうのではないかなど，失明に対する恐怖をいだき，しかも生活への不安をもってしまう時期。
② 葛藤の時期
将来の生活設計に見通しを立てられず，失明による精神的な打撃がもっとも強い時期。失明直後の時期でもあり，視覚障害という衝撃から自分を守ろうとするために，感情の表出がなくなり，自分を取り巻く周囲の刺激から逃れようとする。
③ 生活適応の時期
見えないという現実を直視し，生きる意欲を見いだそうとする段階。視覚障害から派生する日常生活の不自由さを克服するために，生活訓練を受けて，移動能力や日常生活技術，コミュニケーション能力などを獲得する段階でもある。
④ 職業決定の時期
果たして職業について経済的に安定した生活を取り戻せるかどうかなど，将来の生活を具体的にどのようにするか悩む段階。
⑤ 職業獲得の時期
職業についてから，現実のさまざまな困難を克服しながら，自分の経済的な基盤を確保する時期。
見えないことからくる自分に対する苛立ちや社会の対応への不満をいだくこともある。

▶▶ 移動の介助

　視覚障害のある人の移動手段は，手引きによる歩行，白杖[13]（→ p.439 参照）による歩行，盲導犬による歩行，電子機器を用いた歩行，電子機器と白杖を併用した歩行，残存視覚による歩行などがあります。

　介護職が習得しておくべき介護技術として，手引き歩行があります。手引き歩行[14]（→ p.440 参照）は，手引きする介護職と視覚障害のある人がいっしょに歩行する方法です。

　移動の介助を行うときには，安全を優先させます。目的地に近道で行きたいと思っていても，そこが危険をともなう道順であれば，その道順を避けて安全な道順を選びます。また，室内の様子や物の位置を知らせる介護もあります。たとえば，「（ドアを背にして）右手に本箱があります」などと起点を明確にしながら室内の様子を知らせます。

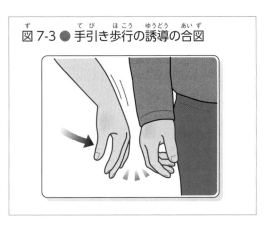

図 7-3 ● 手引き歩行の誘導の合図

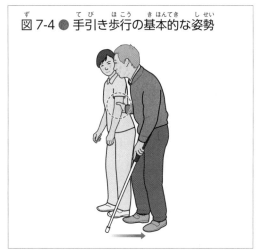

図 7-4 ● 手引き歩行の基本的な姿勢

▶▶ コミュニケーションの介護

　視覚障害のある人のコミュニケーション手段には，点字[15]（→ p.440 参照），音声言語，ICレコーダー（テープレコーダーを含む），ハンドライティング，弱視眼鏡の利用，拡大鏡の利用，拡大読書器の利用，パソコンの利用などがあります。なかでも，点字は，文章の読み書きのためだけでなく，衣類や書類の整理のためのたんす・書棚等の点字ラベルの作成などにも用いられます。介護場面ではこれらのコミュニケーション手段を支援することになります。

▶▶ 日常生活の介護

　日常生活において，視覚障害のある人に対する介護は，身辺，家事，情報収集など，広範囲に及びます。視覚障害のある人が何に困っているか，どのような援助を求めているかをたずねながら介護しましょう。具体的には，身のまわりの物の位置の情報提供，食事場面，入浴場面，清掃後の物の位置の情報提供，衣類の収納，情報収集，買い物，冷蔵庫内の食べ物の位置の情報提供，調理，洗濯などがあります。

▶▶ 聴覚障害のある人の心理的理解

　聴覚障害のある人は，音声だけでなく周囲の物音を認識し理解することがむずかしくなります。さらに，身体的特徴がないこともあり，本人の聞こえの困難さに対して周囲の理解が得られにくいといったことがあります。そのため，音声を用いた会話や状況の把握に制限が生じ，周囲から疎外されていると感じることがあります。このような状況が続くと，人とのかかわりに対する不安が高まり，心理的な疲弊につながります。また，聴覚障害が言語習得前に出現した場合，適切な支援がなされないと，乳幼児期からの愛着形成や言語習得，学童期の教科学習，その後の就労などにさまざまな課題が出てきます。一方，成人後に聴覚障害になった場合，言語習得に問題はないものの，聞こえることが当然の生活からの変化にとまどい，その変化に適応できない場合は，家族や職場での関係性に影響をきたすことになります。

▶▶ 聴覚障害のある人の生活の理解

　聴覚障害のある人は，音声や周囲の物音が聞こえにくくなるだけでなく，音声が聞こえても何を言っているかわからない，音声を聞き誤るといったことが起こります。それぞれの能力は，前者が聴力レベル（dB），後者が語音明瞭度（%）で表現されます。

　聴力レベルは，その人が聞こえる最小の音の強さであり，聴力に問題がない場合は0dB程度の音から聞くことができます。難聴が軽度（25dB以上）の場合は，小さな声や騒音下での会話の聞き間違いや聞きとりのむずかしさがみられ，中等度（40dB以上）では，普通の大きさの声での会話の聞き間違いや聞きとり困難が生まれます。さらに高度（70dB以上）では，非常に大きい声か補聴器を用いないと会話が聞こえず，重度（90dB以上）になると，補聴器でも，聞きとれないことが多く，人工内耳を装用している人もいます。

　語音明瞭度は，その人が音声を正確に聞きとれている割合を示すものであり，通常，十分に聞きとりやすい音の大きさにすれば，ほぼ100%になります。しかし，聴覚障害のある人では，音声は聞こえていても語音明瞭度が低下していることが多く，語音明瞭度が60%未満になると，音声情報のみでのやりとりはむずかしくなります。

　さらに，聴覚障害のある人の聞こえの特徴として，補聴器や人工内耳を使用していても，騒がしい環境や集団での会話では聞きとりがむずかしくなります。また，大きすぎる音は，かえって聞きとりにくくなります。

　そのため，聴覚障害のある人は，自身の聴覚障害の特徴や会話の相手や内容に応じて，手話や指文字，筆談を使用する，相手の表情や口の動きを読みとるなど，視覚的な手段を用いることが多くあります。

▶▶ コミュニケーションのはかり方

聴覚障害によるコミュニケーションのむずかしさへの対応として，補聴器，人工内耳の使用による聞こえにくさの軽減があります。補聴器は，マイクから入った音を増幅器で大きくしてイヤホンから出す機器です。補聴器はその形によりタイプ分類できます（図7-5）。人工内耳は，手術が必要で，おもに高度以上の難聴で補聴器の装用効果が少ない人が適応になります。

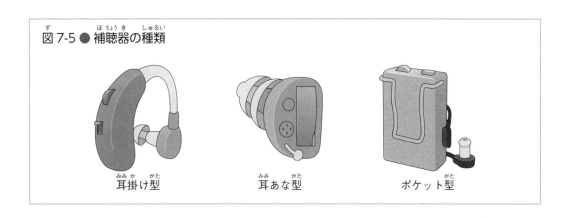

図 7-5 ● 補聴器の種類

耳掛け型　　　　　　　耳あな型　　　　　　　ポケット型

そのほか，コミュニケーションの成立を援助する手段として，スマートフォンやパソコンでの音声を文字化するアプリケーションを使用したり，板書や身ぶりの使用のほか，要約筆記者や手話通訳者を要請することが必要な場合もあります。

会話の場面で求められる具体的な工夫を表7-11に示しています。また，手話を使う人に支援を行う場合は，支援者が日常生活に使う手話をおぼえて使えるようになることがよい支援につながっていきます。会話の方法や求められる支援は，聴覚障害のある人それぞれに違いますので，本人に確認してから行うようにします。

表 7-11 ● 会話場面での主たる工夫

① 会話を急かさない。
② 自然さを損なわない程度に，ゆっくり，はっきりと話す。
③ 表情がわかるように正面から話す。
④ 表情を豊かに，身ぶりを交える。
⑤ 口の動きが読みとりやすいように，マスクははずす。
⑥ 静かな場所で話す。
⑦ 複数の人がいる場合は，1人ずつ話す。
⑧ 内容を推測しやすいように，話題を教える。
⑨ 文字にしながら会話をする。
⑩ 補聴器や人工内耳を使用している場合は，正しく装用できているか確認をする。

▶▶ 言語障害のある人の心理的理解

　言語障害が生じた場合，対人的なコミュニケーションの問題のみではなく，学校生活や職業生活を含めた生活全般に何らかの支障が生じます。言語障害の1つである失語症のある人では，会話場面で，相手の伝えてくる内容が理解できなかったり，自分の伝えたいことを音声や文字で表現することができなくなります。また，ラジオや新聞などからの情報を理解することがむずかしくなります。その結果，本人はあせりや不安を感じるとともに，周囲の理解が得られなければ，疎外感が高まります。

　このような疎外感は，本人自身の仕事や社会への関心をより低下させます。その結果，失語症のある人は，自分に対して否定的な認識をもち，ひっこみ思案になることもあります。

▶▶ 言語障害のある人の生活の理解

　言語障害は，発音にかかわる機能または言語の理解と表現にかかわる機能の障害と考えられます。そのため，言語障害には，発音の障害（構音障害），音声障害，失語症や聴覚障害による障害が含まれます。

　言語障害のある人は，家族や友人，仕事上のつきあいのある人とのコミュニケーションがむずかしく，発症前の関係性を維持することに支障が出ることがあります。また，新聞やテレビ，地域のタウン誌などさまざまな媒体を通じての情報の理解に制限が生じることがあります。

　小児期に言語障害を発症した場合，言語獲得前もしくは途上であることから，言語獲得の問題とともに対人的なコミュニケーションの経験の制限，教科学習，さらに進学や就職など成長過程で生じる問題は多岐にわたります。

(1) 構音障害，音声障害

　構音障害または音声障害のある人では，言語の理解に問題はなく，表現に障害がみられます。さらに，言語表現のなかでも，書く能力は障害されず，発話の明瞭度の低下など話す能力に障害を示します。そのため，周囲が伝えてくる内容や情報は正しく理解できているのに，自分の考えや気持ちが伝わりにくい，もしくは伝わらないというコミュニケーションの問題が起こります。

(2) 失語症

　失語症は，状況の理解は保たれているものの，言語表現（話す，書く）と言語理解（聞く，読む）において障害が出現します。そのため，周囲とのコミュニケーションや，テレビや新聞などから情報を得ることがむずかしくなります。さらに，交通機関や公共機関の利用においても，表示内容や書類が読めないことなどから利用がむずかしくなることがあります。このような日常生活の問題の解決のために，2018（平成30）年度より，都道府県が主体となり，失語症者向け意思疎通支援者の養成事業が始まっています。

▶▶ コミュニケーションのはかり方

言語障害のある人とのコミュニケーションで重要なポイントは，まず，年齢相応に尊厳をもって接することです。成人になってから言語障害が生じると，今までなかった言い間違いや聞き間違いがみられるようになります。その際，支援者は決して，本人を子ども扱いすることなく，1人の成人した人として接することが大切です。次に，会話は，急かすことなく，落ち着いた雰囲気で行えるよう心がけます。言語障害が生じると会話は以前に比べ時間を要するようになります。支援者が急かすような声かけや態度を示すと，本人はさらにあせり，うまく理解や表現ができなくなります。そのような場合，聞き手は言語以外の情報伝達手段を活用します。会話では，音声言語とともに，表情や身ぶり，時には文字や絵を使いながら，お互いの意思疎通をはかります。このように音声言語以外の手段をお互いが意識的に活用することは，効率的なコミュニケーションにつながります。

その他，音声や文字を用いた表現をすることを補助，代替する方法として，道具や機器を使用する方法もあります。紙と筆記用具，写真や文字単語を配置したコミュニケーションノートや，パソコンやタブレットなどによるアプリケーションの利用があげられます（図7-6）。機器を使用した方法は，さまざまな入力方法ができ，支援者の介入を減らすことができる反面，高価であり，機器がなければ意思疎通がはかれなくなります。このように，各方法とも長所と短所があり，使用する場面や相手を想定してさまざまな方法を組み合わせることが大切です。

図 7-6 ● 道具や機器を使用した方法の例

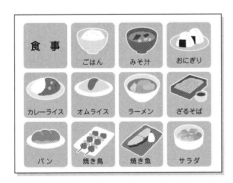

コミュニケーションノート

タブレット用トーキングエイド

▶▶ 運動機能障害のある人の心理的理解

　肢体不自由による運動機能障害では，入浴，排泄，食事，着替えなどについて，他者に介助してもらう必要が生じますが，これらの動作は通常，他者に見られることがない大変個人的な動作であって，介助してもらうことによって，プライバシーを見せることになります。

　また，移動についても介助が必要になれば，常に介助者の確保のため，そのスケジュールやペースに自分の行動を合わせざるを得ないことも多くなります。結果として，好きなときに好きなところに行くことができないといった状況も生まれることがあるわけです。これらのことは，大きなストレスとなる場合があります。

　さらに，仕事や学校など，さまざまな社会活動への参加に制限を受けることも多く，今までになってきた役割を果たせなくなる場合もあり，自信の喪失や自己概念（☞第4巻 p.188）（自分とは何か）の変化など，さまざまな心理的影響を受けることになります。

　しかし，肢体不自由のある人すべてが社会生活を行ううえで支障となるような，あるいは，障害のない人とは違う特別な心理的課題を永続的にもつということではありません。本人を取り巻く環境によってその影響の程度や内容は異なります。

▶▶ 運動機能障害のある人の介護上の留意点

　介護を行うにあたって，介護に関する専門的な知識や技術をもっていることは重要ですが，利用者との信頼関係を築くことがすべての前提になります。そのうえでなければ，専門的な知識や技術も有効に活用できませんし，利用者にとって必要な支援を行うことはできません。

　介護職は一方的に何かを介助する，支援するというのではなく，その人に寄り添い，いっしょに悩んだり考えたりする人であることが重要です。その人が望むごくあたりまえの生活の実現を支援したり，可能性に気づいたりするためには，障害ありきではなく，1人の生活者として接する視点をもち，生活上の課題に目を向けることが重要です。また，介助を行う際には，単にできない動作を代わって行うだけでなく，その人のもっている力を引き出す，自信をもってもらう視点での支援が大切です。

　加えて，運動機能障害のある人のなかには，自信を失い，自分のもつ力に気づけていない人も多くいます。そのような場合，本人のもつ力や可能性に気づいてもらえるような視点からの支援が必要です。

4 心臓機能障害

▶▶ 心臓機能障害のある人の心理的理解

　虚血性心疾患（☞第4巻 p.274）や心不全（☞第4巻 pp.274-275）の背景の1つとして，うつ病（☞第4巻 p.339）が大きく関与しているといわれています。心疾患の発症後はうつ病を合併しやすく，また，うつ病を合併すると予後が悪化することが知られています。抑うつ状態におちいると，食事や運動に注意を払わなくなり，飲酒と喫煙の機会が増え，社会的に孤立していくことが考えられます。

　心不全患者は入退院をくり返すことでも，精神的ストレスを受けていますが，その他の社会的要因でも抑うつ症状が悪化することがあります。抑うつ症状とともに不安症状を訴えることもまれではないので，本人の訴えに共感し，傾聴するという態度が必要です。

▶▶ 心臓機能障害のある人の生活の理解

　多くの高齢の心臓病患者は，生活習慣病といわれる高血圧，糖尿病，脂質異常症などが複数みられるほかに，腎臓病や脳血管疾患，慢性の膝関節疾患や脊椎症，前立腺肥大や難聴や白内障，不眠症や認知症，う歯（虫歯）や白癬にいたるまで複数の診療科に及ぶさまざまな疾患が重なり合っています。これらの疾患が慢性的に経過して臓器障害を引き起こし，利用者のQOL[16]（➡ p.440 参照）を低下させ，生活障害を引き起こすのです。

　管理困難な病態に加え，高齢者の一人暮らしや高齢者夫婦世帯の増加，認知機能・身体機能の低下がからみ合って，高齢者の在宅管理をむずかしくしているのが現状です。

▶▶ 心臓機能障害のある人の介護上の留意点

　心疾患のある高齢者は再入院が多く，いったん入院すると入院が長期化するという特徴があります。また，認知機能障害という問題が隠されていることが多く，外来指導のみでは限界があり，患者を取り巻く環境を視野に入れた包括的なケアが必要となります。

　医師，看護師，管理栄養士，薬剤師，理学療法士などによる疾患の重症度や合併症などの評価に加え，生活活動状況や介護の問題点の評価，服薬遵守の評価，服薬指導，栄養状態の評価，リハビリテーションの必要性などの評価と調整を行い，疾病の発症や増悪を予防することを目的とした医療マネジメントシステムの構築が必要とされています。

▶▶ 呼吸器機能障害のある人の心理的理解

呼吸器機能障害のある人は，呼吸の苦しさから生活を制限していたり，鼻カニューレ[17]（➡ p.440 参照）を装着しながら外出することに躊躇していたり，呼吸が苦しくなったらどうしようという恐怖感や不安感をもったりして生活している人もいます。先の生活が想像できず，うつや悲しみの状態にあることもあります。呼吸器機能障害のある人は，このような大きなストレスを受けています。外見からはわかりにくい呼吸器機能障害を理解して，本人主体の安楽な生活方法を支援することが重要です。

▶▶ 呼吸器機能障害のある人の介護上の留意点

支援方法として，①効率的に呼吸をするための協力，②呼吸困難（☞ 第 4 巻 pp.268-269）を起こさないための予防的な行動，があります（表7-12）。

また，身体に障害があっても，家族と生活したり，仕事をしたり，旅行をしたりするなど，自宅を出て社会生活を楽しむことは重要です。

呼吸器機能障害のある人の外出を支援するための注意点は，①医師に指示されている活動量を守ること，②清浄な空気を吸うこと，③外出先での呼吸器感染を予防すること，があげられます。

表7-12 ● 呼吸器機能障害のある人が工夫している行為

入浴の工夫	入浴は，清潔を保ち，血液の流れをよくし，リラックスできる点でよいものだが，酸素消費量が多く，息切れが強くなることがある。家族にからだを洗ってもらったり，湯船に入る時間を短くしたりする。
食事の工夫	食事をして胃がふくれると，横隔膜が圧迫されて呼吸がしにくくなる。また，消化のため胃腸に血液が集中するので，呼吸器系の血液が少なくなり，ガス交換機能が低下する。食事は少量ずつ何回かに分けてゆっくり食べたり，胃がふくれるような繊維質の多いもの，ガスが発生しやすいものは避けるようにする。 　痰は，たんぱく質と水分を多く含んでいるため，喀痰量が多い人は，魚や，脂身を除いた肉などの良質のたんぱく質，水分を多く含む食品を摂取する必要がある。水分の補給は喀痰しやすくするためにも必要である。喀痰のための咳は，体力を消耗させるので，カロリーの高い食事が必要になる。
歩行の工夫	歩行は，酸素消費量が大きく，息切れが起きやすいので，ゆっくりと呼吸を整えながら休み休み歩くようにする。
気道の感染予防の工夫	感冒は，呼吸器機能を低下させるので，呼吸器機能障害のある人は極度の注意を払っている。マスクをしたり，人混みを避けるために外出をひかえたり，うがいをしたりするなど，予防策を講じている。体調が悪いときには，早めに対応し，治療する。

⑥ 腎臓機能障害

▶▶ 腎臓機能障害のある人の心理的理解

腎臓機能障害は無症状で進行することが多く，自覚症状があらわれたころにはすでに重度の障害になっているということもあります。また，慢性腎不全では，腎臓機能が改善することはありません。

腎臓機能障害の管理は，正しい服薬，食事・水分制限，運動制限による病状の維持が中心となります。自己管理の継続をするためには，障害のある本人が自分の生活習慣を見直し，自分に合った管理方法を見いだすことが必要になります。自己管理に努めていても思うような成果が出ず，精神的ストレスとなり，生活管理を続ける意欲の低下から症状を悪化させる危険性もあります。

さらに，ライフサイクルに応じて，さまざまな影響が予測されます。幼児期では社会性や対人関係などの発達の遅れ，学童期では治療による入院等で学習面での遅れが劣等感につながることもあります。青壮年期では就労等の社会的活動の問題がともないます。老年期では身体機能の低下や，他の疾病との合併，認知機能や老人性うつなどの心理状態，また家族関係や一人暮らしなどの社会的背景によっても生活管理は大きく影響を受けます。

腎臓機能障害のある人は，障害を受容していたとしても，生活全般を自己管理しつづけるといった大きな心理的負担をかかえています。介護職との信頼関係ができていたとしても，その時々のその人の不安や希望に寄り添う姿勢を忘れずに，生活管理の意欲を支えるかかわりをしていくようにします。

▶▶ 腎臓機能障害のある人の介護上の留意点

生活面では，食事制限が長期間にわたって必要になります。制限のあるなかで，いかにおいしく食事をとることができるか，調味料や調理の仕方の工夫が求められます。

また，腎臓機能障害のある人は，腎性貧血，低栄養，免疫力の低下，易疲労感，活動性の低下などが起こってきます。感染予防に注意しながら，日常生活の活動と休息のバランスに注意し，腎臓の負担を減らすことが重要です。個別の状況に応じて，医師，看護師，管理栄養士，薬剤師，リハビリテーション専門職に加え，医療ソーシャルワーカー，介護支援専門員（ケアマネジャー），介護保険事業担当者等と生活を支援していくようにします。

介護職は本人の健康状態を適切に観察できるようにしておくこと，医療職との連携のもとに，個別の利用者の日常生活上の留意事項を把握し，適切な自己管理が行われているのか観察できるようにしておくことが必要です。また，本人が障害についてどのように理解しているのか，どんな生活を望んでいるのかなどについても把握し支援していくことが求められます。

❼ <ruby>膀胱<rt>ぼうこう</rt></ruby>・<ruby>直腸機能障害<rt>ちょくちょうきのうしょうがい</rt></ruby>

▶▶ <ruby>膀胱<rt>ぼうこう</rt></ruby>・<ruby>直腸機能障害<rt>ちょくちょうきのうしょうがい</rt></ruby>のある<ruby>人<rt>ひと</rt></ruby>の<ruby>心理的理解<rt>しんりてきりかい</rt></ruby>

　<ruby>排泄<rt>はいせつ</rt></ruby>のコントロールがつかなくなると，<ruby>人間<rt>にんげん</rt></ruby>の<ruby>尊厳<rt>そんげん</rt></ruby>が<ruby>損<rt>そこ</rt></ruby>なわれたと<ruby>感<rt>かん</rt></ruby>じ，<ruby>排泄<rt>はいせつ</rt></ruby>が<ruby>絶<rt>た</rt></ruby>えず<ruby>気<rt>き</rt></ruby>になり，<ruby>日常生活<rt>にちじょうせいかつ</rt></ruby>に<ruby>大<rt>おお</rt></ruby>きな<ruby>影響<rt>えいきょう</rt></ruby>を<ruby>及<rt>およ</rt></ruby>ぼします。このため<ruby>膀胱<rt>ぼうこう</rt></ruby>や<ruby>直腸<rt>ちょくちょう</rt></ruby>の<ruby>障害<rt>しょうがい</rt></ruby>に<ruby>対<rt>たい</rt></ruby>して<ruby>強<rt>つよ</rt></ruby>い<ruby>否定的<rt>ひていてき</rt></ruby>な<ruby>感情<rt>かんじょう</rt></ruby>をもち，<ruby>障害<rt>しょうがい</rt></ruby>を<ruby>受<rt>う</rt></ruby>け<ruby>入<rt>い</rt></ruby>れられないことがあります。また<ruby>排泄<rt>はいせつ</rt></ruby>の<ruby>障害<rt>しょうがい</rt></ruby>を<ruby>人<rt>ひと</rt></ruby>に<ruby>話<rt>はな</rt></ruby>すことは<ruby>羞恥心<rt>しゅうちしん</rt></ruby>をともなうため，<ruby>困<rt>こま</rt></ruby>っていても<ruby>受診<rt>じゅしん</rt></ruby>や<ruby>相談<rt>そうだん</rt></ruby>ができない<ruby>人<rt>ひと</rt></ruby>が<ruby>多<rt>おお</rt></ruby>い<ruby>現状<rt>げんじょう</rt></ruby>があります。<ruby>身体<rt>からだ</rt></ruby>を<ruby>動<rt>うご</rt></ruby>かすことで<ruby>排泄物<rt>はいせつぶつ</rt></ruby>がもれる<ruby>不安<rt>ふあん</rt></ruby>により<ruby>活動性<rt>かつどうせい</rt></ruby>が<ruby>低下<rt>ていか</rt></ruby>したり，トイレの<ruby>場所<rt>ばしょ</rt></ruby>がわからないところには<ruby>出<rt>で</rt></ruby>かけられず，<ruby>社会性<rt>しゃかいせい</rt></ruby>がおびやかされたりすることがあります。<ruby>以上<rt>いじょう</rt></ruby>のような<ruby>本人<rt>ほんにん</rt></ruby>の<ruby>気持<rt>きも</rt></ruby>ちを<ruby>理解<rt>りかい</rt></ruby>して，<ruby>排泄<rt>はいせつ</rt></ruby>の<ruby>介護<rt>かいご</rt></ruby>や<ruby>排泄物<rt>はいせつぶつ</rt></ruby>を<ruby>扱<rt>あつか</rt></ruby>う<ruby>際<rt>さい</rt></ruby>の<ruby>態度<rt>たいど</rt></ruby>や<ruby>言動<rt>げんどう</rt></ruby>に<ruby>注意<rt>ちゅうい</rt></ruby>しなければなりません。<ruby>排泄物<rt>はいせつぶつ</rt></ruby>からの<ruby>感染<rt>かんせん</rt></ruby>の<ruby>予防<rt>よぼう</rt></ruby>は<ruby>必要<rt>ひつよう</rt></ruby>ですが，<ruby>介護者<rt>かいごしゃ</rt></ruby>が<ruby>排泄物<rt>はいせつぶつ</rt></ruby>に<ruby>対<rt>たい</rt></ruby>する<ruby>不快感<rt>ふかいかん</rt></ruby>や<ruby>嫌悪感<rt>けんおかん</rt></ruby>を<ruby>表出<rt>ひょうしゅつ</rt></ruby>することは，<ruby>本人<rt>ほんにん</rt></ruby>に<ruby>屈辱感<rt>くつじょくかん</rt></ruby>を<ruby>与<rt>あた</rt></ruby>え，<ruby>心理的<rt>しんりてき</rt></ruby>な<ruby>虐待<rt>ぎゃくたい</rt></ruby>になることを<ruby>理解<rt>りかい</rt></ruby>しておきましょう。

▶▶ <ruby>膀胱機能障害<rt>ぼうこうきのうしょうがい</rt></ruby>のある<ruby>人<rt>ひと</rt></ruby>の<ruby>生活上<rt>せいかつじょう</rt></ruby>の<ruby>理解<rt>りかい</rt></ruby>と<ruby>介護上<rt>かいごじょう</rt></ruby>の<ruby>留意点<rt>りゅういてん</rt></ruby>

　<ruby>適切<rt>てきせつ</rt></ruby>な<ruby>飲水量<rt>いんすいりょう</rt></ruby>は<ruby>必要<rt>ひつよう</rt></ruby>ですが，<ruby>過剰<rt>かじょう</rt></ruby>な<ruby>飲水<rt>いんすい</rt></ruby>は<ruby>尿量<rt>にょうりょう</rt></ruby>が<ruby>増<rt>ふ</rt></ruby>えすぎて<ruby>導尿<rt>どうにょう</rt></ruby>の<ruby>回数<rt>かいすう</rt></ruby>や，ストーマ<ruby>袋<rt>ぶくろ</rt></ruby>からの<ruby>排出処理回数<rt>はいしゅつしょりかいすう</rt></ruby>が<ruby>増<rt>ふ</rt></ruby>えます。<ruby>動<rt>うご</rt></ruby>くときには，<ruby>留置<rt>りゅうち</rt></ruby>カテーテルが<ruby>抜<rt>ぬ</rt></ruby>ける<ruby>危険<rt>きけん</rt></ruby>や<ruby>屈曲<rt>くっきょく</rt></ruby>が<ruby>起<rt>お</rt></ruby>こらないよう<ruby>注意<rt>ちゅうい</rt></ruby>します。<ruby>入浴<rt>にゅうよく</rt></ruby>・シャワー<ruby>浴<rt>よく</rt></ruby>ではカテーテルの<ruby>挿入部周囲<rt>そうにゅうぶしゅうい</rt></ruby>の<ruby>皮膚<rt>ひふ</rt></ruby>を，<ruby>刺激<rt>しげき</rt></ruby>の<ruby>少<rt>すく</rt></ruby>ない<ruby>石<rt>せっ</rt></ruby>けんを<ruby>泡立<rt>あわだ</rt></ruby>ててやさしく<ruby>洗<rt>あら</rt></ruby>い，ぬるま<ruby>湯<rt>ゆ</rt></ruby>でよく<ruby>洗<rt>あら</rt></ruby>い<ruby>流<rt>なが</rt></ruby>します。<ruby>尿<rt>にょう</rt></ruby>は<ruby>元来<rt>がんらい</rt></ruby>は<ruby>無菌<rt>むきん</rt></ruby>ですが，<ruby>留置<rt>りゅうち</rt></ruby>カテーテルを<ruby>挿入<rt>そうにゅう</rt></ruby>しつづけることで<ruby>細菌感染<rt>さいきんかんせん</rt></ruby>を<ruby>起<rt>お</rt></ruby>こし，<ruby>膀胱炎<rt>ぼうこうえん</rt></ruby>をくり<ruby>返<rt>かえ</rt></ruby>す<ruby>場合<rt>ばあい</rt></ruby>には，<ruby>根本的<rt>こんぽんてき</rt></ruby>な<ruby>原因<rt>げんいん</rt></ruby>を<ruby>取<rt>と</rt></ruby>り<ruby>除<rt>のぞ</rt></ruby>くため，<ruby>看護師<rt>かんごし</rt></ruby>や<ruby>医師<rt>いし</rt></ruby>と<ruby>相談<rt>そうだん</rt></ruby>してカテーテルを<ruby>留置<rt>りゅうち</rt></ruby>せず<ruby>間欠導尿<rt>かんけつどうにょう</rt></ruby>[18]（→ p.440 <ruby>参照<rt>さんしょう</rt></ruby>）に<ruby>切<rt>き</rt></ruby>り<ruby>替<rt>か</rt></ruby>えます。

▶▶ <ruby>直腸機能障害<rt>ちょくちょうきのうしょうがい</rt></ruby>によるストーマ<ruby>保有者<rt>ほゆうしゃ</rt></ruby>の<ruby>生活上<rt>せいかつじょう</rt></ruby>の<ruby>理解<rt>りかい</rt></ruby>と<ruby>介護上<rt>かいごじょう</rt></ruby>の<ruby>留意点<rt>りゅういてん</rt></ruby>

　<ruby>食事制限<rt>しょくじせいげん</rt></ruby>はありませんが，<ruby>腸<rt>ちょう</rt></ruby>が<ruby>短<rt>みじか</rt></ruby>いため<ruby>消化吸収<rt>しょうかきゅうしゅう</rt></ruby>のよい<ruby>食事<rt>しょくじ</rt></ruby>をとります。<ruby>下痢<rt>げり</rt></ruby>や<ruby>便秘<rt>べんぴ</rt></ruby>を<ruby>防<rt>ふせ</rt></ruby>ぐ<ruby>適量<rt>てきりょう</rt></ruby>の<ruby>繊維質<rt>せんいしつ</rt></ruby>を<ruby>摂取<rt>せっしゅ</rt></ruby>し，ビフィズス<ruby>菌<rt>きん</rt></ruby>や<ruby>乳酸菌<rt>にゅうさんきん</rt></ruby>などで<ruby>腸内環境<rt>ちょうないかんきょう</rt></ruby>を<ruby>整<rt>ととの</rt></ruby>えます。<ruby>腹部<rt>ふくぶ</rt></ruby>に<ruby>貼<rt>は</rt></ruby>っているストーマ<ruby>袋<rt>ぶくろ</rt></ruby>は，<ruby>過度<rt>かど</rt></ruby>の<ruby>伸展<rt>しんてん</rt></ruby>や<ruby>屈曲運動<rt>くっきょくうんどう</rt></ruby>，<ruby>身体<rt>しんたい</rt></ruby>の<ruby>回旋<rt>かいせん</rt></ruby>を<ruby>行<rt>おこな</rt></ruby>う<ruby>動<rt>うご</rt></ruby>きや，<ruby>多量<rt>たりょう</rt></ruby>の<ruby>発汗<rt>はっかん</rt></ruby>により，<ruby>接着面<rt>せっちゃくめん</rt></ruby>が<ruby>剥<rt>は</rt></ruby>がれ，<ruby>排泄物<rt>はいせつぶつ</rt></ruby>がもれるおそれがあるため，<ruby>用具<rt>ようぐ</rt></ruby>の<ruby>選択<rt>せんたく</rt></ruby>が<ruby>大切<rt>たいせつ</rt></ruby>です。ストーマ<ruby>袋<rt>ぶくろ</rt></ruby>を<ruby>装着<rt>そうちゃく</rt></ruby>したままで<ruby>入浴<rt>にゅうよく</rt></ruby>し，<ruby>入浴後<rt>にゅうよくご</rt></ruby>に<ruby>剥<rt>は</rt></ruby>がして<ruby>刺激<rt>しげき</rt></ruby>の<ruby>少<rt>すく</rt></ruby>ない<ruby>石<rt>せっ</rt></ruby>けんをよく<ruby>泡立<rt>あわだ</rt></ruby>ててやさしく<ruby>洗<rt>あら</rt></ruby>い，ぬるま<ruby>湯<rt>ゆ</rt></ruby>で<ruby>洗<rt>あら</rt></ruby>い<ruby>流<rt>なが</rt></ruby>し，<ruby>乾<rt>かわ</rt></ruby>いた<ruby>布<rt>ぬの</rt></ruby>で<ruby>水分<rt>すいぶん</rt></ruby>をふき<ruby>皮膚<rt>ひふ</rt></ruby>を<ruby>乾燥<rt>かんそう</rt></ruby>させて，<ruby>新<rt>あたら</rt></ruby>しいストーマ<ruby>袋<rt>ぶくろ</rt></ruby>に<ruby>交換<rt>こうかん</rt></ruby>します。<ruby>便<rt>べん</rt></ruby>には<ruby>大腸菌<rt>だいちょうきん</rt></ruby>などが<ruby>含<rt>ふく</rt></ruby>まれるため，<ruby>直接触<rt>ちょくせつふ</rt></ruby>れないように<ruby>手袋<rt>てぶくろ</rt></ruby>をつけて<ruby>扱<rt>あつか</rt></ruby>い，<ruby>交換後<rt>こうかんご</rt></ruby>には<ruby>必<rt>かなら</rt></ruby>ず<ruby>手指<rt>しゅし</rt></ruby>を<ruby>洗浄<rt>せんじょう</rt></ruby>します。<ruby>手術<rt>しゅじゅつ</rt></ruby>や<ruby>神経損傷<rt>しんけいそんしょう</rt></ruby>により<ruby>性機能障害<rt>せいきのうしょうがい</rt></ruby>が<ruby>生<rt>しょう</rt></ruby>じる<ruby>場合<rt>ばあい</rt></ruby>があります。<ruby>身体障害者福祉法<rt>しんたいしょうがいしゃふくしほう</rt></ruby>では，<ruby>膀胱機能障害<rt>ぼうこうきのうしょうがい</rt></ruby>・<ruby>直腸機能障害<rt>ちょくちょうきのうしょうがい</rt></ruby>があり<ruby>身体障害者<rt>しんたいしょうがいしゃ</rt></ruby>の<ruby>申請<rt>しんせい</rt></ruby>をして<ruby>身体障害者手帳<rt>しんたいしょうがいしゃてちょう</rt></ruby>が<ruby>交付<rt>こうふ</rt></ruby>されると，<ruby>医療費<rt>いりょうひ</rt></ruby>や<ruby>用具<rt>ようぐ</rt></ruby>の<ruby>購入費用<rt>こうにゅうひよう</rt></ruby>の<ruby>助成<rt>じょせい</rt></ruby>などが<ruby>受<rt>う</rt></ruby>けられます。

⑧ 小腸機能障害

▶▶ 小腸機能障害のある人の心理的理解

　内部障害のある人の共通の悩みとして，外見からは障害があることをわかってもらえない，いわゆる「見えない障害」であるという点があります。そのため，小腸機能障害のある人の多くも，症状の変化や障害そのものによる身体的な苦痛，中心静脈栄養や経管栄養にともなう身体的・心理的な負担感に加え，周囲の理解が得られにくく社会生活のなかで孤立感や不全感を感じるといったように，幾重にも重なった心理的負担をかかえています。

　小腸機能障害のある子どもの場合では，介護者である親の心理状態の理解も欠かせません。介護することへの負担感や，栄養補給に関する知識や技術に関する不安感や負担感，子どもの成長発達に対する不安感，子どもに障害があることに対して責任を感じてしまうといった自責の感情など複雑な心理状態であることを認識しておきましょう。子ども自身が自分の状況をどうとらえているのかといったことへの理解も必要です。

　また，青年期・成人期では，社会生活において障害を周囲に理解してもらえるかどうかということが重要になる場合もあります。心理的な負担や動揺が少ないことが，本人自身の自己管理の質を高め，生活のリズムを守り，体調を維持することにつながります。一人ひとり，またその時々で心理的側面についても個別性が高いことを理解しておきましょう。

▶▶ 小腸機能障害のある人の介護上の留意点

　長期間にわたって経管栄養や中心静脈栄養に頼っていると，食べるための筋力や消化管の機能はおとろえていきます。また，口を使わない分，唾液の分泌が少なくなるので自浄作用が減り，口腔内に細菌が増えやすくなります。口腔ケアや口腔体操といったケアが重要です。個別の状況に応じて，習慣化しましょう。

　また，栄養状態の低下や貧血が起こりやすかったり，治療のためにステロイドや免疫抑制剤を使っていることもあるため，感染に注意する必要があります。経管栄養や中心静脈栄養に関する手技が清潔に正確に行えているのかどうか，どういった状態のときに医療職への連絡が必要なのかということについて，本人を中心としたチームのなかで，認識を共有しておくようにします。さらに，介護者自身も体調管理に努め，風邪の流行期には外出をひかえるなど感染予防に配慮します。

　社会的な側面では，社交の場としての食事を他者と楽しむということに支障が出ているため，そういったストレスをかかえていることへの理解が必要です。また，栄養補給のために必要な時間と場所にも配慮します。決まった時間に水分や栄養の補給を行う場合には，十分に休息がとれる状況を確保します。

▶▶ ヒト免疫不全ウイルスによる免疫機能障害のある人の心理的理解

　ヒト免疫不全ウイルス（HIV）感染症は，内部障害です。基本的には目に見えない障害であり，本人でも何が障害なのか見えづらい点があります。

　HIV に感染することにより，さまざまな困難が生じやすくなりますが，なかでも，表7-13 のように，HIV 感染を知られることによる差別・偏見を恐れて，日常生活で気をつかいつづけることがあります。周囲の人，場合によっては家族にすら HIV に感染した事実を伝えられないために，支援を得られないこともあります。

　さらに，定期通院をし，半永久的に服薬を続けなければなりません。また，HIV に感染しているために，結婚したり，恋人をつくったりすることをあきらめざるを得ないと思っている場合もあります。将来についてまったく見通しが立たない場合もあるでしょう。このような，身体面だけでなく，心理面や，活動・参加といった社会面にまでまたがる多様な困難を，HIV に感染している人はかかえる可能性があるのです。

表 7-13 ● 日本国内の HIV 陽性者 908 人を対象にした HIV への差別・偏見の感じ方

やや そうである＋とても そうであるの合計

HIV 陽性であることを誰か他の人に話すときにはとても用心する	93.0%
HIV 陽性であることを誰かに打ち明けることは危険なことである	85.5%
一般に人々は，HIV 陽性者であることを知ると拒絶するものである	85.7%
HIV 陽性だと誰かに打ち明けると，さらに別の人に伝わるのではないかと心配になる	87.3%
HIV 陽性であることを知っている人が周囲にいない状況が多い	74.9%
周囲の人々に差別されるのではないかと心配している	76.7%
HIV 陽性であることを雇い主や上司に知られると職を失うと思う	59.4%
HIV 陽性であることを隠すことに苦労している	47.8%

（4 つから選択）まったくそうではない／あまりそうではない／ややそうである／とてもそうである
出典：井上洋士「第 3 回 HIV 陽性者のためのウェブ調査 調査結果」HIV Futures Japan プロジェクト，2021 年

▶▶ ヒト免疫不全ウイルスによる免疫機能障害のある人の介護上の留意点

　介護でもっとも気をつけるべき点の 1 つは，感染防御です。しかしながら，ふだんから標準予防策[19]（➡ p.440 参照）を採用していれば，HIV に感染している人の介護をむやみに恐れる必要はありません。具体的には，手洗いや手指消毒をきちんと行う，血液・体液・分泌液などを触るときには手袋を着用する，それらが飛び散るおそれがある介護をするときには，マスクなどをすることです。なお，治療によりウイルス量が半年間以上検出限界値未満であれば，性行為による感染リスクはゼロであり介護でも感染しません。

▶▶ 肝臓機能障害のある人の心理的理解

　肝臓機能障害が起こる背景にはさまざまな原因がありますが，なかでもウイルス性肝炎がある人では，他者へ感染させてしまうかもしれないという不安や，周囲の理解が不十分であれば誤解と偏見の目にさらされてしまうかもしれないという不安から病気や障害のことを隠して日常生活を送っている人もいるかもしれません。

　肝臓機能障害によって引き起こされる全身倦怠感や，浮腫，腹水の貯留による呼吸困難感，皮膚のかゆみや食欲不振は，本人の QOL を低下させます。身体的苦痛が他者に十分理解されないこと，症状コントロールのためにも定期的な受診や検査が欠かせないことなどから，治療継続の意欲が低下したり，就労や社会生活に支障が生じたりします。

　本人の状況によって，さまざまな苦痛や負担を感じながら生活しているということを理解し，治療の継続と生活への意欲を支えるようなかかわりをすることが必要です。

▶▶ 肝臓機能障害のある人の介護上の留意点

　介護によってウイルス性肝炎の感染が起こることはまれだと考えられますが，血液や体液に触れるときは必ず手袋をするなど，基本的な感染予防対策をとることは重要です。介護職が感染に対する正しい知識をもち，適切な対応ができることは，障害のある本人にとっても安心につながり，信頼関係を築く第一歩になります。

　肝臓機能障害のある人にあらわれる全身倦怠感，浮腫，腹水の貯留などには，十分な休息が必要です。筋肉量の減少も起こりますので，安静と活動のバランスについて医療職と連携しながら日常生活を支えます。食欲不振に加え食事制限がある場合は，管理栄養士と連携しながら，おいしく，かつ必要な栄養が摂取できる支援が重要になります。さらに，皮膚のかゆみや黄疸については，清潔保持や衣類の素材の検討などで，皮膚への刺激を避けることと，保湿に努め傷を防ぐことが必要です。

表 7-14 ● 肝臓機能障害のある人の介護上，注意を要すると考えられる場面

- 糖尿病でインスリン治療を行っている人の注射針，血糖検査器具，採血針，消毒綿などの扱い
- 褥瘡，傷からの血液や滲出液，それらを含んだガーゼの扱い
- 嘔吐物，吐血，喀血，喀痰，鼻出血の扱い
- 歯肉出血など口腔内出血時の口腔ケア
- 出血，滲出部位があり，介護職にも傷がある場合の清拭，フットケア，入浴介助
- おむつの扱い

出典：黒澤貞夫・石橋真二・是枝祥子・上原千寿子・白井孝子編『介護福祉士実務者研修テキスト 第 4 巻 こころとからだのしくみ』中央法規出版，p.219，2015 年を一部改変

2. 知的障害による生活上の障害と心理・行動の特徴

❶ 知的障害による心理・行動の特徴 :::

▶▶ 抽象的な物事や複雑なことの理解が苦手

　知的障害があるということは，抽象的な物事や複雑なことを理解するのが苦手だということです。一方で，身体的な発達は障害のない人と同じである場合が多く，脳機能の発達状態と，身体の発達状態のあいだにアンバランスが生じます。

　知的障害のある人の状態は，理解力に応じたわかりやすい情報提供や年齢相応の生活体験，自信や自己肯定感をはぐくむことができる適切な支援環境の有無によって，大きく影響を受けます。そのため，知的障害のある人の介護に携わる際には，環境との交互作用に目を向けてその人をとらえていくことが大切です。

▶▶ 環境との交互作用

　環境との交互作用は，人が環境（制度的・物的・人的を含む）に影響を与え環境が変化し，変化した環境が人に影響を与えることで人が変化し，変化した人が環境に影響を与えることで環境がさらに変化する，ということをくり返すことを意味します。

　たとえば，Aさんがダンスを披露する→親が感動する→賞賛を受けたAさんは，ダンスの練習を積む→親がAさんのダンス能力を生かした就職先を模索するというように，肯定的な交互作用としてあらわれる場合があります。

　また，否定的な交互作用としてあらわれる場合の例として，Bさんの意思表示が少しわかりにくかった→周囲の人は，Bさんを何もできない人と理解した→Bさんは自分でやりたいことがあったので意思表示したが，わかってもらえなかった→周囲の人がすべてやってあげる対応をくり返した→Bさんは，意思表示する意欲を失った，ということがあげられます。知的障害の状態によって，物事の理解力や意思表示の仕方が異なるので，それぞれに応じたコミュニケーション方法を工夫し，意思の把握に努めることが大切です。

▶▶ 認知力・コミュニケーション力の把握

　知的機能の状態に応じた認知力・コミュニケーション力の特徴を把握することが意思の把握に役立ちます。とくに，IQ²⁰（➡ p.440参照）ではなく，精神発達年齢を手がかりにすることによって，特徴がよりよく理解できると思います。そのうえで，脳機能の状態と生活年齢とのアンバランスをどのようにして改善していけるかを考えるようにします。

❷ 知的障害のある人の生活の理解と介護上の留意点 ::

▶▶ 生活の理解

　生活を理解するうえで重要な点は,「体験して初めてわかる」ことが多いということ,ライフステージ（実際の年齢にともなう人生における段階）に応じた生活体験をさせてもらっていない場合が多いということです。

　周囲の人が, 知的障害がある＝一生子どものまま, と思いこんでいると, 大人になっても幼児のような行動様式を取っていてよいという対応になり, 知的障害のある人は大人になることを自覚できませんし, 適切な行動様式を身につけることもできません。知的機能の発達状態をふまえた支援を行うことと同時に, ライフステージに応じた生活体験ができるよう支援することも重要となるのです。

▶▶ ライフステージに応じた生活体験への支援

　乳幼児期は, 安心・安全な環境で暮らすことや, 身近な大人とのあいだに絆ができること, 五感を通して外界の情報を取りいれること, 好きか嫌いか・心地よいか悪いかを発信すること, などが大切になります。子どもの能力を伸ばしていくはたらきかけをすること, 不安を減らせるような工夫をすることが必要です。

　学齢期は, 能力に応じた学習, 余暇の充実, 地域での人間関係を広げる, 自己理解（心身の状態や障害のおぎない方）を深める, サービスの利用・選択の練習をしたりすることが大切な時期です。知的障害のある人が自信（自己肯定感）をもてるようにすることや, 試行錯誤を通して生活体験を積んでいくことを大切にします。

　青年期・壮年期は, 大人としてのアイデンティティ[21]（➡ p.441 参照）を構築する, 親離れするための生活スキルを習得する, 政治・余暇・就労などの社会参加スキルを高める, 自身の心身機能や苦手部分のおぎない方を理解する, そのための学習機会を継続的に得ること, 等が大切です。人生の主人公は知的障害のある人自身なのだということを忘れずに, 意思決定を大切にして支援していきます。

　老年期には, できていたことができなくなっていくため, 介護の必要性が増していきます。老いの自覚がもてない場合もあるので, 尊厳を損なわないようにかかわっていくことが大切です。

3. 精神障害による生活上の障害と心理・行動の特徴

❶ 精神障害による心理・行動の特徴 ::

▶▶ 病気や他の要因の影響による生活のしづらさ

精神障害は疾患と障害の両方をあわせもつ特性があります。障害としての生活のしづらさは，疾患のほかに薬の副作用，生活上のストレスなどさまざまな影響を受けてあらわれます。自信がもてず自己肯定感が低いという傾向がありますが，社会経験や成功体験の不足が大きく影響しているといえるでしょう。疾患の経過や症状のあらわれ方においては変動しやすい特性があります。

▶▶ 環境からの影響による生活のしづらさ

社会からの精神障害に対する偏見は，社会参加の制限に影響します。社会から参加を制限された精神障害のある人は，孤立を深め，やがて心身の不調，そして生活の困難へとつながっていきます。また，入院治療の必要性がないのに長期間の入院を経験した場合，社会生活に適応する力や，退院の意欲や希望を喪失することがあります。これも長期入院という環境による生活のしづらさといえます。表 7-15 は，精神障害のある人の生活のしづらさについて，疾患患者数の多い統合失調症を例にして，国際生活機能分類（ICF）を参考に示したものです。

表 7-15 ● 精神障害者の生活のしづらさ（統合失調症の場合）

健康状態	統合失調症：脳における神経伝達機構の失調	
機能（構造）障害	・認知行動障害：対人関係面のぎこちなさ，他者の気持ちへの共感がむずかしい。幻覚や妄想であることを自分で認識しにくい。 ・思考の障害：全体をつかみにくく，細かいところにこだわりがある。意欲がわかない。	生活機能
活動制限	・社会生活能力：食事，金銭管理，みだしなみ，服薬管理，生活リズムの確立，社会資源の利用などがうまくできない。 ・作業能力：仕事での技術習得や集中力・持続力の低下，疲れやすさがある。	生活機能
参加制約	・就学，就労，人づきあい，余暇活動などの社会生活上の参加の制約 ・自分は価値がないと思いこむ。	生活機能
環境因子	・生活支援サービスの整備状況 ・態度的環境：市民や周囲の人々の精神障害者に対する偏見や理解の程度やかかわる態度	背景因子
個人因子	・性別，年齢，教育歴，生活歴，生活習慣，病気の経過，医療での経験（入院経験など），社会生活での経験，成功体験が少ない，など	背景因子

❷ 精神障害のある人の生活の理解と介護上の留意点 ::

▶▶ 本人の意思を尊重し，生活全体をとらえる

　支援の基本姿勢は，1人の人間として本人の意思を尊重し，生活全体をとらえる視点をもつことです。精神疾患の症状やその結果生じた障害による生活上の困難が時に目立つのですが，そこに注意が向くと，その人のできる部分や長所，あるいは過去に経験した仕事や趣味などのその人らしさ，つまりストレングスを見過ごしかねません。

　生活上の困難には，疾患や能力障害のみならず，多様な要因が相互に関連します。その人の生活状況や生活歴を，生活の場で，たとえばいっしょに家事作業をしながらコミュニケーションを通してうかがい知ることで，的確に生活全体からアセスメントすることができます。また，病状の変化が生活面にあらわれることや，食生活や生活リズムの乱れが服薬の乱れにつながることがあり，支援者は生活環境を調整しながら，生活のなかで療養を助けていく視点をもつことが重要です。

▶▶ 支援関係の形成

　他者への警戒心や不安感などを強くもつ傾向があり，対人関係を苦手に感じている人が多くいます。支援者は，緊張や不安を与えるような態度ではなく，柔和な態度でかかわります。ひきこもりがちの人に対して，無理に外出を誘うことや安易なはげましは，本人の心理的負担を高め，支援の拒否につながることもあります。本人の不安な気持ちに寄り添い，急がずに信頼関係を構築していくことを心がけます。一方，人間関係の距離を適切に保つことがむずかしく，支援者への精神的な依存などが課題になることがあります。その際，本人にあいまいな態度をとらず，支援チームで一貫した態度をとるようにします。

▶▶ 医療面の支援

　精神疾患と障害の両方をあわせもつので，保健医療の支援者との連携が重要です。病状の変化や精神疾患の再発のおそれのほか，衝動的な行動，意識障害や身体症状の出現などの生命の危機にかかわる緊急場面において，事前に情報共有と対応の準備をしておきます。また，そのような場面では職場の上司に連絡や相談をして，複数の職員で対応します。

▶▶ 障害者福祉の社会資源の活用

　孤立や孤独は，生活上のストレスを増し，精神的な不調の引き金になります。家族や知人らを含めた地域の人々らとかかわりをもつことができる支援環境は重要です。そして，QOL（生活の質）を向上していくために専門的な障害者福祉サービスの利用やその利用に関する相談（障害者相談支援事業），保健所や市町村保健センターの精神保健相談など社会資源の活用が役立ちます。社会資源についての情報を知っておくとよいでしょう。

4. 高次脳機能障害による生活上の障害と心理・行動の特徴

❶ 高次脳機能障害による心理・行動の特徴

▶▶ 病識低下・病識欠如

脳の損傷によって生じる高次脳機能障害は，一見してわかりにくいこともあり，障害であることが理解されないことがあります。同じ脳の損傷の後遺症である半身麻痺は，身体障害として認定されても，高次脳機能障害については見落とされることもあります。

また，本人も高次脳機能障害の症状を認識しづらいということがあります。このような状態は，病識低下または病識欠如といわれます。心理学的には，自己意識性の障害ともいわれ，高次脳機能障害の症状の１つでもあります。そのため，本人に障害があることを指摘すると，本人は強く否定するばかりか，時には怒り出すことがあり，その結果，本人との信頼関係を壊してしまうこともあり留意が必要です。

体調や疲労感にも気づきにくい場合もあることから，周囲が本人の様子をとらえながら，体調不良のサインを見逃さないなどの配慮も必要です。

▶▶ 気づきと心理的反応

症状や障害に対する気づきの程度には，個人差があります。また，個人のなかでも一定というわけではありません。退院して自宅や地域での生活に戻ることで，しだいに気づきが得られる場合もあります。実生活で失敗も含めてさまざまな体験をすることによって気づきが得られることから，体験的気づきともいわれます。こうして，症状や障害に気づくようになることは，「以前はあたりまえにできていたことができなくなった」など自分自身の変化や，「友人が離れていった」などの周囲の変化にも気づくことになります。これは，同時に不安や無力感，怒り，気分の落ちこみなどの心理的反応を引き起こす場合があり，介護職としても配慮が必要となります。

▶▶ 家族の心理

家族の心理的反応に対する理解も重要です。家族は，生命の危機を脱したことの喜びもつかのま，退院後に生活をともにするようになると，「自分からは何もしようとしない」「ほかの家族の分まであるだけ食べてしまう」「ささいなことで怒る」など，以前にはみられなかった言動にとまどうことがあります。それを止めようとすると，かえって暴言や暴力が激しくなり，家族だからこそ怒りの矛先が向けられてくることもしばしばです。こうした状況が長く続くと，家族にも不安や無力感，気分の落ちこみ，孤立感などの心理的反応がみられることがあります。

❷ 高次脳機能障害のある人の生活の理解と介護上の留意点 ::::::::::::::::::::::

▶▶ 生活面の理解

　高次脳機能障害の症状や障害のあらわれ方が一人ひとり異なるように，発症前の生活背景も異なります。新たな環境や生活様式で生活を始めることは障害の特性から非常に大きな負担となります。そこで，症状を正しく理解するとともに，発症前の生活背景やどのような生活を望んでいるのかをふまえて，支援の目標を具体化していくことが重要です。

　意識障害や重度の身体障害がなければ，トイレに行く，入浴する，食事をとるなどの動作そのものは，たいていの場合可能となります。しかし，高次脳機能障害のため，声かけをしないと入浴しない，家族の分まで食べてしまう，明け方近くまでインターネットやテレビなどを見て過ごしてしまい朝起きられないなどといったことがみられたりします。また，買い物をする，料理をするなどの多くの手順を必要とする活動や，1日，1週間，1か月間という単位での予定管理，金銭管理などでは，支援が必要となることもあります。支援といっても，必ずしも手取り足取りの介護が必要であるとか，単に代行するということではありません。本人が望む自立した生活の実現のためには，どのような支援があれば可能かを検討し，必要な支援を提供します。また，必要に応じて障害をおぎなうための手順書や予定表などを活用できるようにいっしょに練習していきます。

▶▶ 環境調整

　もっている力を最大限に発揮し，安心して過ごすことができる環境を整えることを環境調整といいます。環境調整では，薬を一包化してカレンダーに貼る，大切な物の置き場所を決めるなどの物理的環境を整えることのみではなく，生活のルールや日課を一定にすることも含みます。症状や生活背景，生活様式にあわせて，苦手になったことをおぎなう手段の検討と，実際に活用できるように支援することが重要となります。

▶▶ 社会的行動障害

　生活面の支援をする場面では，ささいなことでの暴言やセクシュアルハラスメントなど，欲求や感情のコントロール低下という社会的行動障害が問題となることがあります。

　イライラした様子がみられるときに，注意や説得をしようとすると，かえって興奮しやすくなります。その場合は，話題を変える，その場を離れることなどによって興奮が収まることもあります。暴言や行動のきっかけとなる言葉や刺激などを見きわめて，そこを避けることで減ってくる場合もあります。本人といっしょに解決していくという姿勢で日ごろから信頼関係を築いていくようにします。また，本人をサポートする家族や支援者とも連携しながら，お互いに一致した対応ができているのか，不安が生じるような事態が起きていないかなど，情報を共有しながらチームで支援をしていくことも大切です。

5. 発達障害による生活上の障害と心理・行動の特徴

❶ 発達障害の生活ニーズ

　発達障害のある人の生活のしづらさは，その人の内面や体験，世界のとらえ方がわれわれと異なるからであるといわれています。発達障害のある人が，自立して幸福な生活を営むためのニーズを考える場合，われわれが日常生活や社会生活を送っていくうえで，自然に身につけてきたさまざまなスキルの獲得について，特別な支援が必要といえるでしょう。

▶▶ コミュニケーションのニーズ

　発達障害のある人は，一般的に人の話を聞いて会話を行うことが苦手です。一方的に話したり，意味を取り違えて会話する場合もあります。また，相手の言葉も字義どおりに受け取りやすく，比喩や言葉の裏にある意味を理解できないこともあります。発達障害のある人は，その人に合った方法で，自分の意見や望みなどを他者に適切に伝えていく技術を身につけていく必要があるといえます。

▶▶ 対人関係のニーズ

　人と仲良くしたり，他者と適切な関係をつくるスキルが，日常生活や社会生活を送るうえで必要です。発達障害のある人は，他者の感情や思考を理解することが困難なため，他者と適切な関係をつくることができない場合があります。とくに，他者と協力していっしょに活動して1つのものをつくり上げていくことに困難があります。適切な対人関係を構築していく技術を身につける必要があるといえるでしょう。

▶▶ 自己認識のニーズ

　日常生活や社会生活において力を発揮するためには，自分が「できること」や「できないこと」など自分の能力を適切に把握することが重要です。発達障害のある人はこのような自己認識のスキルを身につけることに困難をかかえ，能力以上の事柄に挑戦し，挫折感を味わったりする場合があります。自分自身を客観的に認識できるスキルを身につけることは，発達障害のある人にとって，日常生活や社会生活を営むうえで，重要なニーズといえます。

▶▶ 自閉症のある人の生活の理解

　発達障害のある人の生活の理解や支援については，基本的には私たちと同じですが，異なるところもあります。自閉症（関連：広汎性発達障害，自閉スペクトラム症，アスペルガー症候群）を例に説明します。

　生活を支えるうえでは，自閉症が表7-16のとおり，①視線が合わない，仲間をつくることができないなどの社会性の障害，②言葉が出ない，会話が続かないなどのコミュニケーションの障害，③同じことをくり返す，こだわりがあるなどの想像力の障害の3つにより特徴づけられる障害であることを理解する必要があります。これらは，さまざまな「生活のしづらさ」を発達障害のある人にもたらすものです。

表7-16 ● 自閉症の3つの障害

①　社会性の障害
　　人と人との基本的なつながりに生まれつきの苦手さがあるので，本人は，他者とよい関係をつくろうとしても，他者にとっては自分のことしか考えていない人と誤解を受けて，のけもの扱いされたりいじめの対象になったりする場合もある。これは，本人の体験と，他者の体験が重なり合わないことから生じていると考えられる。

②　コミュニケーションの障害
　　言葉が出ない，会話が続かないなどのコミュニケーションの障害は，始語が遅れたり，オウム返しが続いたりするふるまいにあらわれる。しかし，この言葉の遅れは単なる遅れではなく，他者との体験が重ならないことにより，体験を共有できないことが原因と考えられる。

③　想像力の障害
　　同じことをくり返す，こだわりがあるなどは想像力の障害といわれる。こだわりはそれが好きだからというより，他者と体験を共有できないために，発展的な行動を形成しづらく不安になり，同じ行動に固執するからではないかと考えられている。

▶▶ 自閉症のある人の介護上の留意点

　ICF（☞第4巻p.394）によれば，これら発達障害の特徴は，その人が生来もっているもの（属性）ととらえるのではなく，障害を環境とのあいだに生じているもの（関係性）としてとらえるものとしています。また，本来その人がもっている障害（1次的障害）とは別に，周囲の無理解や差別などの環境による2次的障害で生じている場合も多いといえます。このように発達障害のある人は，周囲の理解不足により「生活のしづらさ」が増幅します。安心した生活のためには，何よりも発達障害のある人を正しく理解し，彼らとの関係を調整したり環境を整えるなどの適切な支援をしていくことが重要です。

6. 難病による心理・行動の特徴

❶ 難病の特性の理解

　難病は根本的な治療がむずかしく，慢性的な経過をたどる疾患です。そのため，今後症状が悪化したり，長期にわたって療養したりすることへの不安が生じやすくなります。

　症状が進行すると，ベッド上での生活や喀痰吸引などのケアが必要になる場合もあります。それによって，学校や職場などの社会生活への参加や役割に制約が生まれ，経済的な負担も加わることがあります。

　しかし，適切な治療を受け，痛みや活動などをコントロールすることで，日常生活や社会参加を継続することもできます。

　長期にわたる療養生活は，本人とともに家族の生活にも影響を及ぼすことが考えられます。そのため，難病のある人一人ひとりの身体的側面，心理的側面および生活面，それぞれの側面からアセスメントすることが必要です（表7-17）。

表7-17 ● 難病のある人を理解するときの側面

身体的側面の理解	① 根本的な治療は困難であり，慢性的な経過をたどる ② 痛みなどの症状により活動への影響がある ③ 症状に変化がみられる（日によって症状の変化に差があることがある）
心理的側面の理解	① 原因が不明で，治療法が確立してないことへの不安 ② 長期にわたり療養することへの不安 ③ 痛みなどの症状に対する苦痛
生活面の理解	① 痛みなどの症状から生まれる生活への影響 ② 学校，職場などの社会生活への参加制約 ③ QOLへの影響 ④ 治療費などの経済的負担 ⑤ 家族介護者への負担

❷ 難病のある人の生活の理解と介護上の留意点 ::::::::::::::::::::::::::::::::::::::

　介護職は，難病のある人が症状をコントロールしながら，安心して生活が送れるように
QOL の向上をめざして支援します。難病によって活動が制限されたり，役割を失ったり
すると，本人の身体的・心理的な負担も大きいため，現状と向き合い受容できるように支
援します。

　中途障害の場合，障害を受容するにいたる過程は年齢や環境にも影響されるといわれて
います。介護職は，一人ひとりの生活状況を理解し，状況に応じて本人や家族の日常生活
を再構築できるように支援します。

図 7-7 ● おもな難病対策・支援

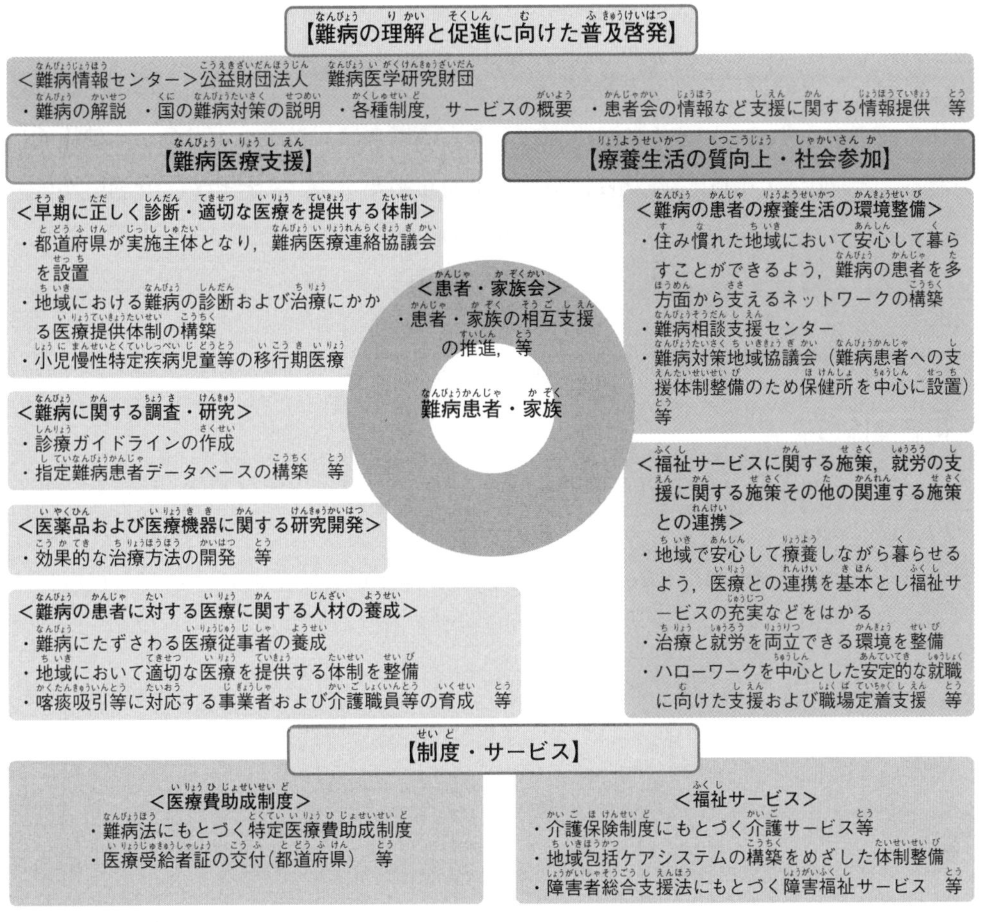

【難病の理解と促進に向けた普及啓発】

<難病情報センター>公益財団法人　難病医学研究財団
・難病の解説　・国の難病対策の説明　・各種制度，サービスの概要　・患者会の情報など支援に関する情報提供　等

【難病医療支援】

【療養生活の質向上・社会参加】

<早期に正しく診断・適切な医療を提供する体制>
・都道府県が実施主体となり，難病医療連絡協議会を設置
・地域における難病の診断および治療にかかる医療提供体制の構築
・小児慢性特定疾病児童等の移行期医療

<難病に関する調査・研究>
・診療ガイドラインの作成
・指定難病患者データベースの構築　等

<医薬品および医療機器に関する研究開発>
・効果的な治療方法の開発　等

<難病の患者に対する医療に関する人材の養成>
・難病にたずさわる医療従事者の養成
・地域において適切な医療を提供する体制を整備
・喀痰吸引等に対応する事業者および介護職員等の育成　等

<患者・家族会>
・患者・家族の相互支援の推進，等

難病患者・家族

<難病の患者の療養生活の環境整備>
・住み慣れた地域において安心して暮らすことができるよう，難病の患者を多方面から支えるネットワークの構築
・難病相談支援センター
・難病対策地域協議会（難病患者への支援体制整備のため保健所を中心に設置）　等

<福祉サービスに関する施策，就労の支援に関する施策その他の関連する施策との連携>
・地域で安心して療養しながら暮らせるよう，医療との連携を基本とし福祉サービスの充実などをはかる
・治療と就労を両立できる環境を整備
・ハローワークを中心とした安定的な就職に向けた支援および職場定着支援　等

【制度・サービス】

<医療費助成制度>
・難病法にもとづく特定医療費助成制度
・医療受給者証の交付（都道府県）　等

<福祉サービス>
・介護保険制度にもとづく介護サービス等
・地域包括ケアシステムの構築をめざした体制整備
・障害者総合支援法にもとづく障害福祉サービス　等

第3節 障害のある人や家族への かかわり・支援の基本

月

日

1. 障害のある人へのかかわり・支援の基本

❶ 障害のある人へのかかわりの基本 ::

▶▶ 生活ニーズの把握

　障害のある人への支援でもっとも重要な点は，障害のある人（原則は本人）の希望と生活ニーズの把握です。これは，本人が社会生活をしていくうえで，何をしたいのかといった希望の把握と，何に困っているのかといった生活に基盤をおいたニーズの把握です。本人の「何をしたいのか」の思い（希望）に迫るには，インテーク（初回面接）における信頼関係の構築が重要です。とくに，障害のある人の場合は，なかなか自分から積極的に思いを語ることは少ないので，はたらきかけに工夫が必要です。あわせて，介護職が一方的に情報やサービスを提供するのではなく，本人の生活をつくり上げていく思いの強さ（ストレングス）に着目することや本人が問題解決能力をつけていくこと（エンパワメント）への支援も重要です。

▶▶ 信頼関係の構築

　障害のある人の思いに迫るために，コミュニケーションを円滑にするには，表出された言葉の背景の理解，言葉の奥にあるニーズの把握が必要です。そのためには，障害のある人とのコミュニケーションの方法を含めた関係づくりが重要であり，障害の程度に応じて，絵や図を多用したコミュニケーションの方法を用いるなどの工夫が必要です。また，インテークの際に，本人が信頼している人がいれば，その人といっしょに会うといった工夫も必要です。

　とくに，精神障害や発達障害のある人（場合によっては家族）への支援で重要な点は，まわりから理解されないことに対する本人とその家族の悩み・苦しみです。この悩み・苦しみに対しての介護職の理解と共感が信頼関係を形成するうえで重要です。このような障害では多くの場合，障害に関して専門的な診断（判断）が下されるまで，時間がかかることがあります。ひどい場合は，専門機関にかかることなく，正確な診断（判断）を受けずに，周囲の助言や世の中の情報によってふりまわされ，混乱している場合もみられます。そのような困難な時期を経て，相談に来ているということを介護職は理解し，悩みや苦しみに共感して話を聞くことが信頼関係の構築の基礎になります。

事例１　重度の身体障害者が地域生活へ移行する支援

　Ａさん（45歳，女性）は，脳性麻痺による四肢体幹機能障害と言語障害（身体障害者手帳１種１級）があります。Ａさんが３歳時に脳性麻痺の診断を受け，その後，身体障害者手帳の交付を受けました。12歳時に家庭の都合で，障害児入所施設に入所し，18歳になるまで過ごしました。その後，児童相談所の指導で，障害者支援施設に転所し，44歳までそこで過ごしました。幼少時に父母が離婚し，兄弟もいないので，Ａさんにとって母親が唯一の家族でした。Ａさんと母親の関係も悪く，母親はＡさんの地域移行を望んでいなかったのですが，Ａさんが43歳時に母親が死亡し，Ａさんは障害者支援施設を出て地域で生活することを強く望むようになりました。

　Ａさんが43歳時に，Ａさんが障害者支援施設から出て地域での生活を強く望みはじめたことを担当職員が把握し，Ａさんをどのような段取りで施設から地域での生活に移行させるかを話し合う検討会議を施設内で開催することが決まりました。しかし，障害者支援施設の職員だけでの検討では不十分なことがわかり，Ａさんと地域の相談支援事業所などの職員を交えて個別支援会議を始めました。

　Ａさんからは，「地域で自立した生活をしたい」という強い要望だけで，あまり具体的な相談はなく，地域のなかで，自立生活をするために何が必要なのかについての具体的な支援の検討が始まりました。具体的な支援としては，相談支援事業所での（身体障害のある相談支援専門員による）ピア・カウンセリング㉒（➡ p.441 参照），この相談支援事業所が行っている地域での自立生活プログラム研修の紹介を行いました。次に，個別支援会議で住宅の確保と必要な住宅の改修を検討しました。Ａさんには言語障害があるので，コミュニケーション手段として**コミュニケーションエイド**㉓（➡ p.441 参照）の導入を検討しました。介助は居宅介護（ホームヘルプサービス）のほかに，社会福祉協議会に登録されているボランティアや学生などのボランティアを募ることにしました。

　６か月間にわたる自立生活プログラムへの参加を終えて，その間に住宅の確保と改修を行い，最初の１か月は試験外泊として実施しました。その後，12名のボランティアを確保することができ，支給決定された居宅介護とあわせて活用することによってＡさんの在宅支援体制が整い，障害者支援施設から退所し，住宅を借りて地域生活に移行しました。

　この事例は，障害者自身の強い地域生活の希望を障害者支援施設の職員が受け止めながら，障害者支援施設と相談支援事業所などとの連携をつくり，障害者支援施設から地域生活へスムーズに移行を成し遂げた点で特徴的です。

2. 家族の理解と障害の受容支援
かぞく りかい しょうがい じゅようしえん

❶ 家族支援の視点
かぞくしえん してん

▶▶ 家族自身の社会参加や自己実現に対する支援
かぞくじしん しゃかいさんか じこじつげん たい しえん

　これまでの障害者福祉では，家族と同居している場合，ほとんどの家族は介護者として位置づけられてきました。そのため，これまでの障害者福祉で家族支援の意味するところは，家族介護の肩代わりの支援という意味で大きな位置を占めていました。

　しかしながら，家族介護の肩代わりをする支援だけではなく，家族自身の社会参加や自己実現に対する支援も必要で，その延長線上に障害のある本人の生活の継続支援があるということに着目していく必要があります。

▶▶ 障害者ケアマネジメントの重視
しょうがいしゃ じゅうし

　これまでの障害者福祉施策では，在宅サービスや施設サービスを利用する目的として，家族の介護負担の軽減や介護からの解放がありました。また，利用した場合でも，自宅から遠い施設での短期入所（ショートステイ）や施設入所が行われ，障害のある人の生活の継続性に大きな問題を生み出してきました。

　このような制度の問題を克服するために，相談支援事業における障害者ケアマネジメント[21]（➡ p.441 参照），とくに，サービス調整，ケアプラン（サービス等利用計画）の作成が重視されています。

❷ 障害の受容と家族
しょうがい じゅよう かぞく

▶▶ 家族にも必要な「障害の受容」
かぞく ひつよう しょうがい じゅよう

　障害の受容とは，どういうことを意味しているのでしょうか。

　リハビリテーション分野においては，障害の受容の意味として，障害のある人自身の価値観の転換と積極的な生活態度の2点が強調されてきました。もちろんここでは，障害の受容の主体は「障害のある人」が考えられていますが，価値観の転換を考えるならば，障害の受容の主体には家族や社会（環境）も含まれることが考えられます。

　これまでどちらかといえば障害のある人自身の障害の受容が強調されてきており，家族や社会は，障害のある人自身の障害の受容をうながすための環境要因としてとらえられることが多かったと思います。ここで重要なことは，家族も障害の受容のための中心的なはたらきかけの対象であるという理解です。

▶▶ 障害受容のプロセス

　障害を負ったあとの過程には，一連の流れがあり，その流れのなかで，障害の受容がなされるということがいわれています。代表的なものは，「ショック期」（衝撃が大きいため現実に生じている状況に無関心な時期），「否認期」（障害を負うという現実を受け入れられない時期），「混乱期」（これから先の不安でどうしてよいかわからない時期），「解決への努力期」（まわりからの支援を受けながら冷静になってこれからのことを考え始める時期）などの段階を経て，最終的に受容にいたるプロセスです。これは，障害を負うことから受容にいたるまでのプロセスを一連の流れとして整理する点で特徴的です。ただし，現実の障害を負ってからの歩みは，必ずしもこのような段階を上がっていくように進むのではないこともいわれており（南雲直二『エッセンシャルリハビリテーション心理学』荘道社，2006年），悩み・苦しみをかかえながら歩む人も多いので，共感的な理解が重要です。

▶▶ 介護職に求められる対応

事例2　家族のなかでの役割の喪失

　Bさん（55歳，女性）は，脳卒中㉕（➡ p.441参照）を発症したあとに長男夫婦と同居することになりました。発症前は専業主婦で家事の一切をとりしきっていました。「家事がまったくできないので，嫁に迷惑をかけているのがつらい。1日も早くよくなりたいと思って家のなかで体操をしているが，一向によくならないので困っている」と語っていました。

　事例では，発症前までもっていた家族のなかでの役割（家事）を喪失したことによって，Bさんが家族に気兼ねをしている状況が示されています。脳卒中の発症にともなって生じた家族の負担が，Bさんに心理的な葛藤を生み出しているのではないかと考えられます。

　事例でのはたらきかけとしては，Bさんと家族に対する心理的な支援に加えて，家族の負担そのものを軽減させ，本人が家族に気兼ねしないような状況を生み出すことが重要です。

　リハビリテーション心理学では，専門職の対応として，①家族の考えを明確につかんでおくこと，②利用者の背景として，経済的側面，環境的側面，心理的側面の3点を理解すること，③家族をリハビリテーションチームの一員として考え，家族とともに検討することが強調されています。まさに，家族とともに考える介護職の新たな専門性が必要とされています。

3. 介護負担の軽減
かいご ふ たん けいげん

① 家族を取り巻く社会環境
かぞく と ま しゃかいかんきょう

▶▶ ハード面の社会環境
めん しゃかいかんきょう

ハード面の環境の問題では，表7-18を中心とした物理的な環境の問題があげられます。これらは，介護負担や経済的負担の軽減といった家族支援の問題にかかわっています。障害のある人では，家庭のなかで機能訓練のための運動にいくらはげんでも，近所の坂や段差を考えると外出する意欲を失ってしまうといったことがよくいわれます。このことから，機能訓練の意欲に対して，物理的な環境が及ぼしている影響の大きさを理解することができます。

次に，介護に関連する制度として居宅介護を取り上げて考えてみます。一般的に家族が同居していると，居宅介護の利用は低くなるといわれています。この背景には2つの問題が考えられます。1つは，（とくに，重度の障害者に対する）在宅支援における訪問介護員（ホームヘルパー）の絶対量の不足と，そこから生じるサービスの質の悪さです。もう1つは，ホームヘルパーを利用することに対する家族の気兼ね（利用することを権利として考えるよりもむしろ世間に迷惑をかけることになるという心情）です。この場合，介護職には，①障害のある人自身・家族による障害の受容（または，意欲的な生活の創出）に，居宅介護のような制度的な介護サービスの提供が必要であることを，行政やサービス事業者などに伝える役割，②障害のある人自身・家族にサービスを利用することの重要性（権利性）を伝える役割が求められます。

表7-18 ● ハード面の社会環境
ひょう めん しゃかいかんきょう

- 介護にかかわる公的なサービスの提供
  かいご こうてき ていきょう
- 所得保障
  しょとく ほ しょう
- 住環境
  じゅうかんきょう
- 外出環境　など
  がいしゅつかんきょう

▶▶ ソフト面の社会環境
めん しゃかいかんきょう

障害のある人の社会参加を阻むソフト面の環境の問題では，まわりの人の偏見の問題に加えて，まわりの人の偏見に影響される障害のある人自身の意識の問題も重要です。このことに関して，社会福祉実践では，セルフヘルプグループ[26]（➡ p.441 参照）の役割の重要性が認識されています。介護職は，障害のある人と家族の支援において，セルフヘルプグループの形成，発展を支えていくことを意識する必要があります。

❷ 家族支援となるレスパイトサービス

▶▶ レスパイトサービスの定義

　レスパイトサービスという言葉は、あまり聞いたことがないかもしれません。しかし、諸外国では、障害のある人とその家族を支えるためのサービスとして、この言葉がよく使用されています。

　日本では、1991（平成3）年から1994（平成6）年にかけて、当時の厚生省・心身障害者研究班が、表7-19のような定義づけを行いました。

　定義①は、レスパイトの語源に忠実であり、日本でのレスパイトサービスという言葉の広がりとともに広まりました。ただし、この定義では、ショートステイ（短期入所）との違いや、保護者・家族の休息に重点がおかれているために障害のある人自身へのサービス提供の視点が明確でないなどの問題がありました。そのため、新たに②のような定義づけがなされました。

　②の定義づけの背景には、実際のサービス利用形態の分析と利用理由の分析の結果、家族の地域生活全体への支援効果の重要性が認識されたことがあります。その一方で、在宅の障害のある人に対する地域福祉サービスすべてがあてはまる可能性があり、レスパイトサービスの固有性を主張する根拠が薄くなるとの指摘もあります。

表7-19 ● レスパイトサービスの定義

定義①「レスパイトサービスとは、障害児・者をもつ親・家族を、一時的に、一定の期間、障害児・者の介護から解放することによって、日頃の心身の疲れを回復し、ホッと一息つけるようにする援助である」
定義②「レスパイトサービスは、サービスの利用者（障害のある本人を含めた家族）が必要とする一時的な介護サービスを利用者中心に提供するサービスである」

▶▶ レスパイトサービスに類似した取り組み

　2012（平成24）年の障害者自立支援法（現・障害者の日常生活及び社会生活を総合的に支援するための法律（障害者総合支援法））の改正法と児童福祉法の改正法の施行により、障害児向けの放課後等デイサービスが制度化されました。これに2006（平成18）年の障害者自立支援法の施行時からある、短期入所と地域生活支援事業における相談支援事業、移動支援事業などのサービスを組み合わせて、システムとして一体的に運用することによって、制度の上でもレスパイトサービスに類似した取り組みをつくり出すことも可能になりました。

第**7**章 学習のポイント 重要事項を確認しよう！

第**1**節 障害者福祉の理念

■国際障害分類と国際生活機能分類 ──────────

● 2001 年に，国際障害分類（ICIDH）に代わるものとして国際生活機能分
類（ICF）が世界保健機関（WHO）により正式に決定されました。
➡ p.394

● ICF では，環境因子と個人因子をより重視した形で，「心身機能・身体構
造」「活動」「参加」という 3 つの次元を提案し，それらが相互に影響し
合うモデルが提案されています。
➡ p.394

● 1981 年の国際障害者年以降，障害者運動による当事者主体，エンパワメ
ント，自己選択と自己決定といった考え方が支援の中心的な位置を占める
ようになってきました。
➡ p.397

■障害者福祉の基本理念 ──────────

● WHO の定義によって，リハビリテーションは，理論的に，医学的リハビ
リテーション，社会的リハビリテーション，教育的リハビリテーション，
職業的リハビリテーションの専門的な分野に明確に分類されました。
➡ p.399

● 障害者福祉におけるエンパワメントでは，病気や障害をかかえつつも利用
者（障害者）の健康や強さ（ストレングス）の側面を重視する援助視点で
とらえることが大切です。
➡ p.401

第**2**節 障害による生活障害，心理・行動の特徴

■身体障害による生活上の障害と心理・行動の特徴 ──────────

● 手引き歩行は，手引きする介護職と視覚障害のある人がいっしょに歩行す
る方法です。
➡ p.407

● 日常生活において，視覚障害のある人に対する介護は，身辺，家事，情報
収集など，広範囲に及びます。
➡ p.407

● 聴覚障害のある人は，音声や周囲の物音が聞こえにくくなるだけでなく，
音声が聞こえても何を言っているかわからない，音声を聞き誤るといった
ことが起こります。
➡ p.408

● 言語障害のある人は，家族や友人，仕事上のつきあいのある人とのコミュ
ニケーションがむずかしく，発症前の関係性を維持することに支障が出る

ことがあります。 → p.410

● 運動機能障害のある人のなかには，自信を失い，自分のもつ力に気づけて
いない人も多くいます。そのような場合，本人のもつ力や可能性に気づい
てもらえるような視点からの支援が必要です。 → p.412

■ 知的障害による生活上の障害と心理・行動の特徴 ────────

● 知的障害のある人には，知的機能の発達状態をふまえた支援を行うことと
同時に，ライフステージに応じた生活体験ができるよう支援することも重
要です。 → p.421

■ 精神障害による生活上の障害と心理・行動の特徴 ────────

● 精神障害のある人の生活上の困難には，疾患や能力障害のみならず，多様
な要因が相互に関連します。支援者は生活環境を調整しながら，生活のな
かで療養を助けていく視点をもつことが重要です。 → p.423

■ 高次脳機能障害による生活上の障害と心理・行動の特徴 ───────

● 高次脳機能障害のある人には，症状を正しく理解するとともに，発症前の
生活背景やどのような生活を望んでいるのかをふまえて，支援の目標を具
体化していくことが重要です。 → p.425

■ 発達障害による生活上の障害と心理・行動の特徴 ────────

● 安心した生活のためには，発達障害のある人を正しく理解し，彼らとの関係
を調整したり環境を整えるなどの適切な支援をしていくことが重要です。 → p.427

■ 難病による心理・行動の特徴 ─────────────────

● 難病のある人は症状が悪化したり，長期にわたって療養したりすることへ
の不安が生じやすくなります。身体的側面，心理的側面および生活面，そ
れぞれの側面からアセスメントすることが必要です。 → p.428

第3節 障害のある人や家族へのかかわり・支援の基本

■ 家族の理解と障害の受容支援 ─────────────────

● 家族支援においては，家族介護の肩代わりをする支援だけではなく，家族自
身の社会参加や自己実現に対する支援もあり，その延長線上に障害のある
本人の生活の継続支援があるということに着目していく必要があります。 → p.432

● 障害の受容の主体は「障害のある人」が考えられていますが，価値観の転
換を考えるならば，障害の受容の主体には家族や社会（環境）も含まれる
ことが考えられます。 → p.432

■ 介護負担の軽減 ───────────────────────

● 介護職は，障害のある人と家族の支援において，セルフヘルプグループの
形成，発展を支えていくことを意識する必要があります。 → p.434

① 国際生活機能分類（ICF）

こくさいせいかつきのうぶんるい（アイシーエフ）
→ p.392 参照

「International Classification of Functioning, Disability and Health」の略である。ICIDH の改定版として，2001 年に WHO 総会で採択された。心身機能・身体構造，活動，参加といった３つの概念を包摂した生活機能という概念を用いる。生活機能は，健康状態や背景因子と相互に作用する関係にある。

② 世界保健機関（WHO）

せかいほけんきかん（ダブリューエイチオー）
→ p.394 参照

国際連合の専門機関の１つ。世界中の人々が最高水準の健康を維持することを目的に，感染症対策，衛生統計，基準づくり，研究開発などを行っている。

③ 国際障害分類（ICIDH）

こくさいしょうがいぶんるい（アイシーアイディーエイチ）
→ p.394 参照

1980 年に世界保健機関（WHO）が国際疾病分類の補助分類として発表したもの。障害を３つのレベルに分け，機能障害（impairment），能力障害（能力低下）（disability），社会的不利（handicap）とした。ICIDH とは，「International Classification of Impairments, Disabilities and Handicaps」の略である。

④ 国際障害者年

こくさいしょうがいしゃねん
→ p.397 参照

国際連合は，障害者の権利宣言を単なる理念としてではなく，社会において実現するという考えのもとに，1976 年の総会において，1981 年を国際障害者年とすることを議決した。そのテーマは「完全参加と平等」である。

⑤ バンク‐ミケルセン（Bank-Mikkelsen, N.E.）

ばんく‐みけるせん
→ p.398 参照

デンマークの社会運動家，行政官。知的障害者の親の会の運動にかかわり，世界で初めてノーマライゼーションの原理を取り入れた法律の制定につながったことから，「ノーマライゼーションの父」と呼ばれている。

⑥ ニィリエ（Nirje, B.）

にぃりえ
→ p.398 参照

スウェーデンの人で，知的障害問題の理論的指導者。バンク‐ミケルセンにより提唱されたノーマライゼーションの理念を原理として普及させた。具体的には，①１日のノーマルなリズム，②１週間のノーマルなリズム，③１年間のノーマルなリズムなどをあげている。

7 ヴォルフェンスベルガー (Wolfensberger, W.)

ゔぉるふぇんすべるがー
→ p.398 参照

カナダ，アメリカにおける知的障害者福祉分野の研究者。ノーマライゼーションの理念をアメリカに導入したのち，「社会的役割の価値付与」という概念を用いて，障害のある人たちの人間としての固有の大切さを主張した。

8 ADL

エーディーエル
→ p.399 参照

Activities of Daily Living の略。「日常生活動作」「日常生活活動」などと訳される。人間が毎日の生活を送るための基本的動作群のことで，食事，更衣，整容，排泄，入浴，移乗，移動などがある。

9 国際連合教育科学文化機関 (UNESCO)

こくさいれんごうきょういくかがくぶんかきかん (ユネスコ)
→ p.400 参照

国際連合の専門機関の1つ。教育，科学，文化，情報流通などの面での協力を推進することにより，世界平和の確立に寄与することを目的とする国際機関。識字教育，文化財保護，生物圏保全，人権推進，平和教育など，数多くの計画を立て，活動している。

10 ソーシャル・インクルージョン

そーしゃる・いんくるーじょん
→ p.400 参照

社会的つながりから疎外された人々を社会的に包摂する施策。もともとは，1980年代にヨーロッパで社会的問題となった外国籍労働者への社会的排除（ソーシャル・エクスクルージョン）に対する施策として導入された概念であった。

11 精神障害者保健福祉手帳

せいしんしょうがいしゃほけんふくしてちょう
→ p.404 参照

一定の精神障害の状態にあることを認定して交付し，交付を受けた者に対し，各種の支援策が講じられることを促進し，精神障害のある人の社会復帰や自立，社会参加の促進を図ることを目的とする手帳のこと。都道府県知事または指定都市市長（申請者の居住地の市町村長経由）に提出し，申請する。

12 中途視覚障害

ちゅうとしかくしょうがい
→ p.406 参照

視覚経験を有する者が，何らかの原因により人生の中途で視覚に障害を受けた場合をいう。中途障害のある人のリハビリテーションには，精神面の支えが重要なポイントとなる。

13 白杖

はくじょう
→ p.407 参照

視覚障害のある人の歩行補助具。折りたたみ式，スライド式，直杖などの種類がある。障害者総合支援法の補装具の1つで「盲人安全つえ」という名前で呼ばれている。市町村は視覚障害のある人から申請があった場合，交付し，もしくは修理し，費

用を支給することができる。

⑭ 手引き歩行

てびきほこう
➡ p.407 参照

視覚障害のある人に対する移動介助の方法
の１つ。視覚障害のある人が介助する人の
肘をつかんで，介助する人がその斜め半歩
前を誘導しながら歩く。その際，視覚障害
のある人は，肘の角度が約 90 度になるよ
うに，介助する人の上腕を軽くにぎる。

⑮ 点字

てんじ
➡ p.407 参照

指先で触読できるよう，凸点６つの組み合
わせで音を表記する。五十音に対応した標
準点字，また数字，アルファベットに対応
した表記もそろっている。

⑯ QOL

キューオーエル
➡ p.413 参照

Quality of Life の略。「生活の質」「人生の
質」「生命の質」などと訳される。一般的
な考えは，生活者の満足感・安定感・幸福
感を規定している諸要因の質のこと。諸要
因の一方に生活者自身の意識構造，もう一
方に生活の場の諸環境があると考えられ
る。

⑰ 鼻カニューレ

はなかにゅーれ
➡ p.414 参照

酸素吸入に用いる器具。両鼻腔に短い

チューブを挿入して耳にかけ固定し，酸素
を送る。家庭での酸素療法にも用いられ
る。多くは使い捨てであり，分泌物でよご
れやすいので定期的に交換する。

⑱ 間欠導尿

かんけつどうにょう
➡ p.416 参照

間欠的に尿道口からカテーテルを挿入して
膀胱内の尿を排出する方法。患者または家
族が挿入し，夜だけまたは昼間の外出時だ
け留置するスポットバルーン（夜間だけの
使用はナイトバルーン）という管理方法も
ある。

⑲ 標準予防策

ひょうじゅんよぼうさく
➡ p.418 参照

スタンダード・プリコーションともいう。
1996 年に CDC（米国国立疾病予防セン
ター）が設定した感染予防のガイドライン
である。簡便性，合理性から日本において
も広く利用されている。

⑳ IQ

アイキュー
➡ p.420 参照

知能指数ともいい，知能程度を精神年齢と
生活年齢の比によって示す知能検査結果の
表示法の１つ。知能指数（IQ）＝精神年
齢（MA）／生活年齢（CA）× 100 で示
される。精神年齢が 10 歳で生活年齢も 10
歳であれば知能指数は 100 である。

440

21 アイデンティティ

あいでんてぃてぃ
→ p.421 参照

アメリカの精神分析学者エリクソンが提唱した概念で，自己同一性などと訳される。アイデンティティとは，社会生活のなかで，ある個人が変化・成長しながらも基本的には同一で連続しているという感覚，つまり，自分は自分であり真の自分は不変であるとする感覚を意味する。

22 ピア・カウンセリング

ぴあ・かうんせりんぐ
→ p.431 参照

障害のある人が，みずからの体験にもとづいて，同じ仲間であるほかの障害のある人の相談に応じ，問題の解決をはかること。

23 コミュニケーションエイド

こみゅにけーしょんえいど
→ p.431 参照

発話が困難な人のために，文字や記号を選んで合成音声で会話したり，画面に文章を打って意思を伝えたり，打った文字を電子メールで送信したりする福祉用具の一種。

24 障害者ケアマネジメント

しょうがいしゃけあまねじめんと
→ p.432 参照

どのような人生・生活を送りたいかを本人とケアマネジャー（障害者ケアマネジメント従事者，相談支援専門員）が十分に話し合い，ケアプラン（サービス等利用計画）を立案して，総合的なサービスを提供する方法のこと。その際，本人がもっている生

きる力や可能性の視点から，福祉・保健・医療・教育・就労などのサービスを提供する必要がある。

25 脳卒中

のうそっちゅう
→ p.433 参照

脳の循環不全による急激な反応で，突然倒れ，意識障害を呈し，片麻痺を合併する症候群のこと。

26 セルフヘルプグループ

せるふへるぷぐるーぷ
→ p.434 参照

同じ障害や疾病のある者同士が情報交換したり，助け合ったりすることを目的として結成し，活動を行うグループや団体のこと。

障害の医学的理解と支援の実際
（障害の理解Ⅱ）

第1節 医学的側面からみた障害の理解

第2節 障害の特性に応じた支援の実際

【到達目標】

- 様々な障害の種類・原因・特性，障害に伴う機能の変化等についての医学的知識を習得している。
- 障害の特性，家族・社会関係，居住環境等についてアセスメントし，その状況に合わせた支援ができる。
- 地域におけるサポート体制を理解し，支援に活用できる。

第1節 医学的側面からみた障害の理解

1. 視覚障害

月

日

① 視覚機能

視覚機能のなかで，よく知られているのは視力です。視覚機能には視力以外にも，視野，色覚，光覚，屈折，調節，両眼視などの機能があります。ここでは，視覚障害の指標として用いられている視力と視野について解説します。

▶▶ 視力

視力とは，物の形や存在を認識する能力をさします。視力を測定する視標は，ランドルト環[1]（→ p.488参照）（図8-1）を用います。

視力は，裸眼視力，矯正視力，片眼視力，両眼視力，遠方視力，近見視力など，いくつかの呼び方で区別することもあります。

裸眼視力は，屈折異常を矯正しない状態での視力をいい，矯正視力は眼鏡やコンタクトレンズなどによって矯正した視力をさします。一般的に視力を測定するときは，右眼・左眼と別々に測定しますが，その場合を片眼視力といい，両眼で開放して測定した場合を両眼視力といいます。遠方視力は，検査距離5mで測定したもので，近見視力は検査距離約30cmで測定したものです。

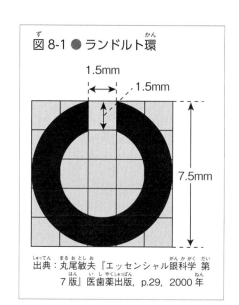

図8-1 ● ランドルト環

1.5mm
1.5mm
7.5mm

出典：丸尾敏夫『エッセンシャル眼科学 第7版』医歯薬出版，p.29，2000年

▶▶ 視野

視野とは，目を動かさないで同時に見える範囲のことです。視野は，見るものの明るさや大きさによって異なってきます。一般的な視野は，耳側95度，鼻側と上方が60度，下方が70度までといわれています。

444

❷ 視覚障害を引き起こすおもな眼疾患 ::

▶▶ 白内障

　白内障（☞第4巻 pp.266-267）は，水晶体（☞第4巻 p.85）が白くにごっている状態にあるものです。老人性白内障や，先天的に水晶体が白くにごっている先天性白内障という眼疾患もあります。先天性白内障の人は，眼鏡またはコンタクトレンズにより屈折異常を矯正し，視距離に応じた眼鏡などの視覚補助具を用いることが大切です。

▶▶ 緑内障

　私たちの眼球は，一定の眼内の圧力（眼圧）によって維持されています。緑内障（☞第4巻 p.267）は，何らかの原因で眼圧が上昇する病気です。また，視神経（☞第4巻 p.85）が萎縮し，視力障害や視野障害を引き起こすこともあります。突発性緑内障では完全に失明してしまう危険性があります。

▶▶ 網膜色素変性

　網膜色素変性は，遺伝性疾患で幼児期に夜盲がみられ，成長するにしたがって視野が周辺部から障害を受け，中心部に向かって視野の障害が進展します。中心の視野が残る場合もありますが，完全に失明してしまうこともあります。

▶▶ 視神経萎縮

　視神経萎縮は，先天性で出生直後から視力が低下しているケース，頭部外傷や脳腫瘍などによるものがあります。視神経萎縮では，中心暗点があり，中心部が見えないために，読書や細かい作業をすることが不自由になることがあります。また，薄暗く見えて，色の区別がはっきりしないので，色に配慮した支援も大切です。

▶▶ 糖尿病性網膜症

　糖尿病性網膜症は，網膜の血管に異常をきたし，視力の低下を引き起こします。血糖値のコントロール状態によっては，低血糖や過血糖を引き起こし，生命の危険をともなうこともあるので，支援する場合，医療機関との連携を必要とすることもあります。

▶▶ ベーチェット病

　ベーチェット病は，原因不明で，難病の患者に対する医療等に関する法律の指定難病となっています。ぶどう膜炎を頻繁に起こし，口内炎，陰部潰瘍などの主症状をもっています。また，皮膚の紅斑，関節痛，消化器症状，発熱などの症状をくり返すこともあります。網膜の出血や浮腫があらわれて，網膜剥離を引き起こして失明することもあります。

2. 聴覚_{ちょうかく}・言語障害_{げんごしょうがい}

❶ 聴覚障害_{ちょうかくしょうがい}

▶▶ 聴覚障害_{ちょうかくしょうがい}とは

　音_{おと}は，外耳道_{がいじどう}から入_{はい}り，鼓膜_{こまく}を振動_{しんどう}させ，中耳_{ちゅうじ}にある耳小骨_{じしょうこつ}（ツチ骨_{こつ}→キヌタ骨_{こつ}→アブミ骨_{こつ}）に伝_{つた}わり，内耳_{ないじ}の蝸牛_{かぎゅう}で電気信号_{でんきしんごう}に変換_{へんかん}されます。そして，聴神経_{ちょうしんけい}を経_へて，大脳_{だいのう}の皮質_{ひしつ}で音_{おと}を認識_{にんしき}し，さらに，言葉_{ことば}の意味_{いみ}が理解_{りかい}されます。聴覚障害_{ちょうかくしょうがい}は，この経路_{けいろ}のいずれかに障害_{しょうがい}が起_おきることで生_{しょう}じます。外耳_{がいじ}と中耳_{ちゅうじ}である伝音部_{でんおんぶ}の障害_{しょうがい}は，伝音性難聴_{でんおんせいなんちょう}と呼_よばれます。内耳_{ないじ}から大脳皮質_{だいのうひしつ}までの経路_{けいろ}は感音部_{かんおんぶ}であり，その障害_{しょうがい}は感音性難聴_{かんおんせいなんちょう}と呼_よばれます。さらに，感音性難聴_{かんおんせいなんちょう}は，内耳_{ないじ}の障害_{しょうがい}である内耳性難聴_{ないじせいなんちょう}と，それ以降_{いこう}の聞_きこえの経路_{けいろ}の障害_{しょうがい}である後迷路性難聴_{こうめいろせいなんちょう}に分類_{ぶんるい}されます。

▶▶ 伝音性難聴_{でんおんせいなんちょう}

　伝音性難聴_{でんおんせいなんちょう}になると，今_{いま}まで聞_きこえていた音_{おと}が，聞_きこえなくなったり，聞_きこえにくくなります（聴力_{ちょうりょく}レベルの低下_{ていか}）。一方_{いっぽう}で，本人_{ほんにん}が聞_きこえる音_{おと}まで大_{おお}きくすると，今_{いま}までどおり正確_{せいかく}に聞_ききとることができます。この難聴_{なんちょう}を引_ひき起_おこす原因_{げんいん}としては，中耳炎_{ちゅうじえん}や耳小骨_{じしょうこつ}奇形_{きけい}，耳垢栓塞_{じこうせんそく}などがあります。

▶▶ 感音性難聴_{かんおんせいなんちょう}

　感音性難聴_{かんおんせいなんちょう}になると，聴力_{ちょうりょく}レベルの低下_{ていか}を示_{しめ}すとともに，正確_{せいかく}に聞_ききとる能力_{のうりょく}も低下_{ていか}します。とくに後迷路性難聴_{こうめいろせいなんちょう}では聞_ききとる能力_{のうりょく}がいちじるしく低下_{ていか}します。そのため，単_{たん}に音_{おと}を大_{おお}きくしたとしても，必_{かなら}ずしも聞_ききとりがよくなる訳_{わけ}ではありません。さらに，内耳_{ないじ}性難聴_{せいなんちょう}では，大_{おお}きい音_{おと}ではかえって聞_ききとりにくくなることがあります。

　感音性難聴_{かんおんせいなんちょう}に該当_{がいとう}する疾患_{しっかん}として，加齢性難聴_{かれいせいなんちょう}があげられます。加齢性難聴_{かれいせいなんちょう}は，加齢_{かれい}にともない聴力_{ちょうりょく}が低下_{ていか}するもので，一般的_{いっぱんてき}に高_{たか}い音_{おと}（周波数_{しゅうはすう}）から聞_ききとりがむずかしくなります。そのため，人_{ひと}の声_{こえ}は聞_きこえていても聞_きき誤_{あやま}る，意識_{いしき}を向_むけないと聞_ききとれないといったことがあるので，周囲_{しゅうい}からは聞_きこえないふりをしているなど誤解_{ごかい}されることがあります。

　伝音部_{でんおんぶ}と感音部_{かんおんぶ}の両方_{りょうほう}が障害_{しょうがい}された場合_{ばあい}は，混合性難聴_{こんごうせいなんちょう}と呼_よばれます。

❷ 言語障害

▶▶ 言語障害とは

　言語障害を音声言語によるコミュニケーションの過程から整理します。コミュニケーション場面において，話し手の大脳では，自分が伝えたい内容を考え，単語や文を用いた言語表現をつくり（言語機能レベル），それを声帯や舌や口唇など発声発話器官を適切に動かすことで音声言語（話し言葉）として出し（発声発話運動レベル），相手（聞き手）に伝わります。話し手の音声は，聞き手の耳から入って大脳に伝わり（聴覚レベル），伝えられた内容を理解します（言語機能レベル）。この過程のいずれかが障害された場合，言語障害が生じることになります。

▶▶ 言語機能の障害

　言語機能レベルの障害では，言語発達障害や失語症があげられます。失語症とは，大脳の言語の理解と表現にかかわる部位が障害を受けることで，いったん獲得された言語機能に障害が生じた状態をさします。症状は個人差がありますが，聞く，話す，読む，書くの4つの言語様式すべてに障害が生じます。

▶▶ 発声発話の障害

　発声発話運動レベルの障害には，音声障害，がんなどにより舌を切除した場合などに起こる構音障害（器質性構音障害）や，発声発話に関連する器官の麻痺や筋力低下により起こる構音障害（運動障害性構音障害）があります。そのほか，吃音も発話の流暢性の問題として，このレベルの障害に含めることができます。発声発話運動レベルの障害は，言語機能レベルの障害と比較すると，聞く，読む，書く能力には障害がありません。また，話す側面の問題としても，単語や文を用いた言語表現の問題ではなく，音声言語の明瞭度や流暢性が問題となります。さらに，構音障害では，食べ物を食べたり飲んだりする機能（摂食嚥下機能）にも障害が起こることが多くあります。

3. 運動機能障害

❶ 肢体不自由

▶▶ 肢体不自由とは

肢体不自由とは，上肢や下肢，体幹の永続的な運動機能障害をさし，その程度は身体障害者福祉法などに規定されています。四肢・手指の切断などのほか，脳性麻痺や脳血管障害，あるいは外傷による脳損傷，脊髄損傷などの中枢神経損傷および筋肉や骨自体の疾患などによって生じる筋力低下，関節可動域の制限，運動コントロール困難などの運動機能障害があります。

2016（平成28）年の実態調査（厚生労働省）によれば，全国の身体障害者手帳所持者数は，428万7000人と推計されており，そのうち4割以上の193万1000人が肢体不自由であると推計されています（図8-2）。年齢構成では，65歳以上が約68%となっており，高齢化が進んでいることがわかります（図8-3）。

▶▶ 肢体不自由の状態像

肢体不自由の状態像や原因は多様であり，四肢・手指の切断による機能の喪失や低下，脳の損傷によって運動や感覚の伝達および運動コントロールが困難となることがあります。また，脊髄損傷などの中枢神経の障害では，脳と四肢，体幹などとの伝達が阻害されたり，筋肉自体の疾患や関節の拘縮などによる筋力低下や痛みがみられたりするなどさまざまです。

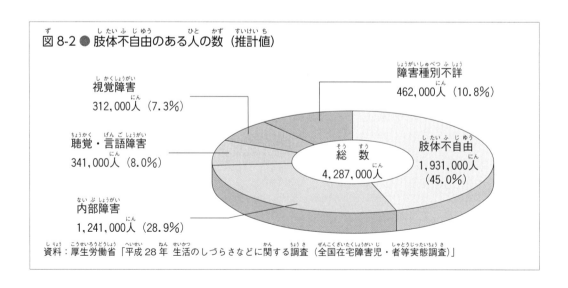

図 8-2 ● 肢体不自由のある人の数（推計値）

障害種別不詳
462,000人（10.8%）

視覚障害
312,000人（7.3%）

聴覚・言語障害
341,000人（8.0%）

内部障害
1,241,000人（28.9%）

総　数
4,287,000人

肢体不自由
1,931,000人
（45.0%）

資料：厚生労働省「平成28年 生活のしづらさなどに関する調査（全国在宅障害児・者等実態調査）」

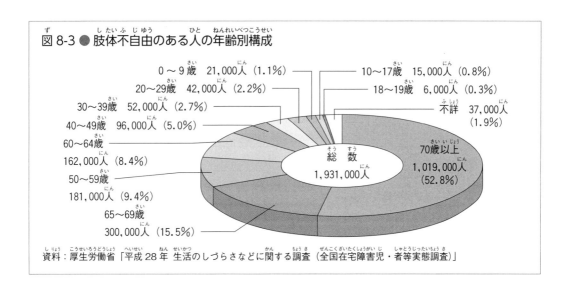

図 8-3 ● 肢体不自由のある人の年齢別構成

0～9歳 21,000人（1.1％）
10～17歳 15,000人（0.8％）
20～29歳 42,000人（2.2％）
18～19歳 6,000人（0.3％）
30～39歳 52,000人（2.7％）
不詳 37,000人（1.9％）
40～49歳 96,000人（5.0％）
60～64歳 162,000人（8.4％）
総数 1,931,000人
70歳以上 1,019,000人（52.8％）
50～59歳 181,000人（9.4％）
65～69歳 300,000人（15.5％）

資料：厚生労働省「平成28年 生活のしづらさなどに関する調査（全国在宅障害児・者等実態調査）」

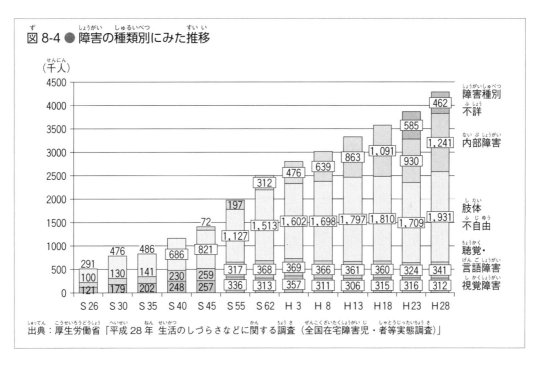

図 8-4 ● 障害の種類別にみた推移

（千人）

	S26	S30	S35	S40	S45	S55	S62	H3	H8	H13	H18	H23	H28
障害種別不詳							312	476	639	863	1,091	585	462
内部障害	291	476	486	72	197	1,127						930	1,241
肢体不自由				686	821	1,513	1,602	1,698	1,797	1,810	1,709	1,931	
聴覚・言語障害	100	130	141	230	259	317	368	369	366	361	360	324	341
視覚障害	121	179	202	248	257	336	313	357	311	306	315	316	312

出典：厚生労働省「平成28年 生活のしづらさなどに関する調査（全国在宅障害児・者等実態調査）」

表 8-1 ● 障害等級別にみた肢体不自由のある人の数

		総数	1級	2級	3級	4級	5級	6級
肢体不自由	65歳未満	576,000	175,000	123,000	97,000	108,000	52,000	20,000
	65歳以上	1,355,000	223,000	272,000	304,000	374,000	144,000	39,000
	合計	1,931,000	398,000	395,000	401,000	482,000	196,000	59,000
肢体不自由（上肢）	65歳未満	204,000	83,000	52,000	29,000	16,000	15,000	9,000
	65歳以上	419,000	136,000	120,000	65,000	47,000	37,000	15,000
	合計	623,000	219,000	172,000	94,000	63,000	52,000	24,000
肢体不自由（下肢）	65歳未満	244,000	29,000	44,000	49,000	88,000	24,000	10,000
	65歳以上	758,000	47,000	89,000	196,000	320,000	82,000	24,000
	合計	1,002,000	76,000	133,000	245,000	408,000	106,000	34,000
肢体不自由（体幹）	65歳未満	92,000	45,000	19,000	14,000	1,000	13,000	―
	65歳以上	120,000	23,000	44,000	31,000	―	21,000	―
	合計	212,000	68,000	63,000	45,000	1,000	34,000	―
肢体不自由（脳原性運動機能障害・上肢機能）	65歳未満	21,000	14,000	4,000	4,000	―	―	―
	65歳以上	31,000	11,000	14,000	―	5,000	1,000	―
	合計	52,000	25,000	18,000	4,000	5,000	1,000	―
肢体不自由（脳原性運動機能障害・移動機能）	65歳未満	14,000	4,000	5,000	1,000	3,000	―	1,000
	65歳以上	26,000	6,000	5,000	10,000	3,000	3,000	―
	合計	40,000	10,000	10,000	11,000	6,000	3,000	1,000

注1：推計値の10の位を小数点以下第2位で四捨五入しているため，必ずしも総数と一致しないことがある。
　2：表中の65歳以上の数字は65歳以上および年齢不詳の者の数をあらわす。

出典：厚生労働省「平成28年 生活のしづらさなどに関する調査（全国在宅障害児・者等実態調査）」

❷ 上肢，下肢の機能障害

肢体不自由の形態には，四肢などの切断による運動機能の喪失，関節などの拘縮，変形による可動域制限，糖尿病による末梢神経麻痺や凍傷，あるいは細菌感染などによる細胞壊死などがあります。

また，麻痺には，**随意運動**[2]（➡ p.488 参照）が困難となる運動麻痺と，触覚，痛覚，温冷覚などの感覚消失がある感覚麻痺，知覚麻痺があります。麻痺は部位によって，**表 8-2**のように分類することができます。

表 8-2 ● 麻痺の種類

① 片麻痺
　右または左側の半身のどちらかに麻痺があり，脳の損傷部位によって，音声・言語障害が生じることがある。

② 対麻痺
　両下肢に麻痺があるもので，脊髄損傷などによるものが多く，損傷のレベルによっては，排泄障害などをともなう。

③ 四肢麻痺
　両上下肢に麻痺があり，多くは脳性麻痺や頸髄損傷によるもので，頸髄損傷等の場合には損傷部位や損傷の仕方によって異なるが，四肢のほか，体幹の麻痺をともない，排泄障害，感覚麻痺，発汗困難，心肺機能低下などの合併症を有する。また，脳性麻痺や脳血管障害，筋ジストロフィーなどでは，誤嚥や咀嚼機能の課題もあわせてもつことがある。

❸ 脳性麻痺による麻痺

脳性麻痺[3]（➡ p.488 参照）による麻痺には，**表 8-3** のような種類があります。また，脳性麻痺の場合には，音声・言語に関係する筋肉などにも麻痺があるため，言葉が出にくい，不明瞭な発音などの音声・言語障害をともなうことがあります。

表 8-3 ● 脳性麻痺による麻痺の種類

① 痙　直　型：強い筋緊張から，四肢の突っ張りが強い。
② アテトーゼ型：運動コントロールが困難となり不随意運動が生じる。
③ 強　直　型：関節可動域の制限をともなう。
④ 失　調　型：運動バランスが悪く，歩行のふらつきなどを生じる。
⑤ 混　合　型：さまざまな形が混じっている。

　上下肢の機能障害と同様に，脳性麻痺，脊髄・頸髄損傷などの場合には，腹筋や背筋などの筋肉の麻痺などによって，身体を支えたり，起こしたり，バランスを保ったりすることが困難になります。これを，体幹機能障害といいます。車いすに座る，ベッドで起き上がる，入浴，排泄など，さまざまな日常生活活動に支障をきたすことがあります。たとえば，脊髄損傷の場合，図8-5のように，損傷部位によって，可能な動作，介助方法が異なります。

図 8-5 ● 損傷レベル別にみた可能な動作，介助方法

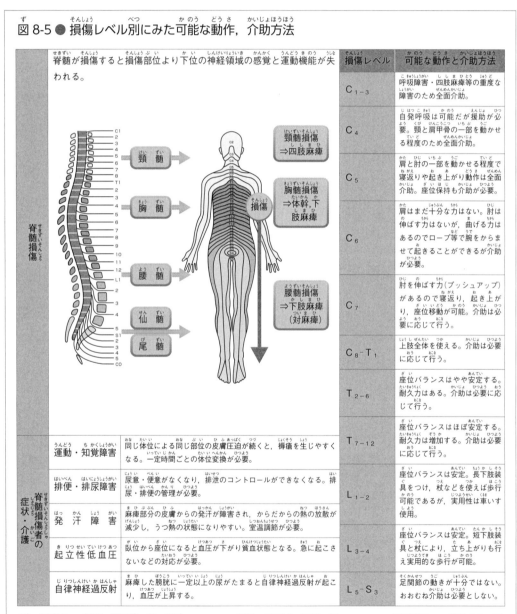

脊髄が損傷すると損傷部位より下位の神経領域の感覚と運動機能が失われる。

頸髄損傷 ⇒四肢麻痺
胸髄損傷 ⇒体幹，下肢麻痺
腰髄損傷 ⇒下肢麻痺（対麻痺）

損傷レベル	可能な動作と介助方法
C_{1-3}	呼吸障害・四肢麻痺等の重度な障害のため全面介助。
C_4	自発呼吸は可能だが援助が必要。頸と肩甲骨の一部を動かせる程度のため全面介助。
C_5	肩と肘の一部を動かせる程度で寝返りや起き上がり動作は全面介助。座位保持も介助が必要。
C_6	肩はまだ十分な力はない。肘は伸ばす力はないが，曲げる力はあるのでロープ等で腕をからませて起きることができるが介助が必要。
C_7	肘を伸ばす力（プッシュアップ）があるので寝返り，起き上がり，座位移動が可能。介助は必要に応じて行う。
C_8-T_1	上肢全体を使える。介助は必要に応じて行う。
T_{2-6}	座位バランスはやや安定する。耐久力はある。介助は必要に応じて行う。
T_{7-12}	座位バランスはほぼ安定する。耐久力は増加する。介助は必要に応じて行う。
L_{1-2}	座位バランスは安定。長下肢装具をつけ，杖を使えば歩行可能であるが，実用性は車いす使用。
L_{3-4}	座位バランスは安定。短下肢装具と杖により，立ち上がりも行え実用的な歩行が可能。
L_5-S_3	足関節の動きが十分ではない。おおむね介助は必要としない。

脊髄損傷者の症状・介護		
	運動・知覚障害	同じ体位による同じ部位の皮膚圧迫が続くと，褥瘡を生じやすくなる。一定時間ごとの体位変換が必要。
	排便・排尿障害	尿意・便意がなくなり，排泄のコントロールができなくなる。排尿・排便の管理が必要。
	発汗障害	麻痺部分の皮膚からの発汗が障害され，からだからの熱の放散が減少し，うつ熱の状態になりやすい。室温調節が必要。
	起立性低血圧	臥位から座位になると血圧が下がり貧血状態となる。急に起こさないなどの対応が必要。
	自律神経過反射	麻痺した膀胱に一定以上の尿がたまると自律神経反射が起こり，血圧が上昇する。

注：受傷者は，男性，若年層に多い傾向があったが，近年，高齢者の割合が高まっている。受傷原因は，交通事故や転倒・転落などが多い。

4. 心臓機能障害
しんぞう き のうしょうがい

❶ 心臓機能障害の医学的理解
しんぞう き のうしょうがい　い がくてき り かい

▶▶ 心臓機能障害を引き起こすおもな疾患
しんぞう き のうしょうがい　ひ　お　　　　　　　しっかん

　心臓機能障害にはいくつかの原因があります。それぞれの原因疾患をよく理解するととも
に，疾患の重症度も考慮に入れ，利用者の介護にあたることが必要です。

　日常よく遭遇する疾患には，**虚血性心疾患**[4] (➡ p.488参照) (☞第4巻 p.274)（心筋梗塞，
狭心症[5] (➡ p.488参照)）と心不全（☞第4巻 pp.274-275）があります。心不全は1つの疾患
として独立しているものでなく，心機能が低下することによって起こる病態なので，さま
ざまな原因疾患が考えられます。

　心臓自体の機能障害のほかに，循環器系の疾患として，大動脈疾患（大動脈瘤，大動脈
解離）や末梢動脈疾患（閉塞性動脈硬化症）（☞第4巻 p.279），静脈瘤などが高齢者に特
徴的な疾患として知られています。さらに，循環器疾患を複数かかえることがあること
や，高齢になればなるほど他疾患（たとえば脳血管疾患や糖尿病）を合併していることが
多くなるということは知っておく必要があります。

▶▶ ペースメーカの理解
り かい

　今日のペースメーカ[6] (➡ p.488参照) 機器の発達は目をみはるものがあります。植込み型
除細動器（ICD）[7] (➡ p.488参照) はもとより，心臓再同期療法（CRT）の両心室ペーシン
グや，CRTにICD機能を取り入れた両室ペーシング機能付き植込み型除細動器（CRT-D）
も日本に導入されてきています。

　ICDを植え込んだ人に対しては，ICDが作動する心拍数を熟知しておく必要があります。

　運動強度が強く，心拍上昇にともない，ICD作動の危険性がある場合は医師の判断で
強度を下げます。ペースメーカ本体が挿入されている部位（鎖骨下の前胸部）には衝撃が
加わらないように注意します。

　リード断線や心筋電極がはずれる可能性から，極端に上肢や肩の運動をともなう日常活
動も好ましくありません。さらに，電磁波により誤作動を起こすことが知られているため
に，強い電磁波を発生する可能性のある機器類を近づけることは避けるようにします。

5. 呼吸器機能障害_{こきゅうききのうしょうがい}

❶ 呼吸器機能障害_{こきゅうききのうしょうがい}の医学的理解_{いがくてきりかい}

　呼吸器機能障害_{こきゅうききのうしょうがい}には，おもに酸素_{さんそ}と二酸化炭素_{にさんかたんそ}を交換_{こうかん}する肺胞_{はいほう}でのガス交換_{こうかん}に障害_{しょうがい}がある場合_{ばあい}や，胸郭_{きょうかく}や横隔膜_{おうかくまく}の動_{うご}きによって肺_{はい}を膨張_{ぼうちょう}させたり収縮_{しゅうしゅく}させたりする「空気_{くうき}を吸_すう・吐_はく」といった動作_{どうさ}や，空気_{くうき}の通_{とお}り道_{みち}である気道_{きどう}などがせばまる換気_{かんき}の障害_{しょうがい}があるものがあります。その基礎疾患_{きそしっかん}には，①肺_{はい}自体_{じたい}がおかされガス交換_{こうかん}がしにくくなる慢性閉塞_{まんせいへいそく}性肺疾患_{せいはいしっかん}（COPD）（☞第4巻_{だい かん} pp.268-269）や肺結核_{はいけっかく}の後遺症_{こういしょう}，②脳_{のう}の障害_{しょうがい}によって換気_{かんき}が困難_{こんなん}になる脳出血_{のうしゅっけつ}や脳梗塞_{のうこうそく}，③気道_{きどう}がせばめられ換気_{かんき}が困難_{こんなん}になる喘息_{ぜんそく}，④神経_{しんけい}や筋肉_{きんにく}の障害_{しょうがい}により換気_{かんき}が困難_{こんなん}になる筋萎縮性側索硬化症_{きんいしゅくせいそくさくこうかしょう}（ALS）（☞第4巻_{だい かん} p.278）や筋_{きん}ジストロフィーなどがあります。

　おもな症状_{しょうじょう}は，呼吸困難感_{こきゅうこんなんかん}（息苦_{いきぐる}しい，息切_{いきぎ}れ），咳_{せき}・痰_{たん}の増加_{ぞうか}，喘鳴_{ぜんめい}（呼吸時_{こきゅうじ}に「ゼイゼイ，ヒューヒュー」といった音_{おと}が聞_きかれる）などがあります。治療法_{ちりょうほう}として，薬物療法_{やくぶつりょうほう}，酸素療法_{さんそりょうほう}，気管切開_{きかんせっかい}による気道確保_{きどうかくほ}，人工呼吸療法_{じんこうこきゅうりょうほう}などがあります。

❷ 在宅_{ざいたく}における呼吸器機能障害_{こきゅうききのうしょうがい}の治療_{ちりょう}

▶▶ 在宅酸素療法_{ざいたくさんそりょうほう}（HOT）

　慢性閉塞性肺疾患_{まんせいへいそくせいはいしっかん}などの肺胞_{はいほう}のガス交換_{こうかん}に障害_{しょうがい}がある場合_{ばあい}には，室内_{しつない}の空気_{くうき}よりも高濃度_{こうのう ど}の酸素_{さんそ}を含_{ふく}む空気_{くうき}を吸_すう治療_{ちりょう}が行_{おこな}われ，高濃度酸素_{こうのうどさんそ}を得_えるため酸素濃縮器_{さんそのうしゅくき}，酸素_{さんそ}ボンベ（☞第4巻_{だい かん} p.269），液化酸素装置_{えきかさんそうち}を置_おき，そこから酸素_{さんそ}を含_{ふく}んだ空気_{くうき}をチューブで本人_{ほんにん}の鼻元_{はなもと}まで流_{なが}し，本人_{ほんにん}は**鼻_{はな}カニューレ**[8]（➡ p.489参照）から吸_すいながら生活_{せいかつ}します（図_ず8-6）。

▶▶ 気管切開_{きかんせっかい}

　鼻腔_{びくう}，咽頭_{いんとう}を通_{とお}しての換気_{かんき}が困難_{こんなん}であったり，胸郭_{きょうかく}をふくらませる力_{ちから}が弱_{よわ}く換気量_{かんきりょう}が少_{すく}なかったりする場合_{ばあい}は，気管部_{きかんぶ}を切開_{せっかい}し（気管切開_{きかんせっかい}），気管_{きかん}カニューレを挿入_{そうにゅう}し，そこから空気_{くうき}を取_とりこみます（図_ず8-7）。自力_{じりき}で痰_{たん}を吐_はき出_だすことが困難_{こんなん}になるので吸引器_{きゅういんき}を使用_{し よう}することもあります。

▶▶ 在宅人工呼吸療法_{ざいたくじんこうこきゅうりょうほう}

　自力_{じりき}での換気_{かんき}が困難_{こんなん}な人_{ひと}には，機械的_{きかいてき}に空気_{くうき}を肺_{はい}に送_{おく}りこむため，人工呼吸器_{じんこうこきゅうき}を装着_{そうちゃく}します（図_ず8-8）。人工呼吸器装着_{じんこうこきゅうきそうちゃく}で，気管切開_{きかんせっかい}をしない場合_{ばあい}には鼻_{はな}マスクを使用_{しよう}して，鼻_{はな}から空気_{くうき}を送_{おく}りこみ，換気_{かんき}します。

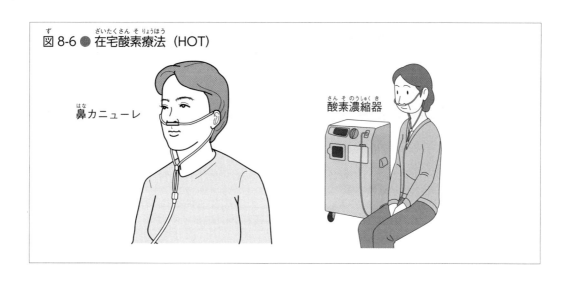

図 8-6 ● 在宅酸素療法（HOT）

鼻カニューレ

酸素濃縮器

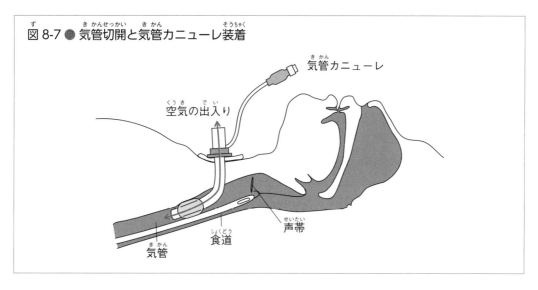

図 8-7 ● 気管切開と気管カニューレ装着

気管カニューレ

空気の出入り

声帯

食道

気管

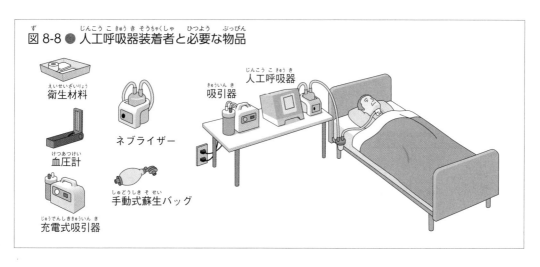

図 8-8 ● 人工呼吸器装着者と必要な物品

衛生材料

ネブライザー

血圧計

手動式蘇生バッグ

充電式吸引器

吸引器

人工呼吸器

6. 腎臓機能障害

❶ 腎臓機能障害の医学的理解

　腎臓機能障害とは，腎臓の機能が低下し，日常生活に支障をきたした状態をいいます。腎臓機能障害により，生体の恒常性が維持できなくなった状態を腎不全といいます。腎不全が急速に生じた場合を急性腎不全，長期間かけて持続的な機能障害におちいったものを慢性腎不全といいます。慢性腎不全では，腎機能の改善は望めません。近年では，慢性に経過するすべての腎臓病を慢性腎臓病（CKD）としています。CKD は生活習慣病とも関連しており，腎臓以外でも動脈硬化が進行し，とくに心血管疾患を引き起こす危険性が高いことも明らかになっています。腎臓機能障害はある程度進行するまでは無症状です。高血圧や浮腫が目立つころには，腎機能はかなり低下しています。腎臓が行っている電解質の調整などが障害されるので，血液中の電解質の異常や腎性貧血が起こります。末期の腎不全になると，本来尿中に排泄される物質が排泄されず体内にとどまることから，**尿毒症**[9]（➡ p.489 参照）の症状がみられたり，体液量が増加するために心臓に負担がかかり，心不全を引き起こしたりします。腎臓機能障害の管理は，正しい服薬，食事・水分制限，運動制限による病状の維持が中心となります。

❷ 腎臓機能障害の治療

▶▶ 血液透析

　血液透析（HD）は，半透膜を介して血液浄化をはかります。血液を体外に導き出すために，動脈と静脈を手術でつなぎ合わせ**シャント**[10]（➡ p.489 参照）を造設します。

▶▶ 腹膜透析

　腹膜透析（PD）は自分の腹膜を半透膜として使用します。腹腔内に挿入した腹膜透析カテーテルに，腹膜透析液の入ったバッグをつなぎ，定期的に腹腔内に貯留した腹膜透析液を交換します。自動腹膜透析装置を用いて夜間就寝中に透析液の交換を行う夜間間欠式腹膜透析（NIPD）や，持続可動式腹膜透析（CAPD）など，生活のなかに治療を組みこむことが可能なものもあります。

▶▶ 腎移植

　末期腎不全の根本的な治療法としては，**腎移植**があります。腎移植後は健康時と同様の生活ができるので，小児や青年期の人には，腎移植が望ましいといえます。

7. 膀胱・直腸機能障害

❶ 膀胱・直腸機能障害の医学的知識総論

　膀胱機能障害と直腸機能障害は，先天性の奇形によって膀胱または直腸の単独臓器で障害が起こる場合と，先天的な膀胱と直腸の双方をつかさどる神経の障害にともない膀胱・直腸障害をあわせもつ場合があります。また，脊髄損傷や骨盤内臓器の手術などによって，膀胱や直腸の神経が障害されるため，後天的に膀胱・直腸障害がともに起こることがあります。

❷ 膀胱機能障害の医学的理解と支援の実際

　膀胱機能障害の原因となる先天性の疾患は，二分脊椎症があり，自己導尿を永久的に行います。後天性の疾患は，膀胱がんがあり，膀胱を摘出することで尿路変向（更）術が行われ，腎ろう・腎盂ろう・尿管ろう・膀胱ろう・回腸（結腸）導管などの多様な種類のなかから，カテーテル管理を行うか尿路ストーマを造設して長期にわたりストーマ用装具の装着を続けます。ほかにも骨盤内の手術による神経障害や，自然排尿型代用膀胱の手術を受けたあとに排尿障害になることがあります。対処としては，バルーンカテーテルの膀胱内留置や，間欠導尿の実施，完全尿失禁による失禁用具の継続使用などがあります。

　膀胱に溜まった尿が排出できない場合に膀胱留置カテーテル法[11]（➡ p.489参照）を用いますが，尿道を経由する尿道留置カテーテルと，経腹的に膀胱ろうを造設する場合があります。

　尿道留置カテーテルの合併症として，結石や尿路感染を生じることがあり，男性では陰茎の亀頭部からの裂傷があります。留置カテーテルの合併症を防ぐには，間欠導尿[12]（➡ p.489参照）を行います。合併症を考慮し，長期の留置カテーテルの使用は避けて，膀胱ろうを造設することを医療職と検討します。定期交換は医療職が実施します。

❸ 直腸機能障害の医学的理解と支援の実際

　直腸機能障害の原因となる先天性の疾患は，二分脊椎症に起因する神経障害や，先天性鎖肛（肛門や直腸が閉鎖している）です。肛門形成術，小腸肛門吻合術などのあとに高度な排便機能障害が生じることがあり，支援としては摘便や浣腸や洗腸を行います。成人期以降は，腸のがんにより腸管にストーマを造設すると，空腸・回腸ストーマや上行・横行結腸ストーマ，下行・S状結腸ストーマとなり，管理が必要です。

ストーマとは，手術でつくる排泄口です。がんの切除後や外傷により，本来の排泄口から排泄できない場合に，腹部から直接排泄します。尿路ストーマと消化管ストーマがあります。排尿や排便を腹部から直接出すため，便意や尿意を感じることがなくなり，腹部に採便袋や採尿袋を貼り，排泄物を受けとめて管理します。膀胱がんの手術後は尿路ストーマ，回腸導管（腸で膀胱をつくる）を造設して経腹部に開かれた排出口から排尿を出します（図8-9）。消化器のがんの場合は，がんの発生した部位によりストーマをつくる位置が変わります。小腸を用いたイレオストミー，大腸を用いたコロストミーがあります（図8-10）。ストーマをつくるときには，腹部のどの位置が生活のさまたげにならない場所であるか個別に検討してストーマを造設しています。慣れることで徐々にストーマ袋を自分で交換することができるようになり多くは自分で交換しますが，高齢になり要介護になると生活スタイルが変わり，自己管理や家族の管理が困難になることがあります。

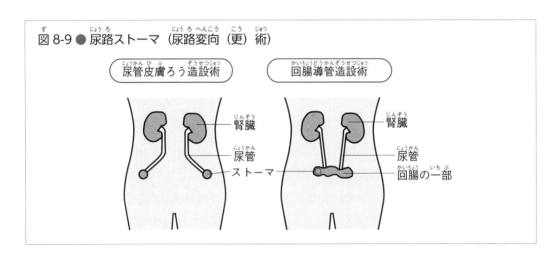

図8-9 ● 尿路ストーマ（尿路変向（更）術）

尿管皮膚ろう造設術

回腸導管造設術

腎臓
尿管
ストーマ

腎臓
尿管
回腸の一部

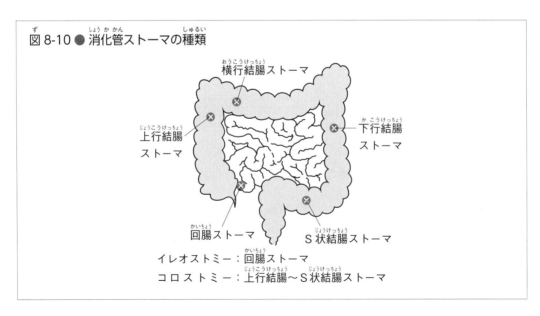

図8-10 ● 消化管ストーマの種類

横行結腸ストーマ

上行結腸ストーマ

下行結腸ストーマ

回腸ストーマ

S状結腸ストーマ

イレオストミー：回腸ストーマ
コロストミー：上行結腸～S状結腸ストーマ

8. 小腸機能障害

❶ 小腸機能障害の医学的理解

　小腸機能障害は, 小腸が疾病の治療のために広く切除されたり, 疾患そのものによって消化吸収がさまたげられ, 必要な栄養維持が困難になり, 日常生活に支障をきたした状態です。

　原因となる疾患には, 上腸間膜動脈閉塞症, 小腸軸捻転症, 先天性小腸閉鎖症, クローン病, 腸管ベーチェット病, 非特異性小腸潰瘍などがあります。小腸は十二指腸, 空腸, 回腸からなり, 部位ごとに吸収する物質が異なるため, 障害された部位によって発生する障害も異なります。小腸機能障害では, 栄養維持のための手段として中心静脈栄養法や経管栄養法が行われていますが, 同時に経口摂取する場合においても, 状態に応じた食事のコントロールが行われます。障害された部位や状態によって, 電解質の補正や欠乏する栄養素の補充が必要です。

❷ 小腸機能障害の治療

▶▶ 中心静脈栄養法

　心臓の近くにある, 太くて血流の速い静脈を中心静脈といいます。中心静脈栄養法(TPN)は, 一般的には鎖骨下を通る静脈から中心静脈にカテーテルを挿入して, 栄養を直接注入します。消化管を介さず高濃度の栄養を輸液という形で投与できるので, 多くのエネルギー量を摂取することが可能です。小型の輸液ポンプを用いた在宅中心静脈栄養法(HPN)は, 入院して病気の治療を行う必要がなく, 状態が安定している場合や, 通院が困難で在宅での栄養療法が必要になった場合に行います。

　しかし, カテーテル挿入部から菌が入りこむと感染症にかかりやすいので, 常に清潔を保つ必要があります。また, 高カロリーかつ高濃度の栄養を使用するので, 急激に投与しはじめると血糖値が急激に上がり, 急にやめると低血糖を起こすおそれがあります。医師の指示のもと, 入院, あるいは在宅でも医療機関との密接な連携が必要です。

▶▶ 経管栄養法

　経管栄養法は, 胃ろうや腸ろうを造設して栄養剤を注入する方法と, 経鼻経管栄養法があります。残っている小腸の機能を使うことができるので, 中心静脈栄養法に比べると生理的な方法といえます。消化管関連合併症(下痢や便秘, 腹痛・腹部膨満など)やチューブやカテーテルに関連したトラブルも起こり得るので, 医師の指示のもと, 医療機関との密接な連携が必要です。

9. ヒト免疫不全ウイルスによる免疫機能障害

❶ ヒト免疫不全ウイルスによる免疫機能障害の医学的理解 ::::::::::::::::::::::

▶▶ ヒト免疫不全ウイルス（HIV）

　ヒト免疫不全ウイルスは，Human Immunodeficiency Virus の日本語訳で，この頭文字をとって一般に HIV と略されます。感染者の精液，膣分泌液，血液，母乳に含まれており，これらに含まれる HIV が粘膜や傷口からからだの中に入ることで感染が起こる可能性があります。代表的な感染経路は，性交渉，注射針の共用，母子感染です。

　HIV 感染症は，1980 年代前半に台頭してきた新興感染症で，全世界的には 2021 年時点で 3840 万人程度の人が HIV に感染していると推定されています。日本では 2021（令和 3）年末時点で約 3 万人の感染（エイズ患者含む）が報告されています。

　HIV 感染者が何も治療をしなければ，免疫力は徐々に低下していきます。そして，通常はとるに足らないような弱い菌やウイルスなどが活性化して感染症（日和見感染症[13]（➡ p.489 参照））が起こることがあります。

　最近では HIV 感染症に対する治療はきわめて進歩しています。何も治療しなければ 10 年程度でエイズを発症しやすくなりますが，適切な治療を受ければ発症を大幅に遅らせ，感染していない場合とほぼ同じ寿命をまっとうすることができます。

▶▶ 後天性免疫不全症候群（エイズ：AIDS）

　エイズ（AIDS）は HIV とは異なります。

　エイズは，Acquired Immune Deficiency Syndrome（後天性免疫不全症候群）の略称であり，HIV に感染して，免疫機能が低下し，厚生労働省が定めた 23 の合併症のいずれかを発症した場合，エイズ発症と診断されることになります。したがって，HIV に感染したからといってエイズになったわけではありません。感染症法上，エイズは 5 類に分類されます。

　合併症のなかには，ニューモシスチス肺炎，難治性の単純ヘルペスウイルス感染症，子宮頸がん，活動性結核などが含まれ，どの合併症を起こしたのかにより症状はまったく異なります。

10. 肝臓機能障害

❶ 肝臓機能障害の医学的理解

　肝臓機能障害は，ウイルス性肝炎，自己免疫性肝炎などによって，肝機能の低下が起こり，日常生活に支障をきたした状態です。肝臓は糖やたんぱく質，脂質の代謝や，アルコールや薬剤，老廃物などの有害な物質の分解（解毒），胆汁の生成・分泌と，多くの役割をになっています。

　ウイルス性肝炎には，いくつかのタイプがありますが，B型肝炎・C型肝炎の一部が慢性肝炎となり，肝硬変や肝がんへと進行することがあります。いずれもウイルスに感染している人の血液・体液を介して感染します。急性肝炎を発症すると全身倦怠感や食欲不振，吐き気，黄疸が出現することがありますが，慢性肝炎になるとはっきりとした自覚症状はありません。ウイルス性肝炎の診断を受けた場合は，慢性化させないために治療の継続が必要です。現代では，抗ウイルス療法で完治が可能です。

　肝硬変は，慢性肝炎などによって肝細胞の破壊と再生がくり返された結果，肝臓が線維化し，組織がかたくなって本来の機能を十分に果たせなくなった状態をいいます。あらゆる肝疾患の終末像ともいえます。肝硬変が進むと，黄疸や腹水，肝性脳症などのさまざまな症状や食道静脈瘤などの合併症があらわれます。初期のうちに悪化を食いとめること，肝硬変を予防することが重要です。

　肝がん（肝細胞がん）は，肝硬変と関係の深いがんです。C型肝炎では，適切な治療が行われなかった場合，ウイルスに感染してから慢性肝炎，肝硬変を経て約30年後に肝細胞がんにいたるということが知られています。

❷ 肝臓機能障害の支援の実際

　肝臓機能障害のある人は，医師による治療や症状のコントロールが重要です。原因となる疾患だけでなく，症状に対する治療により生活のしやすさは変わります。たとえば，浮腫や腹水に対しては利尿剤，肝性脳症に対してはラクツロースという薬の使用などです。

　さらに，症状のコントロールのためには食事にも注意します。浮腫や腹水は，過剰な塩分摂取をすると悪化するため，塩分をひかえることが重要です。また，たんぱく質をうまく代謝できなくなるため，たんぱく質の摂取についても注意します。さらに，便秘があると症状が悪化するため，生活習慣や食事への配慮が重要です。

　近年，適応条件に合致した場合には，肝臓移植が行われる例が増えてきています。肝臓移植により，肝臓の機能は回復します。

11. 知的障害
ち てきしょうがい

1 知的障害の心理学的概念
ち てきしょうがい　　しん り がくてきがいねん

▶▶ 国際疾病分類に基づく知能区分
こくさいしっぺいぶんるい　　もと　　　ち のう く ぶん

　国際疾病分類（ICD–10）では，知能テストにもとづいて測定した知能の状態によって，知的障害を，軽度（おおよそ IQ[14]（→ p.489 参照）69 〜 50）・中度（IQ 49 〜 35）・重度（IQ 34 〜 20）・最重度（IQ 19 以下）に分けています。

　また，身辺自立の状態をみると，軽度の場合は自立でき，中度の場合はおおむね自立可能，重度の場合は部分的に自立可能，最重度の場合は自立できない，とされています。

　ただし，知的な能力と日常生活における活動能力は，必ずしも比例するわけではありません。人的・物的な支援を適切に受けることができれば，その人の自立度は向上します。

　そのためには，「本人にとって周囲の物事がどのように認識されているか」という観点から知的障害をとらえることが必要となります。

▶▶ スウェーデンで用いられている知能区分
もち　　　　　　　　　ち のう く ぶん

　ここでは，スウェーデンで用いられている知能区分にもとづいて，知的障害の状態によって身のまわりのことがどのように認識されているのかをみてみます（表 8-4 〜表 8-7）。スウェーデンにおける知能区分の特徴は，その人の発達段階に応じてどのような支援が必要かという観点から知能をみている点にあります。

　知的障害の状態をとらえるときには，「何ができないか」だけではなく，その人にとって身のまわりの世界が「どのように認識されているか」「何ができるか」「どのような支援（人的・物的な支援）があれば能力をおぎなえるか」ということに注目することが大切です。

表 8-4 ● 精神発達年齢 [0 か月〜 1 歳半くらい] (IQ10 以下に相当)

・「今いるところ」で，見る・聞く・触れるなどの感覚体験ができるもの（手の届く範囲にあるもの）だけを認識している。そのため，目の前にあれば，それが好きか嫌いかを判断できるが，目の前にないものを思い浮かべることはできない。
・くり返し経験していることであれば，次に何が起こるかを予想することができる（例：食卓に食器が並ぶとご飯の時間だ）。
・写真の理解はむずかしく，色と模様のついたきれいな紙として認識されている。
・話し言葉の理解はむずかしいが，身ぶりや何かの合図（特定の音声など）を使って意思や感情を表示したり，自分の欲求を伝えたりすることができる。
・体験すれば，それが心地よいか否かを表現できる。

表8-5 ● 精神発達年齢［1歳半〜4歳くらい］（IQ25〜10くらいに相当）

- 理解できるものは，自分で使ったり触ったりした経験のあるものに限られる。
- 量の多い少ない，大きい小さい，「1」の概念がわかるようになる。
- 過去に起きたこと，これから起こることを考えられるようになる。
- 絵や写真が理解できるようになり，絵・写真・言葉・サイン言語・身ぶり言語をコミュニケーションのなかで使えることがわかるようになる。
  例：「ジュース」「行く」「仕事」などが理解できる。
- いろいろな因果関係を理解できるようになり，経験にもとづいて問題解決を試みるようになる。

表8-6 ● 精神発達年齢［4〜7歳くらい］（IQ45〜25くらいに相当）

- 物の性質が，前段階よりもさらにわかるようになる。ただし，理解できるものは実際に体験したもののみ。
- お金の理解が始まり，それぞれの紙幣，硬貨で買えるものの範囲がわかる。
- 腕時計が何に使われるのかがわかる。
- 平日と休日の区別がつくようになる。
- 経験のあることなら，2つの出来事を，原因と結果として結びつけられる。経験のない因果関係は，実際に試さなければわからない。

表8-7 ● 精神発達年齢［7〜11歳くらい］（IQ70〜45くらいに相当）

- 経験したことがなくても，想像することによって，同じ性質をもつものを分類でき，属性の理解が進む（ただし，具体的なものに限られる）。
- お金が使えるが，計画的な使用はむずかしい。
- ことわざや慣用句の意味の理解はむずかしい。
- 因果関係の一般的な理解ができ，「〜なら〜だろう」という推論が可能になる。原因の説明ができるようになるが，具体的で単純なものに限られる。
- 書き言葉の理解が始まり，読み書きが可能になる。

❷ 知的障害の原因

▶▶ 生物医学的要因とその他の要因

　知的障害の原因は多岐にわたっており，米国知的・発達障害協会（AAIDD）による知的障害の危険因子には，①染色体異常・遺伝子疾患・代謝異常・分娩時の外傷・栄養不足・髄膜脳炎等の明らかな病理作用によって脳の発達に支障が生じる生物医学的要因，②貧困・母親の栄養不良・出生前ケアの未実施・適切な養育環境の欠如等の社会や家族の状況による社会的要因，③親の薬物使用・親の喫煙や飲酒・養育拒否等といった親の行動問題と関連する行動的要因，④支援の欠如や不適切な育児等のような知的発達をうながす状況が阻害されることによる教育的要因があげられています。

　おもな症状としては，抽象的な物事についての理解に制限が生じることと，短期記憶（☞第4巻 p.54, p.210）に制限が生じることがあげられます。

　抽象的な物事とは，属性・時間・空間・数量・因果関係・コミュニケーション（言語の使用）の理解をさします。

▶▶ ダウン症候群

　ダウン症候群はダウン症とも呼ばれる先天性の疾患で，精子や卵子がつくられるときの染色体の分離がうまくいかないという突然変異が原因で，90〜95％は21番目の常染色体が3本ある（通常は2本）ために生じます。発生率は出生1000人に対し1人の割合で，母親の年齢が高くなるほど染色体の分離がうまくいかなくなるため，高齢出産の場合には発生率が100人に1人といわれています。

　知能の状態は，重度から軽度まで幅が広いですが，社会生活能力は知能の程度よりも高い場合が多いといわれています。

　ダウン症には多くの合併症があることが知られています。先天的な心疾患，肺血管がかたくなる肺高血圧症，十二指腸閉鎖，鎖肛，頸椎の異常である環軸椎不安定症，難聴，眼科的な異常（近視・遠視などの屈折異常や白内障など）などがあり，とくに難聴や心疾患を合併している割合が高いことがわかっています。

　ダウン症の人とかかわるときには，身体的な病気に配慮することはもちろん必要ですが，「障害がある」という目で見るのではなく，何が得意で何が不得手なのか，何が好きで何が嫌いなのかというように「その人自身がどういう人であるか」をみるという姿勢をもつことが大切です。

12. 精神障害

❶ 精神障害（疾患）の理解

▶▶ 統合失調症

　統合失調症は，発病後の経過や病気のタイプにより多様で個別的な症状を引き起こし，再発や安定の波をくり返すことがあります。病気の症状が精神状態に強くあらわれているにもかかわらず，それが病気によるものであると自分で認識できないときがしばしばみられます。治療の基本は継続的な薬物療法による症状の軽減のほか，本人や家族などへの心理教育や社会生活面のリハビリテーションなど包括的な支援が必要です。

表 8-8 ● 統合失調症の症状

陽性症状	不適切な感情をともなう知覚の障害が目立つ。幻覚，妄想，支離滅裂な言動，興奮，させられ体験　など
陰性症状	無関心，喜怒哀楽のとぼしさ，意欲の減退　など
認知機能障害	記憶や作業能力の減退，集中力や注意力の低下
抑うつ・不安	うつ症状や絶望感など，極度の場合は自殺念慮をいだくこともある

▶▶ 気分障害（うつ病・双極性障害）

　気分障害は，生活環境上の変化やストレスが発症の契機となることが多いとされます。
　うつ病は，気分が沈み，意欲が低下し，行動や動作がとてもゆっくりとなり，疲れやすく食欲低下や不眠や頭痛などの身体症状もあらわれ，日常生活が立ちゆかなくなります。
　不安や悲観的感情，自責感，自殺をしたいという思いをめぐらせる自殺念慮も生じてきます。自殺のリスクが高まるのは，うつ病の初期と回復期です。うつ状態の人への安易なはげましは，負担感やまわりの人に理解されていない感覚をもたらし，回復の手助けにならないので注意が必要です。
　双極性障害（躁うつ病）は，躁状態とうつ状態をくり返すものです。躁状態は，考えが次々とわいて気分が高揚し，イライラしたり，疲れをみせず不眠不休で活動できたりします。また，自分がありえないほどの財力や権力をもっていると思いこんでしまうこと（誇大妄想）や，自己中心的で偉くなったような言動で周囲の人を傷つけたり，浪費や過大な契約で生活に多大な影響をおよぼすことがあります。
　いずれも治療は，薬物療法のほか，家族療法や精神療法が用いられ，とくにうつ病の場合は心身の休養が重要です。

▶▶ アルコール依存症

　アルコール依存症は，アルコールの習慣的・長期的摂取によって，精神依存，身体依存を示し，日常・社会生活，健康面で深刻な問題を引き起こします。

　おもな症状は，急激な中断による離脱症状で，からだのふるえとせん妄（意識混濁，幻視，錯視や，精神運動興奮，不眠），幻聴や妄想，アルコール性コルサコフ症候群（新しく体験したことや数分前のことを記憶できない記銘力障害，健忘，今いる場所や日付け，季節を正しく認識できない見当識障害，作話）があります。

　回復のためには断酒が不可欠です。入院や抗酒薬（嫌酒薬）などの医療的治療のほかに，家族を含めた支援や断酒会などの自助グループへの参加が断酒・回復に有効であるといわれています。

▶▶ その他（神経症性障害・パーソナリティ障害など）

　神経症性障害（パニック障害，不安障害，強迫性障害など），ストレス関連障害や適応障害は，生活上のイベントや急激かつ強烈な状況の体験などのストレスによって発症するものです。治療は，薬物療法，カウンセリングや行動療法，自律訓練法など，さまざまな対応が用いられます。

　パーソナリティ障害とは，その人が属している社会・文化から期待されることと，その人特有の思考様式や行動様式に大きくへだたりがみられ，自分自身や周囲の人々とのあいだに苦痛が生じ，対人関係などの社会的な機能が障害されることです。これは精神疾患とは区別してとらえるべきであるといわれています。

❷ おもな精神症状とその対応 ::

▶▶ 幻覚や幻聴

　幻覚とは実際には感覚刺激がないのに知覚することで，幻聴とはあるはずのない声が聞こえてくる体験です。幻聴そのものより，それによる影響で集中力の低下や，不愉快な気持ちや恐怖感，不安感，混乱などのつらさを体験します。場合によっては，それが被害妄想につながったりします。そのような場面で介護職は，本人の聞こえる内容を肯定するのではなく，その影響で苦しんでいることに対して落ち着いた態度で受けとめます。自分にはその声が聞こえていないという事実をやんわりと伝えることも，本人の混乱している気持ちを整理するのに役立つことがあります。あまりしつこく内容を聞き出すことはしないほうがよいでしょう。

▶▶ 不安感

　精神障害のある人の場合は，不安が強くなるとその疾患特有の症状や行動面での悪化，再発につながることがあります。不安を直接訴えるほかに，不安に由来したさまざまな身体的症状や心理的反応，不適切な行動，あるいは，精神疾患の症状の悪化などがみられることがあります。

　とくに，周囲の人からの非難や批判，過度の干渉や孤独感など人間関係に由来するもの，あるいは金銭面の心配などのストレッサーからストレス状態にいたり，不安を感じることもあります。また，さしたるストレッサーが思いあたらないのに，精神症状が悪化し，再発が疑われるような場合は，服薬の中断などが考えられます。

▶▶ 身体的症状の訴えなど

　身体的症状の訴えの原因やその背景には，薬の副作用によるもの，精神症状に関連した身体症状のあらわれ，精神疾患とは別の新たな身体疾患が考えられます。話をじっくり聞いただけでそれらの原因や背景を判断してしまうことは，誤った対処になる可能性もあるので，安易に判断しないようにします。また，身体的変調を的確に訴えることができない人もいます。なかにはすぐに対応しなければ，生命に危険が起こる場合もあります。とくに薬の副作用による**悪性症候群**[15]（➡ p.489 参照）や**水中毒**[16]（➡ p.490 参照）による意識障害などに注意が必要です。

13. 高次脳機能障害

❶ 高次脳機能障害とは

　病気やけがが原因で脳が損傷すると，外界からの情報を取り入れることや，取り入れた情報を記憶すること，情報をもとに何らかの判断をくだして行動することなどがうまくいかなくなり，感情のあらわれ方にも変化が生じて，日常生活や社会生活に大きな支障をもたらすことがあります。これらの症状は，認知障害と呼ばれます。

　2001（平成13）年度から開始された高次脳機能障害支援モデル事業において，脳の損傷による記憶障害，注意障害，遂行機能障害，社会的行動障害などの認知障害をおもな原因として，日常生活や社会生活への適応に困難が生じる障害を高次脳機能障害と呼ぶという行政的な定義が定められました。また，診断基準が作成され（表8-9），リハビリテーションや生活支援の手法の確立に向けた取り組みが始まりました。

　発達障害や認知症などでも同様の症状がみられることがありますが，診断基準の除外項目にあるように発達障害や進行性疾患である認知症は，高次脳機能障害からは除外されています。

表8-9 ● 高次脳機能障害診断基準

Ⅰ．主要症状等
1. 脳の器質的病変の原因となる事故による受傷や疾病の発症の事実が確認されている。
2. 現在，日常生活または社会生活に制約があり，その主たる原因が記憶障害，注意障害，遂行機能障害，社会的行動障害などの認知障害である。

Ⅱ．検査所見
　MRI，CT，脳波などにより認知障害の原因と考えられる脳の器質的病変の存在が確認されているか，あるいは診断書により脳の器質的病変が存在したと確認できる。

Ⅲ．除外項目
1. 脳の器質的病変に基づく認知障害のうち，身体障害として認定可能である症状を有するが上記主要症状（Ⅰ-2）を欠く者は除外する。
2. 診断にあたり，受傷または発症以前から有する症状と検査所見は除外する。
3. 先天性疾患，周産期における脳損傷，発達障害，進行性疾患を原因とする者は除外する。

Ⅳ．診断
1. ⅠからⅢをすべて満たした場合に高次脳機能障害と診断する。
2. 高次脳機能障害の診断は脳の器質的病変の原因となった外傷や疾病の急性期症状を脱した後において行う。
3. 神経心理学的検査の所見を参考にすることができる。

出典：厚生労働省社会・援護局障害保健福祉部，国立障害者リハビリテーションセンター「第1章　高次脳機能障害診断基準ガイドライン」『高次脳機能障害者支援の手引き（改訂第2版）』国立障害者リハビリテーションセンター，2008年

▶▶ 高次脳機能障害の原因

高次脳機能障害が生じる原因には，病気によるものとけがによるものがあります。脳の血管の異常によって生じる脳血管障害（脳卒中）がもっとも多く，とくに50代以上の年代に多くみられます。背景に生活習慣病がある場合もあり，再発予防の観点からも高次脳機能障害発症後の生活支援では留意が必要です。頭部外傷（外傷性脳損傷）は，交通事故やスポーツ事故，転倒などによって頭部に強い力が加わり脳に損傷が生じることです。脳への衝撃によって出血が生じる場合のほか，脳が強く揺さぶられたことによって神経の伝達経路である軸索があちこちで寸断されて症状が生じる場合もあります（びまん性軸索損傷）。そのほか，脳に十分な酸素が送られないことによる低酸素脳症やウイルス感染などの脳の炎症が原因となる脳炎，脳腫瘍などにより生じることがあります。

▶▶ 記憶障害

高次脳機能障害でもっともよくみられる記憶障害は，発症前に経験したことや学んだことは比較的おぼえているのに対して，新しいことをおぼえることが苦手となります。長年住み慣れた場所ではまったく困らなくても，はじめて行く場所では道順がおぼえられず何度も道に迷ったりします。また，約束事を忘れたり，自分で置いたにもかかわらず物の置き場所がわからなくなり，混乱することもあります。おぼえられないことから，同じことを何度も質問して確認することも記憶障害の症状です。

▶▶ 注意障害

注意障害によって注意のはたらきが低下すると，集中できずにぼんやりしている，ミスが多くなる，2つ以上のことをやろうとすると混乱する，1つのことにとりかかると切り替えて次に進めなくなるなどの症状がみられます。

▶▶ 遂行機能障害

実行機能の障害ともいわれます。自分で計画を立てて実行できない，人から指示されないと行動を起こせない，外出の予定があっても準備に何からとりかかったらよいのかわからず約束に遅れてしまうなどといったことは，遂行機能障害のあらわれ方の例です。

▶▶ 社会的行動障害

社会的行動障害は，身近にいる家族や介護職にとって，もっとも対応に苦慮する症状です。言動が子どもっぽくなる（退行），何でも人に頼る（依存性），がまんできずに欲しいだけ食べてしまう（欲求コントロールの低下），ささいなことで怒り出す（感情コントロールの低下），1つのことにこだわる（固執性），場面に応じた言動がとれず，人間関係が壊れやすい（対人技能拙劣）などは，その例です。

14. 発達障害 (はったつしょうがい)

❶ 発達障害の理解 (はったつしょうがい りかい) ::

▶▶ 自閉症 (関連：広汎性発達障害，自閉スペクトラム症，アスペルガー症候群) (じへいしょう　かんれん：こうはんせいはったつしょうがい　じへい　しょうこうぐん)

広汎性発達障害に含まれる自閉症やアスペルガー症候群などは，①視線が合わない，仲間をつくることが困難などの社会性の障害，②言葉が出ない，会話が続かないなどのコミュニケーションの障害，③同じことをくり返す，こだわりがあるなどの想像力の障害，という3つにより特徴づけられる障害です。

▶▶ 学習障害 (がくしゅうしょうがい)

学習障害はLD (Learning Disabilities) ともいわれ，医学的な立場からの定義としては，「読む」「書く」「計算する」の困難さをもつ障害とされています。その原因として中枢神経系における機能障害があげられており，社会性，運動，情緒面の困難さをもかかえている場合が多い障害です。

▶▶ 注意欠陥多動性障害 (ちゅうい けっかん た どうせいしょうがい)

注意欠陥多動性障害はADHD (Attention-Deficit Hyperactivity Disorder) ともいわれ，不注意（集中力を保つのが苦手），多動性（じっとしているのが苦手），衝動性（順番を待つのが苦手）という3つを特徴とした障害です。

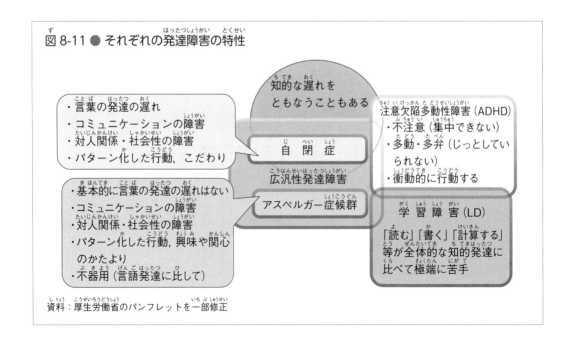

図8-11 ● それぞれの発達障害の特性

・言葉の発達の遅れ
・コミュニケーションの障害
・対人関係・社会性の障害
・パターン化した行動，こだわり

知的な遅れをともなうこともある

自閉症

広汎性発達障害

アスペルガー症候群

注意欠陥多動性障害 (ADHD)
・不注意（集中できない）
・多動・多弁（じっとしていられない）
・衝動的に行動する

・基本的に言葉の発達の遅れはない
・コミュニケーションの障害
・対人関係・社会性の障害
・パターン化した行動，興味や関心のかたより
・不器用（言語発達に比して）

学習障害 (LD)

「読む」「書く」「計算する」等が全体的な知的発達に比べて極端に苦手

資料：厚生労働省のパンフレットを一部修正

❷ 発達障害の特性

　発達障害は，ほかの障害のような「見えやすい障害」とは異なった「生活のしづらさ」，あるいは，「生きにくさ」がある障害といわれています。いわば，この社会の当然とされているルールがわからなくて，生活に困難をかかえているともいえます。このような発達障害のある人への介護のポイントは，表8-10のとおり，できるだけ彼らが生きやすい環境をつくっていくことです。

表8-10 ● 発達障害の特性と支援のポイント

① 多くの情報を同時に処理することに困難がある場合が多いので，できるだけ情報量を減らし，同時に2つ以上の情報を出さないことが重要である。

② まわりの環境を視覚的に理解しやすいものに変える必要がある。色彩や騒音など不必要な刺激を減らし，見てもらいたいものに注意がいくようにする。耳からの情報や，概念的・抽象的な情報は苦手なので，絵を見せるなどの手段を用いて説明をおぎなうことが考えられる。

③ 時間概念の理解にとぼしく，見通しをもって生活することが困難で，不安になりやすい場合がある。いつ，どこで，どこまで，何をするかなど，活動を見通せるよう予定を直線上にならべて，行ったことにはチェックをしていくなど視覚的なスケジュール化が効果的な場合がある。

④ 予期しない事態に直面し混乱する，あるいは変化への抵抗がある場合には，生活の流れをできるだけ一定にし，変化はできるだけ避けるとともに，予定を変えるような場合にはあらかじめ明示しておくことが考えられる。できるだけ特定の介護職に固定化する。

⑤ 感覚過敏への対策が必要な場合がある。スムーズな生活のさまたげとなる雑音，光や色，においなどの環境の調整が必要な場合がある。

　支援に共通することは，本人が安心できる条件として，視覚を中心に，具体的に，おだやかに伝えることです。減らしたい行動についても，禁止ではなくどうすればよいのか，具体的に伝えることになります。そのためには，その場限りの支援ではなく，本人の行動や心理特性をアセスメントし，そのニーズを明らかにして計画的に介護していくことが重要です。

15. 難病 _{なんびょう}

❶ 難病とは _{なんびょう} ::

　難病の患者に対する医療等に関する法律（難病法）が 2015（平成 27）年 1 月に施行されました。この法律のなかで，難病の定義は「発病の機構が明らかでなく，かつ，治療方法が確立していない希少な疾病であって，当該疾病にかかることにより長期にわたり療養を必要とすることとなるもの」と規定されています（図 8-12）。

❷ 難病の種類 _{なんびょう　しゅるい} :::

　医療費助成の対象となる難病は，指定難病として規定されています。具体的な要件は，①患者数が日本において一定の人数（人口の 0.1％程度以下）に達しないこと，②客観的な診断基準（またはそれに準ずるもの）が確立していることです。2015（平成 27）年 1 月に 110 疾病が指定され，2021（令和 3）年 11 月からは 338 疾病となりました。難病は，疾患群に分類され，筋萎縮性側索硬化症（ALS），パーキンソン病，筋ジストロフィーなどは神経・筋系疾患に，悪性関節リウマチは免疫系疾患に分類されます。

⑴　筋萎縮性側索硬化症（ALS）
　脳や末梢神経からの命令を筋肉に伝える運動ニューロン（運動神経細胞）が散発性・進行性に変形脱落する「神経変性疾患」です。

⑵　パーキンソン病
　脳幹にある黒質線条体の神経細胞が減少し，運動を調整するはたらきをになうドーパミンが減少することにより生じる「神経変性疾患」です。

⑶　筋ジストロフィー
　筋線維の変性・壊死を主病変とし，進行性の筋力低下をみる「遺伝性筋疾患」です。筋ジストロフィーは多種類あり，症状なども異なります。発症頻度が高いのはデュシェンヌ型筋ジストロフィーで，転びやすかったり，不安定な歩行がみられたりします。

⑷　悪性関節リウマチ
　関節の痛みや腫れ，変形を生じる関節リウマチに血管炎，内臓障害などの関節外症状を認め，難治性または重症な臨床病態をともなう疾患です。

図 8-12 ● 難病と指定難病の定義（難病法）

【難病】
・発病の機構（原因）が明らかでない　　・治療方法が確立していない
・希少な疾病である　　　　　　　　　　・長期の療養を必要とする

医療費助成の対象

【指定難病】
＊良質かつ適切な医療の確保をはかる必要性が高いもの
・患者数が一定の基準（国の人口の0.1％程度）よりも少ない
・客観的な診断基準が確立している

表 8-11 ● おもな難病の特徴

疾病名	症　状	治　療
筋萎縮性側索硬化症（ALS）	・箸が持ちにくいなど上下肢の筋力低下がみられることが多い。 ・進行により舌などの筋萎縮により嚥下障害や構音障害，呼吸筋の萎縮により呼吸困難を生じる。 ・感覚障害や排尿障害はあらわれにくく，視力や聴力，内臓機能なども正常であることが多い。	・治療の基本は，筋肉や関節痛に対する対症療法や症状の進行を遅らせる薬物療法，リハビリテーションなどが中心となる。
パーキンソン病	・パーキンソン病の4大症状は①安静時振戦，②筋強剛（固縮），③姿勢反射障害，④無動・寡動である。 ・初発症状は手足がふるえる安静時振戦がもっとも多くみられる。 ・姿勢反射障害や無動・寡動にともない，歩行中に前方に重心が傾き止まりにくくなる加速歩行，小股で歩行する小刻み歩行，歩きはじめにすくんでしまうすくみ足がみられやすい。 ・無動・寡動により，表情の変化がとぼしくなる仮面様顔貌などがみられる。	・減少したドーパミンを補充，受容，分解抑制するなどの薬物療法が中心となる。近年，効果的な治療方法も開発されている。 ・進行をゆるやかにするために，前向きな気持ちで生活することも効果的である。
筋ジストロフィー	・おもな症状は筋力低下による運動機能障害である。 ・歩行，嚥下，呼吸，血液循環などの機能に影響する場合がある。 ・進行すると，20歳前後で呼吸機能が低下する場合もある。	・根本的な治療法はないが，症状の進行を少しでも遅くすることが治療の基本である。 ・症状に応じた薬物療法，嚥下訓練などのリハビリテーションを行う。
悪性関節リウマチ	・関節リウマチの初期症状として，起床時に手指などの関節が動きにくくなる「朝のこわばり」がみられる。そのあと，関節の腫脹（腫れ）や疼痛（痛み）を生じやすい。 ・関節は破壊とともに筋肉も萎縮することにより変形し，関節可動域が制限される。 ・悪性関節リウマチでは，血管炎や皮下結節などの関節外症状や臓器症状として間質性肺炎を生じる場合もある。	・リウマチ症状の緩和，関節外症状を抑制するために，ステロイドなどの薬物療法，血漿交換療法などがある。 ・症状に応じたリハビリテーションも行う。

第2節 障害の特性に応じた支援の実際

月

日

① アセスメントの視点

▶▶ 障害のある人たちのとらえ方

　何らかの支援が必要な障害児・者と向かい合うとき，私たちはつい，障害（できないこと）に目を向けてしまい，「歩くのが不自由な人」「会話の声やまわりの音が聞こえづらい人」などととらえがちです。このようにマイナス面を中心にしたとらえ方は，障害のない人と比較して，どこが違っているか（機能が劣っているか）をとらえることにつながり，介護職として障害のある人たちと信頼関係を築いていくことのさまたげになります。

　重要なことは，尊厳をもって自己実現を求める，私たちと変わらない1人の人間であるととらえることです。そのうえで，「車いすを利用して移動ができる人」「手話や筆談でコミュニケーションをとることができる人」というように，プラス面を中心にみていきます。そうすることで，どのように支援すればその人にとってよりよい生活ができるのかがみえてくるのではないでしょうか。

　　知的障害があって会話がむずかしい人の場合，家族の希望を優先して，本人の望む生活とはどのようなものかを置き去りにしたまま支援していることもよくあります。あくまでも本人を中心にして支援していくことが重要です。

▶▶ アセスメントとは何か

　アセスメントとは，情報の収集と分析からニーズを明らかにし，支援の内容を検討し，個別支援計画の作成につなげていく最初の段階です。この作業は初回面談だけで終わるものではありません。サービス利用開始後もアセスメントを絶え間なく行い，本人の理解をさらに深めていくことが重要です。

　　障害者の日常生活及び社会生活を総合的に支援するための法律（障害者総合支援法）（児童の場合は児童福祉法）のサービスを利用するにあたっては，**相談支援専門員**[17]（➡ p.490参照）がサービス等利用計画を作成します。そして，それにもとづいて各事業所の**サービス管理責任者**[18]（➡ p.490参照）（児童の場合は「児童発達支援管理責任者」）が個別支援計画を作成することとなります。

　　最初に作成した計画の内容は，あくまでもサービス利用開始当初のニーズであり，目標

であり，サービス内容ということになります。しかし，支援を続けていくなかで新たなニーズが生まれたり，めざす方向性が違っていることがわかる場合も十分に考えられます。そのときは，計画を修正する必要があります。介護職は日々の支援を行いながら，アセスメントを通じて本人の理解を深め，ニーズの変化に対応していくことが大切です。

▶▶ ICFの視点にもとづくアセスメントと多職種連携

国際生活機能分類（ICF）[19]（➡ p.490 参照）は，人間の生活機能と障害の分類法として，2001 年 5 月に世界保健機関（WHO）[20]（➡ p.490 参照）総会において採択されました。それまでの国際障害分類（ICIDH）[21]（➡ p.490 参照）は「機能障害」「能力障害（能力低下）」「社会的不利」といったマイナス的な側面から障害の概念を整理しようとする考え方が中心でした。それに対して ICF は，生活機能というプラス面からとらえるように視点を転換し，さらに環境因子と個人因子をより重視した考え方になっています。

生活機能とは「生きることの全体像」を示す共通言語であり，心身機能・身体構造，活動，参加のすべてを含む用語です。ICF は，人が生きる全体像を「生命レベル」「生活レベル」「人生レベル」という 3 つのレベルから包括的にとらえることを目標に開発されました。

従来は，利用者をみる視点が医療職や介護職で異なることが多くありました。そのため，多職種が集まる会議の場では，医師は「生命レベル」，介護職は「生活レベル」，本人は「人生レベル」の視点に立ち，話の食い違いやすれ違いが生まれ，その結果として，利用者のニーズや課題の共有がうまくできないということがありました。

本人をプラスの面からとらえるという視点はとても重要です。いくらリハビリテーションにはげんでもこれ以上は機能回復が見こめない，あるいは先天性の重度障害で寝たきりであるといったケースで考えてみましょう。

本人をプラス面からとらえようとすれば，できないことを単に介助するという考え方ではなく，公的な制度やインフォーマルサービス等の環境因子を活用することで，その人らしい人生を送ること（社会参加）ができるという考え方に転換することができます。

ICF にもとづくアセスメントの視点に立てば，医師や看護師，介護職など，1 つの職種だけで本人を支援することは不可能であると気づきます。こうした考え方のなかから多職種連携が自然発生する形が望ましいといえるでしょう。

介護職が利用者の人生を支える一職種として，常に ICF の考え方にもとづき，多職種と連携しながら日々の実践を積み重ねることが大切です。

▶▶ 個別支援の必要性

　ICFにもとづくアセスメントを行うことで，本人のできないことだけにとらわれず，できることをさらに伸ばすこと，また，公的な制度やインフォーマルサービスの活用によって自己実現を可能とすることに目が向けられるようになります。

　同じ障害がある利用者が2人いるとして，その2人に対してまったく同じ支援をしてよいわけではありません。なぜなら，本人の得意なことはもちろん，本人にとっての夢や希望は当然一人ひとり異なるからです。ここに個別支援の必要性があるといえます。

　そのため，介護職はアセスメントをしっかり行わなければなりません。アセスメントをしっかりと行えば，自然に個別支援は可能になるのです。

▶▶ 個別支援計画の作成

　介護職は，相談支援専門員が本人との面談を通じて収集した情報（本人の障害状況やおかれている環境，望んでいる生活など）をもとに総合的に勘案し，本人理解（見立て）をします。その際，100文字程度で記述してみると見立てを見える化できます。

　個別支援の内容を具体的に書きあらわしたのが個別支援計画です。ここでは，Aさんの事例にもとづいて個別支援計画の立て方を解説します。

> **事例**
>
> 　Aさん（50歳，男性，右片麻痺，運動性失語，高次脳機能障害，車いす使用）は元小学校の教員で，妻と長男の三人暮らし。Aさんはもとの身体には戻らないと悲観し，家にひきこもっていました。最近，前向きな気持ちになりつつありますが，自信がありません。できれば得意なパソコンをいかして，何らかの仕事につきたいと考えています。

　まずは本人の全体的な理解をふまえて，長期目標（本人が望む生活）を設定します。長期目標を達成するためには身近な短期目標を決め，1つひとつクリアしていくことで，長期目標に近づいていくことが必要です。

　次に，Aさん本人や家族，以前に勤めていた小学校の関係者などから話を聞き，本人の現在の状況を勘案して，本人とやりとりしながらいくつかのニーズを設定します。ニーズが明らかになれば，それらに対してどのような支援を行っていけばよいのかを検討します。

　このような手順にしたがってまとめたのが，表8-12に示す個別支援計画の内容です。

表8-12 ● Aさんに対する個別支援計画の内容（例）

長期目標：得意なパソコンをいかして，何らかの職業につきたい。
短期目標：体力をつけ，就労移行支援事業所への通所を週３回から週５回に増やす。
ニーズと支援内容：
　① 体力をつけたい（疲れやすいため）。
　　→杖歩行が少しは可能なため，歩行距離を伸ばしていく。また，作業時間を伸ばしてい
　　　く。作業の合間の休憩を効果的に取り入れていく。
　② パソコンの入力速度を上げたい（高次脳機能障害があり入力速度が遅いため）。
　　→習熟のための訓練を行う。通院先の作業療法士に作業環境等に関するアドバイスを求め
　　　る。
　③ 小学校の児童たちとかかわりたい（児童たちとのかかわりは元気が出る）。
　　→小学校での総合学習などで特別授業ができないか，元職場の教員に相談してみる。ま
　　　た，小学校の学校新聞をつくるにあたり，パソコン入力やレイアウト作業ができないか
　　　相談してみる。
　④ 仕事につきたい（お金も稼ぎたいし，仕事をすることで社会とつながりたい）。
　　→現時点では作業能率のアップをはかりつつ，どのような職場があるかハローワークに相
　　　談してみる。
　⑤ コミュニケーションをスムーズにとりたい（運動性失語があるため）。
　　→根気強く発語の練習を行うとともに，コミュニケーションツールの導入も検討する。
　⑥ 趣味のガーデニングをやりたい（余暇は好きなことに取り組みたい）。
　　→自治会のなかでいっしょにやれる人がいないか相談する。ガーデニングのための環境調
　　　整について検討する。
　⑦ 日常生活でできないところは介助してほしい（入浴や更衣等に介助が必要）。
　　→家族と居宅介護で対応する。

▶▶ 個別支援と多職種連携

　このように本人の個別性を重視し計画を作成すると，１つの事業所だけでは本人の目標
を達成することはできず，さまざまな関係機関と連携をとらなければならないことがわか
ります。

　また，長期・短期の目標にそってニーズに対する方針が検討され，さらに支援する際の
留意事項や詳細な支援内容が具体的に決まっていきます。介護職をはじめとする支援者
は，支援の全体像を把握したうえで自分が担当する部分を明確にする姿勢が必要です。

2. 障害のある人がふつうに暮らせる地域づくり

❶ 障害のある人が地域で暮らすということ

▶▶ 障害のある人と出会わない社会

第2次世界大戦後，日本で障害児・者福祉の法律が整備された当初は，障害のある人を施設に入所させて保護することが支援の中心でした。地域住民の理解が得られないため，町から離れた場所に施設が建てられることも少なくありませんでした。

障害のある人が町から離れた施設に入所すると，町のなかで障害のある人と出会う機会がなくなります。目の前にいる人に対しては「どんなことで困っているのだろう」「何を望んでいるのだろう」と考え，行動することができますが，目の前にいない人のことを考えて行動することはなかなかできません。障害のある人とない人が別々の場で生活する社会とは，障害のある人の生活への想像力をうばってしまう社会ともいえるのです。

▶▶ 地域社会での生活の場

かつては世界の多くの国々で，障害のある人は施設に収容保護されていました。そのようななかで1950年代にノーマライゼーションという考え方が生まれました。障害のある人とない人が，ともに生活する社会こそがノーマルな社会である，という理念です。

さらに，国際連合は1981年を国際障害者年[22]（➡ p.491 参照）と宣言しました。これをきっかけに日本においても，障害のある人は保護の対象としてではなく，社会に完全に参加し，平等な権利をもつ存在であるという認識が広がっていきました。

日本では政策として施設の定員を減らし，地域生活へ移行する人を増やしています。かつては施設で生活する人が多数でしたが，現在では，施設で生活する人よりもグループホームで生活する人が多くなりました。グループホームの支援体制も手厚くなり，重い障害のある人もグループホームで生活することができるようになりました。また，居宅介護（ホームヘルプサービス）を利用して，アパートなどで自立した生活を送ることもできるようになってきました。

日本も批准している障害者権利条約や，障害者基本法，障害者総合支援法の基本理念は，障害のある人もない人も，ともに同じ地域で生活することができる共生社会の実現をめざすことです。障害のある人がふつうに暮らせる地域づくりを進めるために，介護職は専門職としての立場だけではなく，地域住民の1人としての取り組みも求められるのではないでしょうか。

町のなかのグループホーム

▶▶ 共生社会とはどのような社会か

　障害のある人もない人も，ともに同じ地域で生活することができる共生社会とは，具体的にどのような社会でしょうか。

　共生社会を実現するためには，社会生活において障害のある人とない人を分けないことをめざす必要があります。たとえば，あなたに子どもが生まれたとします。その子は，乳幼児期には保育所・幼稚園で遊んで育ち，学齢期には小学校に入学し，中学校・高等学校と進学して就職するか，さらに大学等に進学して就職するなどのライフステージ[20]（➡ p.491参照）をたどるでしょう。

　では，生まれた子どもに障害があった場合はどうでしょうか。乳幼児期には児童発達支援センターなどの障害児通園施設で療育を受け，学齢期には特別支援学校の小学部・中学部・高等部で学び，卒業すると障害者の就労継続支援事業所や生活介護事業所で仕事をして，家族が自宅で世話ができなくなると施設に入所して生活する。これが障害のある人の一般的な人生とされてきました。つまり，乳幼児期から成人期まで，障害のある人とない人の生活の場が分かれてしまっていることが多かったのです。

　障害のある人もない人も，お互いが大切な地域社会の一員であることを実感するためには，同じ社会生活の場のなかで知り合い，友だちとして，職場の同僚として，地域の隣人としての関係をつくることが共生社会には必要といえます。

▶▶ 支援のしくみを変える

　どうすれば，障害のある人とない人の生活の場を分けない社会をつくることができるのでしょうか。

　障害のある人もない人も，乳幼児期には同じ保育所・幼稚園に通って遊んで育ち，学齢期には同じ学校で学び，卒業したら同じように社会で働いて地域で生活することができれば，障害のある人とない人が分かれずに生活することができます。

　そのためには，障害のある人が障害者専用の施設や学校に行かないと支援を受けることができないというしくみを見直して，一般の保育所や幼稚園，学校，会社，住居のなかで，障害のある人が必要とする支援が提供される必要があります。

　現在でも，保育所・幼稚園，学校に障害のある子どもの支援に必要な職員を配置したり，会社で障害のある人の仕事をサポートする職場適応援助者（ジョブコーチ）[21]（➡ p.491参照）や職場介助者を用意したり，自宅に居宅介護や重度訪問介護，自立生活援助の職員を派遣したりするなど，共生社会を支える体制が整備されてきています。今後ともこのような取り組みをさらに進める必要があるでしょう。

3. 地域におけるサポート体制

❶ 行政，関係機関との連携

▶▶ 役割分担と連携

　地域における支援体制を構築していく過程において，行政の果たす責務は重大です。しかし，行政の業務のあり方の基本が申請主義である以上，支援を必要とする人を把握することには限界があります。

　このような現状から，行政に代わってアウトリーチを中心に生活実態の把握と課題整理を実施しているのが，相談支援専門員と呼ばれる障害分野の相談支援事業者です。とくに行政から委託を受けた委託相談支援事業者は，行政相談の弱点をカバーしながらきめ細やかな相談支援業務に心がけ，行政相談と委託相談がそれぞれの機能の特長をいかしながら，役割分担して支援を進めています。

　また，障害のある人が相談する機関は，行政や相談支援事業者だけではありません。日ごろからつながりのある医療，療育，保育，学校，施設，企業などの機関も大切な相談窓口の1つです。障害のある人はそれぞれのおかれている環境やライフステージにより，さまざまな機関につながっています。それぞれで発信された生活ニーズが受けとめられ，課題解決に向けた地域連携が進められていくことも重要です。

▶▶ さまざまな社会資源

　社会資源（➡ p.491 参照）といわれる機能には，医療・保健・福祉・教育・労働分野をはじめとするフォーマルサービスと，当事者団体やボランティア団体等が有する機能や，身近な人や地域住民によるインフォーマルサービスが存在しています。

　自分が所属する機関をはじめ，日常の業務に近いところに存在する社会資源もあれば，かかわりがあまりない社会資源もあります。しかし，いつどのような形でさまざまな社会資源との連携がはじまるか予測がつきません。したがって，日ごろからみずからの地域に存在している社会資源の情報を収集しておく必要があります。

❷ 地域における「協議会」との連携

▶▶ 地域における「協議会」の活用

　2006（平成18）年に施行された障害者自立支援法（現・障害者の日常生活及び社会生活を総合的に支援するための法律（障害者総合支援法））はさまざまな課題をかかえながらも，障害のある人の自立と共生を目標に推進されてきました。また，目標を達成するために求められている社会連携のための基盤として，地域における「協議会」[26]（➡ p.491 参照）の設置が2012（平成24）年に法制化されました。

　地域に根ざした「協議会」の活動が展開されるかどうかは，今後の地域福祉を構築するのに大きく影響するといわれています。とかく施策は画一的になりがちですが，全国さまざまな地域特性があり，当然のことながら，たとえば人口密集地域と過疎地域とでは，施策の運用について違いが出ます。

　それぞれの地域の実情に応じた施策を考える場が地域における「協議会」であり，みずからの地域に対応できる施策の運用を行うためにも，活性化した活動にしなければなりません。

▶▶ 個別の支援会議による個別ニーズへの対応

　地域連携の原点となる課題の中心は，障害のある人一人ひとりの暮らしのなかから出てくる生活ニーズでなければなりません。発信された生活ニーズに対して，きめ細やかに対応することが求められています。

　さらに，支援機関がチームを組むことで，支援の継続性と連続性が生まれ，切れ目のない支援体制が構築されることになります。このチームアプローチを生み出しているのが個別の支援会議[27]（➡ p.491 参照）といえます。この会議は，一人ひとりの生活ニーズにもとづき，地域のさまざまな社会資源がチームを組み，支援に必要な協議・検討を積み重ねて，お互いの役割分担と地域課題を共有する大切な会議です。

　個別の支援会議は，地域における「協議会」の成功の鍵をにぎる会議ともいわれています。

▶▶ 地域における「協議会」の標準的なシステム

　障害者自立支援法（現・障害者総合支援法）で示された「協議会」の標準的なシステムが図8-13になります（障害者総合支援法の地域における「協議会」のシステム機能，役割に変化はありません）。この図からわかることは，地域における「協議会」とは単体の協議の場をさしているのではなく，重層的な協議の場を想定しているということです。しかも，重層的なシステムはスタート時から存在するのではなく，表8-13のような活動のプロセスから派生していくことを想定しています。

それぞれの段階の会議に地域の社会資源のだれが参加するかは，それぞれの地域で決められます。個別の支援会議から定例会，専門部会レベルの会議については，現場の管理者レベル（サービス管理責任者，サービス提供責任者など），全体会は法人・各種団体の代表者レベルで構成することが現実的と思われます。

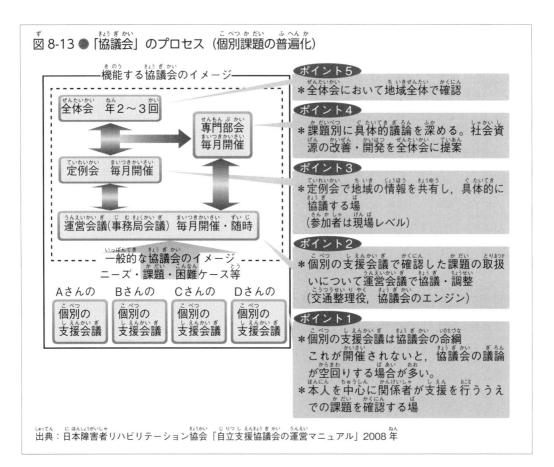

図8-13 ●「協議会」のプロセス（個別課題の普遍化）

機能する協議会のイメージ

| 全体会　年2～3回 |
| 専門部会　毎月開催 |
| 定例会　毎月開催 |
| 運営会議(事務局会議)　毎月開催・随時 |

一般的な協議会のイメージ
ニーズ・課題・困難ケース等

Aさんの　Bさんの　Cさんの　Dさんの
個別の支援会議　個別の支援会議　個別の支援会議　個別の支援会議

ポイント5
＊全体会において地域全体で確認

ポイント4
＊課題別に具体的な議論を深める。社会資源の改善・開発を全体会に提案

ポイント3
＊定例会で地域の情報を共有し，具体的に協議する場
（参加者は現場レベル）

ポイント2
＊個別の支援会議で確認した課題の取扱いについて運営会議で協議・調整
（交通整理役，協議会のエンジン）

ポイント1
＊個別の支援会議は協議会の命綱
　これが開催されないと，協議会の議論が空回りする場合が多い。
＊本人を中心に関係者が支援を行ううえでの課題を確認する場

出典：日本障害者リハビリテーション協会「自立支援協議会の運営マニュアル」2008年

表8-13 ●「協議会」の重層的なシステムを支える活動のプロセス

① 個別ニーズの解決に向けたチームアプローチによる実践
　⇒　個別の支援会議
② 個別ニーズの集積から地域課題の共有と，取り組むべき優先課題の確認，整理の場
　⇒　運営会議
③ 相談支援事業者等の活動報告から，地域の状況や課題を共有し，次の施策，サービスの充実に向けて取り組みの方策を協議する場
　⇒　定例会
④ 定例会で確認された，地域課題となる施策，サービスの充実に向け，課題別に具体的な検討をし，社会資源の改善・開発等を提案する場
　⇒　専門部会
⑤ 各会議で議論，検討，提案されている内容を共有し，地域全体の福祉力を推進していく場
　⇒　全体会

❸ インフォーマルサービスのネットワーク

▶▶ フォーマルサービスの限界

　社会資源と呼ばれている多くの機関は，行政であろうと，民間であろうと財源は税金です。これらはフォーマルサービスと位置づけられていますが，よい支援体制をつくっても，フォーマルサービスだけですべての生活ニーズがカバーできるとは限りません。

　したがって，フォーマルサービスで不足する部分をインフォーマルサービスで補塡するという視点が重要となります。インフォーマルな支援として身近な当事者団体やボランティア団体などがになっていることも少なくなく，また有効性も確認されているところです。障害者福祉は当事者や支援者だけが考えることではなく，地域住民みんなで考えることを啓発していくことが必要です。

▶▶ 当事者・支援者の輪を住民の輪へ

　高齢者福祉や児童福祉は「自分ごと」としてとらえられても，障害者福祉は「他人ごと」と認識している地域住民が圧倒的多数を占めている現実があります。高齢・児童・障害のみならず，何らかの困難があり，生活のしづらさがあれば，地域全体の課題として取り組む姿勢を構築する必要があります。

　お互いを知る機会づくりとして，ある市では，防災の日に避難訓練を高齢者・児童・障害者と分けるのではなく，住民一体で取り組む実践があるといいます。地域住民が避難行動要支援者名簿の管理をしているだけで障害当事者を知らないのでは十分な対応ができません。お互いが顔の見える存在として知り合うことで，地域住民による実効性のある見守り機能が構築されるとの考えからの実践です。

　高齢者や児童の問題は，自分も老いたり，身近に子どもが存在したりすることから，自分の問題ととらえることができます。ところが，障害のある人の問題は身近でなく，自分とは関係のない問題になりがちです。障害者福祉の問題を「自分ごとにする」考えや実践が今問われています。

　ノーマライゼーションやインクルーシブな社会の構築に向け，地域住民の意識と身近な具体的支援のネットワークづくりこそ，共生社会への第一歩であり当面の最重要課題でもあります。

❹ 相談支援事業等との連携

▶▶ 相談支援事業とは

インクルーシブ社会構築の中心として，相談支援事業者が存在します。相談支援が事業化した歴史は，1990（平成2）年の知的障害分野における「障害児・者地域療育拠点施設事業」が出発点といわれています。この時代の相談員は「コーディネーター」と呼ばれ，障害当事者と支援する関係機関をつなぐ調整役を中心として活動していました。そのあと，1996（平成8）年に身体障害分野においては「市町村障害者生活支援事業」，精神障害分野においては「精神障害者地域生活支援センター事業」が創設され，障害種別ごとに生活支援事業として活動してきました。2000（平成12）年に施行された社会福祉事業法の改正において，生活支援事業から相談支援事業へ転換され，現在，障害者総合支援法下においては，3障害に対応する総合的な相談支援事業となっています。

▶▶ 相談支援事業等の体制

2012（平成24）年に施行された障害者自立支援法改正において，サービス等利用計画対象者の拡大，支給決定プロセスの見直し，基幹相談支援センターの設置等がうたわれ，相談支援事業の役割も細分化されました（図8-14）。

第1層の指定特定相談支援事業の役割は，障害福祉サービスをすでに利用している人，これから利用しようとする人に対して，サービス等利用計画を作成し，生活全般にわたる支援プランを作成することです。第2層の市町村相談支援事業の役割は，ひきこもり状態や情報が届いておらず障害福祉サービスに行きつかない人の発掘や支援，また活動から見える地域評価から，制度・サービスの開発，改善に向けての提言等を実施することです。第3層の基幹相談支援センターや協議会の役割は，地域の相談体制の充実に向けた人材育成や，地域移行・地域定着支援事業が推進され，地域で暮らす人が安心して暮らしつづけるために，関係機関とともに地域づくりを推進することです。役割が分化されたものの，いずれの相談支援事業等も「利用者主体」「意思決定の尊重」「権利擁護」がベースにあり，きめ細やかな対応と相談者に寄り添いつづける姿勢が求められています。

▶▶ 相談支援事業等との連携

相談支援事業がめざす障害児・者が安心して暮らすことができる地域づくりは，協議会等を活用し，地域の関係機関や地域住民がともにつくる意識と，具体的な取り組みがなければ困難です。障害者問題としてだけではなく，生きづらさをかかえて暮らしている住民に対する問題として，住民一人ひとりが自分ごととしてとらえることが必要となります。

第1層，第2層の相談支援活動では個々の課題から地域の強みと弱みがみえてきます。強みはより強くなるように伸ばしていき，弱みをどう強みにするのかについて第3層の基

図 8-14 ● 相談支援事業体制

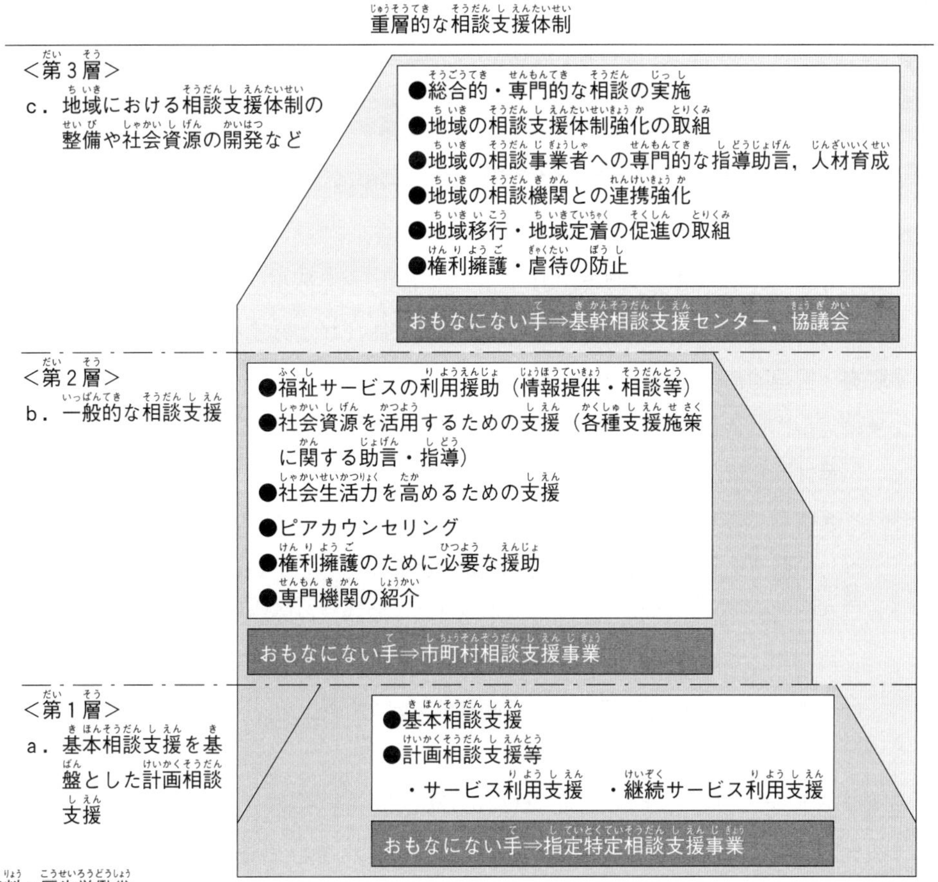

重層的な相談支援体制

<第3層>
c. 地域における相談支援体制の整備や社会資源の開発など

- ●総合的・専門的な相談の実施
- ●地域の相談支援体制強化の取組
- ●地域の相談事業者への専門的な指導助言，人材育成
- ●地域の相談機関との連携強化
- ●地域移行・地域定着の促進の取組
- ●権利擁護・虐待の防止

おもなにない手⇒基幹相談支援センター，協議会

<第2層>
b. 一般的な相談支援

- ●福祉サービスの利用援助（情報提供・相談等）
- ●社会資源を活用するための支援（各種支援施策に関する助言・指導）
- ●社会生活力を高めるための支援
- ●ピアカウンセリング
- ●権利擁護のために必要な援助
- ●専門機関の紹介

おもなにない手⇒市町村相談支援事業

<第1層>
a. 基本相談支援を基盤とした計画相談支援

- ●基本相談支援
- ●計画相談支援等
  - ・サービス利用支援　・継続サービス利用支援

おもなにない手⇒指定特定相談支援事業

資料：厚生労働省

幹相談支援センターや協議会では，住民を巻きこんだ取り組みが実践されています。たとえば，近年の地震や豪雨災害において，障害者も含めたすべての地域住民の要配慮者に対する支援策が検討され，個別避難計画の作成が進められています。さらに，都道府県や市区町村では災害対策基本法の改正により，地域防災計画等が拡充され，障害者がとり残されることなく災害から命を守る地域づくりが始まっています。このように地域の弱みを強みに変革していく取り組みが，相談支援事業活動から地域に発信され，地域全体を巻きこんでいく取り組みの原点になります。これがインクルーシブ社会構築の中心といわれているゆえんでもあります。

　このような実践が「障害者問題」という他人ごと意識，ひいては障害者に対する「心のバリア」の払拭につながります。今後も障害当事者や相談支援事業者，福祉サービス事業者をはじめ，医療・教育・労働関係者も含めた多分野の関係機関が連携して，取り組んでいかなければなりません。「ともに遊び・ともに学び・ともに働き・ともに暮らす」地域づくりを目標に，住民を巻きこんだ障害理解をひろげる実践を，相談支援事業者が連携の中心として，行政等とともに取り組むことが求められています。

学習のポイント 重要事項を確認しよう！

第1節 医学的側面からみた障害の理解

■視覚障害

●視覚障害を引き起こす眼疾患のうち，白内障は水晶体が白くにごっている
状態にあるもので，緑内障は何らかの原因で眼圧が上昇する病気です。　→ p.445

■聴覚・言語障害

●聴覚障害は，音が伝わる経路のいずれかに障害が起きることで生じます。
伝音性難聴になると，今まで聞こえていた音が，聞こえなくなったり，聞
こえにくくなります（聴力レベルの低下）。感音性難聴になると，聴力レ
ベルの低下を示すとともに，正確に聞きとる能力も低下します。　→ p.446

●言語障害では，言語機能レベルの障害として，言語発達障害や失語症があげ
られます。失語症とは，大脳の言語の理解と表現にかかわる部位が障害を受
けることで，いったん獲得された言語機能に障害が生じた状態をさします。　→ p.447

■運動機能障害

●肢体不自由とは，上肢や下肢，体幹の永続的な運動機能障害をさし，その
程度は身体障害者福祉法などに規定されています。　→ p.448

■心臓機能障害

●心臓機能障害にはいくつかの原因がありますが，日常よく遭遇する疾患に
は，虚血性心疾患（心筋梗塞，狭心症）と心不全があります。　→ p.453

■呼吸器機能障害

●呼吸器機能障害のおもな症状は，呼吸困難感，咳・痰の増加，喘鳴などが
あります。治療法として，薬物療法，酸素療法，気管切開による気道確
保，人工呼吸療法などがあります。　→ p.454

■膀胱・直腸機能障害

●ストーマとは，手術でつくる排泄口です。がんの切除後や外傷により，本
来の排泄口から排泄できない場合に，腹部から直接排泄します。尿路ス
トーマと消化管ストーマがあります。　→ p.458

■小腸機能障害

●小腸機能障害は，小腸が疾病の治療のために広く切除されたり，疾患その
ものによって消化吸収がさまたげられ，必要な栄養維持が困難になり，日
常生活に支障をきたした状態です。　→ p.459

■肝臓機能障害

- 肝臓機能障害は，ウイルス性肝炎，自己免疫性肝炎などによって，肝機能の低下が起こり，日常生活に支障をきたした状態です。 → p.461

■知的障害

- 知的障害の原因は多岐にわたっており，①生物医学的要因，②社会的要因，③行動的要因，④教育的要因があげられています。 → p.464

■精神障害

- 精神障害（疾患）のうち，統合失調症は，発病後の経過や病気のタイプにより多様で個別的な症状を引き起こし，再発や安定の波をくり返すことがあります。また，気分障害は，生活環境上の変化やストレスが発症の契機となることが多いとされます。 → p.465

■高次脳機能障害

- 高次脳機能障害が生じる原因は，脳の血管の異常によって生じる脳血管障害（脳卒中）がもっとも多く，背景に生活習慣病がある場合もあります。 → p.469

■難病

- 難病の定義は「発病の機構が明らかでなく，かつ，治療方法が確立していない希少な疾病であって，当該疾病にかかることにより長期にわたり療養を必要とすることとなるもの」と規定されています。 → p.472

第2節 障害の特性に応じた支援の実際

■アセスメントの視点と個別支援

- 同じ障害がある利用者に対して，介護職はアセスメントをしっかりと行い，個別支援をする必要性があります。 → p.476

■障害のある人がふつうに暮らせる地域づくり

- 障害のある人がふつうに暮らせる地域づくりを進めるために，介護職は専門職としての立場だけではなく，地域住民の1人としての取り組みも求められています。 → p.478

■地域におけるサポート体制

- 行政に代わってアウトリーチを中心に生活実態の把握と課題整理を実施しているのが，相談支援専門員と呼ばれる障害分野の相談支援事業者です。 → p.480
- 支援機関がチームを組むことで，支援の継続性と連続性が生まれ，切れ目のない支援体制が構築されることになります。このチームアプローチを生み出しているのが個別の支援会議といえます。 → p.481
- 2012（平成24）年に施行された障害者自立支援法改正において，サービス等利用計画対象者の拡大，支給決定プロセスの見直し，基幹相談支援センターの設置等がうたわれ，相談支援事業の役割も細分化されました。 → p.484

1 ランドルト環

らんどるとかん
➡ p.444 参照

視力測定の際に用いられる国際標準視標。環の太さと切れ目の幅が外径の5分の1になっており，通常5mの距離をおく。外径7.5mm，太さと切れ目の幅がそれぞれ1.5mmの環の切れ目が判別できる視力が1.0である。

2 随意運動

ずいいうんどう
➡ p.451 参照

意識的あるいは意図のもとに行う正常な運動。随意運動を行うためには，命令信号の伝達系としての中枢神経，末梢神経，効果器としての筋肉，骨などが正常にはたらくことが前提となる。

3 脳性麻痺

のうせいまひ
➡ p.451 参照

胎生期，出産時あるいは出生直後に生じた非可逆的な脳障害による運動障害の総称。

4 虚血性心疾患

きょけつせいしんしっかん
➡ p.453 参照

心筋に血液を供給している冠状動脈の血流量が何らかの原因で減少し，その結果，相対的または絶対的に酸素の供給量が低下し，心筋の酸素需要を充足できないために起こる病態。狭心症や心筋梗塞などをいう。

5 狭心症

きょうしんしょう
➡ p.453 参照

心筋が一過性の虚血から酸素欠乏におちいったために生じる胸痛症候群のこと。心臓部の疼痛発作を主訴とし，持続は数分以内が普通である。安静にしているか，亜硝酸剤（ニトログリセリンなど）を舌下に投与すれば発作はなくなる。

6 ペースメーカ

ぺーすめーか
➡ p.453 参照

心臓本来がもっている自動能が障害されたとき，正常なリズムをつくるために電気を流す装置。

7 植込み型除細動器（ICD）

うえこみがたじょさいどうき（アイシーディー）
➡ p.453 参照

心室頻拍や心室細動などの致死的不整脈を止め，心臓のはたらきを回復する装置。

⑧ 鼻カニューレ

はなかにゅーれ
➡ p.454 参照

酸素吸入に用いる器具。両鼻腔に短いチューブを挿入して耳にかけ固定し，酸素を送る。家庭での酸素療法にも用いられる。多くは使い捨てであり，分泌物でよごれやすいので定期的に交換する。

⑨ 尿毒症

にょうどくしょう
➡ p.456 参照

糸球体腎炎等の腎疾患により腎の濾過機能が障害され，体液の恒常性も維持できなくなるために心不全，呼吸不全，胃腸症状，神経症状，貧血等の症状がみられる状態のこと。

⑩ シャント

しゃんと
➡ p.456 参照

主として腕の皮下で，橈骨動脈と橈骨静脈を吻合して静脈側に動脈血が流れるようにした部分のこと。

⑪ 膀胱留置カテーテル法

ぼうこうりゅうちかてーてるほう
➡ p.457 参照

バルーンカテーテルを用いて膀胱内から尿を排出する方法で，尿道口から挿入する尿道留置が多く用いられる。カテーテル挿入は医療行為となっている。

⑫ 間欠導尿

かんけつどうにょう
➡ p.457 参照

間欠的に尿道口からカテーテルを挿入して膀胱内の尿を排出する方法。患者または家族が挿入し，夜だけまたは昼間の外出時だけ留置するスポットバルーン（夜間だけの使用はナイトバルーン）という管理方法もある。

⑬ 日和見感染症

ひよりみかんせんしょう
➡ p.460 参照

免疫力が低下しているために，通常なら感染症を起こさないような感染力の弱い病原体が原因で起こる感染症のこと。免疫力低下の原因には，白血病や悪性腫瘍，エイズなどの疾患，重症のやけどやけが，臓器移植などがある。

⑭ IQ

アイキュー
➡ p.462 参照

知能指数ともいい，知能程度を精神年齢と生活年齢の比によって示す知能検査結果の表示法の1つ。知能指数（IQ）＝精神年齢（MA）／生活年齢（CA）×100で示される。精神年齢が10歳で生活年齢も10歳であれば知能指数は100である。

⑮ 悪性症候群

あくせいしょうこうぐん
➡ p.467 参照

抗精神病薬による副作用で，高熱，筋肉のこわばりやふるえ，常同的な不随意運動

（ジスキネジア），自律神経症状（発汗，頻脈），精神症状（無動，昏迷），肝機能障害や血清 CPK 値の上昇などをともない，死にいたることもある。

16 水中毒

みずちゅうどく
→ p.467 参照

統合失調症の患者に多く，過剰の水分摂取により生じる低ナトリウム血症を起こす中毒症状である。神経の伝達が阻害され，呼吸困難などを引き起こし死亡することがある。

17 相談支援専門員

そうだんしえんせんもんいん
→ p.474 参照

障害のある人が自立した日常生活や社会生活を送ることができるように，全般的な相談支援を行う専門職。サービス等利用計画を作成するほか，関係機関との円滑な調整をはかることなどをおもな役割としている。

18 サービス管理責任者

さーびすかんりせきにんしゃ
→ p.474 参照

障害福祉サービスを提供する事業所などにおいて，生活支援，個別支援計画作成，職員研修など，サービスの質の担保をになう職種。具体的には，療養介護事業所，生活介護事業所，自立訓練事業所，就労移行支援事業所，就労継続支援事業所，就労定着支援事業所，自立生活援助事業所，共同生活援助事業所（グループホーム）などに配

置されている。

19 国際生活機能分類（ICF）

こくさいせいかつきのうぶんるい（アイシーエフ）
→ p.475 参照

「International Classification of Functioning, Disability and Health」の略である。ICIDH の改定版として，2001 年に WHO 総会で採択された。心身機能・身体構造，活動，参加といった 3 つの概念を包摂した生活機能という概念を用いる。生活機能は，健康状態や背景因子と相互に作用する関係にある。

20 世界保健機関（WHO）

せかいほけんきかん（ダブリューエイチオー）
→ p.475 参照

国際連合の専門機関の 1 つ。世界中の人々が最高水準の健康を維持することを目的に，感染症対策，衛生統計，基準づくり，研究開発などを行っている。

21 国際障害分類（ICIDH）

こくさいしょうがいぶんるい（アイシーアイディーエイチ）
→ p.475 参照

1980 年に世界保健機関（WHO）が国際疾病分類の補助分類として発表したもの。障害を 3 つのレベルに分け，機能障害（impairment），能力障害（能力低下）（disability），社会的不利（handicap）とした。ICIDH とは，「International Classification of Impairments, Disabilities and Handicaps」の略である。

22 国際障害者年

こくさいしょうがいしゃねん
→ p.478 参照

国際連合は，障害者の権利宣言を単なる理念としてではなく，社会において実現するという考えのもとに，1976年の総会において，1981年を国際障害者年とすることを議決した。そのテーマは「完全参加と平等」である。

23 ライフステージ

らいふすてーじ
→ p.479 参照

人間の一生において節目となる出来事（出生，入学，卒業，就職，結婚，出産，子育て，退職など）によって区分される生活環境の段階のこと。

24 職場適応援助者（ジョブコーチ）

しょくばてきおうえんじょしゃ（じょぶこーち）
→ p.479 参照

障害のある人が就職をめざして実習を行っている現場や，雇用されて働いている職場に派遣されることによって，労働習慣の確立や，同僚への障害者の特性に関する理解の促進など，きめ細かな人的支援，専門的な支援が実施され，障害のある人の就職および職場定着の促進がはかられている。

25 社会資源

しゃかいしげん
→ p.480 参照

福祉ニーズを充足するために活用される施設・機関，個人・集団などの総称。

26 協議会

きょうぎかい
→ p.481 参照

障害のある人の地域における自立生活を支援していくために，関係機関・団体，障害者等やその家族，障害福祉サービス事業者や医療・教育・雇用を含めた関係者が，地域の課題を共有し，地域の支援体制の整備について協議を行う場で，地方公共団体が単独または協同して設置するもの。なお，障害者総合支援法においては，「自立支援協議会」の名称を地方公共団体が地域の実情に応じて変更できるよう，「協議会」として規定されている。

27 個別の支援会議

こべつのしえんかいぎ
→ p.481 参照

個人の課題を解決するために，課題解決に役割を果たす機関や適切な支援につながる情報をもつ機関が集まり，個別の支援計画や支援体制をつくる多職種によるチーム会議のこと。

さくいん

A～Z

ACP 普及・啓発リーフレット
・・・・・・・・・・・・・・・・・・・・ 154
ADHD ・・・・・・・・・・・・・・・・ 470
ADL ・・・・・・・・・・・・・・・・ 2,310
AIDS ・・・・・・・・・・・・・・・・ 460
ALP ・・・・・・・・・・・・・・・・ 247
ALS ・・・・・・・・・・・・・・・ 278,472
BPSD ・・・・ 303,305,307,357,367
CDR ・・・・・・・・・・・・・・・・ 342
CKD ・・・・・・・・・・・・・・・・ 456
COPD ・・・・ 250,251,268,279,454
DCM ・・・・・・・・・・・・・・・・ 379
FAST ・・・・・・・・・・・・・・・・ 343
HD ・・・・・・・・・・・・・・・・ 456
HDS-R ・・・・・・・・・・・・・・・ 341
HIV ・・・・・・・・・・・・・・・ 418,460
HOT ・・・・・・・・・・・ 164,268,454
HPN ・・・・・・・・・・・・・・・・ 459
IADL ・・・・・・・・・・・・・・・・ 310
ICD ・・・・・・・・・・・・・・・・ 453
ICF ・・・・・・・・・・・ 392,394,475
ICIDH ・・・・・・・・・・・・ 394,475
IQ ・・・・・・・・・・・・・・・ 420,462
JDWG ・・・・・・・・・・・・・・・ 383
LD ・・・・・・・・・・・・・・・・ 470
MMSE ・・・・・・・・・・・・・・・ 340
MRSA ・・・・・・・・・・・・ 125,255
PD ・・・・・・・・・・・・・・・・ 456
QOL ・・・・・・・・・・ 134,189,300

TPN ・・・・・・・・・・・・・・・・ 459
UNESCO ・・・・・・・・・・・・・・ 400
WHO ・・・・・・・・・・ 232,394,475

あ

愛着 ・・・・・・・・・・・・・・・・ 228
アイデンティティ ・・・・・ 230,421
悪性関節リウマチ ・・・・・・・・ 472
悪性症候群 ・・・・・・・・・・・・ 467
アスペルガー症候群 ・・・ 427,470
汗 ・・・・・・・・・・・・・・・・ 17,18
アセスメント ・・・・・・・・・・ 474
アタッチメント ・・・・・・・・・ 228
圧迫骨折 ・・・・・・・・・・・・・ 244
アフタ ・・・・・・・・・・・・・・ 141
アポクリン腺 ・・・・・・・・・・・ 17
アルコール依存症 ・・・・・・・・ 466
アルツハイマー型認知症
・・・・・・・・・・・・・・・・ 345,348
・・・の薬物治療 ・・・・・・・・・・ 356
アルブミン ・・・・・・・・・・・ 249
医学モデル ・・・・・・・・・・・ 392
胃がん ・・・・・・・・・・・・・・ 272
息切れ ・・・・・・・・・・・・ 251,268
息苦しさ ・・・・・・・・・・・・・ 251
椅座位 ・・・・・・・・・・・・・・・ 3
意識障害 ・・・・・・・・・・・ 246,309
胃・食道逆流症 ・・・・・・・ 243,272
胃穿孔 ・・・・・・・・・・・・・・ 247
痛みのスケール ・・・・・・・・・ 165

一次的欲求 ・・・・・・・・・・・・ 48
溢流性尿失禁 ・・・・・・・・ 127,206
意味記憶 ・・・・・・・・・・・ 55,211
意欲 ・・・・・・・・・・・・・・・・ 59
イレオストミー ・・・・・・・・・ 458
胃ろう ・・・・・・・・・・・・・・ 124
胃ろう経管栄養 ・・・・・・・・・・ 14
インクルージョン ・・・・・・・ 400
インスリン ・・・・・・・・・・・ 117
インフォーマルサービス
・・・・・・・・・・・・・・・・・ 480,483
インプリンティング ・・・・・・ 222
インフルエンザウイルス
・・・・・・・・・・・・・・・・・ 245,280
ウイルス性肝炎 ・・・・・・・・・ 461
植込み型除細動器 ・・・・・・・・ 453
ヴォルフェンスベルガー, W.
・・・・・・・・・・・・・・・・・・・・ 398
う蝕 ・・・・・・・・・・・・・・・ 284
うつ病 ・・・ 111,146,276,339,465
運動機能障害 ・・・・・・・・ 412,448
運動療法 ・・・・・・・・・・・・・ 355
エイジズム ・・・・・・・・・・・ 182
エイズ ・・・・・・・・・・・・・・ 460
栄養素 ・・・・・・・・・・・・・・・ 11
栄養補助食品 ・・・・・・・・・・・ 15
液性免疫 ・・・・・・・・・・・ 98,193
エクリン腺 ・・・・・・・・・・・・ 17
エコノミークラス症候群 ・・・ 249
エコマップ ・・・・・・・・・・・ 363
エネルギー ・・・・・・・・・・ 11,209

エピソード記憶………55,211

エリクソン, E. H.…………226

…の発達課題……………227

…の発達段階説…………226

嚥下………………196

嚥下運動……………8

エンパワメント…………401

黄斑変性症………………266

音楽療法………………355

音声障害………………410

温熱作用………………23

か

臥位…………………2

外呼吸…………88,200

介護者教室……………323

概日リズム…………39,144

疥癬………120,125,252,281

回想法………………355

改訂長谷川式簡易知能評価ス

　　ケール…………341

外発的動機づけ…………59

海綿骨………………202

下顎呼吸……………158

学習………………52

学習障害………………470

拡張期血圧…………71,198

獲得免疫………………98

仮性認知症……………339

家族会………………323

喀血………………257

かぶれ………………119

過眠症………………147

かゆみ………119,142,252

ガランタミン……………356

加齢………………190

加齢性難聴………103,267,446

肝炎………………273

感音性難聴…………194,446

感覚記憶…………54,210

感覚点………………195

肝がん………………461

眼球………………85

間欠性跛行……………108

間歇的口腔食道経管栄養……13

間欠導尿…………416,457

肝硬変…………272,461

肝細胞がん……………461

観察学習………………53

感情………………58

関節………………78

関節運動………………78

関節可動域…………79,185

関節リウマチ……244,264,278

感染症…………245,280

肝臓………………90

肝臓機能障害……419,461

鑑別診断………………341

記憶………………54

記憶障害

　…303,337,345,364,366,469

気管カニューレ…………455

気管切開………………454

基幹相談支援センター……484

起座位………………3

気質………………224

器質性便秘…………128,254

義足………………104

基礎代謝………………11

帰宅願望………367,368

キットウッド, T.…………301

機能性尿失禁……………206

機能性便秘…………128,254

気分障害………………465

逆流性食道炎………243,272

嗅覚器………………87

急性腎不全……………456

休息………………38

キューブラー－ロス, E.

　………………155,187

仰臥位………………3

協議会…………481,484

狭心症…………251,453

胸髄損傷………………452

共生社会………………479

虚血性心疾患……251,413,453

起立性低血圧………104,198

筋萎縮性側索硬化症…278,472

筋ジストロフィー…………472

筋肉…………80,202

クスマウル呼吸…………69

グリーフケア……………167

車いすの駆動……………7

クロイツフェルト・ヤコブ病

　………………351

経管栄養法…………13,459

頸髄損傷………………452

頸椎症………………248

経鼻経管栄養……………13

傾眠………………102

けいれん性便秘…………129

ケーラー, W.……………53

…の洞察学習……………53

下血………………257

血圧…………71,198

血液…………97,198

血液透析…………270,456

結核 ·················· 280

血管性認知症 ········· 347,348

血漿 ···················· 97

結晶性知能 ·········· 56,212

血小板 ·················· 97

血中酸素分圧 ············ 200

血尿 ··················· 257

血便 ··················· 257

下痢 ············· 128,129,255

幻覚 ··········· 308,338,467

健康寿命 ················ 233

言語障害 ·········· 410,447

幻視 ··················· 349

見当識 ················· 346

見当識障害 ··· 304,346,364,366

構音障害 ·········· 410,447

交感神経 ················ 84

口腔 ···················· 32

高血圧症 ················ 263

高血圧性心疾患 ·········· 251

高次脳機能障害

················ 105,405,424,468

高次脳機能障害診断基準 ··· 468

口臭 ···················· 35

後縦靱帯骨化症 ·········· 278

抗重力筋 ················· 5

拘縮 ··················· 161

恒常性 ··············· 66,205

…の維持 ·············· 191

後天性免疫不全症候群 ······ 460

行動・心理症状

········· 303,305,307,357,367

広汎性発達障害 ········ 427,470

高齢者の定義 ············· 232

誤嚥 ············· 115,196,256

誤嚥性肺炎 ·········· 115,200

呼吸 ···················· 68

呼吸器 ·················· 88

呼吸器機能障害 ······· 414,454

呼吸困難 ················ 268

呼吸不全 ·········· 251,269

国際障害者年 ········· 397,478

国際障害分類 ········· 394,475

国際生活機能分類

················ 392,394,475

国際連合教育科学文化機関

···························· 400

個人モデル ·············· 392

骨格 ················ 76,264

骨折 ··················· 264

骨粗鬆症 ·········· 202,264,278

骨盤底筋 ·········· 127,206

骨盤底筋訓練 ············· 129

古典的条件づけ ············ 52

コミュニケーションエイド

···························· 431

コミュニケーションノート

···························· 411

コロストミー ············· 458

混合性難聴 ·············· 446

コンサルテーション ······· 117

さ

サービス管理責任者 ······· 474

座位 ···················· 2

在宅酸素療法 ······· 164,268,454

在宅人工呼吸療法 ·········· 454

在宅中心静脈栄養法 ········ 459

細胞 ···················· 72

細胞性免疫 ·········· 98,193

サクセスフル・エイジング

················ 231,236

作動記憶 ················ 55

サルコペニア ·············· 81

残気量 ················· 268

3大栄養素 ··············· 9

ジェノグラム ············· 363

視覚器 ·················· 85

視覚障害 ·········· 406,444

弛緩性便秘 ·············· 129

色覚 ··················· 194

子宮脱 ················· 282

思考 ···················· 51

自己概念 ················ 188

自己覚知 ················ 312

死後硬直 ················ 162

自己効力感 ·············· 238

自己免疫疾患 ············· 193

支持基底面積 ············· 99

脂質異常症 ·············· 263

歯周病 ········· 33,141,196,284

視床下部 ············ 17,208

視神経萎縮 ·············· 445

死生観 ·········· 155,236

死前喘鳴 ··············· 159

自然免疫 ················ 98

舌 ···················· 34

死体検案書 ·············· 163

肢体不自由 ·········· 412,448

失見当 ················· 304

失語 ··················· 304

失行 ··············· 57,304

失語症 ·········· 105,410,447

失認 ··············· 57,304

指定難病 ·········· 405,472

ジネスト, Y. ············· 374

死の受容過程 ············· 187

死の徴候……………162
シバリング……………209
死斑……………162
しびれ……………248
自閉症……………427,470
自閉スペクトラム症…427,470
死亡確認……………163
死亡診断……………163
死亡診断書……………163
視野……………194,444
社会資源……………480
社会的行動障害……425,469
社会的障壁……………402
社会モデル……………392
視野狭窄……………112
若年性認知症……………354
若年性認知症支援コーディネーター……………354
シャント……………456
周期性四肢運動障害………148
収縮期血圧……………71,198
終末期の苦痛……………165
終末期の心理状態………155
宿便……………254
熟眠障害……………40,147
出血……………257
障害者基本法……393,402
障害者ケアマネジメント…432
障害者総合支援法………402
障害者の定義……393,402
障害者の日常生活及び社会生活を総合的に支援するための法律……………402
障害受容……………433
消化管ストーマ……29,124,458
消化器……………9,89

消化性潰瘍……………242,272
消化腺……………90
小規模多機能型居宅介護…322
小腸……………89
小腸機能障害………417,459
静脈血……………95
ショートステイ…………322
褥瘡……………125,161
食道裂孔ヘルニア…………243
職場適応援助者…………479
食物残渣……………256
食塊……………112,196
ジョブコーチ……………479
自律神経……………84
視力……………194,444
脂漏性皮膚炎………120,252
腎移植……………270,456
新オレンジプラン…………383
心筋梗塞………243,251,263
神経……………82
神経症性障害………146,466
人工肛門……………29,124
人工呼吸器………164,454
進行性核上性麻痺………278
人工透析……………270
人工膀胱……………28
心身症……………111
人生の最終段階における医療・ケアの決定プロセスに関するガイドライン……………154
心臓……………95
腎臓……………91,205
心臓機能障害………413,453
腎臓機能障害………415,456
身体障害者手帳…………403
身体障害者福祉法……393,403

心不全……251,274,413,453
腎不全……………456
心理的欲求……………48
随意運動……………451
遂行機能障害……345,365,366,469
膵臓……………90
水疱……………142
睡眠……………38,144
睡眠時無呼吸症候群………146
睡眠障害……147,253,308
睡眠日誌……………148
睡眠比率……………144
スーパービジョン…………373
スキナー, B. F.……………52
…の道具的条件づけ………52
ステレオタイプ……182,232
ストーマ……………458
ストレス反応……………63
ストレッサー……………63
刷りこみ現象……………222
生活習慣病……………262
清潔保持……………22
生殖器……………93
…の疾患……………271
生殖機能……………207
精神障害……………422,465
精神障害者保健福祉手帳…404
精神保健及び精神障害者福祉に関する法律………393,404
精神保健福祉法……393,404
静水圧作用……………23,123
成長ホルモン……………39
生命徴候……………66
生理的欲求……………48
世界保健機関……232,394,475

咳‥‥‥‥‥‥‥‥‥‥‥‥ 250
脊髄‥‥‥‥‥‥‥‥‥‥‥‥ 82
脊髄小脳変性症‥‥‥‥‥‥ 279
脊髄損傷‥‥‥‥‥‥‥‥ 5,452
脊柱管狭窄症‥‥‥‥‥‥‥ 279
赤血球‥‥‥‥‥‥‥‥‥‥‥ 97
摂食嚥下機能‥‥‥‥‥‥‥ 112
摂食嚥下障害‥‥‥‥‥‥‥ 116
摂食嚥下の5期‥‥‥‥‥ 8,10
接触性皮膚炎‥‥‥‥ 120,252
切迫性尿失禁‥‥‥‥ 127,206
切迫性便失禁‥‥‥‥‥‥‥ 129

セルフヘルプグループ‥‥ 434
宣言的記憶‥‥‥‥‥‥‥‥ 211
全身浴‥‥‥‥‥‥‥‥‥‥ 121
蠕動運動‥‥‥‥ 9,89,196,272
前頭側頭葉変性症‥‥‥‥ 350
せん妄‥‥‥‥‥‥‥ 309,338
前立腺‥‥‥‥‥‥‥‥ 93,206
躁うつ病‥‥‥‥‥‥‥‥‥ 465
双極性障害‥‥‥‥‥‥‥‥ 465
装具‥‥‥‥‥‥‥‥‥‥‥ 109
喪失体験‥‥‥‥‥‥ 187,234
相談支援事業‥‥‥‥‥‥ 484
相談支援専門員‥‥‥ 474,480
早朝覚醒‥‥‥‥‥‥‥ 40,147
掻痒感‥‥‥‥‥‥‥‥‥‥ 252
早老症‥‥‥‥‥‥‥‥‥‥ 279

ソーシャル・インクルージョン
‥‥‥‥‥‥‥‥‥‥‥‥ 400
側臥位‥‥‥‥‥‥‥‥‥‥‥ 3
組織‥‥‥‥‥‥‥‥‥‥‥‥ 72
咀嚼‥‥‥‥‥‥‥‥‥‥‥ 196

た

体位変換‥‥‥‥‥‥‥‥‥‥ 4
体液‥‥‥‥‥‥‥‥‥‥‥‥ 97
体温‥‥‥‥‥‥‥‥‥‥ 66,208
体幹機能障害‥‥‥‥‥‥‥ 452
代謝‥‥‥‥‥‥‥‥‥‥ 9,209
帯状疱疹‥‥‥‥‥‥‥‥‥ 142
大腿骨頸部骨折‥‥‥‥‥‥ 265
大腸‥‥‥‥‥‥‥‥‥‥‥‥ 89
大腸がん‥‥‥‥‥‥‥‥‥ 272
大腸腫瘍‥‥‥‥‥‥‥‥‥ 242
大動脈解離‥‥‥‥‥‥‥‥ 243
大脳皮質基底核変性症‥‥‥ 278
ダウン症候群‥‥‥‥‥‥‥ 464
唾液‥‥‥‥‥‥‥‥‥‥‥‥ 34
多系統萎縮症‥‥‥‥‥‥‥ 279
脱水‥‥‥‥‥‥‥‥ 116,122
脱水症‥‥‥‥‥‥‥‥‥‥ 261
痰‥‥‥‥‥‥‥‥‥‥‥‥ 250
…の吸引‥‥‥‥‥‥‥‥‥ 164
短期記憶‥‥‥‥‥‥‥ 54,210
短期入所生活介護‥‥‥‥‥ 322
短期入所療養介護‥‥‥‥‥ 322
端座位‥‥‥‥‥‥‥‥‥‥‥ 3
胆道系感染症‥‥‥‥‥‥‥ 245
チアノーゼ‥‥‥‥‥‥‥‥ 158
チームアプローチ‥‥‥‥‥ 372
チェーンストークス呼吸
‥‥‥‥‥‥‥‥‥‥ 69,158
膣炎‥‥‥‥‥‥‥‥‥‥‥ 282
窒息‥‥‥‥‥‥‥‥‥‥‥ 115
知的障害‥‥‥‥‥‥ 420,462
知的障害者福祉法‥‥‥ 393,404
注意欠陥多動性障害‥‥‥‥ 470
注意障害‥‥‥‥‥‥‥‥‥ 469

中核症状‥‥‥‥‥‥ 303,364
中心静脈栄養法‥‥‥‥ 14,459
中枢神経系‥‥‥‥‥‥‥‥ 82
中途覚醒‥‥‥‥‥‥‥‥‥ 147
中途視覚障害‥‥‥‥‥‥‥ 406
聴覚障害‥‥‥‥‥‥ 408,446
聴覚・平衡感覚器‥‥‥‥‥ 86
長期記憶‥‥‥‥‥‥‥ 54,211
長座位‥‥‥‥‥‥‥‥‥‥‥ 3
腸閉塞‥‥‥‥‥‥‥‥‥‥ 242
腸ろう経管栄養‥‥‥‥‥‥ 14
チョークサイン‥‥‥‥‥‥ 115
直腸機能障害‥‥‥‥ 416,457
直腸性便秘‥‥‥‥‥‥‥‥ 129
陳述記憶‥‥‥‥‥‥‥‥‥ 211
椎体‥‥‥‥‥‥‥‥‥‥‥ 104
通所介護‥‥‥‥‥‥‥‥‥ 322
爪‥‥‥‥‥‥‥‥‥‥ 31,139
低栄養‥‥‥‥‥‥‥‥‥‥ 116
デイサービス‥‥‥‥‥‥‥ 322
適応‥‥‥‥‥‥‥‥‥‥‥ 60
適応機制‥‥‥‥‥‥‥ 60,240
摘便‥‥‥‥‥‥‥‥‥‥‥ 129
デスカンファレンス‥‥‥‥ 167
手続き記憶‥‥‥‥‥‥ 55,211
手引き歩行‥‥‥‥‥‥‥‥ 407
伝音性難聴‥‥‥‥‥‥ 195,446
電解質‥‥‥‥‥‥‥‥‥‥ 205
てんかん‥‥‥‥‥‥‥‥‥ 149
点字‥‥‥‥‥‥‥‥‥‥‥ 407
殿部‥‥‥‥‥‥‥‥‥‥‥ 109
動機‥‥‥‥‥‥‥‥‥‥‥ 238
動機づけ‥‥‥‥‥‥‥‥‥ 59
道具的条件づけ‥‥‥‥‥‥ 52
統合失調症‥‥‥‥‥‥ 146,465
洞察学習‥‥‥‥‥‥‥‥‥ 53

疼痛 ………………… 105,244
糖尿病 ………………… 263
糖尿病性神経障害 ……… 279
糖尿病性腎症 …………… 279
糖尿病性網膜症 ……… 279,445
動脈血 …………………… 95
トーキングエイド ……… 411
特異的防御機構 ………… 98
特定疾病 ………………… 278
特発性正常圧水頭症 …… 352
吐血 ……………………… 257
ドネペジル ……………… 356
トマス, A. ……………… 224

な

内呼吸 ……………… 88,200
内臓脂肪症候群 ………… 334
内発的動機づけ ………… 59
内分泌 …………………… 92
ナルコレプシー ………… 147
難病 ………………… 428,472
難病患者 ………………… 405
ニィリエ, B. …………… 398
二次的欲求 ……………… 49
日本人の食事摂取基準 (2020
　年版) ………………… 11
日本認知症本人ワーキンググ
　ループ ………………… 383
入眠障害 ………………… 147
入浴 ……………………… 22
尿 ………………… 24,91
尿管 ……………………… 91
尿失禁 ……………… 127,206
尿道 ……………………… 91
尿道留置カテーテル ……… 124

尿毒症 …………………… 456
尿排出 …………………… 24
尿排出障害 ……………… 127
尿路感染症 ……………… 245,281
尿路ストーマ …………… 28,458
認知 ……………………… 56
認知機能 ………………… 212
…の障害 ………………… 301
…の低下 ………………… 118,134
認知症 … 110,126,134,276,278,
　　332,335
…の治療 ………………… 355
…の予防 ………………… 358
認知症カフェ …………… 323
認知症ケアパス ………… 383
認知症ケアマッピング …… 379
認知症高齢者の日常生活自立度
　判定基準 ……………… 343
認知症サポーター ……… 383
認知症施策推進総合戦略 …… 383
認知症施策推進大綱 …… 359,383
認知症対応型通所介護 …… 322
認知症とともに生きる希望宣言
　………………………… 383
認知症の人と家族の会 …… 323
認知症の人のためのケアマネジ
　メントセンター方式
　………………………… 363,373
認知トレーニング ……… 355
熱中症 …………………… 209,258
脳 ………………………… 82
…の機能 ………………… 332
…の構造 ………………… 332
…の神経細胞 …………… 332
…の変化 ………………… 334
脳血管疾患 ……………… 263,276,279

脳血管障害 ……… 105,146,263
脳梗塞 ……………… 121,246,347
脳出血 ……………… 121,347
脳性麻痺 ………………… 451
…の種類 ………………… 451
脳卒中 ……………… 6,108,263
ノーマライゼーション …… 398
ノロウイルス …… 245,255,280

は

歯 ………………………… 33
パーキンソン症状 ……… 349
パーキンソン病
　………………… 204,276,278,472
パーソナリティ障害 …… 466
パーソン・センタード・ケア
　………………………… 301,379
肺 ………………………… 88
肺活量 …………………… 200
肺がん …………………… 269
肺結核 …………………… 250,268
敗血症 …………………… 245,280
肺梗塞 …………………… 243
排泄 ……………………… 24
排泄日誌 ………………… 131
バイタルサイン ………… 66
排尿障害 ………………… 127
排尿日誌 ………………… 131
排尿誘導 ………………… 126
排便障害 ………………… 128
排便日誌 ………………… 131
廃用症候群 ……………… 102,104,185
ハヴィガースト, R. J. …… 231
白杖 ……………………… 407
白癬 ……………………… 120,252

白内障 ·············· 266,445
発汗 ···················· 17
白血球 ··············· 97,98
発達 ·················· 222
発達課題 ············· 227
発達障害 ·········· 426,470
発達障害者支援法 ······ 393,405
発達段階 ············· 225
鼻カニューレ ········· 414,454
パブロフ, I. P. ········· 52
…の古典的条件づけ ···· 52
バリデーション ········ 377
バンク－ミケルセン, N. E.
·················· 398
半座位 ················· 3
半身浴 ··············· 121
半側空間無視 ········· 112
バンデューラ, A. ······· 53
…の観察学習 ·········· 53
ピア・カウンセリング ···· 431
ピアジェ, J. ·········· 222
…の発達段階説 ········ 225
ヒートショック ········ 122
ビオー呼吸 ············ 69
皮脂欠乏性皮膚炎 ···· 120,252
非宣言的記憶 ········· 211
悲嘆へのケア ········· 167
非特異的防御機構 ······ 98
ヒト免疫不全ウイルス
·················· 418,460
泌尿器 ··············· 91
皮膚 ············· 16,87,122
…のよごれ ············ 19
…の老化 ············· 252
皮膚感覚 ············· 195
ひもときシート ······· 362,373

標準予防策 ··········· 418
日和見感染症 ········· 460
貧血 ················· 260
頻尿 ·············· 127,205
ファーラー位 ··········· 3
ファイル, N. ·········· 377
フォーマルサービス ··· 480,483
不感蒸泄 ·············· 17
腹圧性尿失禁 ······· 127,206
腹臥位 ················· 3
副交感神経 ············ 84
腹膜透析 ·········· 270,456
浮腫 ················· 249
不随意運動 ··········· 148
不整脈 ··············· 275
不定愁訴 ·············· 40
不眠 ················· 253
不眠症 ··············· 147
ブリストル便形状スケール
·················· 27,130
浮力作用 ··········· 23,123
フレイル ············· 192
フロイト, A. ··········· 60
フロイト, S. ·········· 225
…の発達段階説 ········ 225
閉塞性換気障害 ······· 250
閉塞性動脈硬化症 ··· 263,279
ペインスケール ········ 165
ペースメーカ ·········· 453
ベーチェット病 ········ 445
便 ··················· 26
変形性関節症
·········· 105,204,244,265,279
変形性頸椎症 ········· 265
便失禁 ··············· 128
扁桃体 ················ 58

便排出 ················ 26
便秘 ·············· 128,254
防衛機制 ··········· 60,240
膀胱 ·············· 91,205
膀胱機能障害 ······· 416,457
膀胱留置カテーテル法 ···· 457
乏尿 ················· 133
歩行 ·················· 6
補聴器 ············ 185,409
発疹 ················· 142
発赤 ················· 109
ボディメカニクス ······· 99
骨 ················ 76,202
ホメオスタシス ······· 66,191
ホルモン ·············· 92

ま

マズロー, A. H. ······· 50,189
…の欲求階層説 ······· 50,189
まだら認知症 ········· 347
末梢神経系 ············ 83
麻痺の種類 ··········· 451
マレスコッティ, R. ······ 374
慢性硬膜下血腫 ······· 352
慢性腎臓病 ··········· 456
慢性腎不全 ······ 270,415,456
慢性閉塞性肺疾患
·········· 250,251,268,279,454
味覚器 ················ 87
水中毒 ··············· 467
ミニメンタルステートテスト
·················· 340
耳 ·················· 86
脈拍 ················· 70
むくみ ··············· 249

虫歯・・・・・・・・・・・・・・・・・140,284

むずむず脚症候群・・・・・・・・・・148

無尿・・・・・・・・・・・・・・・・・・・・・133

明暗順応・・・・・・・・・・・・・・・・・194

メタボリックシンドローム

・・・・・・・・・・・・・・・・・・・・・・334

メチシリン耐性黄色ブドウ球菌

・・・・・・・・・・・・・・・・・125,255

メッツ・・・・・・・・・・・・・・・・・・・・11

めまい・・・・・・・・・・・・・・・・・・・246

メマンチン・・・・・・・・・・・・・・・356

メラトニン・・・・・・・・・・・・・・・144

免疫・・・・・・・・・・・・・・・・・98,193

免疫機能障害・・・・・・・・・・・・・418

毛周期・・・・・・・・・・・・・・・・21,30

妄想・・・・・・・・・・・・・・・・・・・・308

毛髪・・・・・・・・・・・・・・・・30,139

網膜色素変性・・・・・・・・・・・・・445

もの盗られ妄想・・・・・・・345,361

もの忘れ・・・・・・・・・・・・・・・・337

や

夕暮れ症候群・・・・・・・・・・・・・367

有毛細胞・・・・・・・・・・・・・・・・195

ユニットケア・・・・・・・・・・・・・294

ユマニチュード・・・・・・・・・・・374

腰髄損傷・・・・・・・・・・・・・・・・452

腰部脊柱管狭窄症・・・・・・・・・105

欲求・・・・・・・・・・・・・・・・・・・・・48

ら

ライチャード, S.・・・・・・・・・・・60

ライフステージ・・・・・・・・・・・479

ラザルス, R. S.・・・・・・・・・・・60

ランセット委員会・・・・・・・・・359

ランドルト環・・・・・・・・・・・・・444

リアリティ・オリエンテーショ

ン・・・・・・・・・・・・・・・・・・・355

罹患者・・・・・・・・・・・・・・・・・・262

立位・・・・・・・・・・・・・・・・・・・2,3

リバスチグミン・・・・・・・・・・・356

リハビリテーション・・・・・・・399

・・・の定義・・・・・・・・・・・・・・・399

リフレーミング・・・・・・・・・・・361

流動性知能・・・・・・・・・・・56,212

療育手帳・・・・・・・・・・・・・・・・404

良肢位・・・・・・・・・・・・・・・・・・・・2

良性発作性頭位眩暈症・・・・・・246

緑内障・・・・・・・・・・・・・・267,445

旅行者血栓症・・・・・・・・・・・・・249

臨界期・・・・・・・・・・・・・・・・・・222

リンパ・・・・・・・・・・・・・・・・・・・97

リンパ系・・・・・・・・・・・・・・・・・96

レジオネラ菌・・・・・・・・・・・・・250

レストレスレッグス症候群

・・・・・・・・・・・・・・・・・・・・・148

レスパイトケア・・・・・・・・・・・322

レスパイトサービス・・・・・・・435

レッグパンピング・・・・・・199,249

レビー小体型認知症・・・・・・・349

レム睡眠行動障害・・・・・・148,349

老化・・・・・・・・・・・182,184,190

老眼・・・・・・・・・・・・・・・・・・・・266

老視・・・・・・・・・・・・・・・・・・・・266

漏出性便失禁・・・・・・・・・・・・・129

老性自覚・・・・・・・・・・・・・・・・234

ローレンツ, K.・・・・・・・・・・・222

わ

ワーキングメモリ・・・・・・・・・210

編者・執筆者一覧

■編者

太田 貞司（おおた ていじ）
長野大学社会福祉学部教授

上原 千寿子（うえはら ちずこ）
元広島国際大学教授

白井 孝子（しらい たかこ）
東京福祉専門学校副学校長

■執筆者（五十音順）

秋山 昌江（あきやま まさえ）——— 第2章第2節2❻〜❽・⓫・⓭〜⓯・3，第3章第2節1・2❶〜❸
聖カタリナ大学人間健康福祉学部教授

石井 敏（いしい さとし）——————————————————— 第6章第2節4
東北工業大学建築学部教授

石渡 和実（いしわた かずみ）————————————— 第7章第1節3❸
東洋英和女学院大学名誉教授

石渡 博幸（いしわた ひろゆき）——— 第7章第2節1❸，第8章第1節3
社会福祉法人浴風会第二南陽園・在宅サービスセンター園長・センター長

井上 洋士（いのうえ ようじ）——— 第7章第2節1❾，第8章第1節9
放送大学教養学部客員教授

大塚 晃（おおつか あきら）——— 第7章第2節5，第8章第1節14
上智大学総合人間科学部特任教員

大谷 佳子（おおや よしこ）——— 第1章第6節，第2章第8節，第4章第1節
昭和大学保健医療学部講師

岡 京子（おか きょうこ）——— 第7章第2節1❻・❽・❿，第8章第1節6・8・10
新見公立大学健康科学部教授

沖田 裕子（おきた ゆうこ）————————————— 第6章第2節5・7
特定非営利活動法人認知症の人とみんなのサポートセンター代表

小熊 順子（おぐま のりこ）——————————————————— 第2章第1節
元浦和大学教授

小澤 温（おざわ あつし）——— 第7章第1節1・2・3❶・❹・第3節
筑波大学人間系教授

加藤 貴行（かとう たかゆき）———————————— 第4章第3節2❾
東京都健康長寿医療センターリハビリテーション科専門部長

北村 世都（きたむら せつ）——————————————————— 第4章第2節1
聖徳大学心理・福祉学部准教授

坂本 洋一（さかもと よういち）——— 第7章第1節3❷・4・第2節1❶，第8章第1節1
元和洋女子大学教授

四ノ宮 美惠子（しのみや みえこ）——— 第7章第2節4，第8章第1節13
東京リハビリテーションセンター世田谷障害者支援施設梅ヶ丘自立訓練アドバイザー

柴山 志穂美（しばやま しおみ）——————————————————— 第2章第9節
神奈川県立保健福祉大学保健福祉学部准教授

清水 由香（しみず ゆか）——— 第7章第2節3，第8章第1節12
武庫川女子大学文学部専任講師

白井 孝子 (しらい たかこ) —————— 第1章第5節，第2章第2節1・2❶～❺・❾・❿・⓬・第7節
東京福祉専門学校副学校長

助川 未枝保 (すけがわ みしほ) —————— 第5章第3節1・2
地域密着型サービス事業所リーベン鎌ヶ谷主任介護支援専門員

鈴木 みずえ (すずき みずえ) —————— 第5章第2節6
浜松医科大学臨床看護講座教授

曽根 直樹 (そね なおき) —————— 第8章第2節2
日本社会事業大学専門職大学院准教授

髙木 憲司 (たかき けんじ) —————— 第8章第2節1
和洋女子大学家政学部准教授

髙橋 誠一 (たかはし せいいち) —————— 第5章第1節
東北福祉大学総合マネジメント学部教授

高橋 龍太郎 (たかはし りゅうたろう) —————— 第4章第3節1・2❶～❽・❿～⓬
元東京都健康長寿医療センター研究所副所長

武田 啓子 (たけだ けいこ) —————— 第7章第2節6，第8章第1節15
日本福祉大学健康科学部教授

田治 秀彦 (たじ ひでひこ) —————— 第1章第1節，第2章第3節
横浜市総合リハビリテーションセンター地域支援課主任

谷口 珠実 (たにぐち たまみ) —————— 第7章第2節1❼，第8章第1節7
山梨大学大学院総合研究部医学域看護学系教授

千葉 由美 (ちば ゆみ) —————— 第1章第2節，第2章第4節
横浜市立大学大学院医学研究科教授

内藤 佳津雄 (ないとう かつお) —————— 第3章第1節・第2節2❿，第4章第2節2～4
日本大学文理学部教授

永井 華織 (ながい かおり) —————— 第6章第2節2・3
有限会社ハーベストライフ二日町事業所統括

中島 秀夫 (なかじま ひでお) —————— 第8章第2節3
滋賀県甲賀市・湖南市障がい者基幹相談支援センターアドバイザー

西村 かおる (にしむら かおる) —————— 第1章第4節，第2章第6節
コンチネンスジャパン株式会社専務取締役

野原 信 (のはら あきら) —————— 第7章第2節1❷，第8章第1節2
帝京平成大学健康メディカル学部講師

古田 伸夫 (ふるた のぶを) —————— 第6章第1節・第2節6
社会福祉法人浴風会浴風会病院精神科医長・認知症疾患医療センター長

牧田 茂 (まきた しげる) —————— 第7章第2節1❹，第8章第1節4
埼玉医科大学医学部教授

松下 祥子 (まつした さちこ) —————— 第7章第2節1❺，第8章第1節5
東京家政大学健康科学部准教授

松本 一生 (まつもと いっしょう) —————— 第5章第2節3～5
松本診療所（ものわすれクリニック）院長

宮島 渡 (みやじま わたる) —————— 第5章第2節1・2，第6章第2節1
日本社会事業大学専門職大学院特任教授

矢吹 知之 (やぶき ともゆき) —————— 第5章第3節3
東北福祉大学総合福祉学部准教授

山谷 里希子 (やまや りきこ) —————— 第1章第3節，第2章第5節，第3章第2節2❹～❾・⓫
元福祉生協イリス参与

吉川 かおり (よしかわ かおり) —————— 第7章第2節2，第8章第1節11
明星大学人文学部教授

介護福祉士実務者研修テキスト

【第4巻】こころとからだのしくみ　第3版

2015年11月20日　初　版　発　行
2020年3月20日　第　2　版　発　行
2023年2月20日　第　3　版　発　行
2023年11月20日　第3版第2刷発行

編　集　　太田貞司・上原千寿子・白井孝子
発行者　　荘村明彦
発行所　　中央法規出版株式会社
　　　　　〒110-0016　東京都台東区台東 3-29-1　中央法規ビル
　　　　　TEL 03-6387-3196
　　　　　https://www.chuohoki.co.jp/

印刷・製本　　サンメッセ株式会社

装幀・本文デザイン　ケイ・アイ・エス

イラスト　　川本満・小牧良次・土田圭介

定価はカバーに表示してあります。
ISBN978-4-8058-8784-4